U1008316

新时代
中国教育结构
体系研究

主　编　马陆亭
副主编　张　伟　刘承波

教育科学出版社
·北　京·

出 版 人　郑豪杰
责任编辑　王晶晶
版式设计　杨玲玲
责任校对　贾静芳
责任印制　叶小峰

图书在版编目（CIP）数据

新时代中国教育结构体系研究 / 马陆亭主编；张伟，刘承波副主编. — 北京：教育科学出版社，2022. 6
ISBN 978-7-5191-3126-5

Ⅰ. ①新…　Ⅱ. ①马…　②张…　③刘…　Ⅲ. ①教育—结构体系—研究—中国　Ⅳ. ①G521. 9

中国版本图书馆 CIP 数据核字（2022）第 094654 号

新时代中国教育结构体系研究
XINSHIDAI ZHONGGUO JIAOYU JIEGOU TIXI YANJIU

出版发行	教育科学出版社		
社　　址	北京·朝阳区安慧北里安园甲 9 号	**邮　　编**	100101
总编室电话	010-64981290	**编辑部电话**	010-64989363
出版部电话	010-64989487	**市场部电话**	010-64989009
传　　真	010-64891796	**网　　址**	http://www. esph. com. cn

经　　销	各地新华书店		
制　　作	北京金奥都图文制作中心		
印　　刷	唐山玺诚印务有限公司		
开　　本	720 毫米×1020 毫米　1/16	**版　　次**	2022 年 6 月第 1 版
印　　张	28. 5	**印　　次**	2022 年 6 月第 1 次印刷
字　　数	390 千	**定　　价**	102. 00 元

图书出现印装质量问题，本社负责调换。

前　言

本书是由教育部教育发展研究中心组织、教育部发展规划司支持的“新时代中国教育结构体系研究”等相关科研课题和工作研究的成果。

党的十八大以来，我国教育事业取得了历史性伟大成就。教育总体发展水平已位居世界中上行列，义务教育全面普及态势良好，学前教育普及和高中阶段教育多样化发展工作稳步推进，高等教育迈入普及化时代。从产业发展看，我国已建成世界上最完整、最大规模的工业体系，人工智能正在成为新一轮科技革命和产业变革的引领者。中国特色社会主义进入新时代，面向各级各类教育发展的新任务及不断产生的教育新形态，面向国内国际双循环相互促进发展新格局，面向建设教育强国的目标任务，需要调整、优化、完善现有的教育结构体系。

早在20世纪八九十年代，教育部教育发展研究中心就在老领导郝克明、谈松华、蔡克勇的带领下组织全国专家对教育结构体系议题进行了多方面深入的探讨。面向中国特色社会主义新时代，教育发展的环境、基础、状况都发生了很大变化，“十四五”教育规划编制工作也即将启动，一个科学合理的教育结构体系对于教育发展至关重要，需要先行开展前期研究工作。该课题研究前后开展约一年半时间，由教育部教育发展研究中心研究人员联合部分高校专家共同完成。

本书适用于教育政策制定者、规划编制者，以及教育行政管理人员、学术研究人员和研究生阅读。

目　　录

第一章　新时代教育结构体系研究概论

20世纪八九十年代，教育部教育发展研究中心郝克明主任曾经组织过多项有关教育结构议题的研究，并在2001年出版的《当代中国教育结构体系研究》的总论中指出了当时存在的四个问题：普通教育与职业教育的衔接沟通缺乏制度保证、部分类型学校功能定位不清且与社会要求脱节、非学历教育尚未成为重要组成部分，以及教育体系结构调整尚未形成在政府宏观指导下面向社会自动调节的机制。① 20余年过去了，这些问题依然存在，同时社会需求变化、普职结构关系、理论人才和应用人才结构关系、城乡区域流动、社会教育与家庭教育衔接等新形势新问题不断出现。当前，我国教育全面进入普及化时代，如何更好地实现高质量内涵式发展，如何适应完整工业体系及产业升级需求，如何应对新一轮科技革命和国际竞争挑战，是需要我们勇敢而智慧地面对的问题。我们需要重点处理好教育层次间、类型间、形态间、内外间四个方面的关系，使结构体系能够自动调节通畅。因此，本研究汇集教育部教育发展研究中心骨干研究人员和部分高校专家，在教育部发展规划司的"十四五"教育发展前期预研课题支持下，分十个专题进行深入探讨。本章作为研究总论，针对相关理念与理想目标、现实需求及问题，对专题研究成果进行概要介绍，对教育结构体系设计和达成的重点议题进行讨论。

---

① 郝克明．当代中国教育结构体系研究［M］．广州：广东教育出版社，2001：13-16.

第一节　新时代教育结构体系的优化方位

全球科技革命和产业变革正在兴起，中华民族伟大复兴和世界百年未有之大变局，是教育发展必须关注的大势。2020 年 5 月 23 日，习近平总书记在看望参加全国政协十三届三次会议的经济界委员并参加联组会时指出，要努力在危机中育新机、于变局中开新局，逐步形成以国内大循环为主体、国内国际双循环相互促进的新发展格局。在大局大势面前，环境复杂性和前行挑战性增强，人才和创新是目标达成的关键，教育历史责任重大、战略地位突出、服务全产业链条的任务加重，体系建设需要跟上。

一、新时代教育结构体系的理想目标

教育结构体系研究，既包含着对结构体系的科学理解，结构体系的构建原则、调整依据及方向，结构体系的自适应能力等，也包括如何看待各级各类教育之间及教育与社会间的关系。

1. 什么是好的结构体系

一个好的教育结构体系应能形塑社会理想、反映社会变迁、遵循教育规律、满足时代要求，各级各类教育之间衔接沟通顺畅，各级各类学校定位清晰，整个教育结构体系开放包容，形成面向社会的自适应调节机制。这里面，形塑社会理想和形成自适应调节机制，是新时代对教育结构体系的更高要求。

2. 当今的社会需求

世界正在发生重大变化，新一轮科技革命和产业变革的到来、新冠肺炎疫情在全球的暴发、逆全球化思潮的兴起等，正在迅速而深刻地影响未来世界经济、政治走向；同时，我国社会的主要矛盾也已发生转换，国家发展正处于迈向人均 GDP1. 2 万美元以上高收入经济体的关键节点。面对

经济转型发展、城乡结构调整、区域主体功能确立、创新战略驱动、劳动力结构升级等急剧变迁，我们需要化解众说纷纭的“中等收入陷阱”“塔西佗陷阱”“修昔底德陷阱”，需要防范“黑天鹅”“灰犀牛”等风险隐患，需要使教育体系能够应对各种变化。

中国作为一个发展中的大国，作为一个与西方资本主义国家走不同发展道路的社会主义国家，稳定发展和维护经济产业安全正在成为当务之急，需要完善自身产业体系，将扩大内需和融入全球相结合。教育需要应对国际国内两个大局，推动实现两个循环，即大国冲突加剧引发的国际分工变化所带来的新的产业链循环和为丰富完善国内消费市场需要而夯实强国基业的生产供应链循环。这里，要注重以科技革命推动新兴产业发展，把制造业做大做强，积极发展现代服务业，推动实现区域和谐和乡村振兴。人口素质是发展的基础，创新型人才和工匠型人才同等重要。

3. 结构体系的现状与优化

教育结构体系是一个国家教育的基本架构，对社会的影响巨大，需要定型和稳定。越是成熟的教育结构体系，其形态越稳定，这种定型不是僵化而是宏观有序、微观灵活，满足社会组织和家庭个人的多元教育需求。而教育结构体系的发展、成长有一个过程，也与教育普及程度和社会发展程度有关。

中国已经建立起世界上最为庞大的教育体系，这个体系能够基本满足社会的多元需求，这是我们对教育结构体系现状的基本判断和开展未来工作的基础。即是说，教育体系已基本成形，教育结构趋于合理，但需要与时俱进，需要进一步与教育、社会发展的新形势相适应，需要进一步完善。下一步的工作重点是优化、完善，特别是克服教育结构体系过于刚性的问题，使之更加适应社会发展，能够根据社会需求而进行自适应调节，把新兴的教育形态或已经发展起来的教育形式融入现行教育体系之中。

党的十九届四中全会专题研究坚持和完善中国特色社会主义制度，通过了《中共中央关于坚持和完善中国特色社会主义制度推进国家治理体系和治理能力现代化若干重大问题的决定》，聚焦根本制度、基本制度、重要制度，对制度建设和深化改革进行战略部署。在教育领域，明确提出

“构建服务全民终身学习的教育体系”，这说明，在“两个一百年”奋斗目标的历史交汇点，面对中华民族伟大复兴的目标任务、世界百年未有之大变局，中央对教育体系建设提出了更高要求。教育体系是当前教育领域的重大甚至关键问题，教育体系建设是制度性建设，是推进教育治理体系和治理能力现代化的重要内容，教育改革、制度建设应以体系构建完善为基础。完善教育结构体系的目的是全面贯彻党的教育方针，落实立德树人根本任务，培养德智体美劳全面发展的社会主义建设者和接班人；方向是朝着建设一个更大规模的体系而努力、朝着建设一个更加多样化的体系而努力、朝着建设一个更加公平的体系而努力。①

4. 结构体系的完善原则

适应社会需要。教育与社会经济的契合度，是衡量教育发展健康与否和国家竞争力高低的重要指标。教育规模越大、普及化程度越高，社会经济的要求就越高。

方便个人选择。选择性增强是社会进步的标志。人的个性特征千差万别，对教育的需求多种多样，教育结构体系在选择性供给、柔性衔接方面要不断做出调整。

遵循教育规律。教育越发展，结构越复杂，体系越丰富，就越要遵循教育规律。其中，各级各类教育发展及其衔接一定要符合人的成长规律和教育内外部发展规律的要求，这也是完善新时代教育结构体系需要关注的重点。

内部体系和谐。基础教育、职业教育、高等教育内部关系协调不好，就会影响整个教育事业的健康科学发展，就会影响教育内部体系发展的需求、文化、观念等多种因素，各级各类教育和谐有序平衡是教育内部体系发展的方向。

发挥最佳效益。结构体系的整体效益不仅仅是指投入-产出比，更是指教育结构体系推动社会经济发展的效益。其中，内涵式发展是关键，内涵是什么要弄清楚。

---

① 陈宝生．推进教育治理体系和治理能力现代化［J］．旗帜，2019（11）：17-18.

动态调节通畅。自适应调节、适时动态调节是复杂系统良性循环的保障。新时代，面对未来教育、社会发展复杂性的不断增强，要综合运用市场和政府宏观调控手段，发挥市场在资源配置中的决定作用和计划政策手段的关键作用，建立起通畅的能反映动态要求的适应性反馈调节机制。

二、教育结构体系所涉及的重要关系

结构反映状态，体系反映关系；状态需要稳定，关系需要柔性。教育结构体系建设就是要在结构适应社会、体系自身通畅且能自动适应社会调节方面开展工作。传统的教育结构体系主要包括层次、类型、区域、形式等，这些一直是学者研究和政策调控的重点，在不同时期或不同方面，教育结构体系也包括学科、管理结构等，改革开放以来教育国际化的影响不断加大也成为影响教育结构体系的重要变量。本研究不全面铺开，而是从现实问题出发，针对问题，解决问题，推动事业发展。

1. 需要处理好的四种关系

这四种关系即层次间、类型间、形态间、内外间的关系。其中，层次、类型是老生常谈、常谈常新的永恒话题；教育形态近年来变化很大，新形态新业态不断涌现；内外主要指教育与社会。理想的状态是结构问题反馈及时，体系通畅能自动调节。

层次间的关系主要体现在教育层次不断上升上。当前，各级教育均进入普及化阶段，如何实现内涵式发展、内涵是什么成为新时代教育发展的关键。特别是在高等教育跨入普及化的门槛后，硕士、博士研究生的发展规模成为引人瞩目的焦点。

类型间的关系主要反映在多样化上。这些年教育类型的复杂性陡然增加，各项改革也非常活跃。类型间的关系从大的方面看指向理论型人才和应用型人才的差异性，具体反映在普职结构关系、应用型本科转型、学术性学位和专业性学位、学科结构调整等方面。

形态间的关系主要体现在多形态上。20 多年前谈教育体系结构几乎不太涉及教育形态问题，因为几大教育形式非常鲜明，那时候提得较多的是管理结构。时过境迁，教育与社会的关系发生了很大变化，信息技术成为影响教育改革发展的重要因素，课外培训成为规模庞大的产业，这些都需要我们深入研究。社会教育与普通教育的衔接，学校教育、家庭教育、社会教育三位一体的局面如何架构，也都是新时代需要关心的议题。

内外间的关系主要反映在教育对社会的适应上。这是现代社会教育发展的重大问题，在教育规模扩大和社会变革加剧的情况下也可以说是教育发展的关键问题。在竞争日趋激烈的国际社会，教育与社会的契合度还是国家竞争力的重要标志。我国当今的教育与社会不适应问题，很大程度上不是数量问题而是结构问题。

当然，还有公办教育与民办教育的关系，可以将其归为类型间的关系，也可以归为形态间的关系。

2. 人口流动和城乡结构是影响发展的重要变量

人口变化和城镇化发展，是影响我国教育发展的重要因素，是制订未来教育规划的依据，是配置教育资源的基础。从短期来看，各年龄段人口数量和结构直接影响人民群众对各级各类教育资源的需求；从长期来看，人口数量和结构的变动将影响市场人力资源状况。

改革开放40多年来，我国劳动年龄人口数量先增后降，人口质量、城镇化水平大幅度提高，人口流动高度活跃，为社会经济发展贡献了丰富的人口红利。1982年，16—59岁劳动年龄人口规模为5.67亿人，2012年达到峰值9.22亿人，此后开始下降，2018年降至8.97亿人；人口受教育水平显著提升，高中及以上受教育程度人口占总人口的比例从1982年的7.2%上升至2018年的29.3%；人口由乡村向城镇、由欠发达地区向发达地区大规模流动，加快了城镇化进程，城镇人口比重由1978年的17.9%提高到2019年的60.6%。近年来，人口发展趋势有所变化，虽然人口总量还在增加，但增速放缓，城镇化进程则在持续进行中。面向未来，出生人口、劳动年龄人口规模都将逐步缩小，老年人口快速增长，人口总量增速放缓。

“十四五”期间，学龄人口变化会对教育结构体系和教育资源配置产生较大影响。在学前教育和义务教育阶段，虽然学龄人口增幅不大，但城镇化推进使得城镇学前教育和义务教育适龄人口增幅较大，预计城镇3—5岁学前教育适龄人口数在2022年达到最高峰，6—14岁义务教育适龄人口数持续增长。在非义务教育阶段，高中阶段教育和高等教育适龄人口数继续增长，15—17岁高中阶段教育适龄人口数呈波浪式上升，2024年将达到“十四五”时期最高峰4627万人；18—22岁高等教育适龄人口数呈上升趋势，2025年将上升至7303万人。

城镇化水平将继续提升，大量农业转移人口落户城镇，人口将进一步向“两横三纵”轴线上的城市群和节点城市聚集。2019年，我国常住人口城镇化率达到60.6%。根据发达国家城镇化的发展历史，我国城镇化水平将进一步提高，但城镇化速度将逐步放缓。根据联合国预测，到2035年，我国城镇化水平将提高至73.9%，2050年进一步提高至80%。① 新型城镇化战略、区域协调发展战略将推动我国新型城市建设和城市群落格局的形成，未来人口仍将向主要城市群聚集。

三、实现内涵式发展是教育结构体系完善的基础

教育结构体系的主体是各级各类教育，各主体单元自身的内涵式发展是整个体系成熟稳定的基础。教育结构体系完善，重在与社会的匹配和满足人的成长需求，而社会和个人的需求是多元的，教育就应该是多样化的。所谓内涵式发展就是按不同层次类型教育的本质属性发展，是什么就怎么发展、怎么评价。各级各类教育实现内涵式发展是教育多样化的前提，当然相互之间要能衔接与沟通，这就需要教育制度来安排。因此，教育结构体系是把制度优势转化为治理效能的基础，是制度性因素，属于基本教育制度范畴②。体系架构要遵循人才成长规律、符合各级各类教育的办学特征，实现内涵式发展是各级各类教育需要时刻内省的要义。

---

① United Nations. World urbanization prospects：the 2018 revision［EB/OL］.（2018-05-01）［2020-01-30］. https：//population. un. org/wup/Publications/Files/WUP2018-Report. pdf.

② 马陆亭. 教育体系是当前推动教育制度成熟定型的工作抓手［J］. 中国高等教育，2020（7）：30-32.

1. 各级各类教育的结构性功能重点

结构性功能是各级各类教育的核心，必须坚持坚守。在工作实施层面，需要通过具体的政策措施推动核心作用的发挥。

基础教育重在打好人生基础。在结构安排上，重点是推动学前教育公益普惠发展，提升县域义务教育均衡水平，进一步普及特殊教育和高中阶段教育，保障每一所学校的办学条件，打造惠及每个人的教育；在推进方式上，需合理配置教育资源，深化义务教育城乡一体化发展，加强体育、美育和劳动教育，注重缩小城乡、区域、校际、群体教育发展差距，加强控辍保学；在制度建设上，要全面贯彻党的教育方针，落实立德树人根本任务，推进基本公共教育服务均等化，保证孩子们的科学健康成长。

职业教育重在与社会产业的结合。重点是推动建立从中职到专业学位研究生、从学历教育到职业培训的纵向贯通、横向融通的现代职业教育体系，推动职业院校和行业企业形成命运共同体，建构按照类型教育特点办学的制度和标准体系，为学生多元成才搭建更多平台。5—10 年内需完成三个转变：一是由追求规模扩张向注重提高质量转变；二是由参照普通教育办学模式向企业、社会参与的专业特色鲜明的类型教育转变；三是由政府举办为主向政府统筹管理、社会多元办学的格局转变。①

高等教育重在提升国家发展的创新能力。高等教育的社会价值有待进一步挖掘，面向未来，高等教育在提升国家综合竞争力中的地位在不断提升，高等教育的普及化发展又使得我们必须关注高等教育的体系活力和办学特色，高等学校分类发展势在必行。扎根中国大地办大学、推动重大关键技术突破是前行的关键，“双一流”建设高校要走在前列。

进一步地，在推动家庭教育、学校教育和社会教育的结合，利用以网络、人工智能为主导的信息技术创新教育和学习方式，构建各级各类教育更加开放融通的学习型社会，深化教育国际交流合作、加强人文交流、推动构建人类命运共同体等方面，也还有很多实质性工作需要推进。

---

① 叶雨婷 . 职教未来要实现质量转身［N］. 中国青年报，2019-12-16（6）.

2. 各级各类教育内涵式发展的体系建设重点

2019 年，我国初中阶段教育、高中阶段教育和高等教育的毛入学率分别达到 102.6%、89.5%、51.6%，教育已全面进入普及化阶段。教育体系与社会的匹配程度，是检验教育发展是否科学的基本指标，匹配程度越高，国家经济社会发展越健康。各级各类教育要科学地认识内涵建设的重点，以推动体系与社会的匹配。

在基础教育阶段，体系建设的重点是科学有序，需聚焦学生不同成长阶段的生理心理差异。青少年时期的孩子正处于成长时期，有着不同的身心发育阶段和学习活动敏感期。就像一棵小树苗的长大，浇水、施肥、修枝、授粉、防虫、收获环环相扣，要在正确的时候做正确的事情，恰到好处、用对了力才能结出丰硕的果实，否则会好心办坏事。教育不仅是课堂教学，还有许多教室外的活动。因此需要根据发育的自然规律制定成长标准，根据成长需要的教育活动制定学校标准，根据成长的阶段要求制定学业标准。学校教育安排应符合青少年成长规律和教育规律，需要有相应的教育标准，现行教育活动与规律、标准不相符的地方就是今后的改革内容。

在职业教育和（高等）专业教育阶段，体系建设的重点是特色活力，应聚焦教育类型及实施方式的差异。职业和专业教育与社会联系都较为密切，其培养的人才的能力要素构成均包括知识、技能、思维力，这些都需要进行系统的理论学习和实践训练，只是侧重点不同。通过职业教育主要形成操作性技术技能，通过专业教育主要形成高阶思维能力。因此，下一步的改革方向是：普通高等学校要显著加强思维能力训练，职业技术类学校要明显加强实践能力训练。

当然，不同层次类型教育的衔接沟通也必不可少，衔接问题是体系建设的重要内容。面向未来，继续教育的任务要加强，多种新型教育形式会出现，学校教育和社会教育、家庭教育要协同，它们共同构成服务全民终身学习和社会要求的教育结构体系。

第二节　新时代教育结构体系研究的具体内容

教育“十四五”规划正在编制之中，教育结构体系是基础性全局性议题，十分重要也极其复杂。因此，本研究的目的十分明确，就是为教育未来健康发展服务，特别是为“十四五”时期教育的改革发展服务。研究分为十个子课题，针对“问题、需求、形势、目标”，体现“以人为本、衔接便利、调节通畅”。主要研究情况汇总如下，具体详细的内容见本书后面的相关章节。

一、基础教育结构体系

在过去的教育结构体系研究中，基础教育都不是研究的重点，很少被提及，因为其内涵相对单一。普及九年义务教育的任务完成后，社会、百姓需求都在变化，因此基础教育结构体系的内容逐步丰富多元起来，如基础教育各阶段（含学前教育）的贯通与衔接、普职结构及相互融通、普通高中多样化、城乡教育布局结构、公办民办教育供给结构、校内校外线上教育互补衔接等，以及如何处理公平与质量的关系、满足基础质量标准与多样化需求的关系、实现结构体系的开放与弹性等。

基础教育结构是指构成基础教育体系的各个部分的比例关系及结合形式，其改革价值诉求在于通过优化结构，促进教育公平，提高教育质量，激发教育活力。具体而言，目前我国基础教育结构主要存在以下问题：第一，人才需求与培养结构方面存在普高和中职招生规模差异较大的情况；第二，层次结构方面的问题表现为普惠性学前教育供给不足，义务教育资源配置失衡，普通高中教育多样性不足；第三，区域与城乡结构之间的差异体现为基础教育经费投入东西高、中部低，城乡义务教育阶段办学条件、师资水平差距较大；第四，办学体制结构呈现公办民办并存、公立学校办学结构多样化与管理体制结构面临进一步调整的情况。

我国进行基础教育结构优化的基本框架是：应适应现代化人才培养需要，大力加强中等职业教育，有机结合普职教育；以立德树人为根本任务，各学段有重点优质发展；城乡、区域教育因地制宜，有特色均衡发展；建立现代教育治理体系，构建多样化、有活力的办学体制。

未来的基础教育结构建设策略应聚焦以下几点：第一，以优质教育的生成和均衡供给为目标，合理规划行动方案；第二，加强经费投入，优化经费结构，为基础教育结构调整提供物质保障；第三，加强教师队伍建设，为基础教育结构优化和功能发挥提供人才保障；第四，加快教育信息化及智能化发展，为基础教育结构体系建设提供技术支持；第五，管办评分离，进一步简政放权，深化办学体制改革，鼓励制度创新。

二、职业教育结构体系

推动职业教育结构体系的优化，是促进经济和社会发展、实现职业教育治理体系与治理能力现代化的基础和保障。通过研究梳理我国教育和职业结合的历程发现，旧中国举办职业教育是“谋个性之发展”“为个人谋生之准备”“为个人服务社会之准备”，新中国成立后，特别是改革开放以来，我国职业教育结构体系优化伴随着经济社会协同发展。

中国特色社会主义进入新时代，高等教育进入普及化发展新阶段，对推动我国职业教育结构体系的优化提出了新的任务和要求。针对党的十八大以来我国职业教育结构体系优化面临的新背景、新形势，研究从各国应对全球经济一体化发展面临的挑战入手，分析了各国优化职业教育结构体系的举措，探讨了新时代我国职业教育改革与发展的新要求，以及我国职业教育结构体系优化的困难与问题，提出了我国职业教育结构体系优化的目标与原则，总结了我国职业教育结构体系优化的一些举措。

当前，面对各国正在积极抢占以信息技术和制造技术深度融合为标志的智能制造产业高地的形势，面对发达国家的“再工业化”和新兴国家的产业变革，面对发达国家先进制造技术和发展中国家低成本劳动力竞争对我国的“双重”挤压，为培育我国现代制造业竞争优势，为促进经济中高速增长、迈向中高端水平提供技术技能型人才支撑，研究在深入分析优化我国职业教育结构体系的现实需求的基础上，提出了优化我国职业教育结构体系的政策性建议。

未来的政策着力点主要包括：第一，提高对职业教育重要性的认识，提升技能型人才的经济待遇和社会地位；第二，创新职业教育人才培养模式，加快培养技能型人才；第三，优化职业院校布局和专业设置，增强技能型人才供给能力；第四，加强职业院校师资队伍培养培训，建设专兼结合的职业教育师资队伍；第五，完善职业教育经费保障机制，多渠道筹措职业教育发展经费；第六，搭建技能型人才成长“立交桥”，推动人才成长和企业技术变革同步；第七，全面提高职业教育依法治教的能力与水平。

三、高等教育结构体系

高等教育结构体系内容繁多，总体架构包括层次结构、科类结构、形式结构、类型结构等，以及各个组成部分的规模、学制、关系和衔接。高等教育结构体系问题突破的关键有：普通高等教育与职业高等教育融通、搭建“立交桥”等，如高职教育“断头路”问题，与专业学位的关系等；教育的一些新形态，如线上线下教育、远程教育、网络教育、非正规教育、非学历教育、弹性学制等新问题；调整优化高校区域布局，包括围绕提升教育服务经济社会发展的能力，着力打造高等教育聚集高地、缩小区域差距等。

在对我国高等教育结构体系演化、深层次结构性矛盾和体系性难题进行分析的基础上，研究提出应在以下方面调整和完善新时代高等教育结构体系：一是稳步发展本科教育规模，以大力实施“双万计划”为契机，建立健全专业动态调整机制，主动布局集成电路、人工智能、云计算、大数据、网络空间安全、养老护理、儿科等战略性新兴产业发展和民生急需相关学科专业；二是积极发展研究生教育，扩大专业型研究生规模占比，稳步发展专业学位博士研究生教育，优化研究生招生计划，增量部分重点向优势学科、基础学科、科技前沿学科和服务国家重大需求的学科倾斜；三是完善现代职业教育体系，大力发展本科层次职业教育，使专业型研究生教育、职业本专科教育共同构成纵向的高等教育层次的职业教育体系，加快学历证书和职业技能等级证书互通衔接，并在终身教育体系下，完成普通高等教育和职业高等教育互衔互通的体制架构；四是紧密结合国家和区域重大的经济社会发展战略，主动调整科类结构，进一步梳理和界定学科门类、专业类（一级学科）和专业（二级学科），增设“交叉学科”，实现专业布局的适时调整和更新，重点加强新工科、新医科、新农科和新文科建设等；五是将原有的成人教育、高等教育自学考试等与普通高等教育或职业高等教育进行整合，继续丰富高等教育形式结构，发展在线远程教育、非学历教育培训等满足成人继续教育需求，实现各类学历与非学历教育、实体教育与网络教育、全日制教育与非全日制教育衔接互通；六是在教育布局结构上，促进东中西部高等教育协调发展，依托区域产业结构发展特征，前瞻性布局区域高等教育结构，使高等教育人才培养和科技创新与地方经济社会发展需求有效衔接；七是鼓励各种社会力量参与办学，促进民办高等教育健康发展，形成公办教育、民办教育协调发展的高等教育格局。

四、继续教育与正规教育的融合

组织、制度和文化共同构成继续教育结构体系供给的主体要素。各级各类办学主体（组织）是继续教育结构体系的支撑点，继续教育制度是办学组织举办继续教育活动的依据和保障，终身学习文化则是继续教育结构体系生长和发展的土壤。围绕新时代社会发展、个人发展对继续教育的需求，以构建灵活、开放的终身学习体系为目标，以破解继续教育与正规教育融合沟通的制度壁垒为关键点，以继续教育学习成果的积累、认定和转换制度为着力点进行研究，重点从制度构建的角度进行研究设计。

首先，新时代对继续教育结构体系提出新需求。继续教育的发展必须服务于实现社会主义现代化和提升国家竞争力，服务于促进社会和谐发展、个人全面发展。但是，我国现有的继续教育有效供给不足，难以满足社会和个人对继续教育的需求。这就必须进行继续教育供给侧结构性改革，优化结构体系供给，满足我国经济社会结构转型对通过继续教育培养高质量、多样化人才的迫切需求，有针对性地解决继续教育机会有效供给不平衡、不充分的问题。

其次，新时代继续教育结构体系优化的基本路径。继续教育结构的现实供给和新需求之间的矛盾，是我国改革继续教育结构体系面临的基本矛盾，解决这对基本矛盾是继续教育结构体系优化的基本动力。这就要求必须推进路径优化，在组织、制度、文化三大继续教育主体要素领域深化改革。就组织维度而言，要发挥学校教育体系在继续教育体系中的关键和基础作用，还要突破和超越传统教育体系，重构终身学习导向的继续教育生态；就制度维度而言，要完善立法、领导、标准、认证、证书等方面的支撑制度；就文化维度而言，要加快培育终身学习理念，服务于人人皆学、处处能学、时时可学的终身学习体系。

最后，要以提高全要素生产率为抓手提升继续教育结构体系的质量、水平，促进可持续发展，以紧迫意识、创新思维和战略思维促进现代信息技术手段的应用，还要提升继续教育结构体系与国际接轨的水平。

五、社会经济发展对教育结构调整的需求

新时代社会特征的变化，特别是科技革命、产业变革、社会经济发展的不平衡性及民生需求变化对教育的布局结构、形态、学科专业结构等都有影响。

首先，科技发展对教育结构的影响。审视教育发展史，科技一旦有了某种进步，教育也或迟或早地会发生相应的变革，科技变革越大则教育变革越大。历次科技革命与工业革命相伴而生，推动着教育的深刻变革，改变了教育组织和管理形式，革新了教育手段，使得现代教育制度逐渐形

成。进入 21 世纪以来，全球科技创新进入空前密集活跃的时期，新一轮科技革命和产业变革正在加速，正在重构全球创新版图、重塑全球经济结构。科学技术不仅成为推动社会生产力发展和劳动生产率提升的决定性因素，而且成为推动各项社会事业发展的重要力量。人工智能、互联网、大数据与传统的物理、化学、机械等学科相结合，可能推动新一轮的科技革命。新一代信息技术正深刻改变着人们的生产、生活、学习方式，推动人类社会迎来人机协同、跨界融合、共创分享的智能时代。新一代信息技术也同样深刻改变着教育教学组织形式、学科与专业设置结构、教育资源供给结构、教育评价技术应用结构与教育数据标准结构等。新一代信息技术不仅是生产力，也是生产关系，正推动着既有社会经济形态的变革，对教育改革发展影响深远。教育对于人工智能的进步同样至关重要。在教育领域，我国人工智能创新发展有自身独特优势，具有广阔发展前景，有望成为相关领域的引领者。教育主管部门应未雨绸缪，主动谋划推动发展。

其次，调整乡村教育结构，全面振兴乡村教育。我国当前最大的发展不平衡是城乡发展不平衡，最大的发展不充分是乡村发展不充分。乡村教育承担着引领和促进乡村社会转型的职能，对乡村振兴战略起着关键性的作用，涉及亿万农民切身利益和国家长治久安。必须调整乡村教育结构，全面振兴乡村教育。应优化教育投入结构，把国家社会事业发展的重点放在乡村，促进公共教育资源向乡村倾斜。应统筹规划乡村基础教育区域布局结构，办好乡村小规模和乡镇寄宿制两类学校，切实解决两类学校发展滞后的问题，努力办好公平优质的乡村义务教育。制止盲目撤并乡村学校，恢复一定数量的乡村学校。调整乡村中心校布局，使中心校发挥城乡义务教育一体化发展的枢纽作用。大力发展乡村职业教育，通过技术教育和技能培训带动区域经济的发展。建设乡村社区教育中心，完善乡村社区教育，多种途径扩大乡村社区教育资源供给。办好乡村学前教育，完善县、乡、村学前教育公共服务网络。

六、人口结构变动对教育结构调整的需求

研究涉及未来人口结构变动趋势对教育的影响，特别是适龄入学人口变化对教育供给结构的影响，以及劳动供给变化对非正规教育的需求；涉及区域人口流动对教育结构体系的影响，特别是对中小学教育和职业教育的影响。

课题组对各级教育学龄人口数做出预测，结合《中国教育现代化2035》及其他相关文件，提出以下建议。第一，继续增加城镇学前教育和义务教育学位供给。“十四五”期间，城镇学前教育和义务教育“入园难”“入学难”情况还将持续。各地要加强人口流向预判工作。农村学前教育和义务教育适龄人口数逐步下降，农村学前教育的普及应当首先考虑利用农村中小学闲置校舍举办公办园。第二，提前谋划城镇高中阶段教育布局结构。未来城镇面临高中阶段教育适龄人口数持续增长的局面。全面普及高中阶段教育亟须重视城镇普通高中的发展布局和增强职业高中的吸引力。第三，抓住契机调整高等教育体系结构。从目前到2035年，本专科和研究生教育从人口数量需求上看没有大规模扩招的压力，这将有利于高等教育的内涵式发展，应根据经济社会需求和人民群众接受优质教育的需要而主动谋划。第四，不断加大继续教育和技术培训力度。未来，我国人口老龄化程度将不断加剧，必须依靠创新和质量提升进一步提高劳动生产率。在这个过程中，大量劳动者将面临技术变革、岗位变化带来的新挑战。要充分利用高等学校和职业院校建立灵活开放的培训体系。第五，全力保障“十四五”期间教育经费增长落实到位。“十四五”期间，3—22岁人口数小幅上涨。面对教育全面普及化阶段的到来，内涵式发展的要求更为迫切，这是久久为功的事业，经费保障是基础，经费增长要落实到位。

七、普通教育与职业教育的结构关系

研究分为四个部分：第一，主要介绍普通教育与职业教育的人才培养类型、规模、层次结构、比例关系，重点分析我国地区间普职教育规模和普职比的变化趋势；第二，主要介绍未来社会变化对普职结构的挑战及需求趋势，重点分析未来经济社会变化趋势，未来经济社会发展对我国普通教育规模、布局和层次结构的影响以及未来经济社会发展对我国职业教育规模、层次结构和专业设置的影响；第三，主要介绍我国高中阶段普职比发展趋势及应对策略，重点分析 1978 年以来我国高中阶段普职比变化趋势、世界主要国家和地区高中阶段确定普职比的典型经验、我国高中阶段普职结构的主要问题以及我国高中阶段确定普职比政策的路径选择；第四，重点介绍普职融通的基本内涵、普职融通的国外典型经验、我国普职融通的历史演进、我国普职融通的基本模式、当前我国普职融通面临的主要困难和问题以及我国普职融通的基本路径。

基本结论是：未来经济社会发展对我国普通教育规模、布局和层次结构以及职业教育规模、层次结构和专业设置均有深远的影响。世界主要国家和地区高中阶段普职比仍然坚持大致相当的政策，在普职融通方面有着较为典型的经验，而我国面临高中阶段普职结构问题突出、普通教育和职业教育沟通不畅等问题，普职融通面临不少困难和问题。为此本研究提出普职平等、树立正确的人才观、“学籍互换”、改革高校招生考试制度和健全教师机制等建议。

八、社会需求与人才培养结构的关系

研究主要包括四个方面内容：国际上社会需求与人才培养结构的关系特征，我国高校人才培养结构的现状特点与经济社会发展对高等专门人才的需求，高校人才培养结构与社会需求的关系，高校人才培养结构对接社会需求的战略对策。

研究的主要结论有：第一，发达国家的实践表明，经济发展水平和产业结构共同影响人才培养的层次和科类结构；高校人才培养结构与社会需求具有“非共时”匹配关系；卫生健康与福利、艺术与人文学科专业人才的培养是社会需求中的重要关切。未来，高校人才培养结构将是社会各类需求叠加后的集中反映；人才培养层次结构重心上移；学科交叉性增强；微观素质结构是关键；人才培养更加国际化；最终人才培养与社会需求将实现良性共振。第二，我国高校人才培养结构具有东中西部培养规模阶梯式递减、培养层次呈现明显的“金字塔”形、工学在科类结构中“一枝独秀”的特点。高校人才培养的区域布局与区域经济发展基本保持协调，学科大类结构与产业发展需求基本契合，但仍存在一定程度的失衡，处于动态调整的非平衡状态。第三，新时期经济社会发展对人才总规模的需求仍有较大扩展空间；不同区域对人才的需求差异明显；制造业是具有人才需求的主要行业；私营企业和个体经济是具有人才需求的主要单位类型；具有良好微观素质结构的复合型、高素质人才是社会的主流。第四，高校人才培养结构对接社会需求，应完善人才需求预测和动态调整机制；构建校政企高度协同发展的模式，大力促进产教融合；确立超前意识，充分发挥对社会需求的引导作用。

九、家庭教育、学校教育与社会教育的有效衔接

家庭教育、学校教育、社会教育是当前我国教育生态环境的重要组成部分，三者之间的协调发展、良性互动有利于青少年的健康成长。近年来我国出台了一系列促进三者协调发展的教育政策，教育改革实践领域也在逐步推进大教育体系的建设。然而，基于实证调查的数据表明，家庭教育、学校教育、社会教育尚处于彼此分离的状态，三者之间仍缺乏良性互动。首先，家庭教育在学校教育与社会教育的夹缝中生存；其次，学校教育面对家庭和社会的挑战无所适从；再次，社会教育深陷“影子教育”的困境而难以自拔。究其原因：家庭教育中家长的主体性不足，是造成家庭教育空间被挤压的重要原因；学校教育的强势地位和“不作为”，强化了

社会教育的发展；家长的教育焦虑是贯穿家庭教育、学校教育、社会教育三者关系的重要线索。

基于此，研究提出在重新建构家庭教育、学校教育、社会教育三者关系的过程中，应将学校教育置于核心位置，发挥学校教育在三者关系中的统领作用；家校关系是家校社关系中的关键，建设和谐共生的家校关系是重构家校社关系的题中应有之义；社会教育是家校社关系中的“变量”，对其进行积极引导和规范是重构家校社关系的重要保证。此外，教育改革需要关注家长的教育焦虑，通过一系列措施为家校社关系的协调发展、良性互动营造良好生态环境。

十、公办教育、民办教育的结构关系

为建立公办教育与民办教育协调发展、充满生机活力的新时代教育体系，需要从功能地位和数量比例两个视角去认识与分析公办教育和民办教育的结构关系。从功能地位的视角主要分析公办教育与民办教育的目标、地位作用和运行机制，从而促进公办教育与民办教育协调发展。公办教育是我国社会主义教育事业的主体，扮演着保障广大学生受教育权利、促进教育均衡发展、实现国家重大教育战略的任务。民办教育是我国社会主义教育事业的重要组成部分，发挥补充性作用。从数量比例的视角主要分析公办教育与民办教育的数量比例关系及其影响因素，从而探讨公办教育与民办教育之间的恰当比例关系。从全球来看，公立教育是世界各国教育的主体，但私立教育是大多数国家和地区教育的重要组成部分，且呈现不断扩张的趋势。公办教育与民办教育的数量比例关系是一个动态调整过程，因时、因地而异，需要根据各地区的经济发展、产业结构、居民需求和既有的教育发展水平等因素来确定。

衡量我国公办教育与民办教育的比例是否合适，关键在于两者的共同发展是否解决了我国教育发展的不充分、不平衡问题，是否满足了人民群众对多样化、个性化教育的需求。具体来看：一是看公办教育与民办教育的共同发展是否丰富了教育资源、增加了教育机会；二是看公办教育与民办教育的共同发展是否满足了人民群众的多样性教育需求；三是看公办教育与民办教育的发展是否增进了整体上的教育公平程度。

第三节　新时代教育结构体系调整改革的重点

目前，从我国各级教育的主要数量指标看，教育总体发展水平位居世界中上行列。义务教育全面普及态势良好，学前教育和高中阶段教育普及攻坚稳步推进，职业教育类型发展得到重视，高等教育跨入了普及化时代。从产业发展看，我国已建成世界上最完整、最大规模的工业体系，信息技术和人工智能正在成为新一轮科技革命和产业变革的引领者。中国特色社会主义进入新时代，站在各级各类教育全面进入普及化阶段的新起点，面向建设教育强国的目标任务、教育新形态的不断产生，一个科学合理的教育结构体系对于教育发展至关重要。

一、教育结构体系架构的总体思路

在教育与社会关系的整体结构中，基础教育是青少年走出家庭、学习生存发展本领的底基，高等教育和职业教育是通向社会、获得才干的双车道，继续教育是融合工作、提升赋能的营养剂。

其中，职业教育和高等教育直接与社会衔接，严格来说每一个成长起来的青年都必须经过二者之一才能进入劳动力市场。但二者作用又不相同。高等教育重在创新引领，职业教育重在产品实现。产业的先导靠创新，靠高等教育；产品的质量靠工匠精神，靠职业教育和应用型人才。要注意，这只是为了突出二者的区别而采取的一个说法，二者的交融性其实很强，如从创新、原理到设计、工程再到技术、技能，创新和技能之间其实存在一个巨大的灰色或光谱地带，高等教育和职业教育的人才培养在中间段很难完全区分。而基础教育无疑是现代人才培养的重要基石，基础不牢地动山摇，全面发展至关重要；继续教育则是人不断进步的阶梯，贯穿始终。

如果将“创新”比作一个国家经济、社会发展的发动机的话，那么“应用”就是维持其良性运行的血液。① 发达国家在教育发展过程中事实上形成了两个体系的教育模式，一个重视普通教育或学科型人才培养，另一个重视职业教育或应用型人才培养。所不同的是，有的界限分明，有的不那么明显。

在德国，这两种模式比较分明，德国制造业强，劳动者技术技能水平高，有着对产品质量精益求精的精神；在美国，这两种模式不很分明，所以美国教育系统培养的人才具有创新性强、思维灵活的特点。不同国家的教育模式特点与国家战略方向、文化传统等有关。我国是个大国，又是后发型国家，两方面的长处都要吸收，需要兼顾，但模式的侧重点一定要清楚。

二、不同教育的政策实施重点

教育体系，重在与社会的匹配和满足人的成长需求。社会和个人的需求是多元的，教育就应该是多样化的，不能千校一面。各级各类教育实现内涵式发展是教育多样化的前提，当然相互之间要能衔接与沟通。这就需要教育制度来安排，推动内涵式发展，即按不同层次类型教育的本质属性发展，是什么就怎么发展、怎么评价。

1. 基础教育重在对标成长标准

青少年的受教育阶段，正是其身心发育成长的重要时期，有着不同的身体发育阶段特点和学习活动敏感期。成长过程是循序渐进、逐步提高的，教育活动应符合成长规律，在正确的时候做正确的事情。例如，该孩子 10 岁时学的东西，你让他 7 岁学了，事倍功半且不说，还极有可能影响孩子正常的身心发育及抑制好奇心、形象思维、创新力等，看似超前，

① 马陆亭．建设一流的高等学校体系［J］．中国高教研究，2009（9）：22-25，39.

其实是好心办坏事。就像一棵果树，从幼苗开始，浇水、施肥、嫁接、修枝、开花、结果、防虫、收获环环相扣，该用力时不用力不行，不该用力时瞎用力也不对，恰到好处才能事半功倍。这就需要尊重教育规律、学生身心发展规律和人才成长规律，为每个学生提供适合的、有针对性的、有效的教育，让每个学生主动、健康、生动地发展。

党和国家对人才培养有着一系列的要求，如党的教育方针，立德树人根本任务，发展素质教育，德智体美劳全面发展，培养社会责任感、创新精神和实践能力等。人才培养也是一个循序渐进、逐步提高的过程，需要细化落实，要抓住培养什么人、怎样培养人、为谁培养人的根本问题，在教育的每一阶段都要有明确、清晰和具体化的体现，不能笼统和含糊不清，每一阶段要有每一阶段的任务。

人生的扣子应当从规矩开始，新时代的教育工作需要从标准做起。教育的标准反映着对教育规律的掌握和把握程度，不同标准之间要有一定的逻辑联系，上位决定下位。制定标准的原则是宏观有序、微观搞活，体系内要相互衔接，否则大家都强调自身的重要性，会造成畸形发展，会不断产生新的不平衡不充分问题。从教育标准的逻辑递进关系看，有成长标准、学校标准、学业标准、课程标准。

因此，需要照《中国教育现代化 2035》提出的制定覆盖全学段、体现世界先进水平、符合不同层次类型教育特点的教育质量标准的要求，根据青少年身体、心理、智力发展的阶段特征，系统思考成长环节，分段制定成长标准，将标准作为发展素质教育的自然科学依据。然后再依据成长标准确立各学段的教育活动重点和教育内容模式，制定符合不同层次和类型教育特点要求的学校标准、学业标准和课程标准，在认知能力、身心发展、社会责任等方面提出相应要求。现行教育教学活动与规律、标准不一致的地方，就是今后的改革内容。

成长标准。学生分级分段的成长标准是一切教育标准的基础，要以各年龄段儿童青少年身心发育的规律为基础制定，循序渐进而非拔苗助长。成长标准是基础性工程，必须严格遵循生理、心理、教育科学的规律，真正发展素质教育，推动学生德智体美劳全面发展。立德树人是一个全面的概念，需要以德为先、能力为重、全面发展，因此是根本任务。培养什么人、怎样培养人、为谁培养人是关乎党和国家未来的根本问题，培养一代又一代拥护中国共产党领导、践行社会主义核心价值观的接班人是我国教育的神圣职责。人才不仅要有伟大理想、道德情怀和社会责任感，还要有决胜未来的能力，因此要把理论知识、实践能力、创新思维培养贯穿教育全过程。体育锻炼体魄，美育丰富感知，劳动教育就是训练孩子们为未来的工作和生活做准备，不仅如此，它们还共同对年青一代价值观的形成、智力和身心发育产生影响。

学校标准。学校标准一定要依据学生成长标准制定，按特定阶段教育活动开展的需求制定。孩子在每个年龄、教育阶段发展的重点是不同的，因此教育活动安排和教育内容模式也就不同。例如，在不同阶段需要有不同的户外活动场所设施、动手操作制作工具及实验设备等，还要有不同教育活动的时间配比安排。各级各类教育在不同阶段有自己的目标，不同学校有自己的使命定位。党和国家对人才培养的一系列要求，如立德树人根本任务，社会责任感、创新精神和实践能力培养，要在不同成长阶段、不同学校全贯通培养，是久久为功而非一蹴而就的事业。各级各类学校要有针对性地抓各学段的育人重点，各项教育活动都要跟上，学校标准需要配套。

学业标准。学业标准反映着基础教育某大类课程的培养要求，但学业标准也不是越高越好，因为学业标准盲目追高追快有可能违背规律，需要以科学严谨的态度制定标准。在凝聚共性的基础上，学业标准一定要适合、贴切，还要突出每一阶段的发展重点，在认知能力、身心发展、合作意识、社会责任等方面提出相应要求。

课程标准。课程标准体现着每一门具体课程的内容、方式、目标等要求，是学业或专业中的一环，但不能脱离具体的成长阶段。其制定一是要考虑课程之间的联系，二是要考虑本课程与其他教育活动之间的关系，三是需确定本课程涉及的知识点、技能点、能力点与培养方式。

2. 职业教育重在把握类型特点

当前，职业教育发展得到高度重视，但困惑依然存在。说重视那是国家的殷切期盼和社会的旺盛需求，因为在现代产业体系建设、制造业强国建设和经济高质量发展中，技术技能人才是稳固的基础、坚实的保障；说困惑是因为它对年轻人的吸引力依然不高，似乎较之于高等教育“创新”的高大上和基础教育“奠基”的形而上，职业教育的“技能”显得过于普通甚至有点形而下。这里既有“唯有读书高”文化传统的影响，更有我们对现代职业教育认识不足和办学模式实践单一的影响。面向未来，职业教育和高等教育是基于基础教育的国家腾飞之两翼，职业教育因素还将贯穿基础教育、高等教育、继续教育并融入人的终身发展。

职业教育是个人才智的放大器、产品质量的推进器、社会和谐的稳定器。职业教育在新时代教育的民生性作用上逐步发挥主导作用，在基础性、全局性、决定性方面已显现出巨大的增值潜能，在先导性上也将形成有力的助攻。现代职业教育需要重新定位，未来职业教育的意义将越来越凸显。

现代技术是建立在现代科学基础之上的，国际职业教育发展呈现出许多新的形式和新的变化。比如在内涵上，职业教育对基础知识理论的要求在提高，一些高学历的专业人士也开始广泛接受工作需要的技术技能培训等；再比如在制度上，素有制造业强国和职业教育强国之称的德国，于2018年底发布了《职业教育法修订草案》，提出设立“合格职业技师”“职业学士”“职业硕士”三级高等职业教育学位等，引起广泛争论。争议点包括“冲击传统职业教育理念”“向学术型学位靠拢”“容易导致忽视实践”“破坏职业资格与技能的整体性”等。具体分析，现代职业教育出现了以下新特征。

其一，与高等教育高度交叉。通识性与专业性本来就是高等教育领域争论不休的理念，现在又加进来了职业性。无疑，通识性更重视基础和知识面，专业性更重视知识结构和思维能力，职业性更重视技术熟练和操作技能，尽管它们也都注重面向实践，但毕竟有所不同。以往，职业教育和高等教育在内容、模式、层次上相对分明，而现在却大范围地交织在一起了，比如高职教育、应用本科教育、专业学位教育到底属于什么性质的教育？特征是客观实在的表现，但需要理论介入把道理说清楚。

其二，对基础教育的要求增强。随着现代技术的发展，很多技术操作更加复杂，如掌握操作维修数控机床的技术技能必须知道其原理，学习该技能的过程不仅是身体的训练，更是头脑的训练。现代技术需要遵循科学原理，不知原理，技术很难进步，而技术又是习得的，需要真实环节训练，因此理论教学和实践培训成为职业教育基本的育人方式。这些，既需要接受职业教育的学生有一定的理论基础，更需要根据情况适当延长学习年限，现代职业教育已与传统职业教育有了很大的不同。

其三，形成校内学徒制教学模式。大规模的学校职业教育，与批量生产的工业模式相联系，与规模化班级授课制度相联系，使得学徒制形式出现了变化，即从工作场地走向模拟教学。企业是追求利润的经济组织，社会人才市场又是开放的，企业一般已不再愿意主动去承担职业教育的实践教学责任；并且，教育规模庞大，企业就是有意愿也承接不了全部。因此，学校要建设自己的实训基地，建设形式可以多样，如学校自建、政府帮建、企业共建、社会参建等，以完成规模化的学生实践培训任务。这就有了师傅型教师问题，需要有一批教师真正来自企业，全职或兼职担任教师，对此应有弹性的制度安排。当然，学校内部学徒制主要是着眼于共性基础部分或特色教学实现，许多生产一线的东西还是尽量与企业合作。这就需要政府帮忙搭台，学校主动作为，努力构建教育产业、学校企业共同体，并以此为基础努力推动学徒制教学在企业的开展。学徒制模式在学校、企业双场景的大规模实施，是今后职业教育的常态，这其实也就是现代学徒制。

其四，贯穿终身学习。科技发展和产业变革，已使得职业发生了很大变化且在不断变化之中，一个人一辈子面向一种职业从事一个岗位工作的可能性越来越小。因此，年轻人从小就应该结合自己的个性特征接受一定的职业倾向、职业意识教育和一般性社会技能教育，在高等教育中除提高专业能力外也要注重培养相关的工作通用技能，在工作后更是要结合岗位需求不断提高业务能力和成长性工作技能。由此可见，职业教育、技术技能学习已经突破了原来狭隘的概念，将伴随人的一生，即使是高层次人才也需要掌握一些操作性技能以提高自己的工作竞争力。

对此不变的是，职业教育直接面对工作岗位，培养人的技术技能，需要通过练习以形成条件反射式的熟练技能，需要在真实环境中训练或在企业中进行；变化的是，现代职业教育需要在一定的知识理论基础上进行或以科学原理为支撑实施，需要应对技术技能的迅速变迁，需要从面向部分人到面向人人。

因此，职业教育的类型特点为：毕业生在工作岗位上应对工作内容的变化少，即从事的是条件反射式或经验式的熟练工作，作为对比，专业教育需要应对的变化多，即要思考的内容多。层次特点为：由学习者完成学业要求所需要的受教育年限即所学内容的复杂性决定，复杂性增强，受教育年限必然上升，学历层次自然上升。办学模式为：理论教学和实践培训相结合，学校教育与企业实训相结合。

3. 高等教育重在做好分类评价

在高等教育领域，重要的就是理论型人才培养和应用型人才培养的区别，进一步地说就是普通高等教育和职业高等教育的区别。当前我们实践上的困惑在于职业教育和高等教育交织在一起了。

仅就职业教育和高等教育这两个概念而言，相同点是：它们都是面向社会的教育，都需要形成可以显现出来的工作能力；能力的构成要素也是一致的，均由知识、思维力、技能基本要素构成，都需要进行系统的理论学习和实践训练。不同点是：职业教育是培养面向岗位的技术技能人才的教育，高等教育是培养面向特定领域的高级专门人才的专业教育；通过职业教育主要形成操作性技术技能，而通过专业教育需要形成较高的思维能力；它们都要有理论学习和实践训练的教学环节，但侧重点即要求比例不同，差异主要表现在理论和实践的匹配关系、主导方向和培养目标上。专业教育更多地关注思维力培养，职业教育更多地关注技术技能培养。

所以，将中职与高职或部分本科高校联通，将高职与职业型本科高校、应用型高校甚至研究生专业学位联通，是合乎情理的，但需要注重特质变化的影响。需要注意的是，尽管职业教育需有升学通道，甚至通道也会越来越宽，以体现终身教育原则，但是，各级职业教育面向社会就业培养人才的方向不能变，升学方式、考试内容等要与普通教育明显不同。

高校分类评价是推动高等教育高质量内涵式发展的指挥棒。我国高等教育已经进入普及化阶段，多样化特征更加明显，扎根中国大地办学、迎接科技革命挑战、服务民族复兴伟业成为时代命题。不同类型高校在人才培养、学科建设、社会服务、文化引领等方面，履行着不同的使命职责，职能定位不尽相同，侧重方面也不同。对高校进行分类评价，将有利于各高校找准定位，扭转发展的同质化倾向；有利于建立合理的绩效管理机制，激发高校办学内生动力；有利于培养各类高质量人才，满足经济社会多元需求；有利于高等教育实现内涵式发展，提升高校服务国家发展的能力。

近年来，“双一流”建设和现代职业教育体系建设并举，两个体系的高等教育格局逐渐显现。新兴研究型大学得到发展，部分高校向应用型转型，职业型本科高校等新型办学形式涌现，各省市纷纷构建自己的高教体系和分类框架。虽然高等教育和职业教育如何交织的实践路径并没有完全明确，但各自在发展方向上分属不同类型的思想认识正在逐步统一。面对时代要求，高等教育重在提升国家发展的创新能力，职业教育重在与社会产业相结合，当然如前所述，它们有一定的交融。

依据教育等级、资格证书、学科方向、教学安排等，联合国教科文组织对各国教育层次和类型划分进行指导。在高等教育阶段，分为第五、第六两级，第五级包括专科、本科、硕士教育，第六级为博士教育。第五级又分为 5A、5B 两类，5A 为理论型教育，5B 为职业技术型高等教育。5A 又进一步细分为 5A1 与 5A2，5A1 按学科设专业以为研究做准备，5A2 按行业设专业以满足产业高技术发展的要求。这种划分很有借鉴和指导意义。

因此，对未来高等学校体系架构的设想，总体是遵循现有的高等学校改革框架和借鉴联合国教科文组织的分类方法，将我国高等学校分为三大类：理论型、实践型和职业型。现有的“双一流”建设高校涵盖理论型和实践型高校，向应用型转型的高校将包括实践型和职业型，职业本科高校显然属职业型，部分地方本科高校也可以是理论型的。当然，这是一个粗线条的划分，各种类型高校之间有可能会产生“光谱地带”，但方向导向还是需要明确的。

相对于现在的教育模式，改革的方向是：理论型高校要明显加强对学生的思维能力训练，实践型高校要加强综合应用能力特别是我们过去经常提到的工程实践能力训练，职业型高校要侧重动手操作能力训练。它们的教学安排即理论分析、实践运用、动手操作安排的学时比例明显不同，以此作为三类高校的分野，而不是唯层次论。

依据职能确立高校评价的一般标准和标志因子。根据高等学校的人才培养、科学研究、社会服务等职能，体现扎根中国大地办大学。先确立通用评价指标，然后根据某类高校的显著特点，寻找评价指标中的标志因子。如在科研经费获取上，理论型高校主要体现在获取国家科研基金类项目的能力，实践型高校综合体现在从科研基金、部委系统和大型企业获取经费的能力，职业型高校则体现在从社会获取的横向经费数量上。

三、“十四五”时期教育结构体系调整的重点

调整优化现有的教育结构体系是需要先行开展的工作，主要方向是以解决现实问题和实现现代化目标为导向，建立起符合新时代要求、满足社会发展需要、科学合理的教育结构体系。今后一个阶段的重点内容，涉及普职结构调整，社会、线上、家庭教育融合，教育国际化的影响，以及以此为基础的各级各类各形式教育的衔接与沟通。

1. 普职结构调整

从理论上讲，随着我国产业结构的调整、新兴行业的崛起，对技术工人和高技能人才的需求量大大增加，而目前我国技术工人的培养却远远不能满足企业的需求，职业教育发展的潜力很大。但从现实来看，更多学生家长倾向于让孩子接受普通高中教育而不是中等职业教育。这与我国的传统文化、职业教育办学模式有关，需要我们深入研究。

从世界范围看，大多数发达国家在高中阶段教育毛入学率达到90%以上的情况下，仍旧保持了高中阶段教育普职比1∶1的比例。如2012年经济合作与发展组织国家高中阶段教育普职比，各国平均为54.3∶45.7，其中欧盟各国平均为47.3∶52.7。[①] 而我国2019年，高中阶段教育毛入学率达到89.5%，高等教育毛入学率达到51.6%，但仍会有40%以上的高中毕业生不能直接升学，而仅仅接受普通高中教育就直接就业显然是不够的，不符合产业、社会特征。

我们需要改革教育模式，改善办学条件，提升职业教育质量，提高职业教育吸引力。当所有的年轻人在就业前都接受过高等教育或职业教育，我国的经济高质量发展才会更有保障。

2. 社会、线上、家庭教育融合

近年来，课外教育、社会培训、线上教育越来越广泛，对孩子学习、成长的影响越来越大，社会教育、家庭教育与学校教育的衔接和互补成为未来教育绕不开的话题。

学校是育人主阵地，要把该做的事情做好，同时要主动应对各种衔接问题。学校教育要严格遵循成长标准，保质保量，发展素质教育，落实立德树人的根本任务，把对学生的社会责任感、创新精神和实践能力培养贯穿教育全过程。学校做好主职主业，承担的是有限责任，要制订相关文件，不能使学校这也不敢做那也不敢做，时时刻刻把学生圈在教室里，这不符合教育规律，不利于学生成长。学校教育要加强课外活动和校外社会实践，合理确定作业量与课时量。

要建立健全课后服务制度，完善小学下午“三点半”放学的托管制度，实行弹性离校时间制，使学生离校与家长下班能够有效衔接。课后托管内容可以有多种实践探索，但优先校内事情校内解决，主要是让学生把作业做完，教师应答疑辅导，此外还可以安排开展社团及兴趣小组活动，允许少量学生在学校指导下超常发展。学校要将教师的课后服务计入工作

---

① 经济合作与发展组织．教育概览2013：OECD指标［M］．北京：教育科学出版社，2014：178-180.

量，教育行政主管部门要确定经费补偿办法，可以多元化，但要规范有序公开。

要逐步规范完善课外辅导，家长也需要多多关注孩子成长的科学性问题。人是多样化的，校内有因材施教问题，校外也有特色发展的问题，家庭教育更是润物无声久久为功的事情。校内学业可以有适当扩展，但应当是少量的和无偿的，当然学校可以也应该将此计入教师绩效工作量，但严禁教师课内不讲课外讲，开展有偿服务。而校外辅导则是市场行为，禁止是不现实的，需要解决的是疏导、规范和补充的问题。要严格校外教育培训机构的办学资质审查，同时严禁与学校招生挂钩、利益输送以及公办学校教师到校外教育培训机构任教的行为。

要关注互联网时代的教育，教学场景、教育模式将发生重大和深刻变化，人工智能将成为与人们生活息息相关的环境性要素，区块链技术将改变传统教育考核评价方式。借助互联网，家庭与学校乃至社会的界限甚至不再清晰，三者相互作用、相互融合、相互支撑，共同聚焦孩子成长。

3. 教育国际化的影响

国际化是影响教育结构体系的重要因素。2017 年我国出国留学人数首次突破 60 万人大关，2018 年度总数达 66.21 万人，增速明显，2019 年高等教育阶段来华留学在校生规模也达到 33.31 万人。这么大的体量，必然影响到国内的教育，影响到教育结构体系的状态及其调整。

当前，美国对我国的封锁和新冠病毒在全球的流行，都是影响教育国际化的重要变量。我国对外开放的大门不会关闭。新一轮科技革命和产业变革的到来，使得高新科技成为未来经济高质量发展和国际竞争合作的核心因素，创新及其产品实现愈显重要。开放是滔滔大势，经济全球化是总的趋势，各国自然禀赋和比较优势不同、资本趋利性本质存在、科技创新增加而降低社会成本的特点不变，这些都是不以人的意志为转移的客观规律。2020 年 6 月，教育部等八部门正式印发了《关于加快和扩大新时代教育对外开放的意见》，表明了我们坚持改革开放基本国策的决心。

我们对出国留学和来华留学的趋势、规模、结构要有所判断，对它们与国内教育体系的衔接和融合要有所预研。比如，面对新冠肺炎疫情暴发后大量留学生的未来学业需求，可以考虑多通道多方式建立中外高校育人合作机制：由我国高水平高校与海外高校达成合作育人协议，双方合作完成新冠肺炎疫情期间归国留学生的学业；推动现有的中外合作办学机构和项目与国外院校合作，接收因新冠肺炎疫情中断学业的留学生在国内中外合作办学机构完成学业；推动大学的国际教育学院建设，与国外大学合作开展语言教学和基础课教学等。这些都是与结构体系相关的新变化，要注重这些通道、合作的长期性和规范化建设。

4. 各级各类各形式教育的衔接与沟通

不同阶段，各级各类各形式教育的衔接与沟通的表现形式和关注重点不同，如基础教育阶段主要是学校教育、社会教育、家庭教育的衔接问题，高等教育阶段主要是向上衔接及与职业教育、终身教育搭建“立交桥”的问题。

我国经济发展达到中等偏上水平，产业结构调整加速，中等教育的社会需求旺盛，高等教育的社会需求增长迅速。从长期发展趋势看，世界各国只接受过初等教育的劳动力占总体劳动力的比例明显下降，接受过中等教育的劳动力占总体劳动力的比例最大且大致平稳或部分下降，接受过高等教育的劳动力占总体劳动力的比例在快速上升。如美国学者的研究结果表明，1960—2009 年，美国劳动力市场对常规性认知、常规性操作和非常规性操作技能的需求呈下滑趋势，而对非常规性分析和非常规性人际交往技能的需求却大幅上升[①]，说明了多元创新创造创业的重要性。

我国未来高校人才培养的层次重心将逐渐上移，本科、硕士和博士层次的人才培养规模进一步扩大。与产业分布的“三、二、一”结构相适应，就业和人才培养结构也呈现出面向“三、二、一”产业的特点。新需求催生新职业，高技能人才、专业人才、研发人员等将成为未来创新型国家建设的主力，促进人们美好生活的卫生健康与福利、人文与艺术等领域

---

① 滕珺．21 世纪人才的十大核心技能［J］．中国教师，2015（1）：69-71．

的人才将成为社会需求中的重要关切。

人才供给与需求的结构性矛盾是教育发展力求解决的永恒议题。未来的教育结构体系需要特别注意面向人才需求变化、面向经济社会高质量发展、面向社会成员的需求及终身学习来构建。

第二章　基础教育结构体系

基础教育结构是指构成基础教育体系的各个部分的比例关系及其结合形式，主要包含四个方面的内容：一是基础教育的层次结构，即基础教育各学段的结构，如学前教育、初等教育、中等教育等的结构；二是基础教育的类型结构，即不同类型的基础教育形式，如职业教育和普通教育的结构；三是基础教育的办学形式结构，即基础教育学校举办主体的结构形式，如公办学校、民办学校、国有民办学校、民办公助学校等的结构；四是基础教育的管理体系结构，即基础教育领域管理权力的配置结构，要通过相关的责任界定、运行规则予以保证，如政校关系、学校内部治理结构等。

第一节　我国基础教育结构改革面临的新形势

进入新时代，基础教育结构主要解决教育发展的四个问题。其一，不充分、不均衡的问题，教育资源总量不足及不均衡问题仍然非常突出。其二，不贯通、不衔接的问题，不同学段之间的有效衔接与贯通还没有实现，灵活程度不高。其三，不开放、不融合的问题，基于大教育观的视角，家庭、学校、社会的有效融合仍处在较低水平。其四，同质化现象严重的问题，基础教育领域学校发展仍无法回应学生的个性化需求，学校类型单一，特色不鲜明。在教育结构改革与调整的过程中，一方面要进行系统规划与顶层设计，同时应该注意为机制创生留下充足的自由空间，即给行为主体以自由，使主体能以自己的方式去实现动力、资源与路径的综合，从而实现创新发展。

一、基础教育结构的基本价值诉求

基础教育结构服务于特定的功能，因此具有特定的价值诉求。

1. 公平

21世纪初，我国基本实现了普及九年义务教育，“普九”的实现意味着在教育机会的公平方面我们已经取得了实质性的进步，绝大多数适龄儿童可以获得接受教育的机会，但距离教育过程及教育结果的公平仍较远，促进教育公平、保障公民受教育权利、实现基本公共教育服务均等化、缩小教育差距等仍然是基础教育结构变革需要解决的重要问题。从机会的公平到过程与结果的公平，教育公平的主要特点是平等、差异、补偿。对于相同条件下具有同等情况的儿童，实施平等的教育是公平的；对于有不同天赋和智力水平的儿童，给予不同的教育也是公平的；对于在身体、智力等方面有残疾或缺陷，或在家庭出身、经济背景等方面处于弱势的儿童，给予倾斜性的补偿教育同样也是公平的。教育公平不是绝对的平均，而是相对的，主要是指公民能够自由平等地分享当时当地的公共教育资源，如接受义务教育；在承认个体差异的同时允许在非基本教育权利、非公共教育资源方面予以有区别的对待；同时，应努力减少和控制影响教育公平的自然因素，清除主观造成的障碍。弱势补偿原则的主旨是立足于教育的整体利益，对弱势群体进行补偿，使其普遍地获得教育带来的收益，进而使教育的质量不断提高。公平指向多样化需求的满足。现代教育发展的历史表明，教育普及在近200年间曾经历过一个从“要我上学”到“我要上学”的转化过程。在普及教育的早期，教育更多地体现为一种外在的、强制的要求，对于个人而言则具有他赋的性质，主要表现为一种个人义务。只有当人们解决了温饱问题并产生了尊严感之后，才会意识到教育对于自我的意义，这时教育对于每个人而言，就具有了一种自赋的性质并逐步演化为一种权利。教育的这一性质转化对于个人而言意义重大，它意味着一旦教育成为每个人自身发展的内在需要时，教育对于不同的人而言，完全可能具有不同的意义，不同的个人会根据自己的利益偏好提出对于教育的不同诉求。在推进教育机会平等的过程中，任何时候都不应使学校和教师功能性或技术性地执行某种固化的平等标准，从而导致学校教育趋同，丧失创造性地促进不同学生发展的可能。

2. 质量

能否提供高质量的教育，是当前基础教育结构改革的重要价值标准。从自下而上的诉求表达看，我们当前正处于学生和家长对教育的需求从“有学上”到“上好学”转变的阶段。教育质量是教育实践活动满足社会发展需要及受教育者个体发展要求的程度。因此，教育培养的人才对社会的适应程度、受教育者个体自我发展的能力就成了检验教育质量的重要标准。在面对人与人之间的差异时，应把这种差异理解为人性的丰富性、多样性，从而在教育方面给予每个人一种可以自主选择的可能性。教育的这种可选择性是每一个人根据自己的需要在教育方面做出某种个性化选择的自由，即根据自己的需要选择最适宜自己发展的教育类型、学校、课程甚至教师的自由，使教育真正切合每一个人的发展需要。为此教育应当通过多元化的、可以让学习者自主选择的形式，满足不同人对于教育的不同需求。受教育是每个学生的基本权利，任何人都不能以任何理由剥夺这种权利。要关注学生的学习参与和发展体验。好的教育是关注学生学习的参与度和参与体验的教育，强调学生的实际获得感，从关注教师的教转向关注学生的学。联合国教科文组织在描述教育质量时坚持两个关键因素，即确保学习者认知能力的发展和培养学习者的创造力及情感。当教育赋予学生应对现实生活中多种挑战的力量时，才可以被称为“有质量的”。要扭转单纯以学生学业考试成绩和学校升学率评价中小学教育质量的倾向，关注学生的学。

3. 活力

活力即生命力，反映行为活动的活跃程度以及由此而来的活动主体的精神状态，是判断教育主体状态的重要指标。现代学校建立在标准化工业生产基础之上，以传统的职能型垂直组织结构模式为基础。在旧式的生产系统中，机器设备、产品和人之间是一种事先设计的协作，整个生产只需要通过上级层层传达指令即可，不需要下级的主动性和能动性的发挥。但是，随着消费者对产品的多样化和个性化等新需求的出现，传统层级制组织的僵化和缺乏创新等缺陷逐渐显现。随着我国基础教育的普及化，人民对基础教育服务的质量和多样化提出了新的需求，在这种情况下，传统的学校管理体制必然发生变革，需要有效激发学校和教师的活力。我国很多地区进行了基础教育办学体制改革和激发学校活力的有益探索。打破办学体制改革中的“非公即私”的思维定势，探索多元化办学模式，在公办学校与民办学校之间寻找第三条路径，增设办学体制改革试点学校。例如，混合制学校、企业基金学校等，释放权力空间，扩大学校办学自主权。同时，在有条件的学校建立学校管理委员会、学校理事会等集体决策咨询制度，探索学校内部领导机制变革。部分地区在探索教师由“单位人”向“系统人”转变的基础上，积极推进义务教育教师队伍“区管校用”改革，强化区县教育行政部门对教师的统筹管理，激发教师队伍活力，建立公共教育体系。

二、基础教育结构调整：新时代的新要求

1. 加快教育现代化、建设教育强国的新时代教育战略部署为基础教育结构的未来发展提出了新要求、指明了新方向

党的十八大以来，以习近平同志为核心的党中央高度重视教育工作，强调教育是国之大计、党之大计，对教育事业做出了一系列新的战略部署。尤其是党的十九大从新时代坚持和发展中国特色社会主义的战略高度，对各级各类教育的发展提出了明确要求；2018 年 9 月 10 日，习近平总书记在全国教育大会上明确指出“要努力构建德智体美劳全面培养的教育体系，形成更高水平的人才培养体系”；2019 年 2 月颁布的《中国教育现代化 2035》勾画了新时代推进教育现代化、建设教育强国的总体蓝图，提出了 2035 年的主要发展目标，即建成服务全民终身学习的现代教育体系、普及有质量的学前教育、实现优质均衡的义务教育、全面普及高中阶

段教育、职业教育服务能力显著提升、高等教育竞争力明显提升、残疾儿童少年享有适合的教育、形成全社会共同参与的教育治理新格局。

可见，党中央对教育的最新战略部署为新时代教育事业的整体改革与推进提出了新要求、指明了新方向，基础教育结构也不例外。未来的基础教育结构必须将加快教育现代化、建设教育强国作为其调整发展的根本目标。具体而言，应当有利于落实立德树人根本任务，有利于为每一位公民提供更加公平、优质的基础教育，有利于形成高效而有活力的教育事业新局面，有利于实现共建共享的教育治理新格局。

2. 产业结构的升级优化要求通过基础教育结构的战略性调整来满足新的人才结构要求

根据国家统计局发布的数据，我国三次产业 GDP 结构和就业人数发生了显著变化。第一、二、三产业占 GDP 的比重从 2000 年的 15.9∶50.9∶33.2 变为 2017 年的 7.9∶40.5∶51.6；2015 年时第三产业占 GDP 的比重首次突破 50%；第一产业就业率稳步下降，第二产业就业率上升后开始缓慢下降，第三产业就业率持续上升，2014 年第三产业就业率首次突破 40%。这些数据表明，我国的产业结构正在发生深刻变革，资源密集型、劳动密集型产业日渐退出历史舞台，新兴服务产业开始成为国民经济的重要支柱。

产业结构的优化升级必然会对人才培养规格和人才结构提出新的要求，即不仅需要研究型科技创新人才，更需要应用型技术技能人才，因此教育结构尤其是类型结构也亟须做出相应调整。不仅高等教育的类型结构需要优化，基础教育的类型结构也亟须调整。职业教育是技术技能人才培养与供给主体，中等职业教育是职业教育的重要根基。2014 年国务院印发的《关于加快发展现代职业教育的决定》规定，各地要统筹做好中等职业学校和普通高中招生工作，落实好职普招生大体相当的要求，加快普及高中阶段教育。然而，根据《2017 年全国教育事业发展统计公报》的数据，中等职业教育招生 582.43 万人，比 2016 年减少 10.91 万人，下降 1.84%，占高中阶段教育招生总数的 42.13%。可见，中等职业教育学生占高中阶段学生的比重仍需进一步提高，中等职业教育作为基础教育的重要类型应得到大力发展。

3. 人口政策调整与新型城镇化推进所带来的人口变动亟须通过基础教育结构调整做出教育供给侧改革

根据国家统计局的数据，2015 年宣布实施“全面二孩”政策后，2016 年和 2017 年我国出生人口和出生率有大幅提高。人口规模的变化必然引起基础教育规模的变化和基础教育资源的重新配置。根据西南大学李玲教授的研究团队对“全面二孩”政策下 2017—2035 年我国城乡常住学前教育适龄人口与在园幼儿规模以及 2016—2035 年义务教育学生规模进行的估算，2022 年以前，应将教育改革的重点放在学前教育供给规模的扩大上，以应对 2016—2022 年新增 1738.87 万名在园幼儿带来的压力；2022 年以后，则应将重点放在义务教育供给规模的扩大上，以迎接义务教育学生人数短期内迅猛增加带来的挑战。

城镇化是现代化的必由之路。1978—2013 年，城镇化率从 17.9%提升到 53.7%，年均提高 1.02 个百分点。党的十八大以来，党中央就深入推进新型城镇化建设做出了一系列重大决策部署。2014 年 3 月颁布的《国家新型城镇化规划（2014—2020 年）》提出了城镇化发展目标，即到 2020 年常住人口城镇化率达到 60%左右，户籍人口城镇化率达到 45%左右。城镇化进程加快所带来的人口迁移对教育公共服务的供给和保障提出了新的挑战，要求基础教育的城乡布局必须适应新的人口格局，如何保证义务教育覆盖全部常住人口、如何保障农村转移劳动力的职业培训等问题亟待解决。

人口规模变化要求的学前教育与义务教育规模比重的调整，以及人口迁移需要的义务教育与职业教育城乡布局的改变都表明，人口的变动亟须基础教育结构的调整与优化，以提供更加公平、更加优质的教育公共服务，提升人民群众的教育获得感。

4. 互联网、人工智能等新技术发展对教育创新的最新要求亟须通过基础教育结构的优化来实现

互联网是 20 世纪最伟大的科技发明之一，并开始成为影响教育发展的重要变量。党的十八大以来，党中央高度重视、发展和治理互联网。随着《关于积极推进“互联网+”行动的指导意见》《新一代人工智能发展

规划》等一系列政策文件的颁布，“互联网+”与人工智能都已上升为国家战略。

互联网、人工智能等新技术的发展不仅对教学形态、教育模式、教育体制等方面的创新提出了要求，同时也为其提供了可能。根据《关于积极推进“互联网+”行动的指导意见》《新一代人工智能发展规划》等政策的规定，一方面，要探索新型教育服务供给方式，包括鼓励互联网企业与社会教育机构开发数字教育资源，提供网络化教育服务；鼓励学校探索网络化教育新模式，扩大优质教育资源覆盖面；鼓励学校对接线上线下教育资源，探索基础教育、职业教育等教育公共服务提供新方式。另一方面，要大力发展智能教育，包括开展智能校园建设；建立以学习者为中心的教育环境，实现日常教育和终身教育定制化。这些要求的实现与基础教育结构尤其是办学结构和管理结构的优化密切相关，意味着未来的基础教育办学形式必须更加多元化、开放化，通过多元主体的合作、线上线下的对接，来扩大优质教育资源，满足个性化的教育需求；未来的基础教育管理必须更加扁平化、人性化，通过管理权力的下放分布和服务提供的精确优化，来促进基础教育治理体系和治理能力的现代化。

5. 基础教育发展不充分、不平衡的问题亟须通过基础教育结构的变革来予以解决

进入新时代，我国社会主要矛盾已经转化为人民日益增长的美好生活需要和不平衡不充分的发展之间的矛盾。具体到基础教育领域，不充分的问题集中体现为：虽然义务教育普及水平大幅度提升，但教育质量有待进一步提高；优质教育资源难以满足家庭“上好学”的教育需求；教育的差别化、个性化供给不足；人才培养的规格、质量、结构还不能很好地适应经济社会发展需求。不平衡的问题则主要体现为：义务教育高水平普及，已超过高收入国家平均水平，但学前三年毛入园率和高中阶段教育毛入学率都仅超过中高收入国家平均水平，学前教育和高中阶段教育仍是我国教育体系中的发展短板；教育的城乡差距、区域差距、校际差距、群体差距还比较大。当前基础教育所面临的诸多矛盾和热点难点问题，如普惠性学前教育资源不足、义务教育“择校热”、校外培训受到追捧、职业教育缺

乏吸引力等，实际上都是这两类问题不同形式的体现。

基础教育的上述问题在很大程度上是教育结构不完善的综合反映，其解决有赖于各级各类教育间的平衡与协调，尤其是要大力发展学前教育、高中教育和职业教育，通过更加合理的层次和类型结构来满足人民群众的教育需求和经济社会发展对人才的需求；有赖于办学体制的深化改革和办学模式的多样化探索，通过更加多元的办学形式结构来扩大优质教育资源的覆盖面，提供更加多样化、个性化的教育服务，提升人才培养质量；有赖于教育管理体制的深刻变革和教育治理体系的发展完善，通过更具活力的教育治理结构来实现教育资源的优化配置和教育难点问题的有效治理。换言之，基础教育结构变革是通向更加优质公平的基础教育的必由之路。

第二节　我国基础教育结构的现状与问题

本节围绕人才需求与培养结构、层次结构、区域和城乡结构、办学体制结构、课程和学习结构等几个方面具体分析我国基础教育结构的现状与存在的问题。

一、人才需求与培养结构

《国家教育事业发展“十三五”规划》提出，巩固提高中等职业教育发展水平，保持普通高中和中等职业教育招生规模大体相当，在中西部地区以中等职业教育为重点发展高中阶段教育。国务院《关于加快发展现代职业教育的决定》提出，发挥中等职业教育在发展现代职业教育中的基础性作用。但事实上，普通高中和中等职业学校的招生规模存在极大差异。

从 1985 年到 1997 年，我国中等职业教育与普通高中教育在校生比例基本维持在 1∶1；而 1999 年以后，随着高等教育扩招政策的推出，中等职业教育招生规模连年萎缩，直到 2005 年以后，中等职业教育招生规模才逐渐恢复增长。

我国不少地区普职比例已经失衡，中等职业教育发展滞后。《2015 年全国教育事业发展统计公报》显示，2015 年全国中等职业教育共有学校 1.12 万所，比 2014 年减少 676 所；中等职业教育招生 601.25 万人，比 2014 年减少 18.51 万人，占高中阶段教育招生总数的 43.0%；中等职业教育在校生 1656.70 万人，比 2014 年减少 98.58 万人，占高中阶段教育在校生总数的 41.0%。2016 年我国中等职业学校在校生占高中阶段教育在校生的比例进一步下滑至 40.25%。①

如图 2-1 所示，2014 年中等职业教育在校生数与普通高中在校生数的比值约为 0.73。2010—2014 年，中等职业教育和普通高中在校生数的比值逐渐变小，且仍有进一步下降的趋势。

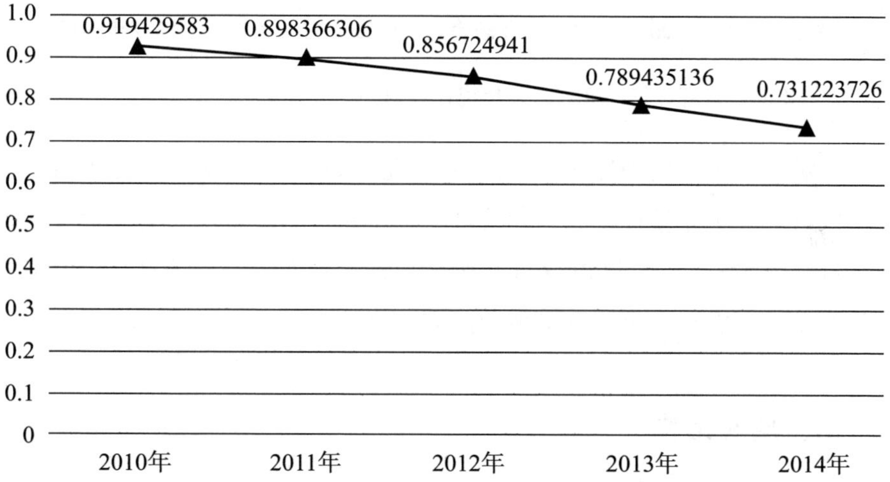

图 2-1　2010—2014 年中等职业教育与普通高中在校生数比值

数据来源：教育部发展规划司各年统计数据。

如图 2-2 所示，自 2011 年起，随着中等职业教育在校生数的缩减，校均规模也呈现出逐年递减的趋势。

① 本报特约评论员．普及高中教育亟须保障中职教育［N］．北京青年报，2017-04-07（A2）．

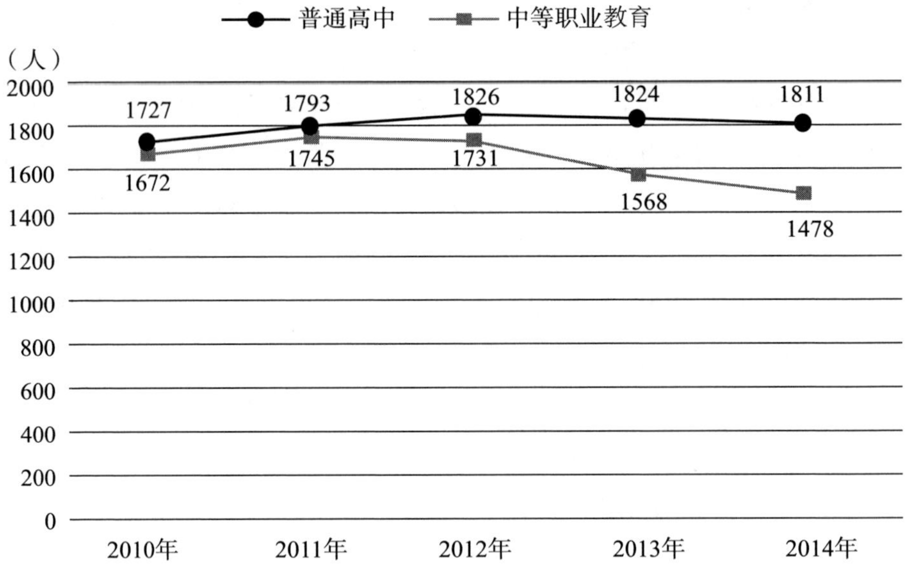

图 2-2　2010—2014 年中等职业教育与普通高中在校生校均规模变化情况

数据来源：教育部发展规划司各年统计数据。

面对普及攻坚的战略任务，如果不能保持高中阶段教育普职协调发展，任由中等职业教育发展空间被进一步压缩，必然不利于普及高中阶段教育目标的实现。① 各界对保持高中阶段教育普职比政策的认同和期待，也是国家政策决策必须认真考虑的因素。②

二、层次结构

《中国教育现代化 2035》指出，2035 年主要发展目标是：普及有质量的学前教育，实现优质均衡的义务教育，全面普及高中阶段教育。进入中国特色社会主义新时代，基础教育结构的不合理以及优质、多元的教育服务供给不足已经成为制约我国教育事业发展的主要因素。

① 钱维存．普职协调还是普职失衡：普及高中阶段教育背景下中等职业教育比例论［J］．职教通讯，2017（25）：52-55，80.

② 陈清．高中阶段职普比问题实证调查与分析［J］．中国职业技术教育，2017（21）：39-44.

1. 普惠性学前教育供给不足

截至 2014 年，中国学前教育三年毛入园率已达 70.5%，但普惠性幼儿园供给不足，导致公办幼儿园“入园难”和民办幼儿园“入园贵”的问题同时存在。统计显示，2016 年，中国普惠性幼儿园占幼儿园的比重仅为 59.6%。有预测性研究表明，未来适龄幼儿的增长主要依靠“全面二孩”政策引起的人口生育增量，并在短期内出现适龄幼儿规模扩大的现象，“全面二孩”政策从 2019 年开始对学前教育产生显著影响（见图 2-3）。①

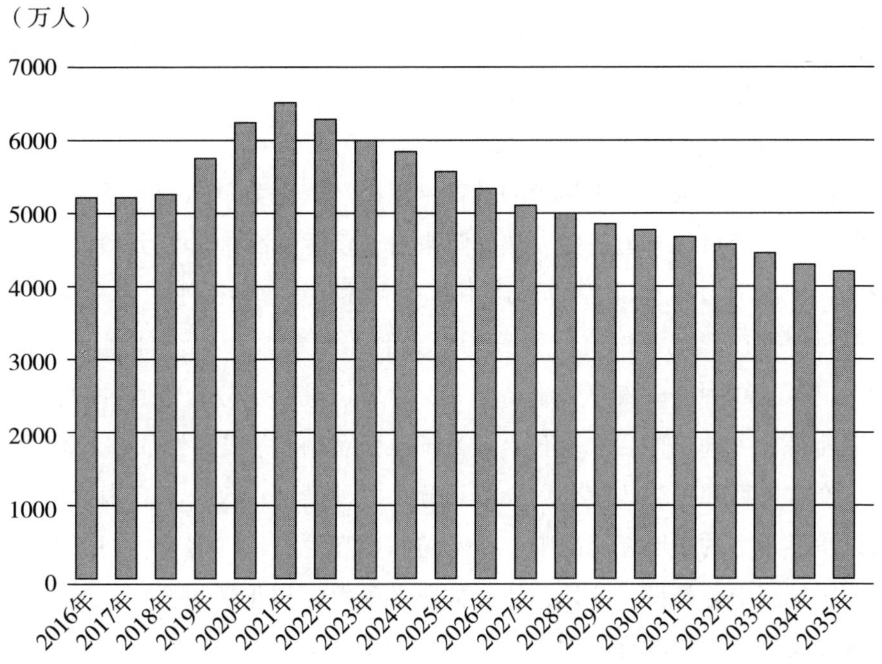

图 2-3　“全面二孩”政策实施后学前教育适龄幼儿预测结果

2. 义务教育资源配置存在失衡现象

根据《2017 年全国教育事业发展统计公报》数据，我国小学和初中

① 杨顺光，李玲，张兵娟，等．“全面二孩”政策与学前教育资源配置：基于未来 20 年适龄人口的预测［J］．学前教育研究，2016（8）：3-13.

阶段的生师比分别为16.98：1和12.52：1，按照班级规模小学不超过45人、中学不超过50人的规定，平均比例是十分均衡的。然而，另有数据显示，2017年，义务教育阶段全国存在大班额36.8万个，占全部班级的10.1%，超大班额8.4万个，占全部班级的2.3%。① 小班化教学任务仍亟待推进。

这组看似矛盾的指标，实则反映了现有教育资源配比的失衡。优质教育资源在城市的不同地区、城乡之间分布不均：一方面，重点学校的“名牌效应”仍然存在，名校的入学名额供不应求；另一方面，农村学校、薄弱学校又受到择校的影响，被动出现了小班额现象。因此，平均来看，虽然义务教育阶段的生师比看似良好，但教育资源配比失衡，导致了大班额和小班额现象共存的“矛盾”局面。

3. 普通高中教育多样性不足

目前，我国很多高中学校的教育目标已经窄化为单纯的升学，这与国家的教育发展目标背道而驰。从国际来看，俄罗斯高中学校类型包括普通中学、加深学习某些课程的普通中学、利才中学等16种之多。在日本，按照时空存在形式可以将高中分为全日制年级制高中、全日制学分制高中、定时制高中、昼夜学分制高中等，然后再进一步分为普通科和各类别的职业科，多种多样。在美国，高中阶段教育机构按照性质、教育侧重点、产权关系和招生政策等角度可划分为多种类型。仅公立高中就可划分为以学科为主的学区综合高中、技术与职业高中、特许高中、创新划区学校、虚拟高中等类型。此外，还有贯通义务教育和非义务教育、连接基础教育和高等教育的教育机构。②

---

① 田再悦，陈恩伦．新时代我国基础教育的矛盾转向及实践探新［J］．内蒙古社会科学（汉字版），2019（3）：197-202.

② 袁桂林．促进高中教育多样化发展的三个关键点［J］．人民教育，2018（2）：40-43.

三、区域和城乡结构

1. 基础教育经费投入的区域和城乡差异

为了研究的方便，根据我国各地区教育经费投入的不同特点，把 31 个省（自治区、直辖市）划分为东、中、西三个地区①。有学者对 2010 年之前 5 年的《中国教育统计年鉴》数据进行过详细分析②，发现差异首先表现在生均预算内教育事业费上，东部 12 个省份普通小学生均预算内教育事业费是全国平均水平的 1.89 倍，是中部地区平均水平的 2.33 倍。西部 12 个省份普通小学生均预算内教育事业费比全国平均水平高出 206.64 元，虽不如东部地区，却高于中部地区平均水平。相比之下，中部 7 省份普通小学生均预算内教育事业费比全国平均水平要低 535.14 元，比西部地区平均水平低了 741.78 元。在生均预算内公用经费差异上，东部 12 个省份小学生均预算内公用经费是全国均值的 1.97 倍，西部地区为 695.79 元，比东部地区低 478.24 元，而中部位居最末，还未达到全国均值水平，比全国均值低了 86.85 元。可以看出，我国基础教育投入呈现出东西高、中部低且东部比西部高的分布特点。

在基础教育经费的城乡差异上，如表 2-1 所示，2003—2013 年，义务教育生均公共财政预算教育事业费有近 10 倍的增长且公用部分增长的比重更大，乡村的增长高于城市③，城乡义务教育阶段教育经费的差异在明显缩小。

---

① 东部地区包括北京、天津、黑龙江、吉林、辽宁、山东、江苏、上海、浙江、福建、广东、海南 12 个省（直辖市）；中部地区包括山西、河北、河南、湖北、湖南、安徽、江西 7 个省；西部地区包括内蒙古、宁夏、陕西、贵州、广西、云南、重庆、四川、西藏、青海、甘肃、新疆 12 个省（自治区、直辖市）。

② 张澄．“十一五”我国基础教育投入的地区差异分析［J］．赤峰学院学报（自然科学版），2014（10）：258-259.

③ 文军，顾楚丹．基础教育资源分配的城乡差异及其社会后果：基于中国教育统计数据的分析［J］．华东师范大学学报（教育科学版），2017（2）：33-42，117.

表 2-1　义务教育生均公共财政预算教育事业费的城乡差异

基础教育类别	生均预算内公共财政经费	2003 年		2013 年		十年对比	
		城市（元）	乡村（元）	城市（元）	乡村（元）	城市	乡村
小学	事业费	812. 94	708. 39	6901. 77	6854. 96	8. 49	9. 68
	公共部分	60. 10	42. 73	2068. 47	1973. 53	34. 42	46. 19
初中	事业费	1074. 91	795. 84	9258. 37	9195. 77	8. 61	11. 55
	公共部分	127. 52	66. 58	2983. 75	2968. 37	23. 40	44. 58

数据来源：2003 年、2013 年《中国教育经费统计年鉴》。

2. 基础教育师资水平的区域和城乡差异

改革开放 40 余年来，我国义务教育阶段教师数量和质量都有大幅提高，据《中国教育统计年鉴 2017》的数据，我国普通小学（不包括成人小学和扫盲班）专任教师数量达到 5944910 人，普通初中（不包括成人初中）专任教师数量为 3548688 人；1981 年全国小学教师学历合格率为 51. 80%，初中教师学历合格率为 14. 33%，而到了 2017 年，全国小学教师中具有高中及以上学历的比例为 99. 996%，初中教师中具有专科及以上学历的比例为 99. 80%。但是，在我国义务教育阶段教师数量和质量大幅度提高的大背景下，城乡教师水平的差距仍然很大。例如，在高学历教师比例上，2017 年，全国小学教师中具有专科及以上学历（即小学教师高学历）的比例为 95. 26%，而这一比例在农村为 91. 68%；同年，全国初中教师中具有本科及以上学历（即初中教师高学历）的比例为 84. 63%，而这一比例在农村为 78. 38%。[①] 另外，在教师职称水平、年龄结构和学科结构等诸多方面也存在城乡差异。

3. 基础教育办学条件的区域和城乡差异

基础教育办学条件区域差距大，如生均仪器设备价值、生均计算机台数等指标最好区域和最差区域相差 10 倍左右。通过实证测算与评价，发

① 数据来自《中国教育统计年鉴 2017》。

展较好的是上海和北京，相对较好的主要集中在经济发展较快的东中部地区，发展较差的仍然集中在西部落后地区。[①] 同时，基础教育办学条件的城乡差距也很大。1999 年，我国城市小学危房占校舍的比例为 19. 34%，在农村，这一比例高达 80. 88%，两者之比为 1 ∶ 4. 18，到了 2010 年，我国城市小学危房比例下降至 4%，农村也降至 18. 73%，但是两者之比为 1 ∶ 4. 68，这样一来，虽然农村小学危房比例在下降，但农村小学危房比例与城市小学危房比例的比值却在上升[②]。除此之外，农村中小学还无力配备物理和化学实验室、语音教室，办学条件落后是农村基础教育质量较低的直接原因。

4. 基础教育办学水平的区域和城乡差异

学校分层在我国基础教育发展历史中具有独特的历史地位。该制度始于 20 世纪五六十年代，20 世纪八九十年代在受到社会诟病之后，重点高中制度有所调整，比如，实验性示范性高中的评比制度代替了直接命名的重点高中制度，但是学校分层的实质并没有改变。目前，全国示范性高中数量分布均匀，每个省份都拥有 3—6 所全国示范性高中，而每个省份又有几百所省市级示范中学。由于全国教育资源分布不均衡，不同省份的人口总量和经济体量不同，导致各个地区的教育竞争压力也大为不同。同时，在学校内部，又存“重点班”和“非重点班”、“尖子生”和“非尖子生”等校内分层现象。[③]

四、办学体制结构

基础教育办学体制结构是指公办民办学校结构、公办学校多样化办学结构以及管理体制结构等。

---

① 王胜华，缪小林．“双高普九”目标下我国义务教育发展的区域差异［J］．云南财经大学学报（社会科学版），2012（5）：122-126.

② 吕雪．城乡二元结构下我国基础教育公平问题研究［D］．济南：山东师范大学，2014.

③ 余凯．学校分层、英才制度与教育公平［J］．比较教育研究，2010（5）：53-57.

1. 公办民办学校结构

与公办学校相比，民办学校在办学体制和办学活力上具有较强的优越性。首先，民办学校给家长和学生提供了更多的教育选择机会。生存竞争要求民办学校必须充分满足家长和学生的需求，因此，民办学校会更加重视提高教育质量，同时适应学生和家长对教育的个性化需求。其次，由于没有政府过多的约束，民办学校拥有更大的自主权与更广阔的发展空间，可以根据自身的特点，制订符合自身需求的计划，形成学校办学特色。

据教育部统计数据，截至 2017 年，全国共有各级各类学校约 51. 4 万所，基础教育阶段共有学校约 50. 8 万所，其中公办学校 33. 1 万所，民办学校 17. 7 万所。从 2013 年至 2017 年，民办学校数量呈现逐年递增趋势，尤其是 2016—2017 年，增幅较显著（见图 2-4）。但是同时应该看到，在国家颁布营利性民办学校和非营利性民办学校分类管理的法规之后，许多民办学校面临着社会投资积极性下降以及学校经营困难等诸多问题。

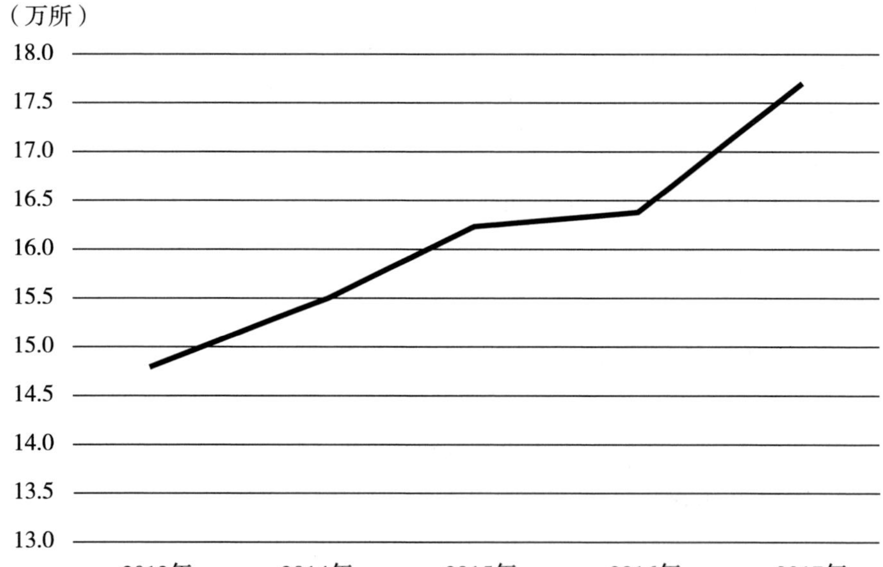

图 2-4　2013—2017 年我国基础教育阶段民办学校数量变化

2. 公办学校多样化办学结构

传统上对公办学校的统一集中管理，不仅导致学校缺乏办学自主权，还容易导致学校发展难以因地制宜、形成特色。因此，促进简政放权是一个重要问题。目前，我国在公办学校多样化办学方面进行了很多探索和创新：（1）集团化办学。总体而言，集团化办学是指两个或两个以上的学校/校区在办学及学校发展过程中，在共同的理念引领下，在一定的契约约束下形成具有规模效应的合作关系。[①] 通过对集团总校和各成员分校教育资源的重组与优化配置，通过校际开放协同、优势互补，在促进先进办学理念辐射、教育观念转变、科学管理制度共建、治理结构变革、骨干教师流动、教育资源共享、办学文化共生等方面深度合作与融合，激发强化各成员校的办学活力与优势，增强其改进与重建能力，发挥各自学校特色。[②]（2）公办学校委托管理。我国部分地区还进行了公办学校委托管理的办学模式创新。公办学校委托管理是一种市场化的改革方式，它将公办学校的管理权以合同的方式外包。[③] 因此，公办学校委托管理等于是将原本属于政府的对学校的管办评的权力交给了优质学校或者是专业机构。这种做法的效果也是令人瞩目，上海、成都的经验表明，在公办学校委托管理中，绝大多数受援学校的管理日趋规范、精细，校园文化建设别具特色，教师的专业素养大幅度提升，学生在德、智、体、美方面的发展日趋全面，课堂教学实效性、针对性增强，学校发展的可持续性已逐步形成。[④]

3. 管理体制结构

首先，中央政府与地方政府的关系。在我国基础教育领域，以往由于中央政府权力集中，地方政府的积极性没有得到充分发挥。因此，基础教育领域管理体制结构的改革首先要明确并改变中央政府与地方政府的关系。中央政府的权力要因时制宜、因地制宜地下放给地方政府，激发地方

---

① 张爽．基础教育集团化办学的模式研究［J］．教育研究，2017（6）：87-94.

② 柳国梁．义务教育集团化办学的应然特征、实然问题与对策建议［J］．现代中小学教育，2019（6）：1-3.

③ 黄学军．公立学校委托管理改革：问题与走向［J］．中国教育学刊，2010（11）：26-29.

④ 刘华锦，叶正茂．学校委托管理的内涵、举措和走向［J］．教育评论，2016（2）：71-74.

政府办学的活力与积极性，同时要保证中央政府宏观上的领导权：一方面保证地方教育能够按照大方向合理有序地发展，另一方面防止由于放权过度导致不同区域教育发展不均衡，要通过中央政府强有力的宏观调控，保证教育资源的均衡配给，公平发展。① 其次，政府与学校的关系。传统上，政府与公办学校的关系可以被看作一种高度控制型关系，无论是人员的配备，还是财政的分配，都由政府一手把控，学校只是作为一个单纯的接受者和执行者，无条件服从一切指令。但是，这种关系造成了学校办学活力缺失、对政府过度依赖等问题。目前，随着社会转型和国家推动服务型政府建设，政府需要对学校简政放权，将诸如人员配备、资金分配使用等方面的权力下放给学校，不断激发学校办学活力。

五、课程和学习结构

1. 学校规模和小班化教学

《国家中长期教育改革和发展规划纲要（2010—2020 年）》（以下简称《教育规划纲要》）明确提出，要“提高义务教育质量。建立国家义务教育质量基本标准和监测制度。严格执行义务教育国家课程标准、教师资格标准。深化课程与教学方法改革，推行小班教学”。小班化教学条件下，教师可以更多地关注每一个学生的需要，增强课程内容的差异性和选择性，为每一个学生提供适合的课程内容和发展路径，为个性化学习提供支持。② 比较学者研究数据及《中国教育统计年鉴》划分的班级规模区间，这里以 36—45 人班额为适宜的班级规模，其他班级规模则用超大班额（66 人及以上）、大班额（56—65 人）、较大班额（46—55 人）、较小班额（26—45 人）和小班额（25 人及以下）表示。2016 年，国务院印发《关于统筹推进县域内城乡义务教育一体化改革发展的若干意见》，将消除大班额作为推进县域内城乡义务教育一体化改革发展，特别是解决“城镇

① 金燕，彭泽平．新中国基础教育管理体制改革：历程、经验与启示［J］．教育学术月刊，2016（2）：61-66.

② 严必友．面向每一个：小班化教学的专业追求［J］．人民教育，2018（12）：51-53.

挤”突出矛盾的重要任务，要求“到2018年基本消除66人以上超大班额，到2020年基本消除56人以上大班额”。化解义务教育大班额和超大班额问题工作有序开展，达成了满足阶段性目标和提前一年完成最终目标任务的成果。2019年2月26日，在教育部新闻发布会上，教育部基础教育司副司长俞伟跃就化解义务教育超大班额问题的有关情况指出，根据全国教育事业发展统计数据，2018年，全国义务教育阶段总班数375.49万个，其中，大班额有26.50万个，占总班数的比例为7.06%；超大班额有1.87万个，占总班数的比例为0.50%。相比2017年，全国义务教育大班额减少10.3万个、减少了28.00%，超大班额减少6.7万个、减少了78.18%，如期实现了2018年底基本消除超大班额（控制在2%以内）的工作目标。俞伟跃介绍，分学段来看，2018年全国小学共有班数275.39万个，大班额比例为6.49%，比2017年下降2.42个百分点，超大班额比例为0.47%，比2017年下降1.62个百分点；全国初中共有班数100.10万个，大班额比例为8.62%，比2017年下降4.98个百分点，超大班额比例为0.59%，比2017年下降2.53个百分点。分区域来看，东、中、西部地区大班额比例分别为4.97%、9.42%、7.16%，分别比2017年下降2.21、3.67和3.51个百分点；超大班额比例分别为0.39%、0.87%、0.23%，分别比2017年下降1.28、2.46、1.93个百分点。分省域来看，2018年全国已有30个省份将超大班额比例控制在2%以内（湖北为2.07%），25个省份的超大班额比例已经下降到0.5%以内；2018年全国已有14个省份的大班额比例控制在5%以内，其中北京、天津、浙江、上海已经消除了56人以上大班额。[①] 2020年12月10日教育部新闻发布会宣布，截至2019年底，全国义务教育大班额、超大班额比例比2015年分别下降了10.1个、4.8个百分点，降至3.98%和0.24%，提前一年完成基本消除大班额（控制在5%以内）的目标任务。同时，教育部指导各地实施消除普通高中大班额专项规划，全国

---

① 陈梦谣．教育部：2018年如期完成化解义务教育超大班额任务［EB/OL］．（2019-02-26）［2021-09-20］．http：//www.moe.gov.cn/fbh/live/2019/50340/mtbd/201902/t20190227_371419.html.

普通高中大班额比例比 2015 年下降了 17.91 个百分点。①

2. 教师教学方式

新一轮基础教育课程改革作为新中国成立以来规模最大、影响最远、辐射面最广的一次课程文化变革活动，标志着我国基础教育课程范式的时代转换。《基础教育课程改革纲要（试行）》规定，要改变课程实施过于强调接受学习、死记硬背、机械训练的现状，倡导学生主动参与、乐于探究、勤于动手，培养学生搜集和处理信息的能力、获取新知识的能力、分析和解决问题的能力，以及交流与合作的能力。本次课程改革所倡导的教师教的方式主要有三种：对话教学、理解教学及反思教学②。新课程改革以来，我国传统的教学方式已经逐步转变，但课堂上“满堂灌”“一言堂”现象仍然存在，教师以分数为导向，强调学生对知识点“死记硬背”，导致学生“高分低能”的问题仍然不少。在改革背景下，各种新型的教学方式和学习方式（如对话式教学、合作式教学、探究式学习、自主式学习等）如雨后春笋般涌现，受到了广大教师和学生的关注与重视。新型的教学方式和学习方式克服了传统机械、僵化、陈旧、呆滞、刻板、封闭的教学方式和学习方式的流弊与沉疴，给基础教育教学实践带来朝气和活力。

3. 弹性学习和选修课程

弹性学习是在信息时代学习者学习方式增加、获取知识的途径越来越丰富的情况下提出的。弹性学习可以使学习者运用多种方式建构知识，以便对发生根本变化的情境做出适宜的反应。在弹性学习的情境下，学习者可以自主确定学习目标和学习进度，按照学习需要选择各种学习资源和学习环境，有效运用各种学习方法和认知工具，按照自己的个性特长和兴趣

---

① 周培培，李志贵．教育部：提前一年完成目标任务“十三五”期间我国城镇义务教育大班额基本消除［EB/OL］．（2020-12-10）［2021-09-20］．http：//www.moe.gov.cn/fbh/live/2020/52763/mtbd/202012/t20201210_504691.html.

② 靳玉乐．新课程下的教学方式转变［M］．重庆：西南师范大学出版社，2012：11.

爱好进行学习。[①] 目前，中小学的弹性学习主要包含两个方面的含义。一是“弹性离校”。在实践层面，南京市率先进行了“弹性放学”试点。2018年12月20日发布的《教育部简报》指出，南京四年试点探索、两年全面推行小学“弹性离校”，有效解决课后“三点半”难题。从2019年春季学期开始，南京市支持鼓励各小学进一步丰富“弹性离校”服务内容。除组织集中写作业、看课外书等活动之外，积极借鉴栖霞区先行探索经验，充分利用校内外资源，成立科技、体育、艺术等兴趣小组，组织开展社团活动。[②] 二是“弹性学制”。“弹性学制”指学习年限有一定的伸缩性，教育内容有一定的选择性的学校教育模式。它是在承认学生身心发展不平衡、学习能力有所差异的基础上，在规定最基本的学业标准的前提下，使学生有不同的学业选择的一种学制类型。弹性学制有助于给既有的教与学系统注入新的活力。在实践层面，如上海实验学校实行十年一贯弹性学制。十年一贯弹性学制主要呈现以下三方面特征[③]。第一，学制的年限弹性特征。允许学生在完成学业、获得良好发展的前提下十年毕业，也允许学习节奏慢一些或中途发展其他潜能的学生最长十二年毕业。第二，学制的一贯性特征。虽然学制安排是小学四年、初中三年、高中三年，但从小学到高中全程贯通，为特需课程提供了“无缝衔接”的支持体系和保障。学校从小学阶段开始为每个学生提供“个性图谱”，并坚持记录到高中。第三，学制的跨学段弹性特征和保障功能。拥有某方面个性特长的学生可以实行灵活对接的跨学段弹性学习。学校充分利用自身初中升高中免试直升的优势，为初中三年级学生开设直升特需课程。在每年的5—6月，学校为这些学生提前开设多样化的高中特需课程，搭建初高中无缝衔接平台，具体包括为初中三年级学生提供8周或4周的抽离式中短期课程，提供满足不同个性需求的课表，由高中段教师提前介入初高中衔接课程，等等。

---

① 尤殿龙，申利民，欧新菊．弹性学习的内涵、框架和应用研究［J］．电化教育研究，2010（10）：32-36.

② 佚名．南京“弹性离校”再获点赞［J］．课程教学研究，2019（2）：95.

③ 徐红，陆如萍．个性化培养：让每一个孩子成为与众不同的自己［J］．中小学管理，2019（1）：21-24.

第三节　国际基础教育结构改革的趋势

一、基础教育的层次结构上下融通，灵活多样

基础教育的层次广泛，包括学前教育、初等教育、中等教育，也可以划分为义务教育和非义务教育。每个国家根据国情确定了适合自己的义务教育制度，对于义务教育的财政、课程内容、教师资源都进行了明确的规划，并根据学生发展的不同方向为学生提供了多种类型的中等学校。

1. 学制结构上通下达

20 世纪后半叶，世界各国根据自己的国情进行了学制改革，形成了在结构上互相衔接、上下沟通的学制系统，并且随着时代的发展和学生的年龄、个性、特点的变化不断调整，使其结构更加合理。

日本的初等教育制度从 19 世纪 70 年代开始确定，以《学制》的颁布为标志，确立普及初等教育制度。从 1900 年颁布的《改正小学校令》，到 1907 年的《再改正小学校令》，再到 1941 年的《国民学校令》，日本义务教育年限也经历了从 4 年到 6 年再到 8 年的一系列改革，最后确立义务教育的年限为 9 年。1997 年日本的《教育改革计划》制定了面向 21 世纪的日本教育改革的总体目标。2001 年 1 月日本文部科学省发布《21 世纪教育重生计划》，指出为适应国际化、信息化的要求，学制要关注培养个性，完善生涯教育，学校教育应多样化、弹性化。

2. 学前教育机构公私并存、名目繁多

发达国家的学前教育根据幼儿的年龄对幼儿园进行了分类，一般以 3 岁为分界线，3 岁之前儿童进入保育学校，3 岁以后进入幼儿园。

在美国，学前教育阶段公私立机构并存，名目繁多。学前教育机构主要有两类：保育学校和幼儿园。保育学校招收 3—5 岁幼儿，主要任务是

促进儿童体、智、德、美充分发展，主要有三种类型：(1) 为服务教学和科研设立的各级学校附属型；(2) 为缓和阶级矛盾而给贫苦儿童办的补偿型；(3) 民间团体、福利机构、教会、私人举办的私立型。幼儿园作为公立学校系统的组成部分，主要招收4—6岁的幼儿，注重智育。

3. 初等教育实行分段教学

发达国家根据学生年龄不同而在初等教育阶段设置不同的教学阶段，同时根据年级不同而制定不同的教学目标。

法国的初等教育是义务教育的基础阶段，也称为基础课程教育。它把基础学校或小学（一至五年级）分成三个阶段：第一学年为准备阶段，第二、三学年为基础阶段，第四、五学年为中级阶段。基础学校的课程设有法语、算术、启蒙课（包括道德、史地、观察练习、绘画手工、唱歌、指导活动）和体育等。对基础学校的学生不布置家庭作业。

4. 中等教育阶段实施学生分流

世界各国的中等教育的一个重要功能是进行学生分流。在中学阶段，学生可以根据自己的兴趣和学校老师的指导，选择适合自己的中学类型。

美国的中等教育属于单一型结构，中学有公立和私立两种，公立占绝对多数。美国普通中学的主要形式是综合中学，主要职能包括：(1) 为所有学生提供普通教育；(2) 为大多数学生提供职业技术教育；(3) 为有才能的学生升大学打好基础。综合中学担负着升学和就业双重任务。综合中学从高中阶段开始分科，主要分为：为升学做准备的学术科、为就业做准备的职业科和培养非熟练工人的普通科。

二、基础教育的类型结构多元化

1. 以学生需求为导向，高中类型多样化

为满足学生的发展需要，发达国家的高中分化出很多类型，承担起学生分流的职责，并给予学生一定的指导。法国高中特色明显，根据其专长，可分为普通高中、技术高中和职业高中三种。其中，普通高中又有文科、经济与社会科学、理科三个方向；技术高中有第三产业科技、工业科技、实验室科技、社会医疗科技等方向，特色彰显，为有不同需要的学生提供合适的选择。美国综合中学在高中阶段实行分科，一般分为学术科、职业科和普通科三科。

2. 满足学生的多样化选择，普通教育与职业教育相互沟通

德国的双元制是由16世纪和17世纪的星期日学校发展起来的，到20世纪70年代后，双元制进入快速发展时期，实现普通教育和职业教育之间相互沟通，为学生提供了更多的选择和机会。德国的双元制是由政府对职业教育进行宏观管理，学校、行业主管部门和生产单位组织实施的三重负责制的教育模式。所谓双元制职业教育，是指学生在学校接受理论学习的同时，又在企业接受实践技能培训。接受双元制培训的学生，具备双重身份：在学校是学生，在企业是学徒。企业的技能培训是双元制教育的主体。近年来，德国又出现了第三种培训形式，即跨企业培训。学生在接受企业培训和学校教育的同时，每年抽出一定时间到跨企业培训中心接受集中培训，作为对企业培训的补充和强化。

3. 法律保障职业学校分类发展

美国在职业教育发展过程中，通过颁布一系列法律，如《史密斯-休斯法》《国防教育法》《职业教育法》，保证职业教育的发展。在法律推动下，美国实施职业技术教育的学校类型包括：（1）职业技术中学。这种学校多设在大城市，招收初中毕业生，学制四年，培养中等技术人才。这类学校所设课程广泛多样，与社会需要紧密结合。（2）综合中学职业科。综合中学一般从九年级开始提供职业技术教育。（3）私立的和工厂企业办的职业技术学校。工厂企业自办的职业技术学校，多数是对它们自己新招的职工进行“上工前”的训练，内容简短，训练时间不超过半年。

三、基础教育的办学形式公私并举

1. 学校基础设施的公私合作模式

引入私人部门改善公共教育基础设施，正日渐成为教育部门广泛采用的一种方式。学校基础设施公私合作的通常做法是政府部门特许私人部门

负责对诸如教学楼、宿舍或整所学校的公共设施进行筹资、建设。基础设施建成之后在一定合约期内由私人部门负责经营和管理，政府部门则按期付费租用，使私人部门获得资金收益回报，直至合同期满后免费移交给项目方的公共部门。

英国实施“私人融资计划”（PFI）的公私合作制。在学校基础设施项目中，私人部门根据与政府部门的合约负责学校基础设施的融资、建设和管理等。合约一般持续长达 30 年，不同项目合约结构差异较大。在英国最为常用的合约模式中，私营合作方通常为一个公司，其根据当局和学校或是学校计划书的规定，承担设施提供和长期经营的任务。在规定的合约期内，私营合作方可以根据绩效表现获得公共财政的定期付费。私营合作方所获费用与其完成的业绩目标挂钩，业绩目标未完成则可能导致支付额度降低。合约期满后，私营合作方将设施转交给政府。

2. 公立学校的公校民营模式

公校民营或称公校私营，是指把公立学校的管理或公立学校某些方面的管理以合约的形式转由私人负责。公校民营计划下学校仍是公有，仍由政府负责经费，但相对独立于公立教育系统，由私人部门根据合约经营和管理学校，私人部门在学生教育、管理、资金使用和人事等方面享有相当大的自主权。作为获得拨款和相对自主权的条件，私人部门通常需要与政府签订合约，合约通常对学校经营的职责和目标等做明确规定，内容涉及学校经营目标、经费使用、教学时间、学生评价以及教育、业绩或管理指标未达成时的惩处和合约终止的情况等。此外，私人合作方必须接受相应部门的监督和检查，配合政府收集教育指标信息，进行业绩评估。公校民营的私人合作方通过竞标程序选择，私人合作方通常是私营公司、具有良好声誉的其他学校、非政府组织或高校等。

美国特许学校是由州政府立法通过的，以特许状、特许合同形式特别允许教师、家长等社区成员作为学校的承办者负责学校的经营管理，或是以特许状的形式将学校的经营权转交给其他营利性或非营利性团体，但学校仍然是由公共资金投资的公立学校。私人承办者根据特许合同的规定经营特许学校，特许学校在很大程度上不受传统公立学校规则的约束，拥有相当大的自治权，但要为办学结果负责。美国各州特许学校的经营期一般为3—5年。

3. 协议供给模式

协议供给指公共部门与专门的服务提供者（通常为私人公司）签约，由它们使用自有的教育设施来提供双方认定的服务。这种服务供给的让渡协议已经从传统的非核心领域向教育教学的核心服务扩展，私人部门介入了与教育紧密相关的辅助性的专业服务，甚至是教育服务本身的供给。英国1998年的《学校标准和框架法案》授予中央政府对地方教育当局履行职责不力时进行干预的权力。地方教育当局一旦被负责学校监察的教育标准办公室的报告评估为不良时，职责“让渡”合约就可能产生。为了提高效率，教育当局与私人部门签约，由私人部门负责提供一些或大部分的服务，形成自发的职能“让渡”。

4. 教育券模式

教育券是政府发给父母用于子女就学的一定额度的资金凭证。在教育券模式下，学生可以在规定的范围内选择学校并用教育券支付学费，不再被指定学校分配入学。教育券分为面向全体学生的“普遍性教育券”和面向特定群体的“定向性教育券”，私立学校和公立学校一同争取教育券，家长可以在规定的公立学校和私立学校之中选择。在实施方面，不同国家在计划方案的设计和教育券获取资格上有不同的规定。1989年美国威斯康星州议会通过密尔沃基市家长选择计划，它通过教育券对家庭相对贫困的学生选择就读密尔沃基市私立学校提供财政支持。教育券面向幼儿园至十二年级的学生。申请者必须是家庭年收入不超过联邦贫困线1.75倍的密尔沃基市居民。

四、基础教育的管理结构呈现自主性提高的样态

第二次世界大战（以下简称“二战”）后，各主要发达国家基础教育管理结构都经历了一系列改革，虽然具体政策措施有所不同，但又具有一些共同趋势，即教育管理权力下放、扩大学校自主权、强调教育因地

制宜。

例如，法国地方教育行政部门的主要任务，一是配备代行教育部长职务的大学区总长和大学区督学，实行从中央到地方的垂直领导；二是负责省和市、镇、村立学校的设施、设备方面的行政事务。从1979年权力下放以来，大学区督学在初等和中等教育方面的权力加强了。在初等教育方面，大学区督学主要负责教师的管理和培训。在中等教育方面，大学区督学主要负责管理初中。1985年后，初等学校的管理权下放到市、镇教育行政部门。美国颁布的《让每个学生取得成功法案》，在课程结构、课程内容、课程实施与课程评价等方面做出调整，实现课程共有。美国削弱联邦管理课程的权力，以地方教育当局为主，建立适合当地的教育体系。

第四节 未来基础教育结构基本框架和建设策略

一、基本框架

1. 适应现代化人才培养需要，大力加强中等职业教育，有机结合普职教育

从教育现代化发展的需要出发，加强中等职业教育建设，实现普通教育和职业教育两种教育类型的有机结合、协调发展，构建灵活开放、渠道互通的学制系统。

以发展中等职业教育为普及高中阶段教育和建设中国特色职业教育体系的重要抓手，保持高中阶段教育普职比大体相当，使绝大多数城乡新增劳动力接受高中阶段教育。服务建设现代化经济体系和实现更高质量更充分就业需要，对接科技发展趋势和市场需求，优化中等职业教育的学校、专业布局，改善中等职业学校基本办学条件和办学质量，科学配置并做大做强职业教育。深化中等职业教育办学体制改革和育人机制改革，实现从

追求办学规模向强调办学质量的发展路径转变，鼓励和支持社会各界特别是企业积极支持职业教育，形成政府统筹管理、社会多元办学的职业教育办学格局，使职业教育成为企业社会参与、专业特色鲜明的类型教育，为促进经济社会发展和提高国家竞争力提供高素质劳动者与技术技能人才。

加强省级统筹，建好办好县域职教中心。建立面向民族地区、贫困地区和残疾人的职业教育政策、金融支持制度，落实职业教育东西协作行动计划。完善招生机制，深化产教融合校企双元育人，建立双师型教师队伍，健全职业教育办学质量督导评价制度。

建立完善的职业技能证书等级制度和职业培训补贴政策，建立职业教育弹性学习及继续教育制度，建立健全国家学分银行制度和学习成果认证制度，畅通职业教育和普通教育之间的转换渠道。鼓励中等职业学校联合中小学开展劳动和职业启蒙教育，将动手实践内容纳入中小学相关课程和学生综合素质评价。鼓励支持面向初高中毕业未升学学生、退役军人、退役运动员、下岗职工、返乡农民工等群体开展形式多样的职业教育。

2. 以立德树人为根本任务，各学段有重点地优质发展

以立德树人为根本任务，以培养德智体美劳全面发展的社会主义建设者和接班人为目标，结合各学段的办学特征和具体育人目标，有特色、有重点地进行结构体系建设，提供优质均衡的基础教育公共服务。

学前教育阶段，全面普及三年学前教育，建成覆盖城乡、布局合理的学前教育公共服务体系，形成完善的学前教育管理体制、办园体制和政策保障体系，以农村为重点提升学前教育普及水平，以公办园和普惠性民办园为学前教育公共服务的实施主体，为幼儿提供更加充裕、更加普惠、更加优质的学前教育。

义务教育阶段，健全控辍保学工作责任体系，提升县域义务教育均衡水平。建立义务教育学校标准化建设长效机制，在实现县域义务教育基本均衡基础上，进一步推进优质均衡发展。建立基于适龄儿童少年人口数量测算的学位供给规划系统，在达到办学标准的基础之上，因地制宜地合理规划配置各类教育资源。加强全纳教育，建立完善的特殊儿童融合教育机制，建立医教结合制度。实现随迁子女入学待遇同城化，完善随迁子女异

地升学考试制度。实现困难群体帮扶精准化，健全家庭经济困难学生资助体系。

高中教育阶段，大力推进高中教育普及，促进中等职业教育和普通高中教育协调发展，鼓励普通高中多样化有特色发展。全面扭转片面的应试教育倾向，落实立德树人机制。保证高中阶段普职比大体相当，以综合高中、普职融通班、普职融通证书、学分银行等具体改革举措，因地制宜地建立中等职业教育和普通高中教育之间的联通与转换渠道。在课程教材改革的推动下，建立全面而有个性发展的教育教学模式，建设完善选课走班教学管理机制、教育评价和考试招生制度，有效保障师资和办学条件，形成多样化有特色的高中学校发展格局。

3. 城乡、区域教育因地制宜，有特色地均衡发展

根据地域之间与城乡之间的具体差异和教育发展需要，分类制定教育发展规划，定向投放教育资源，实现基础教育有特色的均衡发展。

着力补齐西部地区与乡村地区教育短板，逐步缩小区域间和城乡间教育的差距，力促西部与乡村教育振兴。完善面向西部地区和乡村地区的教育财政政策、教师政策和招生政策，实现基于科学测算的教育经费、资源和师资定向扶助，实现西部地区和乡村地区基础教育快速均衡发展。建立相对灵活、因地制宜的基础教育学校布局规划标准，改善农村幼儿园、中小学校和教学点的办学条件，保障偏远地区、农村地区和民族地区适龄儿童少年就近入学权利。鼓励乡村学校挖掘民俗文化资源，进行特色发展。大力发展涉农中等职业教育，为产业兴旺提供本地人才支撑。持续开展西部地区和乡村地区学校信息化建设，加大教学软件开发和教学资源库建设，建设城乡教育优质资源的在线共享生态，促进教育公平发展。建立健全面向留守儿童和寄宿学生的生活辅导教育、心理健康教育和家庭教育指导体系。

进一步加快基础教育均衡发展，实现基本公共教育服务均等化。经济社会发展水平具有优势的地区率先实现基础教育优质均衡发展目标。在加大教育资源投入的同时，以积极的办学体制改革创生优质教育资源，提升基础教育特别是义务教育阶段的校际均衡水平，鼓励学校在均衡基础之上

的内涵式特色发展，实现择校乱象的有效治理。引导家长树立正确的教育观念，缓解家长的教育焦虑，切实减轻中小学生课业负担。合理规范并联合政府各部门加强教育监督执法，有效引领校外培训机构规范发展。加大对随迁子女平等就学权利的保障。

4. 建立现代教育治理体系，构建多样化、有活力的办学体制

建立政府、学校、社会多元主体积极参与、协调发展的现代教育治理体系，提升教育法治化水平，以办学自主权的合理下放充分激发学校办学活力，提升学校办学质量。

构建完备的教育法律法规体系，健全教育法律实施和监管机制。科学规划、合理使用教育立法资源，适应教育改革与发展的需要，修订已有教育法律并制定“学校法人法”“终身学习法”等法律。建立各类教育主体充分协商对话、民主参与的教育立法制度，在服务型政府建设中加强教育行政执法力度，健全教育领域的权利救济制度。

提升政府的教育管理服务能力，明确各部门在教育治理中的职责权限，变无限政府为有限政府，突出政府的督导职责和服务功能。提升政府综合运用法律、标准、信息服务等现代治理手段的能力和水平。制定具有弹性的学校管理制度，在保留教育行政部门对学校进行宏观管理的权限的同时，在教师招聘、人事任免、绩效工资等方面予以突破，赋予学校更多办学自主权，以释放学校办学活力。

学校构建与其办学自主权相适应的内部治理结构，建立现代学校制度，提升自主管理能力。减少管理层级，实现管理结构的扁平化；重构治理主体，建立由学校行政管理者、教师、学生、家长、社区多方参与的多元合作治理框架；依法治校，并积极使用信息化和专业化治理工具，提升学校治理效能。

在坚守教育公共性的前提下，鼓励社会力量参与公共教育服务。支持民办学校按照非营利性和营利性两种组织属性开展现代学校制度改革创新。在政府服务供给效率不高的地方让市场主体发挥积极作用，以政府购买教育服务等多种形式的公私合作促进优质教育资源的创生与均衡供给。推动社会参与教育治理常态化，建立健全社会参与学校管理和教育评价监

管机制。

二、未来基础教育结构建设策略

1. 以优质教育的生成和均衡供给为目标，合理规划行动方案

为保障基础教育结构体系建设工作的顺利开展，需要以优质教育的生成和均衡供给为目标，结合不同教育类型、不同学段、不同区域、不同社会领域和不同主体的差异化发展需求，将结构体系建设工作与教育现代化建设工作、基础教育综合改革工作、教师队伍建设工作、教育法治建设工作等系列教育改革发展工作相结合，合理规划行动方案，进行有针对性、差异化、有重点的政策和资源供给。

2. 加强经费投入，优化经费结构，为基础教育结构调整提供物质保障

需健全保证财政投入持续稳定增长的长效机制，确保财政一般公共预算教育支出逐年只增不减，确保按在校学生人数平均的一般公共预算教育支出逐年只增不减，保证国家财政性教育经费支出占国内生产总值的比例一般不低于4%。依法落实各级政府教育支出责任，完善多渠道教育经费筹措体制，完善国家、社会和受教育者合理分担非义务教育培养成本的机制，健全支持和规范社会力量兴办教育的财政补贴与奖励扶持机制。优化教育经费使用结构，全面实施绩效管理，建立健全全覆盖全过程全方位的教育经费监管体系，全面提高经费使用效益。

3. 加强教师队伍建设，为基础教育结构优化和功能发挥提供人才保障

需加强高素质专业化创新型教师队伍建设。大力加强师德师风建设，推动师德建设长效化、制度化。以《中华人民共和国教师法》修订为抓手，完善教师资格体系和准入制度，健全教师职称、岗位和考核评价制度，明确义务教育阶段公办学校教师的公务员身份。健全以师范院校为主体、高水平非师范院校参与、优质中小学（幼儿园）为实践基地的开放、协同、联动的中国特色教师教育体系，强化职前教师培养和职后教师发展的有机衔接，推动教师终身学习和专业自主发展，培养高素质教师队伍。以积极的正向激励机制鼓励教师进行区域流动，切实解决教师结构性、阶段性、区域性短缺问题。提高教师社会地位，完善教师待遇保障制度，健全中小学教师工资长效联动机制，全面落实集中连片特困地区生活补助政策。加大教师表彰力度，努力提高教师政治地位、社会地位、专业地位。

4. 加快教育信息化、智能化发展，为基础教育结构体系建设提供技术支持

积极利用现代信息网络技术和大数据信息采集与统计分析技术，加快智慧校园建设，统筹建设一体化智能化教学、管理与服务平台；加快推动人才培养模式改革，实现规模化教育与个性化培养的有机结合；创新教育服务业态，建立数字教育资源共建共享机制，完善利益分配机制、知识产权保护制度和新型教育服务监管制度；推进教育治理方式变革，加快形成现代化的教育管理与监测体系，推进管理精准化和决策科学化。

5. 管办评分离，进一步简政放权，深化办学体制改革，鼓励制度创新

推进管办评分离，厘清政府、学校、社会之间的权责关系，构建三者之间的良性互动机制，促进政府职能转变。落实依法行政，简政放权，推行清单式管理，加快教育基本标准建设，建设科学民主决策机制，完善政府服务机制，加大行政监督问责，形成政事分开、权责明确、统筹协调、规范有序的教育管理体制。

推进政校分开，深化办学体制改革，减少对学校办学行为的行政干预，依法依规进一步扩大学校在教育教学、选人用人、考核评价、职称评定、经费使用等方面的自主权，鼓励学校探索通过制定学校章程等规章制度优化调整学校内部治理机制，完善校务信息公开制度，建设依法办学、自主管理、民主监督、社会参与的现代学校制度。

推进依法评价，推动学校积极开展自我评价，提高教育督导实效，支持专业机构和社会组织规范开展教育评价，发挥评价结果的激励与约束作用，建立科学、规范、公正的教育评价制度。

第三章　职业教育结构体系

职业教育与普通教育是两种不同的教育类型，具有同等重要地位。[①] 新中国成立以来，特别是改革开放以来，我国职业教育改革与发展所取得的巨大成就，有效扭转了鄙薄职业教育的传统思想观念，职业教育成为实现国富民强和个人价值追求的重要途径之一。我国教育发展的历史源远流长，但职业教育发展的历史却相对较短。在半殖民地半封建时期，面对百业颓废和众多青年失业的严重问题，许多前辈进行了教育与职业结合的探索，通过举办职业教育“谋个性之发展”，提出职业教育的功能是“为个人谋生之准备”“为个人服务社会之准备”“为世界、国家增进生产力之准备”，发展职业教育的目的是使“无业者有业，有业者乐业”。[②] 新中国成立后，我国教育事业在党和政府的领导下得到快速恢复与发展。但由于受经济社会条件的制约和传统文化观念的影响，我国职业教育发展相对薄弱。我国现代职业教育结构体系，是伴随改革开放确立的社会主义市场经济体制逐渐发展完善的。中国特色社会主义进入新时代，构建现代产业体系、实施创新驱动发展、推进乡村振兴战略和加快改善生态环境等任务，要求职业教育提升适应和服务经济社会发展、满足人民群众多样化和个性化教育需求的能力与水平。本章从我国职业教育结构体系发展历程入手，着眼于我国经济社会发展目标与任务，对我国职业教育结构体系进行分析，并提出了优化职业教育结构体系，以更好地服务经济社会发展的政策性建议。

---

① 参见《国务院关于印发国家职业教育改革实施方案的通知》。

② 成思危．黄炎培职业教育思想文萃［M］．北京：红旗出版社，2006：6.

第一节　职业教育结构体系优化化的背景与形势

2019年，我国高等教育毛入学率达到51.6%，按照特罗（M. Trow）的高等教育发展阶段理论，这标志着我国高等教育已经进入普及化阶段。高等教育普及化，是我国教育改革与发展进程中的一件大事，必将对我国包括职业教育在内的教育结构体系优化产生重大而深远的影响。

一、全球化背景下的职业教育改革与发展

职业教育是工业化、信息化的支柱，在积极应对全球经济一体化挑战、服务中国制造2025、加快我国产业结构优化升级提质增效过程中发挥着重要作用。当前面对全球新冠肺炎疫情带来的冲击和我国经济下行压力增大的形势，必须以大众创业、万众创新为依托，大力发展职业教育，释放我国巨大的人力资源优势和潜能，推动中国制造向中国创造、中国速度向中国质量、中国产品向中国品牌的转变。

1. 全球制造业竞争日趋激烈

当前全球经济一体化和区域经济一体化进程明显加快，全球化产业链、供应链不断延伸和细化，各国纷纷制定新的经济发展战略，将现代制造业作为实现经济增长的重要引擎。发达国家纷纷实施“再工业化”“高价值制造”“工业4.0”等计划。这就要求培养更多符合产业结构优化升级要求的技能型人才。

2. 教育供需受人口结构和流动性变化的影响加大

据联合国预测，世界人口将在2030年增长到73亿人，老龄人口比例将明显上升，劳动年龄人口持续下降，新冠肺炎疫情严重影响劳动力的国际化流动。人口变化影响着各国职业教育的机会供给和制度设计，需要扩大青少年、在职人员等群体的职业教育机会，改进学校、行业企业等利益

相关方在职业教育改革与发展方面的合作关系。

3. 科技创新驱动产业结构调整明显加快

以信息、生命、纳米材料等科技为基础的系统集成创新，成为全球产业结构调整的主要驱动力和各国提升国际竞争力的核心战略，并带来生产方式、组织形式和产业形态的变化。这意味着劳动力不仅需要具有专业知识和技能，还需要快速适应新兴技术所需要的解决问题的技能、批判性思维技能、团队工作技能、沟通技能以及冲突解决技能等核心技能。

4. 信息技术带来生产方式和学习方式变化

互联网、云计算、大数据等现代信息技术深刻改变着人类的思维、生产、生活、学习方式，有力推动着社会发展。因应信息技术的发展，推动教育变革和创新，构建网络化、数字化、个性化、终身化的教育体系，是人类共同面临的重大课题。

5. 全纳、公平、有质量的教育是实现可持续发展的关键

根据联合国《2030 年可持续发展议程》，“确保全纳、公平、有质量的教育，增进全民终身学习机会”成为教育发展的重要目标。联合国教科文组织《教育 2030 行动框架》明确提出了“确保所有男女能平等获得负担得起的优质职业技术教育”和“大幅增加掌握就业、体面工作和创业所需技能的青年和成人人数”的发展目标和行动策略，其核心是要在不同教育层次上为各个年龄段的人特别是弱势群体提供正规、非正规和无特定形式的职业教育机会，为所有青年和成人提供具体的工作技能和可迁移能力，并使他们利用终身学习机会不间断地更新自身技能。

6. 各国职业教育也在不断变化和调整

技能开发战略得到世界各国的普遍重视。国际金融危机以来，英国、美国、德国等发达国家相继颁布了一系列开发技能、发展职业教育的国家战略。例如：2009 年，英国颁布《促进增长的技能：国家技能战略》；同年，美国颁布《技能战略：确保美国工人和行业形成具有竞争力的技能》；2014 年，德国启动了培训联盟计划，把技能开发作为建成现代制造业强国的基础，大力发展职业教育和培训。

依托现代信息技术，构建服务全民的终身学习体系。部分国家和地区开发国家资格框架，积极探索学分认定、累计与转换等，适应就业需要，努力把零散的学习转换为系统的终身学习过程，大量采用现代远程教育技术手段，开展网络课程和网络学习。例如：2010 年以来，美国发布了《美国网络安全教育计划战略规划：构建数字美国》等文件；2010 年，澳大利亚提出要建设职业教育宽带网络；2011 年，韩国提出并实施了智慧教育计划；欧盟 2013 年实施网络学习推进行动计划并将数字化纳入欧盟 2020 年发展目标；德国和英国都实施了教育信息化战略或计划。

建立促进职业教育发展的现代职业教育治理体系。德国、英国、澳大利亚等国的政府、行业企业、专业部门等机构代表各方利益，在职业教育体系中共同协商、各司其职。如德国的工商大会和手工业协会、英国的就业与技能委员会和行业技能委员会，以及澳大利亚的行业技能委员会，发挥着调查行业企业人才需求、将需求转换为职业教育内容，以及负责有关教育与培训的质量等职责。

积极推进以能力为基础的教育教学改革，提升技能型人才质量。如德国的关键能力、美国的全球能力、澳大利亚的就业能力，尽管称谓不同，但都注重学生的专业能力、方法能力和社会能力的培养。同时，国际社会非常关注“绿色技能”开发，将其视为保护环境与资源、实施可持续发展战略的有效途径。例如：2012 年，第三届世界职教大会将“绿色技能”列为大会的专门议题；欧盟于 2013 年启动“在职业教育中培养绿色技能”项目；澳大利亚、加拿大、美国、德国等国将“绿色技能”开发纳入职业教育专业设置和课程教学中。

努力为弱势群体提供职业教育机会。例如：2010 年，欧盟委员会发布《为支持“欧盟 2020 战略”——发展欧盟职业教育与培训领域合作之新动向》[1]；德国提供专门预算并执行协助培训计划；澳大利亚政府提供专门项目帮助失业人员完成学徒制培训；美国在《复苏与再投资法案》中规定弱势群体的培训费用翻倍。

---

① 窦现金，卢海弘，马凯．欧盟教育政策［M］．北京：高等教育出版社，2011：72.

二、新时代对职业教育提出的新要求

经过长期发展，中国特色社会主义进入新时代。这是我国职业教育改革与发展的新方位，必将对我国职业教育改革与发展提出新要求。

1. 现代职业教育体系更加完善

改革开放以来，我国职业教育体系逐步走出“断头式”教育的困境，初步形成初、中、高级职业教育相互衔接和支撑的现代职业教育体系，逐渐确立了相关标准和内容，探索建立了具有自身特点的评价体系。但是，从总体上讲，职业教育体系框架尚不完善，职业教育与普通教育、中等职业教育与高等职业教育等缺乏有效的转换和提升机制。

2. 职业教育结构优化升级步伐明显加快

当前我国经济正在由高速增长阶段向高质量发展阶段转化，正处在转变发展方式、优化经济结构、转换增长动力的攻关期。提高全要素生产率，特别是劳动者的素质和技能，职业教育大有作为。实施制造强国战略，实现从“中国制造”到“中国创造”的飞跃，将对劳动力的技能水平提出新要求。在人口红利开始递减的形势下，要提高从业人员素质，破解就业结构性矛盾，将人口资源转化为人力资源，推动职业教育结构优化升级，增强人才培养与产业结构的匹配度，为构建现代产业体系提供有力的技能人才支撑。

3. 大力发展职业教育，是满足人民群众日益增长的多样化教育需求的重要途径

职业教育，面向人人。伴随着产业结构的优化升级，我国就业结构调整力度前所未有。这就要求职业教育提供多样化的学习机会，丰富供给结构，建立灵活开放的技能型人才培养体系，提升供给质量，满足人民群众日益增长的多样化和个性化教育需求，为不同年龄的各类人群提供职业准备、在职提升、职业转换所需要的知识和技能，为实现人人皆学、处处能学、时时可学提供制度和机制保障。

4. 创新职业教育人才培养模式，培养产业发展所需要的技能型人才

产教融合、校企合作是职业教育人才培养模式的基本要求。企业开展自主研发、设计创新、工艺创新、技能创新，解决核心技术受制于人以及科技成果转化的问题，迫切需要加快培养大量的创新创业型技能人才。要切实推动产教融合、校企合作、工学结合、知行合一，有效整合教育理念、课程、教师、教学等领域的改革，培育学生宽广的视野、敬业爱岗及精益求精的品质、良好的沟通能力和强烈的社会责任感，提高职业教育人才培养质量。

5. 实施乡村振兴战略，统筹促进城乡职业教育协调发展

推动新型城镇化和农业现代化协调发展，实现城乡共同繁荣，客观上需要大批懂技术、会经营、善管理的现代新型农民，新型城镇化需要非农产业工人，并帮助进城农民顺利实现市民化。要统筹城乡职业教育协调发展，发展农村职业教育，为农民和农业转移人口提供学习文化技术和培训的机会，帮助他们转变生产方式、生活方式和文化观念。同时，需要发挥职业教育和培训在乡村振兴中的作用，提升劳动力创业就业能力。

6. 建立多元参与的职业教育治理体系

推进国家治理体系与治理能力现代化，关键是发挥市场在资源配置中的基础性作用，建立起多元化、参与式社会治理模式，形成政府作用和市场作用相互协调、相互促进的治理格局。与国家治理体系与治理能力现代化建设的总体目标相适应，职业教育应建立起政府依法管理，行业、企业多元主体广泛参与，学校依法自主办学，社会各界依法参与和监督的职业教育治理新格局。通过多方互动合作、优势互补，消除治理风险，降低治理成本，提高治理效能，提高职业院校办学水平和技能型人才培养质量。

三、职业教育结构体系优化的困难与问题

经过多年发展，我国职业教育体系框架初步形成，职业教育结构优化正在建立与经济社会发展相互促进的体制机制。但从总体上看，我国职业教育依然是整个教育结构体系中的薄弱环节，职业教育结构体系优化面临的困难与问题集中体现在职业教育体系不完善、职业教育管理体制与运行机制不畅、办学基础薄弱、质量有待提高、与经济社会发展的要求依然有一定差距等方面。

1. 全社会鄙薄职业教育的观念依然存在，对技能型人才重视不够

当前，社会各界对职业教育战略地位的认识不够充分，轻视职业教育的思想观念仍很普遍，重学历学位、轻实际能力的现象相当严重，技能型人才没有得到应有的地位和尊重，崇尚劳动创造、崇尚工匠精神的观念虽已有所发展，但依然没有成为全社会文化主流。生产和服务一线的高素质劳动者和技能型人才在社会中的价值与地位没有得到应有体现。

2. 职业教育管理体制与运行机制不畅

近年来，我国在职业教育管理体制与运行机制方面进行了积极探索，建立了职业教育工作部际联席会议制度。但是，从总体上看，我国职业教育管理体制和运行机制与经济社会发展的要求还不适应，职业教育人才培养分属教育部、人力资源社会保障部，人才培养标准和内容不一，影响职业教育人才培养质量。这也导致各地政府统筹职业教育发展的职责没有落实到位，统筹作用发挥不够，造成职业院校布局不合理，专业设置不科学，资源分散、重复建设问题普遍存在。

3. 行业企业参与职业教育的保障机制不完善

从计划经济转型到市场经济，国家宏观管理机构、职能出现变化和调整，这也导致原由行业企业举办的职业院校划转给教育部门，行业支持和指导职业教育的作用出现调整与变化。面对日趋激烈的市场竞争，企业在职业教育中的责任、权利和义务不明确，行业企业参与职业教育办学的积极性不足，产教融合、校企合作很难得到有效推进。

4. 大部分职业院校办学条件相对较差，基础能力薄弱

职业教育财政性教育经费占国家财政性教育经费的比例偏低。2013年，我国中等和高等职业教育财政性教育经费占国家财政性教育经费的10.4%，而发达国家职业教育经费平均占教育经费的16%。我国高等职业院校生均经费相当于普通本科高校的50%。2013年普通本科高校学杂费占教育经费收入的比例为23.52%，而高等职业院校学杂费占教育经费收入的比例高达32.05%，近些年总体变化不大。由于经费保障水平低，大部分职业院校办学条件还相对薄弱，优质资源严重不足，特别是农村地区、贫困地区和民族地区的职业院校办学水平普遍达不到国家基本办学标准要求。

5. 职业教育人才培养质量不适应经济社会和人的全面发展需要

职业院校专业设置与区域产业发展的吻合度不高，低水平重复建设现象仍然比较严重；专业教学内容与先进生产技术对接不紧密；教学过程与生产过程衔接不够，教学模式、评价方式尚不适应技术技能人才成长规律；现代信息技术手段和资源在教育教学与人才培养过程中没有得到充分应用；教师数量和质量总体不能适应职业教育质量提升的需要；职业院校毕业生的工匠精神、敬业态度、专业素质和可持续发展能力不足，用人部门满意度不高。

第二节　职业教育结构体系优化的目标与原则

中国特色社会主义进入新时代，我国社会主要矛盾已经转化为人民日益增长的美好生活需要和不平衡不充分的发展之间的矛盾。这一新的历史发展方位，对职业教育结构体系优化提出了更紧迫的要求。

职业教育结构体系优化的总体要求是落实习近平总书记关于教育的重要论述，坚持“职业教育是国民教育体系和人力资源开发的重要组成部分，肩负着培养多样化人才、传承技术技能、促进就业创业的重要职责”

的发展定位，全面贯彻党的教育方针，牢固树立和贯彻落实创新、协调、绿色、开放、共享的发展理念，创新职业教育体制机制，完善现代职业教育体系，深化产教融合、校企合作，全面提升职业教育办学质量和水平，为实现人才强国战略和国家 2035 经济社会发展战略目标，满足人民群众多样化、个性化学习需求提供支撑。

一、职业教育结构体系优化目标的影响因素

职业教育是国民教育体系和人力资源开发的重要组成部分。职业教育结构体系优化目标，是由我国教育结构体系优化以及经济社会发展总体水平决定的。职业教育结构体系优化是一个与教育结构体系优化以及经济社会发展同步演进的过程。

1. 职业教育结构体系优化，与我国普及九年义务教育进程密切相关

新中国成立以来，特别是改革开放以来，我国教育事业，特别是九年义务教育事业得到快速发展。党的十九大报告提出：推动城乡义务教育一体化发展，高度重视农村义务教育，办好学前教育、特殊教育和网络教育，普及高中阶段教育，努力让每个孩子都能享有公平而有质量的教育。这一目标对我国职业教育结构体系优化提出新的任务和要求。

从图 3-1 可以看出，我国初中毕业生数在 2005 年达到峰值，随后下降。普通高中招生数自进入 21 世纪以来一直处在稳步增长的状态；而中等职业学校招生数在 21 世纪的前十年一直处于增长状态，从 2011 年开始呈现下滑的趋势。截至 2019 年，我国初中毕业生达到 1454 万人，而高中阶段招生数则是 1439.9 万人，仅有约 14 万名初中毕业生未能升入高中阶段学习。

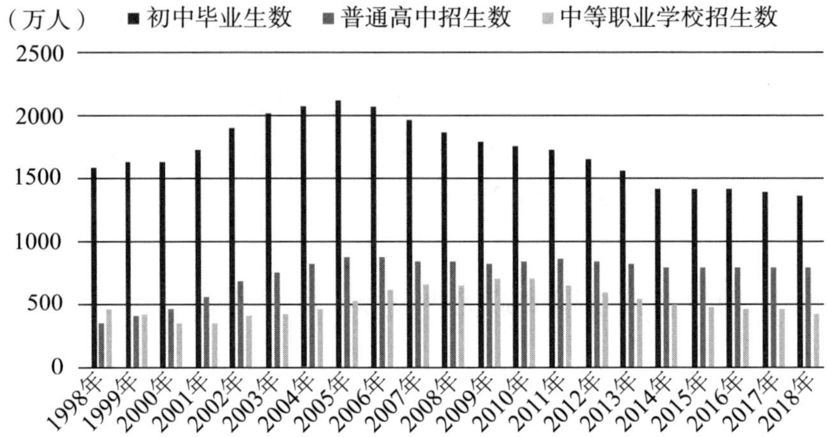

图 3-1　1998—2018 年初中毕业生数、普通高中和中等职业学校招生数

数据来源：历年《中国教育统计年鉴》。

2. 职业教育结构体系优化与中等教育和高等教育结构规划密切相关

进入 21 世纪以来，伴随高校扩招，我国高等教育结构呈现新的特点，高等职业教育迅猛发展，专科招生比例大幅提高（见图 3-2），高等职业教育成为我国高等教育发展的亮丽底色。

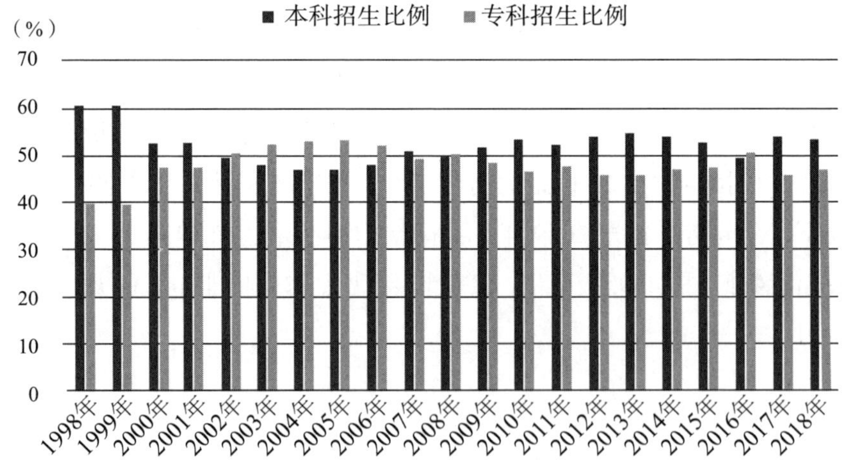

图 3-2　1998—2018 年本科与专科招生比例

数据来源：历年《中国教育统计年鉴》。

截至 2019 年，我国普通高中毕业生 789 万人，普通本专科招生 915 万人，大多数普通高中毕业生实现了接受高等教育的梦想。同时，我国有 493 万名中等职业学校毕业生，由于高等职业院校扩招 100 万人，我国中等职业学校的大部分毕业生能够进入高等职业院校学习。

3. 职业教育结构体系优化与我国产业结构优化升级和就业结构调整有关

当前我国经济正在由高速增长阶段转向高质量发展阶段，正处在转变发展方式、优化经济结构、转换增长动力的攻关期，建设现代化经济体系是跨越关口的迫切要求和我国发展的战略目标。建设现代化经济体系，加快发展制造业，推动互联网、大数据、人工智能和实体经济深度融合，迫切需要一支知识型、技能型、创新型劳动者大军，弘扬劳模精神和工匠精神，营造劳动光荣的社会风尚和精益求精的敬业风气。没有教育结构的优化，就业结构就很难调整；没有就业结构的调整，产业结构就很难调整。职业教育结构体系优化与我国产业结构优化升级和就业结构调整密切相关。

职业教育结构优化是一个与经济社会发展相互协调促进的过程。从现在到新中国成立 100 周年，大致可以分两步走：

到 2035 年，形成支撑和促进国家现代化建设、满足经济社会发展和人民群众需要、具有国际竞争力和影响力的中国特色现代职业教育结构体系。现代职业教育理念深入人心，职业院校办学条件全面适应技能型人才培养需要，现代职业教育的基本制度、管理体制与运行机制、政策保障趋向成熟，行业企业参与职业教育日趋完善，涌现出一批起骨干示范作用的高水平职业院校，形成独具特色的职业教育人才培养模式和职业教育评价体系。

到新中国成立 100 周年时，构建起与其他类型教育融通的、高度发达的现代职业教育结构体系，形成职业教育面向人人、人人享有职业教育的格局，学习形式更加灵活开放，基本制度更加健全，运行机制更加顺畅，治理体系高效，服务能力显著提升，中国特色、世界潮流的现代职业教育结构体系形成，为人民群众提供更加灵活多样、更加公平、更高质量的职业教育和培训机会，为国家经济社会发展培养更多高素质的劳动者和技能型人才。

二、职业教育结构体系优化的原则

职业教育是国民教育体系和人力资源开发的重要组成部分，具有明显的社会公益性特点，尤其是中等职业教育，更具有公益和普惠的特点。因此，职业教育结构体系优化必须坚持以下原则。

坚持职业教育普惠公益的特点，确立职业教育在国家人力资源开发中的地位和作用，发挥政府统筹功能，大力发展职业教育。发挥好政府保基本、促公平的作用，将中等职业教育全面纳入国家基本公共教育服务体系；构建与职业教育公益属性相一致的经费投入保障机制，充分发挥职业教育在促进社会公平中的作用。

坚持以就业为导向的职业教育结构体系优化原则，按照劳动力市场供求变化办学。职业教育是工业化的支柱，必须遵循市场供求变化，按照经济社会需求办学。

坚持产教融合、校企合作，创新职业教育人才培养模式。职业教育作为一种教育类型，区别于普通教育的特色是产教结合、校企合作的人才培养模式。要落实教育与生产劳动和社会实践相结合的教育方针，加强职业教育与经济社会同步规划，与产业升级、技术进步同步发展。鼓励企业全流程参与职业教育人才培养，加强专业设置与产业需求、课程内容与职业标准对接的运行机制，实现职业教育与产业升级、技术进步、生产方式变革及社会公共服务相适应。

坚持改革创新，典型引路，建设一批高水平的职业院校。职业教育结构体系优化，需要一批示范性职业院校示范带领，创新引导。要转变政府职能，简政放权，尊重基层的首创和探索，充分发挥市场机制激励作用，优化职业教育资源配置方式，扩大职业院校办学自主权，释放办学活力，提高人才培养与市场需求的匹配度。

坚持政府推动，实行协同治理。明确各级政府发展职业教育的责任，强化省级政府的统筹职能，增加对职业教育的财政经费投入。通过建立新型治理体系，实现行业企业等多元主体对职业教育的协同治理。推动公办与民办职业教育共同发展。

第三节　职业教育结构体系优化的举措

一、健全现代职业教育体系

职业教育是国家教育事业的重要组成部分，是促进经济发展和劳动力就业的重要途径。[①] 现代职业教育源于工业化进程。由于与西方发达国家相比，我国工业化起步较晚，且长期存在一些鄙薄职业教育的思想观念，对职业教育缺乏应有的重视，职业教育体系尚不健全，有一段时间被称为“断头”教育。改革开放以来，特别是党的十八大以来，我国职业教育改革与发展取得历史性成就，现代职业教育体系框架初步形成，为职业教育发展改革与发展提供了扎实的基础。但是，从总体上看，我国职业教育依然是整个教育结构体系中的薄弱环节，体系不健全一直是困扰职业教育规模扩张及质量提升的问题。

健全现代职业教育体系，首先要广泛开展中小学劳动教育和职业生涯教育，切实破除“唯分数、唯升学”的顽瘴痼疾，为职业教育发展营造良好环境氛围。建立课程完善、资源丰富、模式多样的劳动教育和职业生涯教育体系，培养学生的职业认知，增强学生的职业体验，着力提高学生的社会责任感、创新精神和实践能力，为学生的职业生涯发展奠定基础。

其次，深化职业教育与普通教育的融通，形成双向流动机制。构建职业教育与普通教育两种类型教育之间的学分互认、积累与转换机制，形成

① 教育部法制办公室．新编教育法律法规规章［M］．北京：外语教学与研究出版社，2017：58.

灵活开放的学习制度，为学生创造更加自由、开放的个性化发展和成长空间，使学生拥有更大的学习选择权和自主权。

再次，构建初、中、高级相互衔接的职业教育，提高技能型人才培养的系统性。各层次职业院校要明确定位，坚持以服务发展和促进就业为导向。发挥中等职业教育在现代职业教育体系中的基础作用，培养生产和服务一线从事基础技术性操作、具有中等技术水平的技能型人才；发挥高等职业教育在优化高等教育结构中的重要作用，培养生产、服务和管理岗位从事技术性操作、技术开发应用及管理工作，具有中、高等技能水平的技能型人才。发展应用型本科，适应经济社会发展和新产业、新业态、新技术发展的需要，培养专业基础扎实、技术开发能力强的应用型人才。要加强专业培养目标和课程体系衔接，发挥“文化素质+职业技能”评价方式的主渠道作用，保障学生就业有能力、深造有途径。

最后，大力推行学历教育与培训相结合。职业院校要适应全民终身学习的需要，以更加灵活多样的方式向社会成员开放，满足不同社会群体的学习需求，助力学习型社会建设。

二、建设一批骨干示范性职业院校、示范性专业

建设一批骨干示范性职业院校，是职业教育结构体系优化的基础。要发挥政府的统筹作用，集中力量建设一批骨干示范性职业院校、示范性专业，推进与产业发展、人口规模相适应的职业院校布局结构调整，优化职业教育资源配置。

实施职业院校基础能力建设计划。制定《职业院校现代化标准》，明确中高等职业院校基础能力建设标准，提出院校现代化指标体系。提升职业院校办学基础能力，重点推进农村地区、民族地区、贫困地区薄弱学校建设，打造一批具有国际竞争力的职业院校，建设具有国际影响力的技能型人才培养高地。

提高职业教育信息化水平，提高职业院校信息化程度，建设公共信息管理与服务体系，为职业教育跨校选课、教师互聘、课程互选、学分互

认、学分积累与转换提供信息技术保障。

三、推进行业企业全程参与职业教育办学，创新职业教育人才培养模式

加强行业组织建设，增强其在人力资源需求预测和就业状况分析中的作用。提升行业指导、服务职业教育发展的能力，赋予行业组织全面参与人才培养全过程的职责，包括发布行业人才需求、制定行业人才培训发展规划、推进校企合作、开发课程、参与指导教育教学、开展质量评价等。凡适宜行业组织承担的，都通过授权、委托、购买服务等方式交给行业组织。

切实发挥企业办学主体作用，把校企合作落到实处。出台职业教育校企合作促进办法，形成校企协同、双主体育人的新机制。实施产教融合的教育型企业认证计划，为通过认证的企业赋予教育权，鼓励其承担职业教育责任，并享受财政资金支持和相关税费优惠。继续发展行业龙头企业紧密参与的职业教育集团，继续大力推进现代学徒制。建立企业参与职业教育的成本核算和补偿机制，企业因接收实习生所实际发生的与取得收入有关的、合理的支出，按现行税收法律规定在计算应纳税所得额时扣除。

健全政府、行业企业和其他社会力量等多元主体职业教育办学体制。落实社会力量举办的职业院校与公办职业院校享有同等法律地位，同等享受教育、财税、土地、金融等相关政策，通过购买服务、政府补贴、基金奖励等制度，鼓励社会力量参与职业教育办学。

支持有基础、有条件、有意愿的行业举办职业院校。建立行业企业参与举办职业教育的激励机制，完善财税优惠政策。通过同等享受职业院校公用经费标准、政府购买服务或教育费附加返还等多种形式，鼓励和支持企业办学。

探索发展股份制、混合所有制职业院校，建立公办和社会力量举办的职业院校相互委托管理和购买服务的机制，支持社会力量、民间资本参与公办职业院校整合重组、转制发展，增强职业教育发展活力。

四、推进职业教育治理体系和治理能力现代化

加快职业教育管理体制与运行机制改革，发挥政府统筹作用。县级以上人民政府建立统筹职业教育与劳动就业的管理和服务机构，统筹职业教育、职业培训和就业服务，实现政策统筹、资源统筹和服务统筹，切实提高治理效率。

加强现代职业学校制度建设，支持职业院校建立政府、行业企业、社区、教职工和学生及家长代表等共同参与的学校理事会或董事会，完善法人治理结构，推动职业院校章程建设，发挥教职工代表大会的作用，加快实现职业教育治理体系与治理能力现代化。

发挥行业企业人员在院校治理体系、建立理（董）事会中的作用，促进企业参与包括人才培养方案的制定、专业建设、课程开发、教育教学、师资队伍建设和质量评价等在内的人才培养全过程。

构建政府、学校、社会新型关系，进一步推动管办评分离，加快形成政府依法管理、学校依法自主办学、社会各界依法参与和监督评价的职业教育公共治理新格局，提升职业院校适应经济社会发展的能力。

五、建设专兼结合的职业教育教师队伍

推动职业教育教师制度改革，建设一支体现职业教育人才培养模式特点的、专兼结合的教师队伍。通过政府购买岗位和全员聘任等方式，全面落实招收具有生产经验和双师型素质的企业人员到职业院校任教的机制，并加大兼职教师比例。到 2035 年，有实践经验的专兼职教师占专业教师总数的比例达到 80% 以上。较大幅度降低生师比，适应小班化教学的需要。

实施“万名教师进企业、万名企业技术人员进校园”交流计划，促进职业院校教师和企业技术人才双向交流。由各级财政提供经费支持，全国每年选派 1 万名职业院校的在职专业课教师到企业进行为期 1 年的顶岗实

践，选拔 1 万名企业技术人员到职业院校担任专业课和实习指导课教师。

积极完善适应现代职业教育发展需要的教师培养体系。根据实际需要，加大职业技术师范院校建设力度，提升其他高校的职业教育教师培养能力；全面推行职业教育教师特设岗位计划，提高教师队伍的整体素质；实施职业院校教师“2+2”专业硕士定向培养计划，选择优秀本科毕业生到企业进行两年工作实践，再攻读两年制职业教育专业硕士学位；加强职业院校教师在职培训，实施五年一周期的教师全员培训制度。

六、健全职业教育经费投入保障机制

建立与职业教育普惠公益相适应的经费投入保障机制，切实提升经费投入水平。学习借鉴一些职业教育发达国家的经验，在国家财政性教育经费占 GDP 的比例逐步提高的同时，保证用于职业教育的份额不低于 16%。

从根本上改变资源配置方式，按照公共财政提供均等服务的原则，主要按照生均经费对公办院校进行投入，重点投资有利于保障质量、公平和确保公民受职业教育权利的领域。国家应该根据职业教育的特点，制定科学合理的职业院校生均经费标准，中等职业学校生均经费应当不低于普通高中的 2 倍，高等职业院校生均经费不低于普通本科的 1.5 倍，在实行中等职业学校免学费政策的同时，大幅度降低高等职业院校学费标准。要采取有效措施，尽快实现高等职业院校学费标准应当是同门类本科学费的 1/2 的目标。

合理确定中央、省及市县级财政的职业教育投入职责和分担比例。中央财政要持续增加职业教育经费投入，加大对中西部地区、欠发达地区和少数民族地区职业教育发展的转移支付力度。完善政府购买行业企业服务的财政制度，明确规定购买服务的清单、购买价格和定价原则、纳入公共财政经费预算程序、支付方式、监督问责机制等，使购买服务真正得以实施。

制定引导企业和社会资金进入职业教育的财税政策。完善现代企业职业教育和培训经费保障制度，有效落实地方教育附加的 30%和企业职工工资总额的1.5%—2.5%用于职业教育和培训的规定。完善支持职业教育发展的金融政策，通过股权产权合作，建立政府控股、行业企业参与的股份制职业院校，政府产权引导、学校董事会决策的合作制职业院校，或政府资产租赁或托管、行业企业管理的职业院校。

第四节　优化职业教育结构体系以更好地服务经济与社会发展的政策性建议

当前全球范围内科技革命和产业结构调整正在进行，世界各国正在积极抢占以信息技术和制造技术深度融合为标志的智能制造产业制高点。面对发达国家的“再工业化”和新兴国家的产业变革，我国要突破发达国家先进制造技术和发展中国家低成本竞争的“双重”挤压，推动我国制造业由大变强，就必须以“大众创业、万众创新”为依托，充分发挥我国的教育和人力资源优势，优化教育结构体系，大力发展职业教育，为经济社会发展提供技术技能型人才支撑。

一、提高对职业教育重要性的认识，提升技能型人才的经济待遇和社会地位

技能型人才是我国人才队伍不可或缺的重要组成部分，在实施人才强国战略、全面建设社会主义现代化国家的过程中具有不可替代的重要作用。各级政府应当把职业教育发展和技能型人才开发作为重要战略，要把职业教育作为教育现代化的战略突破口和切入点，将职业教育与经济社会发展同步规划、同步推进，使职业教育发展与经济新常态下产业转型升级、技术更新换代和创业创新的时代需要更加吻合。坚持以人民为中心的发展思想，职业教育发展应当与人民群众的多层次、多样性、个性化的教育需求更加契合。充分认识职业教育在促进劳动就业、社会公平、消除贫

困中的重要作用。引导全社会转变观念，树立正确的人才观，大力宣传优秀一线人才的社会贡献，营造人人皆可成才、人人尽展其才的良好环境，形成“崇尚一技之长、不唯学历凭能力”的社会氛围。强化职业教育发展目标责任制和问责制。教育督导部门应当督促各级政府制定职业教育中长期发展规划及实施方案，开展职业教育发展目标责任评价考核，将任务目标完成情况列入各级领导干部综合考评内容，向社会公布考核结果，接受社会监督。

要深化收入分配制度改革，更加重视劳动和技能型人才的价值，提高劳动报酬在初次分配中的比重，切实增加生产服务一线技能型劳动者的经济收入。建立健全技能型等级、职业资格等级与工资待遇挂钩机制，完善协议工资制、年薪制、年金制等工资分配和激励机制，健全技能型人才政府津贴制度，增加技能型人才享受国务院政府特殊津贴以及地方人民政府津贴的比例。到 2035 年，通过政府、用人单位和社会力量的共同努力，要让大多数技能型人才进入中等收入阶层，要让各行各业能工巧匠进入高收入阶层，切实提高技能型人才的经济待遇。提高技能型人才的政治待遇，注重在技能型人才中推先评优、推选劳动模范。用人单位应当吸纳高技能人才参与管理和决策，进一步完善企业职工代表大会制度，技能型人才应在代表中占有一定比例。深化劳动人事制度改革，切实纠正近年来把党的干部政策中的“专业化”和“知识化”简单地理解为人才高学历化的做法，努力形成“劳动光荣、技能宝贵、创造伟大”的社会氛围。

二、创新职业教育人才培养模式，加快培养技能型人才

职业教育要培养现代制造业所需要的高素质、高技能、创新型、复合型人才，以立德树人为目标，探索产教结合、工学结合的职业教育协同人才培养模式，提高学生的职业道德、创业精神和职业技能。要适应生产工艺流程自动化、信息化、扁平化的需要，加强团队合作能力的培养。要加强政府顶层设计、宏观指导与统筹协调的职能，优化职业院校管理体制和办学体制，完善职业院校自主办学机制，注重产教研深度融合，加强职业

院校与行业企业、科研部门的合作，在招生办法、培养方案、教学内容、教学手段、评价方式等方面进行深度合作。

三、优化职业院校布局和专业设置，增强技能型人才供给能力

当前我国职业教育已经建立了覆盖第一、第二、第三产业的专业设置和人才培养体系，为经济社会发展培养了一大批生产、经营和管理一线的技能型人才，特别是制造业人才。要适应我国现代制造业对人才的需求，优化职业院校布局和专业设置，为推动我国从制造业大国向制造业强国转型提供技能型人才支撑。要分析未来十五年我国产业结构优化趋势和现代制造业发展需求，及时调整和优化专业设置，注重制造业相关专业的设置与改革，积极发展与新型产业相关的专业类群，提高职业教育面向传统制造业转型升级、新兴技术不断涌现和职业岗位不断调整的适应能力和服务能力。

四、加强职业院校师资队伍培养培训，建设专兼结合的职业教育师资队伍

建设专兼结合的职业教育师资队伍是职业教育人才培养的特点，是提高技能型人才训练水平的客观需要。尽管近年来我国加强了职业院校实习实训基地的投入力度，完善了顶岗实习实训的教学设施设备，增加了训练时间，但职业院校教育教学中缺乏有经验的技能型教师的状况并没有根本性转变，这就需要从行业企业人才队伍中聘请一些热爱职业教育事业的工程师等，使其参与到职业教育教学过程中来，提高职业教育人才的技能水平，满足行业企业的人才需求。针对现代制造业对职业院校师资队伍建设提出的新要求，建立、健全和创新高校、科研部门、行业企业、中等职业学校协同培养教师和培训教师的机制，依托有条件的院校、机构和企业建设一批师资培养培训基地和教师企业实践基地；建立和完善吸收企业工程技术人员、技术技能人才到职业院校兼（或专）职从教的机制；改革职业

院校教师职称体系。

五、完善职业教育经费保障机制，多渠道筹措职业教育发展经费

建立健全政府投入为主、受教育者合理分担、多渠道筹措经费的投入机制；改革财政性职业教育经费拨款模式，发挥我国社会主义集中财力办大事的制度优势和治理效能，建设一批高水平示范性职业院校和示范性专业，建立我国职业教育教学评价指标体系，努力摆脱按照普通教育标准评价职业教育人才培养绩效的现象，着重支持中国制造业急需和紧缺的各类专业人才的培养；完善经费管理机制，提高经费使用效率。

六、搭建技能型人才成长“立交桥”，推动人才成长和企业技术变革同步发展

产教结合、工学交替是技能型人才成长的基本规律，设备更新必然带来操作人员知识技能的更新。因此，要积极稳妥推进中高职人才培养的衔接并拓宽技术技能人才的终身学习渠道。要面向中等职业学校毕业生开展有针对性的技能提升行动，适应他们在职学习的实际情况，积极探索和建立学习成果认定、积累与转换制度，避免重复教育，努力将零散的学习活动转化为系统的教育过程，广泛开展继续教育和培训，确保我国生产、服务和管理一线员工与产业结构优化升级和企业技术进步协同发展。

七、全面提高职业教育依法治教的能力与水平

要建立健全以《中华人民共和国职业教育法》为主体、具有可操作性和约束力的职业教育法律法规体系，依法推进和保障职业教育治理体系和治理能力现代化。各个地方人大和政府结合上位法和本地的实际情况，制定一批保障有力的地方性法规，明确各级政府在职业教育发展中的责任和

权限，确立行业企业等多元主体主办职业教育和全面参与职业教育治理的权利与义务，明确职业院校的办学自主权，形成完备的职业教育法律法规体系，并依法依规保障人民群众接受高质量职业教育的权利。要加大执法检查力度，坚决纠正有法不依、执法不严、违法不纠的问题，持之以恒地加大执法力度，确保我国职业教育结构体系优化在法制的轨道上行稳致远，有效保障人民群众接受多样化、个性化职业教育的权利，全面提升职业教育依法治教的能力和水平。

第四章　高等教育结构体系

高等教育结构体系，是指高等教育系统内各部分之间的比例关系和联系方式。从宏观层面看，主要包括层次结构、科类结构、空间结构、形式结构和所有制结构等。在一个国家高等教育改革发展过程中，高等教育的结构与规模、质量、功能和效益有着十分密切的关系。中国特色社会主义进入新时代，科学研究、合理规划和主动调整高等教育结构体系，对新时代中国高等教育高质量发展，对实现中华民族伟大复兴的中国梦，具有重大的现实意义和长远的战略意义。

第一节　21世纪以来我国高等教育结构体系演化和现状

进入21世纪以来，我国高等教育获得跨越式发展。据《2019年全国教育事业发展统计公报》，全国各类高等教育在学总规模已达到4002万人，高等教育毛入学率达51.6%。我国高等教育仅用17年时间就从高等教育大众化阶段迈进了普及化阶段，走过了西方发达国家高等教育数十年的发展道路。高等教育的长足发展，为加快全面建成小康社会做出了历史性贡献。

近20年来，在国内外政治、经济、社会、文化和科技等多种因素作用下，我国高等教育结构体系发生了翻天覆地的历史性变革。

一、层次结构逐步完善，研究生教育稳步扩大[①]，本科教育明显扩张，专科教育经历波动

在大众化高等教育理论指导下，我国高等教育稳步发展。从 2000 年到 2018 年，普通高校数从 1041 所增加到 2663 所，普通高校研究生在校生数从 30. 12 万人增加到 273. 13 万人，普通高等教育本专科在校生规模从 515. 11 万人增加到 2831. 03 万人。从不同层次教育在普通高等教育中的规模占比变化情况看，研究生教育从 5. 5%提高到 8. 8%，本科教育从 76. 0%下降到 54. 7%，专科教育从 18. 5%提高到 36. 5%（见表 4-1）。虽然研究生教育、本科教育和专科教育呈现“两提高、一下降”的总体趋势，但本科教育占主体、两头小中间大的格局没有根本改变。

表 4-1　2000—2018 年不同层次高等教育在校生数和占比变化情况

年份	研究生		本科		专科		合计（万人）
	人数（万人）	占比（%）	人数（万人）	占比（%）	人数（万人）	占比（%）	
2000 年	30. 12	5. 5	414. 24	76. 0	100. 87	18. 5	545. 23
2001 年	39. 33	6. 4	424. 37	69. 5	146. 80	24. 0	610. 50
2002 年	50. 10	6. 5	527. 08	68. 4	193. 40	25. 1	770. 58
2003 年	65. 13	5. 5	629. 21	53. 6	479. 40	40. 8	1173. 74
2004 年	81. 99	5. 8	737. 84	52. 1	595. 70	42. 1	1415. 53
2005 年	97. 86	5. 9	848. 82	51. 1	713. 00	43. 0	1659. 68
2006 年	110. 47	6. 0	943. 34	51. 0	795. 50	43. 0	1849. 31
2007 年	119. 50	6. 0	1024. 30	51. 1	860. 60	42. 9	2004. 40
2008 年	128. 30	6. 0	1104. 20	51. 4	916. 80	42. 7	2149. 30
2009 年	140. 49	6. 1	1179. 85	51. 6	964. 80	42. 2	2285. 14
2010 年	153. 84	6. 4	1265. 61	53. 1	966. 20	40. 5	2385. 65
2011 年	164. 58	6. 7	1349. 66	54. 6	958. 90	38. 8	2473. 14
2012 年	171. 98	6. 7	1427. 09	55. 7	964. 20	37. 6	2563. 27

① 参见《2017 年全国教育事业发展统计公报》。

续表

年份	研究生		本科		专科		合计（万人）
	人数（万人）	占比（%）	人数（万人）	占比（%）	人数（万人）	占比（%）	
2013 年	179. 40	6. 8	1494. 44	56. 4	973. 60	36. 8	2647. 44
2014 年	184. 77	6. 8	1541. 07	56. 4	1006. 60	36. 8	2732. 44
2015 年	191. 14	6. 8	1576. 18	56. 0	1048. 60	37. 2	2815. 92
2016 年	198. 11	8. 6	1012. 95	44. 2	1082. 90	47. 2	2293. 96
2017 年	263. 96	8. 7	1648. 63	54. 6	1105. 00	36. 6	3017. 59
2018 年	273. 13	8. 8	1697. 33	54. 7	1133. 70	36. 5	3104. 16

注：部分数据由于四舍五入存在误差，后同。

数据来源：国家统计局网站。

1. 研究生教育规模稳步扩大，在普通高等教育中的比重稳步提高

2000 年，全国研究生在校生 30. 12 万人。2009 年，全国研究生在校生 140. 49 万人，比 2000 年增加了 366. 43%。2018 年全国共招收研究生 85. 80 万人，其中博士生 9. 55 万人，硕士生 76. 25 万人。研究生导师规模高达 40 万人，博士生导师近 10 万人。2018 年，我国在校研究生数达到 273. 13 万人，比 2000 年增长 806. 81%，比 2009 年增长 94. 41%，中国一跃成为世界上仅次于美国的研究生教育大国。

2. 本科教育明显扩张，始终在普通高等教育中占据主体地位

1999 年是我国高等教育规模和结构变化的一个重要分水岭，该年，《面向 21 世纪教育振兴行动计划》正式出台。当年，以扩大本科招生规模为重点的高等教育改革拉开序幕。2000 年，全国普通高等教育本专科在校生 515. 11 万人，其中本科生 414. 24 万人，占 80. 42%。本科教育规模比重迅速增加。经过连续四年扩招，2002 年我国高等教育毛入学率超过 15%，跨入美国学者特罗所说的高等教育大众化阶段。到新中国成立 60 周年即 2009 年时，全国普通高等教育本专科在校生达到 2144. 65 万人，其中本科生 1179. 85 万人，约占 55. 00%。虽然专科教育规模扩大，占比提高到 45. 00%，但普通本科教育在校生占本专科在校生总规模的比重仍然保持在 50%以上。2018 年，全国普通高等教育本专科在校生达 2831. 03

万人，其中本科生 1697.33 万人，占 59.95%。[①] 图 4-1 显示了 2000—2018 年不同层次高等教育在校生占比情况。

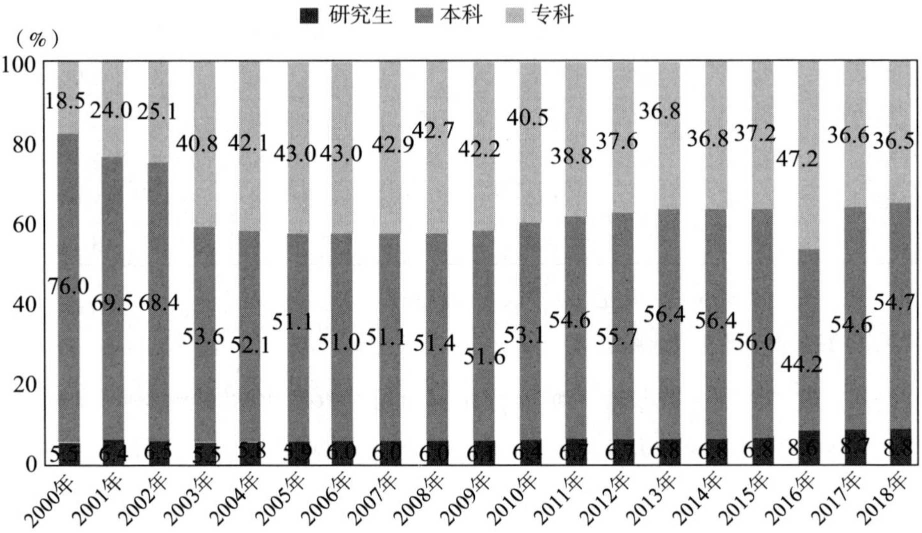

图 4-1　2000—2018 年不同层次高等教育在校生占比变化情况

3. 专科教育几经变化，在校生占普通高等教育本专科在校生的比重反复波动

根据《中国教育统计年鉴》，2000 年，全国普通高等教育专科在校生 100.87 万人，占本专科在校生的 19.58%。2003 年至 2009 年，随着国家控制普通本科教育扩招数量、增加专科教育招生人数，普通高等教育专科在校生占本专科在校生的比例逐渐攀升，2009 年约占 45%。2011 年至 2018 年，尽管普通高等教育专科在校生占本专科在校生的比重有所下降，但年招生绝对数基本呈增长态势。2018 年普通高等教育专科在校生占本专科在校生的比例是 40.05%。

---

① 数据来自国家统计局网站。

二、科类结构总体稳定，研究生教育中工科一直占较大比重，本专科教育中工科、经济学和文学占比长期位于前列

观察研判高等教育科类结构，可以从全国高等学校学科类型和不同学科类型专业点数量变化情况得出一些较为宏观粗浅的判断。但是，由于高校发展日趋多元，例如师范类院校积极发展非师范类学科和专业，学校的所属类型并不能准确反映不同科类学生分布情况。不同学科类型专业点数量的增减，也不能具体说明在各学科专业就读的学生人数。为此，我们以《中国教育统计年鉴》和国家统计局公开发布的统计数据为依据，分研究生和本专科生两个层次，梳理近年来我国高等教育科类结构变化情况。

1. 普通高等教育研究生科类结构及其变化情况

21 世纪以来，我国研究生教育按照 1997 年颁布的《授予博士、硕士学位和培养研究生的学科、专业目录》① 组织管理。所有专业按照哲学、经济学、法学、教育学、文学、历史学、理学、工学、农学、医学、军事学和管理学 12 个学科门类进行招生。从各学科在校生数绝对值看，近年均有显著增长。2000—2017 年，哲学学科从 0.40 万人增加到 1.47 万人，经济学学科从 3.53 万人增加到 8.92 万人，法学学科从 1.89 万人增加到 15.33 万人，教育学学科从 0.74 万人增加到 18.02 万人，文学学科从 1.76 万人增加到 9.98 万人，历史学学科从 0.50 万人增加到 1.98 万人，理学学科从 4.17 万人增加到 21.62 万人，工学学科从 12.98 万人增加到 105.69 万人，农学学科从 1.14 万人增加到 12.01 万人，医学学科从 3.01 万人增加到 25.37 万人。军事学、管理学学科在校生数也有大幅增长（见图 4-2）。

① 后有修订和更新。

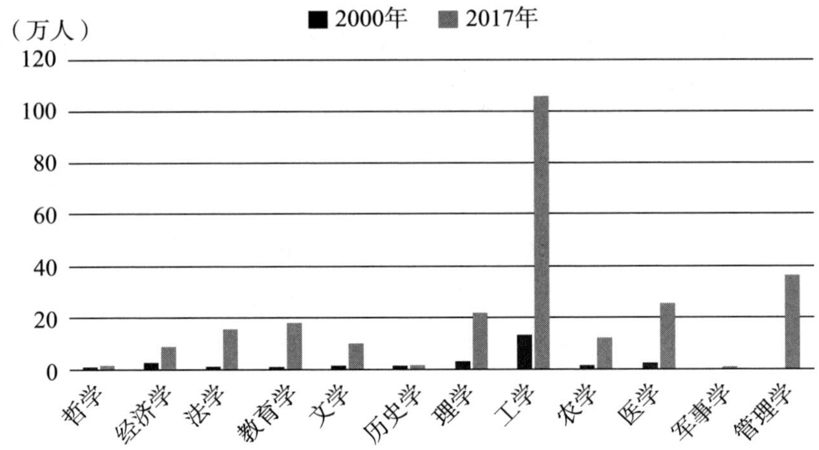

图 4-2　2000 年和 2017 年研究生教育分科规模

从各学科在校生占比情况看，各学科在校生所占比重及其变化情况很值得思考。2000 年，工学、理学、经济学、医学和文学五大学科在校生占比位居前列，分别为 43.09%、13.84%、11.73%、9.98%和 6.27%。到 2017 年，在校生占比在前五位的是工学（40.04%）、管理学（13.77%）、医学（9.61%）、理学（8.19%）、教育学（6.83%）。这在一定程度上说明我国尚处在工业化中期，高层次工程技术人才、管理人才、医学人才、理科人才和教育人才需求旺盛。

2. 普通高等教育本专科生科类结构及其变化情况

根据《中国教育统计年鉴》，2000 年，全国普通高等教育本专科在校生 556.09 万人①。其中，哲学学科学生占 0.10%，经济学学科学生占 15.75%，法学学科学生占 4.89%，教育学学科学生占 4.25%，文学学科学生占 14.72%，历史学学科学生占 1.12%，理学学科学生占 9.65%，工学学科学生占 38.63%，农学学科学生占 3.29%，医学学科学生占 7.60%。

2009 年，全国普通高等教育本专科在校生达到 2144.65 万人。其中，哲学学科学生占 0.04%，经济学学科学生占 5.04%，法学学科学生占

① 包括本科生、专科生、分校大专班学生及其他。

3.24%，教育学学科学生占4.90%，文学学科学生（其中含艺术类学生）占15.25%，历史学学科学生占0.28%，理学学科学生占5.63%，工学学科学生占36.10%，农学学科学生占1.80%，医学学科学生占7.71%。这一年新增管理学学科门类，据统计，该学科门类学生占20.03%。

2011年开始，本科按照新的学科门类进行统计，专科按照专业大类进行统计。根据《中国教育统计年鉴》，2017年，本专科在校生总数为2753.63万人。其中，哲学学科学生占0.06%，经济学学科学生占5.83%，法学学科学生占3.46%，教育学学科学生占3.82%，文学学科学生占9.32%，历史学学科学生占0.45%，理学学科学生占6.69%，工学学科学生占33.43%，农学学科学生占1.72%，医学学科学生占7.54%，管理学学科学生占18.14%，艺术学学科学生占9.54%。

进入21世纪，我国经济社会快速发展，科技进步日新月异，高等教育实现历史性跨越。社会环境和高等教育自身发生的巨大变化都对本科专业设置提出了新要求。2012年《普通高等学校本科专业目录》正式印发实施，在学科门类上增加了艺术学。

2000年，工学、经济学和文学三个学科在校生占比占据前三名，分别占38.63%、15.75%和14.72%。到2017年，按照普通本专科在校生统计，工学、经济学和文学在校生占比仍然较高，分别为33.43%、23.97%（含管理学）、18.86%（含艺术学）。从不同年份各学科在校生占比变化情况分析，艺术学在校生占比呈现较明显的增长趋势，教育学和农学在校生占比呈明显下降趋势，理学和工学在校生占比则相对较稳定，变化幅度不明显。

三、空间结构趋于合理，东西部高校数和在校生数差距缩小，但优质教育资源分布仍不均衡

高等教育的空间结构表现为高等学校数量、在校生数和优质教育资源数量在不同地理单元的分布情况和比例关系。

从表4-2可见，1987年以来，我国东北、东部、中部和西部地区普

通高校数、在校生数均有所增长。

表 4-2　1987—2017 年我国不同地区普通高校数及本专科在校生数演变情况

地区	省份	1987 年		2006 年		2017 年	
		高校数（所）	在校生数（万人）	高校数（所）	在校生数（万人）	高校数（所）	在校生数（万人）
东北地区	辽宁	64	11.38	78	72.05	115	98.10
	吉林	42	6.87	45	43.51	62	64.39
	黑龙江	41	7.47	65	59.20	81	73.42
	合计	147	25.72	188	174.76	258	235.91
东部地区	北京	67	13.60	80	56.58	92	59.29
	天津	21	5.07	45	35.74	57	51.47
	河北	47	6.92	88	86.26	121	126.89
	上海	49	12.25	60	46.63	64	51.49
	江苏	71	14.02	116	130.62	167	176.79
	浙江	37	6.01	68	71.99	107	100.23
	福建	35	5.41	63	46.13	89	75.10
	山东	49	9.59	108	133.81	145	201.53
	广东	48	9.28	105	100.86	151	192.58
	海南	0	0.00	15	9.01	19	18.55
	合计	424	82.15	748	717.63	1012	1053.92
中部地区	山西	24	4.91	56	44.64	80	76.30
	安徽	38	6.12	83	66.37	119	114.74
	江西	30	5.21	66	77.05	100	104.83
	河南	47	7.57	84	97.41	134	200.47
	湖北	56	12.41	86	109.23	129	140.09
	湖南	44	8.34	96	83.02	124	127.32
	合计	239	44.56	471	447.72	686	763.75

续表

地区	省份	1987 年		2006 年		2017 年	
		高校数（所）	在校生数（万人）	高校数（所）	在校生数（万人）	高校数（所）	在校生数（万人）
西部地区	内蒙古	19	3.07	37	25.29	53	44.81
	广西	23	3.45	55	38.74	74	86.67
	重庆	0	0.00	38	37.61	65	74.69
	四川	59	13.38	74	86.06	109	149.97
	贵州	24	2.60	36	22.15	70	62.77
	云南	26	4.10	50	28.42	77	70.59
	西藏	3	0.18	6	2.33	7	3.56
	陕西	49	9.18	76	72.62	93	106.94
	甘肃	17	3.10	33	26.37	49	46.62
	青海	7	0.68	11	3.60	12	6.70
	宁夏	6	0.73	13	5.59	19	12.11
	新疆	20	2.98	31	19.93	47	34.60
	合计	253	43.45	460	368.71	675	700.03

注：1987 年、2006 年数据来自当年的《中国教育统计年鉴》；2017 年高校数据来自《中国教育统计年鉴 2017》，本专科在校生数来自《中国统计年鉴 2018》。

1987—2017 年，全国普通高校数从 1063 所增加到 2631 所，增幅为 147.51%；其中，东北地区从 147 所增加到 258 所，增幅为 75.51%；东部地区从 424 所增加到 1012 所，增幅为 138.68%；中部地区从 239 所增加到 686 所，增幅为 187.03%；西部地区从 253 所增加到 675 所，增幅为 166.80%。不难看出，中西部地区高校数增幅高于全国增幅。

1987—2017 年，从在校生数看，全国普通高校本专科在校生数从 195.88 万人增加到 2753.61 万人，增幅为 1305.76%。其中，东北地区从 25.72 万人增加到 235.91 万人，增幅为 817.22%；东部地区从 82.15 万人增加到 1053.92 万人，增幅为 1182.92%；中部地区从 44.56 万人增加到

763.75万人，增幅为1613.98%；西部地区从43.45万人增加到700.03万人，增幅为1511.12%。中西部地区普通高校本专科在校生数增幅也高于全国增幅。这说明，改革开放以来，尤其是西部大开发战略和中部崛起战略实施以来，我国高等教育空间结构过去东重西轻中间弱的局面有了明显改观。

与此同时，还必须看到，由于自然和历史因素，我国优质高等教育资源在东北、东部、中部和西部的空间分布仍有较大差异（见表4-3）。东部沿海发达地区不仅在普通高校数量上占有绝对优势，而且“双一流”高校数、一流大学数、一流学科高校数和入选学科总数也远高于其他地区。如何通过经济、行政和技术手段缩小经济发达地区和欠发达地区优质教育资源的差距，仍然是新时代高等教育结构调整面临的重要课题。

表4-3　2017年我国优质高等教育资源的空间分布情况①

地区	普通高校数（所）	“双一流”高校数（所）	一流大学数（所）	一流学科高校数（所）	入选学科总数（个）
东北地区	258	11	4	7	28
东部地区	1012	83	22	61	326
中部地区	686	18	7	11	60
西部地区	675	28	9	19	51

四、形式结构日益丰富，成人高等学校数量锐减，网络远程教育迅速兴起

高等教育形式结构是指高等教育办学时间、空间、内容及其比例关系。《中华人民共和国高等教育法》第十五条规定：“高等教育包括学历教育和非学历教育。高等教育采用全日制和非全日制教育形式。国家支持

① 高书国，李捷，石特．新时代中国高等教育结构调整的战略研究［J］．高校教育管理，2019（3）：1-9.

采用广播、电视、函授及其他远程教育方式实施高等教育。”

1978年，我国高等教育形式结构较为单一。除了全日制普通本科教育之外，多种形式的成人高等教育相当薄弱。在邓小平同志的倡议下，1979年中央广播电视大学应运而生。1987年，全国省、自治区、直辖市和计划单列市广播电视大学已发展到38所，全国招生133123人，毕业178891人，在校生达到565948人。2012年中央广播电视大学更名为国家开放大学。1980年国务院批转了教育部《关于大力发展高等学校函授教育和夜大学的意见》，提出“积极恢复、大力发展”高等学校函授教育和夜大学的方针，成人高等教育发展驶入快车道。1992年全国高等教育管理体制改革启动后，尤其是1999年普通高等教育扩招后，成人高等教育发展受到较大冲击。成人高校数量大幅减少，在校生数占全国高校在校生数的比重明显下降。

从高校数量看，1992年，全国成人高校1198所，占全国高校总数①的53.22%；1999年，全国成人高校871所，占全国高校总数的44.85%；到2017年底，全国成人高校282所，占全国高校总数的9.7%。

从在校生数看，1992年成人高校在校本专科学生147.81万人，占全国高校在校本专科学生总数②的43.96%；1999年，成人高校在校本专科学生305.49万人，占全国高校在校本专科学生总数的42.49%；到2017年底，成人高校在校本专科学生544.14万人，占全国高校在校本专科学生总数的13.49%。

值得注意的是，随着广播、电视和网络等多种教育技术手段在高等教育领域中的运用，远程接受高等教育的人数明显增加，最典型的是网络本专科学生数逐步增加。1992年，全国共有广播电视大学44所，在校生33.55万人。到1999年，广播电视大学在校生增加到48.68万人。到2017年，网络本专科学生数达到735.93万人，超过当年成人高校在校本专科学生数（544.14万人）。2018年，全国共招收网络本专科学生320.91万

① 本段中的全国高校总数指全国普通高校数和成人高校数的总和。

② 本段中的全国高校在校本专科学生总数包括普通高校在校本专科学生数和成人高校在校本专科学生数，不含网络本专科学生数。

人，比 2017 年增长 12.16%；在校生 825.66 万人，比 2017 年增长 12.19%。网络远程教育在构建终身教育体系、推进学习型社会建设过程中发挥了重要作用。

五、所有制结构走向多元，民办高等教育异军突起，办学层次逐步提高

党的十一届三中全会以来，特别是 1992 年党的十四大确定建立社会主义市场经济体制后，我国民办高等教育迅猛发展。1982 年，全国只有 30 多所民办高等教育机构，到 2005 年，民办普通高校和其他民办高等教育机构已经达到 1329 所。

2002 年，《中华人民共和国民办教育促进法》（以下简称《民办教育促进法》）颁布，标志着我国民办教育法治建设迈出了里程碑式的一步。随着政策法律环境的不断优化，民办高等教育办学规模迅速扩张。2016 年，全国人大常委会审议通过《关于修改〈中华人民共和国民办教育促进法〉的决定》，随后《国务院关于鼓励社会力量兴办教育促进民办教育健康发展的若干意见》《中共中央办公厅关于加强民办学校党的建设工作的意见（试行）》《民办学校分类登记实施细则》《营利性民办学校监督管理实施细则》等配套文件颁布，民办高等教育由此进入非营利性、营利性分类管理的新时代。

2017 年，全国民办高等教育机构达 800 所，教职工 20882 人，专任教师 9643 人，民办普通高校在校生 435387 人，其他民办高等教育机构在校生 744657 人。2018 年，全国共有民办普通高校 749 所（含独立学院 265 所），比 2017 年增加 3 所，占全国高校总数的 28.13%。

随着办学规模的不断扩大、办学管理的加强，民办高等教育的办学质量逐步提高，办学层次也在稳步提高。1994 年，黄河科技学院获批成为全国第一所实施专科学历教育的民办高校，仰恩大学通过学士学位授予权

验收。[1] 2011 年，全国 5 所民办高校获批招收专业学位硕士研究生，办学层次实现了新的飞跃，其中北京城市学院、西京学院各有 5 个专业硕士学位授权点。2017 年，全国民办高校招收硕士研究生 747 人，在学 1223 人。2018 年，全国民办高校硕士研究生在学 1490 人。2018 年，吉林华桥外国语学院升格为吉林外国语大学，成为全国第一所由学院升格为大学的民办高校。2018 年，由施一公领衔创办的西湖大学正式揭牌成立，标志着我国民办高等教育经过改革开放 40 年的栉风沐雨，办学层次已经从开始只能实施非学历教育，跃迁到培养世界一流博士研究生的重要台阶。

第二节　中国与世界部分国家高等教育结构体系比较

一、中美高等教育结构体系比较

美国是世界上最早实现高等教育大众化的国家，在高等教育发展方面积累了丰富经验。中美高等教育结构体系虽有一定的相似性，但也存在明显的差异。对中美高等教育结构体系进行比较，有助于取长补短，进一步优化我国高等教育结构体系，促进高等教育快速健康发展。

1. 中美高等教育层次结构比较

（1）美国专科教育发展较快，近 20 年，中国高等专科学校数和学生数占比总体呈下降趋势。美国公立社区学院、部分私立高校与我国高等专科学校层次大致相同。随着高等教育大众化进程的加快和适龄人口的增加，美国近年来加快了两年制高等教育的发展速度，两年制高等教育在高等教育结构体系中的比例呈现明显增长趋势。经济危机也迫使美国院校面向市场需求办学并进行差异化定位。

---

① 阙明坤，费坚，王慧英．改革开放四十年民办高等教育发展回顾、经验与前瞻［J］．高校教育管理，2019（1）：11-18，35.

2006 年，美国共有 1202 所社区学院。到 2016 年，根据《美国 2016 年教育统计年鉴》，在美国 4360 所高校中，两年制高校有 1528 所。[①] 2016 年，我国有高职（专科）院校 1359 所。与美国相比，我国本专科阶段在校学生人数和比例都已超过美国，但专科阶段学生的占比相对较小，专科教育发展不太乐观，高等专科学校数和学生数占比均出现不同程度的下降。

（2）美国研究生教育发展加快，中国两头小、中间大的特征明显。研究生的发展规模和教育水平是评价一个国家高等教育发展水平的重要指标。自 20 世纪 60 年代以来，受科技快速发展和美苏争霸等因素影响，美国研究生教育发展步伐加快。据美国联邦教育部统计数据，1969—2000 年，美国本专科在校生数增长了 84%，研究生在校生数增幅为 89%，研究生在校生数增长幅度超过了本专科在校生。我国研究生在校生规模虽然超过美国，但在全国高校在校生中的占比仍然不高。

综合起来看，美国高等教育层次结构分布较为均衡，而我国高等教育层次结构则呈两头小、中间大的特点，仍以本科教育为主，研究生教育和专科教育占比仍较小，结构需进一步优化。

2. 中美学科专业结构比较

从学科专业的构成状态比较，中美学科专业结构主要存在如下差异。

一是专业划分方面的差异。与我国的学科专业划分相比，美国的学科专业划分较细。我国现行《普通高等学校本科专业目录》中共设有 12 个学科门类，而美国共有 38 个学科群；我国设有 92 个专业大类，而美国为 362 个；我国共设 771 个本科专业，而美国专业数为 1265 个。不论是学科门类，还是专业的设置，美国的划分都更细致，涵盖内容更广泛，为学生提供了更多的选择和更广泛的发展空间。

二是交叉学科设置方面的差异。目前，我国《普通高等学校本科专业目录》仍是传统学科分类体制下的专业目录，而交叉学科具有跨学科性，在传统的学科体制中很难找到位置。到 2018 年我国还没有设置专门的交

---

① 肖福军，秦惠民．美国院校市场发展研究［J］．中国高教研究，2019（6）：72-79.

叉学科，也没有相应的交叉学科专业。美国高等教育注重交叉学科的发展，交叉学科在学科结构中是以独立学科门类的方式存在的。“交叉学科”学科群下又设置学科 21 个、独立专业 24 个。系统科学与理论、生物与自然科学、数学与计算机科学等交叉学科都已发展得较为成熟。“文理综合”学科群下也设置了学科 1 个、独立专业 4 个。其他学科群内也设置了一些交叉类的学科。38 个学科群中有 25 个下设了交叉学科，如计算机与信息科学（综合）、农学（综合）、工学（综合）、教育学（综合）等。大多数学科内部又设置了交叉专业，为交叉学科与新兴学科留足了发展空间。

三是学科分布方面的差异。在学科分布上，我国各大学科专业分布差异较明显。学科专业数占比中，居于前三位的分别为工学学科、人文学科（哲学、文学、历史学）、理学学科，其占比分别为 33%、18%、11%，其他学科占比均低于 10%。学科发展不太均衡，专业分布上明显偏向工科。而美国各大学科中，学科专业数占比居于前三位的分别是工学学科、医学、人文学科，其比例分别为 19. 4%、16. 3%、14. 7%，理学、社会科学分别为 12. 1%、11. 2%，其他学科也超过了 10%，学科发展相对均衡，专业数比例差别相对较小。

3. 中美不同学科学生规模结构差异比较

以农学为例，农学在中美高等教育学科结构中所占比重均为最低，且总体均呈不断下降趋势。但农学在我国学科结构中所占比重始终高于美国，这与我国为传统农业大国、长期重视农业发展不无关系。在社会科学方面，中美两国管理学学科在校生数均增加最多，规模增长最快，占比增长速度也最快。但近 30 年来，美国管理学学生人数占比一直高于其他学科，我国管理学学生人数占比虽在不断上升，但与工学和人文学科相比，仍相对较低；医学方面，我国本科生占比总体呈下降趋势，而在美国，医学在校生规模总体呈上升趋势，仅略低于管理学；教育学方面，中美教育学在校学生占比整体都出现了下降趋势；社会科学和人文学科方面，中美在校生人数均在不断增加，但美国社会科学和人文学科占比变化较平稳并呈交替上升趋势，而我国人文学科比重处于平稳上升态势，社会科学比重则呈平稳下降趋势。

二、中日高等教育结构体系比较

1. 日本高等教育结构体系

日本具有独具特色的“二元双层结构”高等教育体系，由大学和专门学校两个层次、国立（公立）和私立两种办学形式构成。数量上以私立院校为主，质量上以国立（公立）院校为优。

（1）层次结构。

日本高等教育层次结构大体分为两级。第一级为短期大学、高等专门学校和专修学校；第二级为四年制大学以及在此基础发展起来的研究生院。

（2）科类结构。

20世纪50年代中期，日本高等教育存在一个严重问题，即重文法、轻理工，自然科学和工程技术教育发展缓慢，远远不能适应当时日本经济发展战略的需要。1957年，日本理工科大学生人数占大学生总数的比例仅为21.9%。日本根据政府的政策和企业提出的要求，于1960年制定了《大学教育专业结构调整计划》，该计划规定，从1961年开始，每年增招16000名理工科学生，到1964年又提高为每年增招20000名。此后十几年，日本大学一直坚定不移地执行这一计划，至70年代中期，理工类本专科学生所占的比例已超过40%，基本扭转了日本大学不适应产业发展的专业结构，为日本大中小型企业输送了各类工程技术人才，进而带动了日本经济腾飞。

（3）形式结构。

日本高等教育形式结构的一个突出表现就是私立大学的快速发展，日本公立、私立高校发展情况如表4-4所示。近年来，日本公立和私立高等教育机构之间相互开放、公平竞争，各级各类高等教育机构也向社会和国际开放。

表 4-4　日本公立、私立高校发展概况

年份	高等教育机构数（所）			私立机构占比（%）
	公立	私立	总数	
2000 年	661	4173	4834	86. 33
2001 年	634	4151	4785	86. 75
2002 年	613	4143	4756	87. 11
2003 年	596	4133	4729	87. 40
2004 年	500	4224	4724	89. 42
2005 年	499	4217	4716	89. 42
2006 年	495	4222	4717	89. 51
2007 年	490	4199	4689	89. 55
2008 年	485	4162	4647	89. 56
2009 年	482	4094	4576	89. 47
年份	高等教育在校生数（人）			私立机构学生占比（%）
	公立	私立	总数	
1995 年	824440	2941521	3765961	78. 11
1996 年	839223	2946176	3785399	77. 83
1997 年	845560	2943346	3788906	77. 68
1998 年	849889	2925615	3775504	77. 49
1999 年	855174	2915587	3770761	77. 32
2000 年	860764	2900961	3761725	77. 12
2001 年	860891	2893922	3754813	77. 07
2002 年	861159	2909088	3770247	77. 16
2003 年	862256	2935011	3797267	77. 29
2004 年	851884	2947075	3798959	77. 58

（4）空间结构。

日本注重调整高等教育地区间布局结构，向高等教育薄弱地区倾斜。日本文部省于 1976 年公布的《整顿高等教育规划》提出实现地区布局合理的具体要求和实施方案，“限制在大城市内增设大学，使地区布局趋于合理”。

2. 与日本相比，我国高等教育结构体系存在的问题

我国高等教育经过多年发展，已形成了较为完善的体系，有肩负着攀登世界科技高峰、冲击世界一流水平使命的“双一流”高校，还有“教学型”普通本科高校，以及主要面向生产第一线培养职业技术人才的高等职业技术学院等；办学体制上有国家举办、地方政府举办及民办等多种类型；人才培养层次上包括研究生、本科生、专科生及非学历进修、证书教育、岗位培训等多种层次；办学形式上有全日制高等教育、业余高等教育（电视大学、网络大学、高等教育自学考试）等多种形式。这一多样化的高等教育结构体系，在我国高等教育实现大众化和迈进普及化的进程中发挥了重要作用。但是，随着我国高等教育的发展，民办教育及面向大众的高等职业教育发展薄弱所引发的高等教育结构性失调，成为我国高等教育高质量发展的制约因素。

与日本相比，我国高等教育结构体系存在的主要问题如下。

一是层次结构失衡。当前我国社会需求增长最快的并不是本科及以上层次的人才，而是大批掌握高级熟练技术的专科人才，这就要求高等教育形成以“研究生教育为先导、本科教育与专科教育为主体”的“金字塔”形结构。日本的经验表明，“金字塔”形的高中低人才结构在工业化的初中级阶段能更有效地促进经济腾飞，然而，就我国高等教育发展而言，现有的层次结构与社会经济发展对高等教育的需求存在一定偏差，主要表现为三点：专科在校生数比例偏小，本科在校生数比例偏大，研究生教育发展过快。

二是科类结构失调。我国高等教育专业口径偏窄。许多专业名称经过修改之后，虽然方向变宽了，但实际内容仍然比较狭窄，课程设置过于单一化。而且文科、理科等不同科类分道扬镳式的教学，导致培养出的学生知识结构单一，不能适应社会对复合型人才的需求，加上过早、过细的专门化培养，学生的思维方式、应变能力受到局限。另外，专业划分过细，造成大量专业重复设置，导致高等教育资源使用效率低，使本来就非常紧缺的高等教育资源变得更为紧张。专业设置比例失调，与产业结构需求不

一致。进入新时代，经济结构和产业结构的调整升级将是经济改革发展的主线，信息科学、生命科学、材料科学等的发展必然对人才培养的专业结构提出新的要求。同时，第三产业的快速发展，要求我国专业人才多样化，而目前高等教育的专业设置尚无法充分满足上述要求，一定程度上加剧了人才供给结构的失衡。

三是形式结构分散。各种形式的高等教育相互割裂。普通高等教育与成人高等教育各自封闭，学校、专业重复设置，优质教育资源结构性短缺与结构性浪费并存；高等职业技术教育与普通高等教育互不沟通，缺乏横向联系与合作；公办高等教育与民办高等教育缺乏交流和合作，没有形成互相借鉴、优势互补的良好状态。各种形式的高等教育之间发展不平衡。在我国高等教育形式结构中，普通高等教育是主体部分，成人高等教育由于在体制、教育资源等方面先天不足，办学严重依赖普通高等教育系统；受以往教育观念的影响，高等职业技术教育生源严重短缺，发展规模仍然偏小，各级政府对高等职业技术教育的重视不够、投入不足；对民办高等教育而言，由于法制不健全、政策不到位，再加上起步晚、规模小、层次低、师资弱、质量保障与颁发学历文凭方面没有优势，大部分民办高等学校在夹缝之中求生存。上述各种形式高等教育发展不平衡的状况不但与当前社会经济发展的要求及高等教育普及化趋势不相适应，而且严重影响了我国高等教育的进一步发展。

四是空间结构失衡。由于我国各地区社会经济发展水平不一致，高等教育获得的支持也因地而异，最终导致我国高等教育发展的区域性差异，一定程度上影响了我国高等教育整体的和谐发展。2017 年东部的高校数占全国总数的 38.46%，而西部仅拥有全国 25.66%的高校。从高校的类别构成来看，东部的综合大学及理工、农业、林业、医药、师范、语言、财经、政法、体育、艺术、民族院校的数量分别是西部的 2.33、2.86、1.50、4.00、2.50、1.24、6.50、3.18、3.50、4.50、3.33、0.43 倍。尽管西部高校类型齐全，但相对来看，除了农业、师范院校（绝对数量依然低于东部，但相对比例高于东部）和民族院校（绝对和相对数量均高于东部）外，其他类型高校，尤其是综合大学、理工院校均集中于东部地区。

从国家部属院校的分布和办学层次的对比来看，也存在明显的地区差距。以1998年为例，当年的“211工程”院校，东部有58所，西部仅17所；教育部部属高校，东部有28所，西部仅6所。在教育投入方面，东西部差距也比较明显，以1997年为例，当年东部地区普通高校生均预算内教育经费为7279.24元，西部仅为6520.78元，东西部人均差距为758.46元。在办学实力和质量方面，东西部高校也存在明显差距。虽然最近几年，国家对中西部地区高等教育投入增大，但空间结构失衡的情况仍然存在。

三、中印高等教育结构体系比较分析

印度是最早建立现代高等教育制度的发展中国家之一。2009年至2016年，印度高等教育入学率呈持续增长趋势，由16.11%增长到29.63%，其高等教育已经步入大众化阶段，不再局限于为上层精英服务，而是逐步面向广大群众。教育是促使印度再度崛起的秘密武器，特别是印度高等教育的发展，值得我们关注与借鉴。

1. 高等教育机构数量明显增加

自独立以来，印度的高等教育机构数量显著增加。独立时的印度仅有20所大学、500所学院；截至2016年，印度的大学数量增加至799所，学院数量发展至39071所，其中邦立公立大学的数量显著高于其他类型的大学数量。另外，印度高等教育国际化趋势明显，近年来赴印度留学的人数不断增加，2016年有44766人，较2011年增加了17235人；同样，印度出国留学的人数也在增加，2016年有277387名学生出国留学，比2011年增加了71737人。从流动的总数来看，印度“流出”的学生人数远远多于“流入”的学生人数，2016年，“流出”学生人数是“流入”学生人数的6倍多。

2. 高等教育科类结构中文科比重较大

据不完全统计，印度高等教育机构中文科学生人数占学生总数的36%，理科学生占16%，商业/管理类学生占16%。整体而言，约68%的学生就读于文科、理科、商业/管理 3 科；32%的学生就读于其他专业领域，其中工程/技术专业占 16%，医学和教育各占 3%。在政府、市场、高校三重逻辑影响下，印度形成了学科专业分类目录与学位授予目录双目录发展模式，即学科专业分类目录与学位授予目录相互联系却又各有不同功能，两个目录在学科划分、框架、标准和调整机制上差异明显，发挥了各自不同的作用。印度学科专业分类目录更多体现为一种知识分类和教育统计手段，类似于美国的学科专业分类目录和英国的学科专业分类体系。而印度学位授予目录在功能上则呈现鲜明的规范性特点，政府授权高等院校颁发学位，在此基础上，学位设置与分类必须体现国家对人才培养口径和质量标准体系的规范与把控。另外，印度的大学具有法律所赋予的独立地位，加上受到英国大学自治观念的影响，印度大学实际上是一个自治团体，有权自主决定学术事务。因此，政府难以对学科专业和学位的划分与管理进行直接的行政干涉。

第三节　新时代我国高等教育结构体系调整面临新形势和新任务

2019 年，中共中央、国务院印发《中国教育现代化 2035》，就此后一段时期教育现代化提出了总体思路和战略任务，强调教育系统要着力提高教育质量，促进教育公平，优化教育结构，为决胜全面建成小康社会、实现新时代中国特色社会主义发展的奋斗目标提供有力支撑。

一、实现“两个一百年”奋斗目标要求高等教育结构体系超前布局

党的十九大报告明确了从 2020 年到本世纪中叶分两步走全面建设社会主义现代化国家的目标。全国教育大会、新时代全国高等学校本科教育

工作会议、《国家职业教育改革实施方案》和全国职业教育与继续教育工作会议、全国深化职业教育改革电视电话会议等一系列重要会议和政策文件，都对包括高等教育在内的各级各类教育明确提出了优化结构、完善体系的新要求。新时代高等教育结构体系的调整与完善对基础教育和职业教育的改革发展有着重要先导作用，其成效往往要经过五到十年乃至更长时间才能显现，所以，必须未雨绸缪、超前谋划。

从现在到2035年，是为实现第二个百年奋斗目标、建成富强民主文明和谐美丽的社会主义现代化强国奠定坚实基础的关键时期。高等教育改革建设和发展任重道远。必须坚持以习近平新时代中国特色社会主义思想为指导，站在“四个全面”战略布局的时代高度，站在增强“四个意识”、坚定“四个自信”、做到“两个维护”的政治高度，认真贯彻落实习近平总书记在全国教育大会上的重要讲话精神，以全面提升教育服务经济社会发展的能力为目标，进一步调整优化高校区域布局、学科结构、专业设置，建立健全学科专业动态调整机制，加快一流大学和一流学科建设，推进产学研协同创新，积极实施创新驱动发展战略，加快建成更加开放灵活的教育体系，着重培养创新型、复合型和应用型人才，为早日建成人才强国和科技强国而不懈努力。

二、经济社会发展新常态和供给侧结构性改革期待高等教育结构体系主动响应

经济社会发展是高等教育改革与建设的重要引擎和根本动力。未来一段时期，国民经济会进入中速稳步发展的新常态。日益加大的资源环境约束正在倒逼经济发展必须走上依靠科技进步和提高劳动者素质的创新驱动轨道。高等教育必须通过优化结构体系来提高对经济社会发展的实际贡献度。随着供给侧结构性改革不断深入，国家和地方经济结构调整力度将进一步加大，高级人力资本和科技创新对经济高质量发展的贡献率将明显高出土地和资本等常规生产要素，资源配置得到明显优化。高等教育在供给侧结构性改革过程中，也需要通过进一步优化结构、完善体系来提高供给

结构对人才需求变化的适应性和灵活性，扩大有效供给，更好地满足广大人民群众的需要，促进经济社会持续健康发展。

国家和区域产业结构深度调整之后，中国经济社会发展的协同性将显著增强。随着区域经济一体化进程加快，京津冀、长三角、粤港澳大湾区等大型城市群迅速崛起，必将对高等教育的层次类型、空间布局、发展形态提出新的更加复杂的要求。《国家人口发展规划（2016—2030 年）》预测，2030 年全国总人口将达到 14.5 亿人左右，常住人口城镇化率将达到 70%，人均寿命将提高至 79 岁。常住人口城镇化率稳步提升，户籍人口城镇化率加快提高，主要城市群集聚人口能力增强。城镇化进程加快，老龄人口规模扩大，也迫切需要加快调整教育结构体系、建设学习型社会、满足广大人民群众终身学习的需要。我国中产阶层迅速成长壮大，必然要求更高水平和更高质量的教育。

从总体上看，全社会对高级专门人才的规模需求进入相对稳定增长期，与此同时，层次优化、类型调整、形式多元、布局适应等结构性需求更加强烈。随着社会主义市场经济体制不断完善，市场在人才资源配置过程中的决定性作用更加凸显，但是高等教育这样关乎国计民生的重要社会事业，迫切需要政府发挥宏观调控的重要作用，积极应对经济社会发展的现实需求和长远需要，主动作为，与时俱进调整完善结构体系。

三、国内外科技革命兴起和核心科技竞争呼唤高等教育结构体系凤凰涅槃

当前世界正处在新一轮科技和产业革命进程中，一些重要科技领域发生革命性突破的先兆已经初现。一场整合思维科学、生命科学、信息科学和材料科学等前沿科学，已经并将继续深刻改变人们的生产生活方式和思维方式的科技竞争，正在全球范围内悄然展开。随着贸易保护主义的逐步抬头，我国若要在国际贸易竞争中赢得主动权、占领制高点，必须突破科技瓶颈，掌握核心科技。面对百年未有之大变局，高等教育作为顶尖创新人才培养系统和重大原创科技研发基地，急需通过完善结构体系，聚力一

流大学和一流学科建设，进一步提高研究生教育质量和水平，为建成科技强国和创新型国家、在世界科学共同体中占有一席之地提供有力支撑。

按照国家科技创新“三步走”战略，我国到2020年进入创新型国家之列，到2035年左右进入创新型国家前列，到2050年要成为世界科技强国。在实现中华民族伟大复兴中国梦的历史进程中，科技创新在支撑高质量发展、保障改善民生、维护国家重大安全等方面发挥着越来越重要的作用。面向世界科技前沿，面向经济社会发展的主战场，面向国家重大战略意志和战略需求，面向加快建设创新型国家，科技工作任重道远。要实现经济增长尽快从要素驱动转向创新驱动，进一步提高经济增长质量和效益，科技系统必须聚焦重点难点，加快关键领域核心技术攻关，充分发挥引领作用，有力支撑高质量发展。从“制造大国”走向“制造强国”，必须以关键共性技术、前沿引领技术、现代工程技术、颠覆性技术的创新等为突破口，引导企业加强研发攻关和应用推广。科技创新，技术革新，关键在人，基础在教育，高等教育尤其要发挥更大作用。高等教育要进一步处理好规模、结构、质量和效益的关系，在稳步扩大规模、着力提升质量、努力提高效益的同时，进一步优化结构体系，分层分类培养一大批高层次工程技术人才、科技管理人才和技术应用人才。

四、高等教育历经40多年建设发展，正面临深层次结构性矛盾和体系性难题

教育结构是教育体系的骨骼框架。就高等教育系统的体量看，经过改革开放40多年尤其是21世纪以来20多年的不懈努力，我国高等教育已经进入普及化发展阶段。在高等教育规模不断扩大、数量供给持续增加的同时，我国高等教育发展面临深层的结构性矛盾和复杂的体系性难题，是我国社会主要矛盾在高等教育系统的突出反映。

1. 高等教育层次结构与社会人才梯度分布的实际需求结构的吻合度存在较大偏差

受传统文化观念和高校自身因素影响，目前高等教育中存在愿意接受

高等职业教育的学生、主动向应用技术型大学转型的高校双不足的问题。高等职业教育发展不够充分，技术技能型人才培养的数量和质量难以很好地满足用人单位的岗位需求。迅速扩张的本科教育长期承受办学条件的巨大压力，与此同时，由于生源数量依然相对充裕，在教育方面仍然存在人才培养中心地位不够巩固、教育要素投入不到位、教育理念相对滞后、教育改革动力不足、成效不明显等共性问题，人才培养同质化、专业所学与就业岗位不匹配等现象严重。我国研究生教育虽然有较大发展，但是仍然存在资源尚不够充分、质量尚不够高等矛盾。全国人民希望能有更充分的资源投入研究生教育，希望研究生教育有更高质量的发展，加快建设研究生教育强国。与此同时，研究生教育中不同学位类型、不同学科专业、不同地区省份及高校不同水平的国际合作交流等方面，还不够协调。

2. 高等教育学科专业结构与新知识、新技术、新产业和新业态发展趋势不适应

一方面不同学科门类之间存在轻重失衡的问题，另一方面即便在同一学科门类内部也存在专业结构不尽合理的问题。以目前占比最大的工学教育为例，从当前和今后一个时期的供需状况看，明显存在传统工学专业建设与新工业新业态的需求脱节、传统工程教育与现代工业人才市场需求脱节的问题。部分与传统制造行业相关的专业成为就业冷门。与此同时，普遍存在工程技术人才“供给短缺”问题。专业技术人员数量占制造业规模以上企业人力资源总量的比例不足10%。装备制造业中，具有本科以上学历者不到人才总量的1/3。新一代信息技术产业、电力装备、高档数控机床和机器人、新材料等重点新兴行业人才供给及高端人才供给严重短缺。与产业结构转型升级相关的专业人才培养总量不足，高新技术人才、高层次经营管理人才和高技能型人才严重短缺，其中装备制造行业的高端人才缺口最大。

3. 高等教育空间结构与城市群迅速崛起的态势不相适应

改革开放40多年来，特别是21世纪以来，在中央政府的强力推动下，中西部高等学校数量和在校生规模有了明显增长，教学资源条件有了明显改善，但受原有基础和高层次人才流失的影响，一流高校和一流专业

等优质教育资源存量有限、增量更少。如何持续推进西部大开发战略和中部崛起战略，在尊重教育经济发展规律的基础上，通过加大政府的宏观调控力度，适当对中西部高等教育发展给予倾斜，超前适应当地经济社会发展的高层次人才需求，仍然是摆在中央和地方政府以及各级教育主管部门面前的一项重大课题。

随着中国区域经济一体化进程加快，京津冀、长三角、粤港澳等地区将在全国率先基本实现现代化。部分发达地区经济社会发展不仅对高质量的高等教育有着更加强烈的现实需求，而且财力宽裕的地方政府有着兴办高等学校、扩大高等教育规模、提高办学层次、增强地方高校人才输出能力的内在驱动力。新时代高等教育结构体系调整，也需要切实尊重不同地区高等教育发展的客观差异，充分调动中央和地方两个积极性，适当下放高等教育管理权，鼓励和支持发达地区大中型城市做大做强做优做特本土高等教育，积极呼应地方产业结构和城市结构对高等教育层次结构、专业结构、形式结构、所有制结构的现实需求。

第四节　新时代进一步完善我国高等教育结构体系的对策建议

进入新时代，我国高等教育承担着建设人才强国、科技强国和创新型国家，为实现中华民族伟大复兴中国梦提供强有力的人力资源保证的历史重任。高等教育结构体系调整，要在面对高等教育“公平”与“效率”问题的基本框架下，综合考虑原有结构体系的传承性、新结构体系建设的可操作性、人才培养功能的可实现性、提供问题解决的可行途径，保障新时期高等教育对社会所需多元人才的供给和个体接受更高质量高等教育的需求。

一、关于层次结构

层次结构调整是完善高等教育结构体系的重要内容，高等教育层次结构合理与否将直接影响高等教育功能的发挥。必须在继续注重高等教育规模扩大、质量提升、效益提高的同时，把调整结构、完善体系摆在更加突出的位置，主动顺应经济社会发展、科学技术进步大趋势，优化我国高等教育层次结构。

1. 本科教育

认真贯彻落实全国教育大会和新时代全国高等学校本科教育工作会议精神，稳步扩大本科教育规模，重点走内涵发展的道路，以大力实施“双万计划”为契机，全面振兴本科教育。以“回归常识、回归本分、回归初心、回归梦想”为基本遵循，深化高校本科专业供给侧改革，主动对接经济社会发展需求，引领带动高校专业建设水平和本科人才培养能力全面提升。到2035年，形成中国特色、世界一流的高水平本科教育，为建设高等教育强国、加快实现教育现代化提供有力支撑。①

建立健全专业动态调整机制，主动布局集成电路、人工智能、云计算、大数据、网络空间安全、养老护理、儿科等战略性新兴产业发展和民生急需相关学科专业。2018年国家统计局公布了《战略性新兴产业分类（2018）》，包含新一代信息技术产业、高端装备制造产业（含航空、卫星、轨道交通、海洋工程等产业）、新材料产业、生物产业、新能源汽车产业、新能源产业、节能环保产业、数字创意产业、相关服务业（知识产权、技术推广、航空运营及现代金融服务等）等九大领域。与九大领域的产业发展需求相对应，新时代的产业发展对工学和新兴交叉学科高等人才的需求有增无减，工学人才培养占比应继续保持甚至略有增加，同时扩大理学教育占比，与工学人才培养相互支撑。全球新冠肺炎疫情的蔓延显示出建立现代公共卫生服务体系的重大需求，我国人口老龄化发展对公共卫

---

① 参见教育部《关于加快建设高水平本科教育全面提高人才培养能力的意见》。

生服务的需求也日益提升，因此，需要扩大医学教育占比，培养更多高等专业医护人员，满足公共卫生服务需求。另外，现代化建设进程中全民素质的普遍提升、重大经济社会问题的应对等，需要统筹布局人文与艺术学科的发展，提高全民精神追求和文明素养。

推进现代信息技术与教育教学深度融合，大力推动互联网、大数据、人工智能、虚拟现实等现代技术在教学和管理中的应用，大力推进慕课和虚拟仿真实验室建设。构建全方位全过程深融合的协同育人新机制，建立与社会用人部门合作更加紧密的人才培养机制。强化科教协同育人，推动国家级、省部级科研基地向本科生开放，以高水平科学研究支撑高质量本科人才培养。深化国际合作育人，推进与国外高水平大学开展联合培养，选拔高校青年教师学术带头人赴国外高水平机构访学交流，加快引进国外优质教育资源，培养具有宽广国际视野的新时代人才。完善质量评价保障体系，强化高校质量保障主体意识。强化质量督导评估，推进高等学校本科专业认证工作，开展保合格、上水平、追卓越的三级专业认证。

2. 研究生教育

积极发展研究生教育，稳步发展专业学位博士研究生教育。积极面对、主动回应莘莘学子要求享受高质量研究生教育与目前我国研究生教育资源尚不够充分、质量尚不够高、体系尚不够协调这一新的主要矛盾①，在丰富资源、提升质量、完善体系上下功夫。健全研究生教育内部质量保障和外部质量监督体系，强化培养单位和导师责任，通过评估认证等手段，形成动态调整学位点和招生计划的激励约束机制。学术学位授予单位和学位授权学科总体规模保持基本稳定，实行动态调整。进一步深化开放合作，扩大联合培养博士生出国留学规模，持续实施“国家建设高水平大学公派研究生”项目，与国外高水平院校和科研机构联合培养更多学术型研究生，满足国家对高层次创新人才的迫切需求。

优化研究生招生计划，增量部分重点向优势学科、基础学科、科技前

---

① 杨卫．立足新时代 履行新使命 以优质学术研究服务研究生教育强国建设［J］．研究生教育研究，2019（3）：1-2，105.

沿学科和服务国家重大需求的学科倾斜。我国研究生层次的人才培养中，工学人才培养一枝独秀，适应了我国对工学人才的大量需求。但从科技创新的持久动力来源考虑，需要加强重大基础理论的创新研究及科学、技术、工程和数学（Science，Technology，Engineering，Mathematics，STEM）教育领域人才的培养，要认识到理学是重要的组成部分。因此，要优化研究生招生计划，增量部分重点向服务支撑国家重大项目、重大发展规划的任务需求倾斜，培育新的学科生长点和特色方向，应在研究生及以上层次适当扩大理学教育的占比，培养基础理论研究人才，加强重大基础理论创新研究，促进前沿重大基础理论的创新和发展、STEM 领域的全面革新和发展。

3. 高职教育

完善现代职业教育体系，大力发展本科层次职业教育，发展职业本专科教育以及专业型研究生教育共同构成的纵向的高等教育层次的职业教育体系，加快学历证书和职业技能等级证书互通衔接，并在终身教育体系下，完成普通教育和职业教育互衔互通的体制架构。

贯彻落实《国家职业教育改革实施方案》，完善现代职业教育体系。主动适应供给侧结构性改革需要，在先进制造业、现代服务业等领域实行“学历证书+若干职业技能等级证书”制度试点。探索建设学分银行，加快学历证书和职业技能等级证书互通衔接，为技术技能人才持续成长拓宽通道。鼓励有条件的企业特别是大型企业举办高质量职业教育，建设一批示范性职业教育集团（联盟）。要面向应届高中毕业生和退役军人、下岗职工、农民工，扩大高职招生计划。实施“文化素质+职业技能”的考试招生办法，探索单独招生、优先录取机制，实现中高职贯通、普职融通。坚持宽进严出，切实保证人才培养质量。力争经过 5—10 年的努力，促进教育链、人才链、产业链有机衔接，建设一批引领改革、支撑发展、中国特色、世界水平的高等职业学校和骨干专业（群），努力培养数以亿计的高素质劳动者和技术技能人才。

大力发展本科层次职业教育，对于解决高等教育结构与社会需求结构的匹配不良问题具有重要作用，也是高职院校自身发展的必然趋势。一是以政策推动现有高职院校分类发展，将一部分办学质量高、有特色的高职院校升格为本科，开展本科层次的职业教育。二是引导另一部分高职院校在现有专科学历教育的基础上，集中优势师资开展非学历的职业技术教育或培训，面向高职院校的不同生源，结合职教高考制度和职业资格证书制度的改革，开放录取有职业和技术教育需求的考生，教育项目完成时，颁发与学历教育层次对应且有同等效力的职业教育资格证书，直接面向行业、产业的人才需求。三是引导地方普通高校开展本科层次职业教育项目，与师范类专业的设置相似，在原有本科专业中设置职业教育类专业，尝试在普通本科院校通过更新人才培养方案、加强校企联合、扩大实践教学等方面的革新培养本科层次的职业教育人才。

我国专业学位研究生教育起步较晚，20 世纪 80 年代专业学位研究生教育才进入探索期，且限于少数领域。2009 年教育部调整研究生教育结构，加强实践性较强的研究生教育。专业硕士学位开始招收应届本科毕业生，专业领域更加扩大，学位授权点数量快速增长。[①] 虽然专业型研究生的培养取得了丰硕的成果，但依然无法满足社会对高层次专业人才的需求，这既有总量供给的不足，也有专业类型供给的不足。要把扩大研究生规模的重心放在专业型研究生的培养上，并根据本科职业教育的发展状况，灵活调整专业型研究生规模占比，保证有充足的生源。通过体制机制的架构，使职业本专科教育、专业型研究生教育共同构成纵向的高等教育层次的职业教育体系，为经济社会发展培养更多高质量职业技能型人才。

二、关于科类结构

紧密结合国家和区域重大的经济社会发展战略，主动调整科类结构，进一步梳理和界定学科门类、专业类（一级学科）和专业（二级学科），重点加强新工科、新医科、新农科、新文科和交叉学科建设，通过多种途

① 梁传杰，吴晶晶．我国专业学位研究生教育发展历程回顾与前瞻［J］．研究生教育研究，2014（3）：23-27，31.

径、多种举措，实现专业布局的适时调整和更新。

1. 工科教育

根据《制造业人才发展规划指南》，专业技术人员数量占制造业规模以上企业人力资源总量的比例不足10%。装备制造业中，具有本科以上学历者不到人才总量的1/3。新一代信息技术产业、高档数控机床和机器人、航空航天装备、海洋工程装备及高技术船舶、先进轨道交通装备、节能与新能源汽车、电力装备、农机装备、新材料、生物医药及高性能医疗器械十大重点领域人才缺口较大。未来高等工科教育发展，重点是调整优化内部结构，更加贴近制造强国建设需求。新工科建设将应对产业革命的需要，加强战略急需人才培养。

2. 医科教育

医科教育关乎健康中国战略目标的实现，在我国高等教育中一直占有相当比重。今后一个时期，医科高等教育的重要任务是，贯彻落实好《国务院办公厅关于深化医教协同进一步推进医学教育改革与发展的意见》，稳步发展医学类专业本科教育；调整优化护理职业教育结构，大力发展高职护理专业教育。新医科作为构建健康中国的重要基础，要实现从治疗为主到生命全周期、健康全过程的全覆盖，提升全民健康力。

3. 农科教育

我国是农业大国，农业发展备受重视，国家乡村振兴战略的大力实施，为高等农业教育提供了最大的发展优势。今后一个时期的重点任务是，积极探索实施“新农科”教育，推进农业学科与生命科学、信息科学、工程技术、新能源新材料及社会科学的深度交叉和融合，拓展传统农业学科的内涵，不断深化农科人才供给侧结构性改革。高等林业教育在国家大力推进包括生态文明建设在内的“五位一体”总体布局下，将有更大的作为。加强国际工程教育认证，转变人才培养模式、调整专业结构、全面提升林业高等教育教学质量，是未来发展的重中之重。新农科要用现代科学技术改造升级涉农专业，助力打造天蓝水净、食品安全、生活恬静的美丽中国。重点建设一流农林大学和农林专业，瞄准未来农业林业发展需要，建立“通专结合、本研贯通、产教融合”的人才培养新体系，实现单一的专业教育模式向通专结合的多元化教育模式转变。

4. 文科教育

新文科建设则是要推动哲学社会科学与新科技革命交叉融合，重点建设心理学、哲学、中国语言文学、历史学等人文学科，培养新时代的哲学社会学家，创造光耀时代、光耀世界的中华文化。落实高校办学自主权，鼓励各校办出有特色的、高水平的文科专业。紧紧围绕培养一流文科人才，建立新的学术共同体评价体系。大力推进学科交叉，主动适应互联网时代、人工智能时代对复合型文科人才的需求，在文史哲等人文学科实现融通以及人文学科和社会科学实现融通的基础上，推进人文社会科学和医学、生物科学、信息科学等学科更深广意义上的交汇融通，推动形成覆盖高等教育全领域的"质量中国"品牌，打赢全面振兴本科教育攻坚战，形成高校新文科发展的新格局、新气象。

5. 师范教育

2018 年以来，中共中央、国务院出台《关于全面深化新时代教师队伍建设改革的意见》，教育部等五部门印发《教师教育振兴行动计划（2018—2022 年）》，为新时代高等师范教育指明了发展方向，也为我们进一步探讨新时代背景下的高等师范教育提供了政策依据。今后一段时期，高等师范教育将在稳步发展的基础上，重点培养教育硕士，适度培养教育博士。

6. 政法教育

政法教育在改革开放初期是我国高等教育的薄弱环节。经过 40 多年的建设和发展，政法类高等学校数量、学科专业点数和在校生数大幅增长。党的十八大以来，以习近平同志为核心的党中央提出"四个全面"战略布局，全面依法治国，推进法治中国建设，对加强高等政法教育、提高政法类人才培养质量提出了新的更高要求。新时代高等政法教育应当控制办学规模，从强调专业转变为强化职业教育，减少学术性博士硕士招生数量、扩大专业学位招生的比例，满足法治社会对更多高级法律实务人才的需求。

7. 艺术教育

新时代我国高等学校艺术教育重在创新艺术人才培养模式，更加注重内涵建设，突出办学特色，进一步优化学科专业布局，构建多元化、特色化、高水平，具有中国风格的艺术学科专业体系。贯彻落实《教育部关于切实加强新时代高等学校美育工作的意见》，修订落实《全国普通高等学校公共艺术课程指导方案》，强化面向全体学生的普及艺术教育。专业艺术教育在统筹考虑学科建设、产业发展、社会需求、艺术前沿的基础上，调整专业设置，实现有机衔接，增强人才培养和社会经济发展的契合度，依托“双万计划”，建好若干个国家级一流艺术类专业点。支持高校设立并办好音乐教育、美术教育、舞蹈教育、戏剧教育、戏曲教育、影视教育相关专业，改进艺术师范教育，逐步完善高校与文化宣传部门、文艺团体、中小学校等协同育人机制。推进文化传承创新，推动中华优秀传统文化的创造性转化和创新性发展。深化国际人文交流合作，借助国际和国内、政府和民间多种对外交流渠道和活动平台，发挥专业艺术院校和高水平学生艺术社团的重要作用，积极参与共建“一带一路”教育行动和中外人文交流项目。到 2035 年，形成多样化、高质量、富有中国特色的社会主义现代化高等学校艺术教育体系。

8. 交叉学科

交叉学科是自然科学、哲学社会科学各大学科门类以及本门类诸多学科、专业之间交叉融合而形成的知识体系。现代科学技术的迅速发展使得各学科之间的联系越来越紧密，传统学科之间的界限被打破，交叉学科站在了人类历史文化的最前沿。交叉学科突破了原有的学科体系，以问题为导向，更贴近社会的需求，它是产生于社会实践的新现象，也更有利于解决社会实践中的新问题，是社会发展的巨大推动力，因此面向未来的高等教育不能忽视对交叉学科人才的培养。以 STEM 为代表的交叉学科人才培养受到全球各国的高度关注，正因为 STEM 领域专业人才与高新技术产业密切相关，是新时期推动一国经济创新发展的主流人才。但是受限于我国统一设置的学科门类和专业设置审批制度，交叉学科的增设依赖学科专业目录的更新，与国内外先进的研究方向相比具有滞后性。交叉学科的研究往往只能在原有的学科体系中进行，这样又将面临与学科相联系的学术成果评价制度的影响，对交叉学科领域研究的积极性会受到影响。作为新兴交叉学科，由于其跨学科属性以及多学科知识领域、研究范式的交叉融合，客观公正地对其做出科学评价更是十分困难。这样的现实给交叉学科的发展制造了无形的壁垒，不利于跨学科研究，更不利于跨学科人才的培养。社会发展需要更多的具有多学科、跨学科知识技能的应用型人才，而不是在单一学科领域内培养的学术型人才。因此，为了满足社会发展的需要，我们应从顶层设计出发，从根本上打破学科之间的森严壁垒，通过制度变革促进交叉学科的发展。单独设立交叉学科门类，可以增强学术界、行业企业、社会公众对交叉学科的认同度，为交叉学科提供更好的发展通道和平台，符合交叉学科培养高层次创新型、复合型、应用型人才的内在需求。

三、关于空间结构

高等教育布局的调整，总体上考虑按生均标准和省域间差异化的教育诉求精准配置优质高等教育资源，优化高等教育空间布局。在教育空间结构上，按照总量控制、与区域人口结构相适应、向中西部适度倾斜的基本原则，促进东中西部高等教育的均衡和高质量发展，形成相对均衡的空间结构；依托区域产业结构发展特征，前瞻性布局区域高等教育结构，使高等教育人才培养和科技创新与地方经济社会发展需求有效衔接，到2035年基本形成与人口布局和国家经济规划布局相适应，并促进人口健康可持续发展的高等学校布局体系。

据预测，未来二三十年，我国总人口将长期处于14亿人及以上的高峰期。[①] 按照2035年人口规模14亿、每50万人口一所高等学校计算，我

① 王志理．准确把握人口趋势，科学应用人口预测：《世界人口展望2019》研讨会在京召开［EB/OL］．（2019－06－25）［2020－09－20］．https://www.cpdrc.org.cn/gjjl/gjjllbt/201906/t20190625_2811.html.

国高等学校总数应该在2800所左右。[①] 根据《2021年全国教育事业发展统计公报》，2021年我国共有普通本科学校1238年、本科层次职业学校32所、高职（专科）学校1486所，按2035年达到2800所的目标，全国每年应新增3所左右的高等学校。要主动适应区域一体化、都市圈和城市群兴起的宏观经济发展趋势，统筹和优化高等教育资源配置。新增高等学校重点考虑“一带一路”倡议涉及的省份和节点城市、京津冀协同发展战略包含的直辖市和地级市、长江经济带战略覆盖省市、粤港澳大湾区涉及的特别行政区和城市，全方位、宽领域、多渠道加强区域间的交流合作，形成互动合作、优势互补的高等教育动力机制，形成合理的人才培养结构体系，为整个区域培养通用型、复合型和高层次人才。同时，努力打造高等教育集聚高地，强化区域性高等教育高峰引领。

对人口总量大而高等教育资源相对缺乏的新兴城市，结合城市经济社会发展、人口发展和教育发展程度，以人口大省为目标，以人口大市为重点，以需求为导向，以省级为单位，按照每50万人口一所高等学校进行重新布局。对经济实力增长迅速且有良好未来预期的城市，通过新建、新增、合建、搬迁等方式合理分配国家优质高等教育资源。一些老百姓接受高等教育需求难以满足的地区，特别是新兴城市发展进程中政府意愿强烈的地区，可通过新设、合并或升格等途径，加快布局普通高等学校，发展与地方经济社会相适应的新兴专业，到2035年实现高等学校在所有地级以上城市的全覆盖。对小城市、小城镇和边远地区，结合我国城镇化建设和高等学校发展实际，通过校地、校企合作办学，在产业发展相对集中的中小城市、开发区、产业园区乃至中心城镇设置分校区。在这一过程中，尤其要重视保持东中西高等教育动态平衡，促进主体不断发挥自身优势，实现优势互补、区域与学科动态平衡发展。

为促进东中西部高等教育的协调发展，考虑以一省或同一区域两个省份联合为基本单位，以生均拥有一流大学和一流学科数作为优质教育资源

---

① 高书国，李捷，石特．新时代中国高等教育结构调整的战略研究［J］．高校教育管理，2019（3）：1-9.

配置标准，建设高校和学科。东中西部“大切块”并不能精准解决地区间教育不均衡问题，同一地区不同省份之间在毛入学率、高层次人才、部属高校、博硕授权高校、双一流高校等方面也存在明显差距。可以以省为单位，建立以核心大学为中心的大学联盟体制，体制内的科研与教育教学资源互通共享；调整高校设置条件，取消新建高校在面积和学生数方面的硬性要求，鼓励建设高质量、有特色的高校，强调内涵式发展，满足本地区产业发展对高层次人才的需求。

四、关于形式结构

随着我国高等教育进入普及化阶段，要继续发展、丰富高等教育形式结构，将原有的成人教育、高等教育自学考试等与普通教育或职业教育进行整合，发展在线远程教育、非学历教育培训等，满足成人继续教育需求，实现学历教育与非学历教育、实体教育与网络教育、全日制教育与非全日制教育互衔互通。

随着普通高等教育的发展，我国成人高校数量在逐渐减少，2019 年只有 268 所成人高校，举办成人教育和高等教育自学考试的机构主体是普通高校，将原有成人教育、高等教育自学考试部分依照人才培养目标整合至学历教育或非学历教育中的普通教育或职业教育类型中，有利于高校整合校内教育资源，有利于高等教育普及化阶段各类学历教育与非学历教育、实体教育与网络教育、全日制教育与非全日制教育的互衔互通和教育质量的提升，建立面向全体的终身教育体系。

成人夜大学、高等教育自学考试、广播电视大学等高等教育形式都是我国在特定时期，为更多、更快地培养高层次人才而采取的特殊策略，具有历史阶段性。随着我国高等教育由大众化走向普及化，高等教育资源的日益丰富，高等教育适龄人口和其他成人接受高等教育的途径不再有本质的区别。因此，一些高等教育形式已经完成了其历史使命，可以逐渐退出高等教育的历史舞台。

随着教育技术的普及和推广，在线教育或称网络教育成为普通高校开展继续教育的重要途径。高等教育普及化以及高考制度的改革使越来越多的成人随时有机会进入高校学习或接受在线高等教育。高考报考资格要求的变化使不同年龄的符合基本条件的公民都可以通过高考进入高校学习，原有普通高等教育和成人高等教育的界限已经模糊；在线教育的广泛开展和普及则可以囊括非全日制高等教育的各种形式。

要充分利用5G技术，加快线下教育资源和线上教育资源的有效整合，尽快建立学习资源共建共享机制。国家和地方教育主管部门要统筹普通高校、高职院校和成人高校在线开放精品课程资源建设，优先支持社会需求大、教学内容通用性强、教学水平高的教师录制在线开放精品课程。通过政府购买部分服务、用人单位提供部分资助、受教育者分担部分教育成本等途径，加大现代远程国家精品课程的共享力度，发挥学习资源共享的示范作用。主动适应社会成员学习心理、学习过程和学习方式变化新趋势，积极发展移动终端学习平台，真正实现人人皆学、处处能学、时时可学，为全民终身学习提供技术支撑。

五、关于所有制结构

充分利用市场资源、提供更多受教育机会、灵活自主发展的民办高等教育发挥着增加高等教育人才培养数量、调整高等教育人才培养结构、满足社会多元需求的积极作用，要更有力地支持保障民办高等教育发展，鼓励各种社会力量参与办学，稳步扩大民办高等教育比例，促进民办高等教育健康发展，形成公办、民办高等教育有序竞争、协调发展的格局，这对于我国的高等教育体系完善和经济社会发展具有重要意义。

要进一步加大新的《中华人民共和国民办教育促进法》宣传力度，切实加大各级政府对民办高校的政策引领和教育经费支持。在实现教育公益性的本质要求之下，加大对民办高校的资金扶持，提高民办高校的公共性，实现营利性与非营利性民办教育事业的双赢。在民办高校产权归属、用地、融资、税收减免等方面出台更为明确具体的优惠措施，保证民办高校教师在职称评定、进修、培训、奖励等方面，真正享有与公办高校教师同样的待遇。引导民办高校按照市场经济规律和教育发展规律，着眼未来长远发展，加快建设一支结构合理、素质优良、名师辈出的师资队伍。

我国已经有不少民办高校取得了不错的成绩，也有一批民办高校取得了明显的进步①，它们走出了自身特色发展的路子，日渐取得了政府和社会的认可。各级政府要主动搭建民办高校与公办高校合作交流的平台，积极协调公办高校对民办高校的专业教学指导、学术前沿问题的课题研究指导，同步教师队伍专业培训，淡化公办高校、民办高校的分类等级差异，实现优势资源互补、协同合作。更加注重对民办高校的监测与评估，以统一的评价标准系统引导民办高校规范发展，引领民办高校更加重视内涵建设，使我国民办高校在未来实现高水平普及化的过程中承担历史重任，发挥更大作用。

民办高校要以引进高学历高职称人员、鼓励和引导教师投入教学与科研为重点工作，健全激励制度，搭建高水平的教学、科研平台，提供充足的对外交流和学习提升机会，提高教师队伍质量。运用自身办学机制灵活的优势，优化教师队伍的数量与结构，在稳定专职教师的同时，优化退休返聘教师、专兼职教师比例，提升民办高等教育整体师资水平。各民办高校要结合区位特点和优势，厘清办学定位，变“生存发展为导向”为“特色发展为导向”，找到适合自身发展的特色之路。不断深化教学内涵，探索人才培养模式，在专业和课程设置上，结合自身特点，研究新的教学方法和手段，在提高人才培养质量的同时，注重特色化的培养方式，避免同质化办学。

① 汤建民．2019 中国民办本科院校及独立学院科研竞争力评价研究报告［J］．高教发展与评估，2020（1）：47-52，91.

第五章　继续教育结构体系

继续教育是终身学习的重要依托，在我国教育事业发展中具有极为重要的战略地位。继续教育作为面向学校教育之后所有社会成员的教育活动，是构建终身教育体系和学习型社会的重要组成部分，是以优化人力资源结构为抓手促进我国经济和社会发展、实现社会主义现代化的关键因素，也是满足广大社会成员不断提高自身素质的迫切需求的根本途径。21世纪以来，我国继续教育取得显著进展，继续教育结构体系也在发展和改革中不断完善。但是长期以来，我国继续教育偏重规模效益的外延式发展路径，导致内涵建设不足、深层次结构性矛盾日益突出。面向未来，如何以新时代对继续教育结构体系的新需求为引领，以供给侧结构性改革的思路推进继续教育结构体系改革和优化，是我们必须回答和解决的时代命题。

第一节　我国继续教育结构体系的供给现状

继续教育结构体系是继续教育领域各组成要素的构成状态和相互关系的综合，具有庞大、松散、复杂的特点。从供给侧看，我国现有的继续教育结构体系主要构成要素有：各级各类学校提供的继续教育体系、行业企业培训体系、社区教育体系、市场化培训体系等系列子体系以及支撑继续教育的相关制度和文化。21 世纪以来，为适应继续教育发展的需求，在相关政策制度支持下，各地积极探索和试点，推动我国继续教育结构体系不断发展和完善，取得令人瞩目的进展。为厘清我国继续教育结构体系的供给现状，这里从继续教育结构体系蕴含的组织、制度和文化三个基本要素维度进行分析，三者共同构成继续教育结构体系的主体要素，各级各类办学主体（组织）是继续教育结构体系的支撑点，制度是办学组织举办继续教育活动的依据和保障，文化则是继续教育结构体系生长和发展的土壤。组织、制度和文化共同构成继续教育结构体系，没有组织作为依托，继续教育无从谈起；缺乏相应的制度保障，继续教育发展难以为继；而没有终身学习文化，继续教育也必将成为空中楼阁。

一、组织要素

组织是为实现一定目标，按照一定形式建构的人们相互协作的社会单元。21 世纪以来，我国继续教育以各类教育为原有基础而发展，又致力于推进各级各类教育形式的衔接和贯通，继续教育的组织要素日渐丰富和多样化，表现为各级各类学校、社区、行业企业以及多种类型的其他组织（如家庭、机关、乡镇、村庄等）在继续教育中发挥了重要作用，提供的继续教育机会和继续教育资源大大增加。各级各类学校成为发展继续教育的重要阵地，社区主导的教育蓬勃发展，行业企业在继续教育与培训方面做出的贡献引人瞩目，各类学习型组织不断涌现。不仅如此，上述各类组织之间也在实践中加强融合与共享，为满足多元化的继续教育需求奠定良好的组织架构。

1. 学校

学校教育主要是指由国家认可的正式教育机构（各级各类学校）向以学龄段人口为主体的社会成员提供的以正规学历教育和职前教育为主要特征的教育。时至今日，我国学校教育总体发展水平进入世界中上行列，教育规模不断扩大，教育质量逐步提高，九年义务教育全面普及，进入均衡发展新阶段，学前三年毛入园率提前实现《教育规划纲要》提出的目标，高中阶段教育基本普及，现代职业教育体系基本确立，高等教育进入普及化阶段，继续教育持续发展，具有中国特色的继续教育结构体系初步形成。

学校教育具有系统性、时间跨度长、专业化的特点，是继续教育的重要基础，学校教育为继续教育奠基体现在以下方面。从服务对象看，学龄段人口在各级各类学校接受教育是继续教育的基础；此外还有面向成人的各级各类成人学校（成人小学、成人初中、成人高中、成人高校等）直接发挥提供继续教育的职能。例如独立设置的成人高校包括管理干部学院、教育学院、职工大学、农民大学等类型，通过全脱产学习、业余学习等形式，提供专科和本科层次的学历教育，学习者入学须通过全国成人高考，各高校独立进行教学、评价及学籍管理，学习者按期完成规定学分后经过一定申请程序获得成人高校学历文凭及学位证书。从服务形式看，有普通学校或成人学校提供的全日制教育（成人脱产班）、普通学校或成人学校提供的业余教育（夜大学等）、通过电视广播或互联网提供的远程教育（电大、农广校、高校网络学院等）。以各类高等学校提供继续教育的实践为例，我国高校提供的继续教育已经初步形成了多样化形式，从证书性质看可分为学历教育和非学历教育，从层次上可分为专科、本科和研究生层次，从教学方式上可分为全日制面授教育、业余学习、远程教育等几种类型，此外还有广播电视大学、高等教育自学考试等类型。仅高等学历继续教育就有十余种形式（见表5-1）。

表5-1　我国不同形式高等学历继续教育的比较

	教育对象	教学方式	入学要求	学习评价	发证机构
普通高校					
函授	在职人员、待业人员	业余自学为主，辅以面授	成人高考	学校考试	各高校
业余	在职人员、待业人员	非全日制，课堂教学	成人高考	学校考试	各高校
脱产	在职人员、高中毕业生、待业人员	全日制，课堂教学	成人高考	学校考试	各高校

续表

	教育对象	教学方式	入学要求	学习评价	发证机构
网络教育	在职人员、待业人员	业余自学为主，网络教学	高校自主招生	公共基础课全国统考、学校考试	各高校
在职人员攻读硕士学位	在职人员	业余为主，部分脱产，课堂教学与自学结合	全国统一考试	公共基础课全国统考、学校考试	各高校
独立设置成人高校					
	在职人员	全日制，课堂教学	成人高考	学校考试	各高校
广播电视大学*					
开放教育	所有社会成员	自主学习，网络学习	水平测试	全国统考加省级统考	电大统一
统招专科	高中毕业生	全日制，课堂教学	全国普通高考	学校考试	各电大
成招专科	在职人员、高中毕业生	全日制，课堂教学	成人高考	学校考试	各电大
高等教育自学考试					
	所有社会成员	自学为主，助学为辅	高中毕业	全国统考	自考办

* 2012 年启动的 6 所开放大学试点项目下文专述。

2. 社区

社区是社会发展的基本单元，是聚居在一定地域空间内的人们的生活共同体。社区教育成为发展继续教育的重要途径，在提高社区成员素质并促进社区发展中发挥着举足轻重的作用。21 世纪以来，特别是党的十八大以来，按照《教育规划纲要》部署，社区教育进入新的发展阶段，以满足多样化需求为导向的社区教育办学体系逐步完备，多层次、多内容、多形式的教育培训活动不断开展，社区教育统筹领导体制、经费投入体制以及社区教育工作者队伍进一步完善，社区教育资源建设取得成效。社区教育实验区、示范区和实验项目日益发挥引领作用。我国社区教育在不断改革创新中焕发出生机和活力。①

3. 行业企业②

继续教育的属性决定了行业企业在继续教育中发挥的作用不容忽视。虽然行业企业参与继续教育与培训由来已久，但在知识经济背景下，在全民终身学习体系和学习型社会构建中，行业企业的责任和作用比以往任何时候都更加重要，在继续教育供给侧办学主体中的作用日益突出。特别是21世纪以来，一方面，行业企业开展的继续教育是全面提升劳动者就业能力的根本举措，是适应经济结构转型、推进人力资源强国建设、提高全要素生产率的必然途径；另一方面，随着我国改革开放和经济体制改革进入深水区，在经济发展新常态下，各行业企业面临的市场需求、竞争态势、宏观环境等都发生了深刻变化，改革创新与转型升级的步伐不断加快，对行业企业人才队伍建设提出了新的更高要求，行业企业等相关组织直接参与人才的继续教育全过程日益成为行业企业生存和发展的需要。

目前，行业企业开展的继续教育取得显著成效，体系初步建立，政策措施逐步完善，培训规模不断扩大，从网络到现场的培训方式不断创新，行业企业员工的职业素质不断提高，行业企业在继续教育方面发挥的作用日益凸显，为我国继续教育改革和发展以及结构体系的丰富做出了积极贡献。前瞻产业研究院发布的《企业培训市场前瞻与投资分析报告》数据显示，2016年国内企业培训市场规模已经达到1420亿元，随着实体经济压力增大，企业愈发需要提升核心竞争力，其中关键在于人才，因而员工培训开始成为刚需，企业培训市场规模将保持稳定增长态势。越来越多的企业成立了培训中心、企业大学等解决企业培训问题，单个员工的培训费用

① 参见教育部等九部门《关于进一步推进社区教育发展的意见》。

② “行业、企业开展的继续教育”与“行业企业继续教育”是两个相关但有区别的提法，相同之处在于均以行业企业员工为对象，不同之处在于前者主要指以行业企业为主导开展的继续教育，后者所指除了行业企业开展的继续教育以外，还包括由各类社会培训机构和正规教育系统的各类院校等面向行业企业提供的继续教育。当然，两者的区分不是绝对的，这里为分析方便进行大致区分。

比例也和员工工资关联。整个企业培训市场规模巨大。①

4. 各类其他组织

各类组织都可以通过继续教育和继续学习转变为学习型组织，从而在继续教育中发挥不可替代的作用。在学习型社会建设过程中，全国各地积极探索深入推进类型多样的学习型组织建设，包括学习型家庭、学习型企事业单位和学习型团体、学习型乡镇、学习型村庄、学习型社区等。学习型组织的大量创建成为推动学习型社会建设的基础工程，大大拓宽了继续教育的覆盖面，成为继续教育的新兴力量。我国各类组织在实践中推进继续教育的基本经验是：注重共同愿景的确立，注重信息技术的应用，注重团队学习，注重途径、方式的创新，注重建立和健全相应制度与工作机制。但在实践过程中也出现了一些问题：学习内容针对性有待加强，学习的组织、政策、投入、时间等方面保障不足，以人为本的理念和可持续发展的理念还没有落实到位。需要进一步研究学习型组织参与继续教育的基本规律和特点，进一步加强政策的引导和部门协调，为各类学习型组织在继续教育中进一步发挥作用提供研究、政策和制度支持。

5. 各组织要素间的开放与融合

总体来说，我国已初步形成了学历教育与非学历教育并行、全日制教育与业余学习并存、远程教育与面授教育互补、正规学校与其他社会培训机构共同参与的多样化继续教育结构体系。实践表明，继续教育结构体系构建的过程是所有利益相关者参与程度日益加深的过程。有些地方在实践过程中，形成多方合力共同推进，并注重各组织要素提供的各类继续教育形式的开放和融合。这可以追溯至我国自 20 世纪 80 年代开始的高等教育自学考试制度以及广播电视大学系统的创建、发展和改革，也在开放大学试点项目的实践以及我国高校提供的继续教育的发展中得以体现。特别是 21 世纪以来，各组织要素之间的开放与融合呈现出新的特点和趋势。

① 上海艾瑞市场咨询有限公司 . 2017 年中国非学历职业技能培训行业报告［C］//上海艾瑞市场咨询有限公司. 艾瑞咨询系列研究报告（2017 年第 8 期）. 2017.

（1）高等教育自学考试的改革。

高等教育自学考试是我国独创的个人自学、社会助学和国家考试相结合的高等教育形式。考试由全国自考办和各省市、地市考试机构实施，学习者通过考试并达到规定的课程学分后获得高等教育自学考试学历文凭。高等教育自学考试制度是一种以正式方式（考试）认证非正规、非正式学习成果的成功的制度创新，通过考试对成人学习者经由多渠道多形式学习（尤其是自学）取得的学习结果予以认定，为没有机会进入高校的广大社会成员提供了取得本、专科文凭以及接受各类非学历继续教育的机会，也为我国经济建设和社会发展培养了大批专门人才，赢得了良好的社会信誉。目前，全国有500余所普通高校承担自学考试专业主考学校和助学的任务，还有900多所成人高校、民办高校、部门培训机构以及其他形式的培训机构参与了自考助学体系。据统计，截至2018年，参加自学考试的人数累计达到6400多万人，为各行各业培养了数以千万计的专门人才，为社会发展和国家进步做出了重要贡献。①

21世纪以来，随着高等教育大众化进程的推进，尤其是高等教育从大众化向普及化发展，高等教育自学考试制度面临严峻挑战，主要体现在：参加学历教育自学考试的人数呈下降趋势，但对岗位资格、职业资格、技能资格培训等各类非学历教育的需求逐渐增大。因此，面对高等教育普及化、终身学习需求日益增长和多元化，以及远程开放教育发展的形势，高等教育自学考试在探索中发展，加强了与其他教育形式的沟通合作与衔接，搭建了继续教育公共服务平台。

（2）广播电视大学的转型。

广播电视大学是运用广播电视、网络手段和多媒体教育资源开展远程开放教育的机构。广播电视大学系统为广大求学者提供了更多的接受高等教育的机会，为各类专门人才培训和广大劳动者素质提升等做出了巨大贡献，成为全面推进全民学习、终身学习的学习型社会建设的重要体系。广播电视大学系统经历了在改革中不断发展的历程，并通过试点探索实现转

① 姜钢．新时代下的高等教育自学考试转型发展［J］．中国考试，2018（10）：1-3.

型。1999年，中央广播电视大学开始实施人才培养模式改革和开放教育试点项目。“十二五”期间，在新的时代背景下，教育部为全面贯彻落实《教育规划纲要》，深化教育体制机制改革，促进全民终身学习，决定以原有广播电视大学为基础批准开放大学试点项目。

2010年，根据《教育规划纲要》中关于“办好开放大学”的要求，上海广播电视大学、云南广播电视大学、江苏广播电视大学、广东广播电视大学、北京广播电视大学以及中央广播电视大学启动开放大学试点项目工作。[①] 2012年教育部批复在中央广播电视大学的基础上建立国家开放大学，将北京广播电视大学、上海广播电视大学、江苏广播电视大学、广东广播电视大学、云南广播电视大学等5所省级广播电视大学更名为开放大学，进行开放大学改革试点，标志着广播电视大学的重大战略转型。自成立以来，6所开放大学从获得批准的国家和地方急需人才的41个专业开始，取得了独立举办本科教育权和学士学位授予权，并且正在通过信息技术与教育教学改革融合以及与国内外高水平大学和企业合作等措施，努力提高教学质量和办学水平，为广大社会成员接受优质高等教育提供新的途径和机会。

广播电视大学的发展和转型是探索我国终身学习体系融合和开放的典型，对加快我国远程开放教育、推动终身学习体系建设具有重要的示范和促进作用，是我国新时代下推进继续教育的重要实践创新。尽管有诸多瓶颈性问题亟待突破，但是开放大学改革试点的实践正说明，在应对新形势新需求带来的挑战的过程中，不断求变是不变的时代使命。

（3）高校提供的继续教育的发展。

21世纪以来，我国高校提供的继续教育呈现以下特点。第一，普通高等学校提供的学历继续教育不断改革发展，特别是随着数字化学习资源和服务平台的逐步完善，高等学历继续教育中的全日制教育、脱产学习方式逐渐呈萎缩状态，在校生逐渐减少，而作为一种新兴模式的网络教育的

---

① 除特别注明外，本部分所有案例均来源于卢海弘2012—2017年参与的国家教育咨询委员会终身教育体制机制建设组“开放大学试点项目”系列调研活动。

规模持续扩大，招生人数、在校生人数、毕业人数都逐渐增加，成为高等学历继续教育的主要途径，社会认可度逐步提高，以便捷、自由的方式培养了一批具有一定学历的人才，成为继续教育的重要组成部分。第二，高等学校提供的非学历继续教育参与规模呈扩大趋势。近年来，随着知识社会背景下终身学习需求增大，高等学校提供的各类非学历教育发展很快，且日益呈现多样化态势，在高等学校接受各种非学历继续教育的注册生和结业生规模都呈扩大趋势。第三，独立设置成人高校提供的学历继续教育历经转型，成人高校数量最多时曾达到1100多所，但随着高校布局调整，经改组、合并等，学校数量逐渐减少，招生规模和在校生数量正在经历波动，成人高校正处于转型和内涵发展的关键阶段。

二、制度要素①

制度是社会上通行的或被社会成员普遍采纳的一系列行为规则，这些规则用于调节人与人、人与机构之间的社会关系，对人和组织的行为进行约束和激励。② 继续教育制度是调节继续教育领域人与人、人与组织间关系的规则安排，是继续教育结构体系赖以运行的基本保障。继续教育结构体系运行是一项系统工程，需要从统筹协调机制、投入机制、搭建终身学习“立交桥”等方面加以完善，以便为继续教育发展提供规划与指导、统筹与协调、管理与服务、督导与评估等，从而保障继续教育持续稳步发展。

1. 相应组织机构或统筹协调机制

继续教育涉及的责任主体众多，包括各级政府、职能部门、学校、行业企业以及各类社会组织机构等。因此组建跨部门统筹协调领导机构或协调机制往往成为继续教育发展的推手。在实践过程中，有关部门和地方逐步建立行之有效的组织领导体制机制来协调各利益相关方和责任主体，达到形成合力共同推进的目的。教育部于2012年成立继续教育办公室，统

① 除特别标明外，该部分采用的实践案例，来源于张力主持的国家社科基金重大招标课题“基本建成学习型社会的指标体系和实践途径研究”课题组2012年对相关地区的调研报告。

② 卢现祥．西方新制度经济学［M］．北京：中国发展出版社，1996：20-24.

筹指导继续教育发展，负责“协调推动终身教育体系建设，宏观管理社区教育、职工教育、社会培训等各类非学历继续教育，指导并管理成人教育、网络和远程教育、自学考试等各类学历继续教育”①。部分地方政府建立跨部门协调统筹机制，部分省市通过立法成立专门或相关机构，制定继续教育工作的方针政策，规定各级政府、各部门参与继续教育的责任与义务，协调各有关部门办学，制定相关标准，加强对终身学习的宏观指导，进行监督检查、奖励评估等；未通过终身教育或继续教育立法的部分省市，也积极探索建立统筹协调继续教育或终身教育的机构或体制机制。例如，上海于2006年成立上海市推进学习型社会建设指导委员会，2007年由市编办正式批准，在市教委内增设了一个终身教育处，具体承担办公室的日常工作。委员会成立后，通过建立定期例会制度和议定事项落实制度等，形成共同支持终身教育事业发展的改革合力，对建立终身教育体系、搭建终身学习平台等工作进行宏观规划决策和统筹指导协调，2010年，上海市组建学习型社会建设与终身教育促进委员会，完善了继续教育发展的统筹协调机制。

2. 投入保障机制

继续教育要发展，需要巨大、持久的资源投入，除政府具有不可推卸的责任外，还需要广开经费筹措渠道，探索多元化成本分担机制。因此必须运用财政、金融、税收等政策杠杆，拓宽资金来源渠道，鼓励社会力量支持继续教育发展。各地在继续教育投入保障机制方面进行了积极的实践探索。例如，上海创新了鼓励企业培训的制度。为了从财政政策方面支持和鼓励本市企业开展职工培训，上海于2011年出台《关于支持和鼓励本市企业组织开展职工职业培训的实施意见》，根据该意见，“十二五”期间上海市地方教育附加专项资金重点用于支持和促进以职工职业培训为主要内容的人力资源建设，同时兼顾市政府确定的教育发展项目。市财政统筹运用地方教育附加专项资金，对本市各类企业组织开展职工职业培训给予财政资金支持，主要措施包括对企业组织开展职工职业培训给予经费补

① 参见教育部办公厅《关于成立综合改革司等机构及相关职能调整的通知》。

贴和鼓励社会各类培训机构开展企业职工职业培训两个部分。征收的地方教育附加统一缴入市级国库，80%用于补贴企业职工职业培训，15%支持市高等教育发展，5%用于对社会各类培训机构的经费资助。此外，企业根据市企业职工职业培训规划，组织开展符合其实际需求的职工职业培训；企业可申请按规定足额提取并使用企业职工教育经费，该经费的60%以上应用于一线职工的教育和培训；企业职工职业培训计划和职工教育经费使用情况，需报职工代表大会审议通过。

3. 继续教育学习成果的认定、积累与转换制度

继续教育学习成果的认定、积累与转换制度的实质是从制度层面促进正规教育、非正规教育和非正式教育的互认互通，从而搭建终身学习“立交桥”，通过创新制度供给方式为学习型社会建设寻求新的增长点，该制度在实践中的表现形式为“学分银行制度”或相关制度。

例如，为加快推进学分银行试点，国家开放大学在前期的项目研究和试点实践基础上，聚焦职业教育领域，进行职业教育国家学分银行制度顶层设计和建设，探索建立职业教育个人学习账号，实现学习成果可追溯、可查询、可转换。截至 2020 年 1 月，职业教育国家学分银行已为 31 个省份教育行政部门和新疆生产建设兵团教育局、1828 所院校、14 家培训评价组织建立了业务管理账号。学分银行的一端是学习成果携带者，另一端则是颁证机构。国家开放大学学分银行试点建立了学习成果互认联盟，组织专家对申请入盟的机构和所属的学习成果进行审核，审核通过后向社会发布联盟机构名册和学习成果名录。根据发布的名录和转换规则，学分银行面向储户开展学习成果认定、积累和转换业务。①

上海市终身教育学分银行②也是打破长期以来各类教育及教育机构之间制约终身学习的壁垒、创建沟通衔接各类教育的人才培养“立交桥”的重要尝试。上海市教委于 2010 年 9 月委托上海开放大学研究筹建学分银

① 于珍．职业教育国家学分银行运行，欢迎“开户”［EB/OL］．（2020-01-15）［2020-09-20］．http：//edu. people. com. cn/big5/n1/2020/0115/c1053-31549371. html.

② 教育部职业教育与成人教育司《关于国内学分银行和资历框架建设进展情况的调研》（2018 年）。

行，积极探索建立具备学分认证、转换、存取等功能的学分银行制度，为各类教育培训机构之间的学分互认与转换提供基础，鼓励社会成员通过各种形式的学习累积学分，实现学历教育与非学历教育之间的沟通和衔接。例如，上海市与各类高校合作开展学习成果认证、积累与转换，学习者选择学分银行合作高校（成人高校与机构），将积累在学分银行的原始成绩，通过学分银行课程对应转换关系，按照合作高校的学分转换规定申请转换为该校的学分，并继续在该校学习，修满专业规定毕业学分，最终获得该合作高校的毕业证书。目前各类高校间课程学分转换人数达 2.27 万人（学分数为 12.7 万分），自考成绩转换高校课程学分人数 0.2 万人（学分数为 0.7 万分），非学历证书转换高校课程学分人数 5.6 万人（学分数为 44.6 万分）。学分银行运行方式见图 5-1。

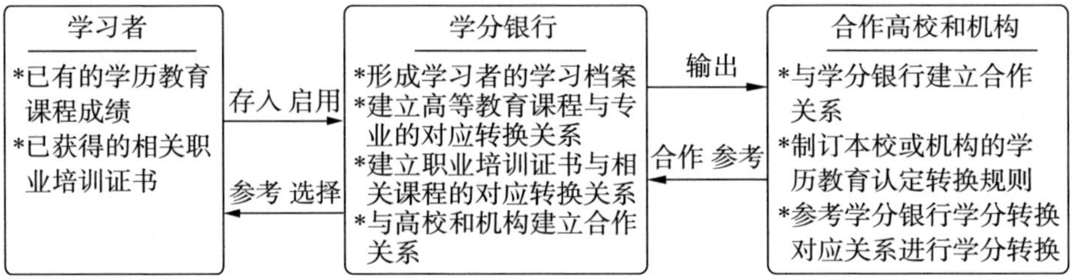

图 5-1　学分银行学历教育板块试运行方式示意

4. 继续教育数字化平台

随着学习型社会建设工作的推进，现代信息技术在继续教育领域的应用水平逐步提升。不少地方以学习平台建设为突破口，积极利用现代信息网络技术，创立汇聚各类教育资源的综合平台，支持无所不在的学习活动；以信息技术的应用为保障，打通学校教育与社会教育、学历教育与非学历教育、正规教育与非正规教育等之间的障碍；数字化学习平台不断完善，各类教育资源得到整合，继续教育资源不断扩展，成为继续教育的有效保障和创新支点。在十多年的实践中，全国大部分省市开通了“终身学习网”，不仅初步实现了各级网络管理服务的互联互通，将各类业务应用、各地区、其他教育学习网站的内容统一汇聚，还初步形成了网上学习资源建设机制，推动社会各种力量共同开发网上终身教育与学习资源。为各级各类学校、教育文化机构、行业企业等共同参与终身教育学习网络和服务体系提供了平台保障。例如，北京终身学习平台建设和学习资源整合取得实效。2011 年 3 月，《北京市中长期教育改革和发展规划纲要（2010—2020 年）》发布，明确提出“建设北京开放大学，形成开放的继续教育平台，为学习者提供方便、灵活、个性化的学习服务”，积极推进信息技术与教育教学的深度融合，在学习平台构建、学习资源整合、终身学习服务拓展方面初见成效。截至 2017 年，平台已具备课程内容、交流和协作、行政和管理、教学评估、学生学习、质量保证等六大功能，形成了具有远程开放教育特色的在线教学环境，开发制作各类市民教育课程资源近万集，北京学习网（京学网）开通并实现一站式登录，首批注册人数达 37 万人，实现基于云计算的视频资源分布式部署和大数据资源存储等。①

三、文化要素

文化属于“非正式规则”（informal constraints），非正式规则往往在正式制度无法定义的场合起着规范人们行为的作用②。继续教育的文化植根于社会深层次观念体系中，主要指影响、制约或引导人们从事继续教育活动的价值观念、思维方式、信念信仰等的总称。21 世纪以来，继续教育的文化已发展为终身学习文化，终身学习文化与继续教育的组织、制度要素相互促进、相得益彰。终身学习文化既是学习型社会的根本标志，也是继续教育结构体系改革和发展的土壤，对推动继续教育结构优化有着潜移默化的影响。21 世纪以来，随着终身学习理念逐步渗透，我国终身学习文化已经初步形成，在继续教育中起到“以文化人、以文育人”的精神熏陶、氛围营造的重要作用。在实践中，终身学习文化除在各级各类日常继

---

① 根据以下资料整理：北京开放大学《“探索开放大学建设模式”试点项目中期报告》（内部资料，2015 年），其中 2017 年数据来源于北京开放大学的内部报告《开放大学建设进展与成效汇报》。

② 卢现祥．西方新制度经济学［M］．北京：中国发展出版社，1996：24.

续教育活动中孕育和发展外，相对外显的典型形式则是全国各地的“终身学习活动周”等形式。2005 年，在中国联合国教科文组织全国委员会、教育部职业教育与成人教育司以及中国成人教育协会等部门和组织协同倡议下，我国第一届全民终身学习活动周在北京举行。到 2019 年，我国全民终身学习活动周已连续举办 15 年（见表 5-2），内容丰富、形式多样、主题鲜明的活动既是基于中国基本国情而采取的学习实践活动，更是贯彻落实终身学习理念、促进继续教育发展的重要品牌活动。自启动以来，全民终身学习活动周的参与范围持续扩大，影响力日渐增强。截至 2018 年，已从最初 10 个城市扩展到目前 31 个省、自治区、直辖市的 232 个地级城市和 1733 个县（区），参与活动的群众近 5 年来超过 1.3 亿人次。①

表 5-2　2005—2019 年我国全民终身学习活动周的基本情况

年份	开幕式地点	主题	城市数（个）
2005 年	北京市西城区	全民学习、终身学习、造就人生、振兴中华	10
2006 年	北京市丰台区	为每个成人学习者服务	20
2007 年	上海市浦东新区	全民共同学习，推进教育公平，关爱困难群体，提高生活质量	25
2008 年	浙江省杭州市	学习、奉献、快乐	30
2009 年	山西省太原市	人人学习，促进发展	33
2010 年	辽宁省沈阳市	推动全民学习，让生活更美好	65
2011 年	湖北省武汉市	永远跟党走：人人终身学习，创建学习型城市	303
2012 年	四川省成都市	加快发展继续教育，努力建设学习化社会：迎接党的十八大顺利召开	572
2013 年	天津市滨海新区	为实现中国梦：终身学习，人人成才	697
2014 年	重庆市渝中区	全民终身学习，创造出彩人生	约 1000
2015 年	江苏省苏州市	发展全民终身学习，推进法治社会建设	1274

① 徐叶，张土良 . 2018 年全民终身学习活动周全国总开幕式在我市举行［N］. 宁波晚报，2018-10-26（A07）.

续表

年份	开幕式地点	主题	城市数（个）
2016 年	广东省深圳市	推进全民继续教育，建设学习化社会	约 1500
2017 年	安徽省合肥市	推动全民终身学习，加快建设学习型社会	约 1800
2018 年	浙江省宁波市	服务国家重大战略，推动全民终身学习	1965
2019 年	河南省郑州市	推动全民终身学习，加快建设学习大国	*

*：2019 年全民终身学习活动周全国总开幕式上启动了 100 个城市参加的学习型城市建设监测实践项目。

时至今日，我国继续教育结构体系不断完善，在满足继续教育发展需求方面取得了重大进展，除各层次学历继续教育稳步发展，尤其是高等学历继续教育发展成效显著外，针对各领域各层次人才的非学历培训正在成为人力资源投资的战略重点，各行各业广泛开展非学历职工教育和岗位培训，全国企业职工年培训规模在 1 亿人次以上，年均全员培训率达 57%以上[①]，2016 年全国职工培训率为 66.27%[②]。但是，随着工业化、信息化、城镇化、市场化、国际化深入发展，我国产业结构和工作组织结构正在发生巨大变化，与此相应，我国继续教育在外延式快速发展的同时也逐渐显现出诸多结构性问题和瓶颈，我国现有的继续教育结构体系在供给规模、供给质量和效益等方面不能满足新时代新需求的矛盾日益突出，有效供给不足的现状难以满足社会和个人对继续教育的需求，表现在：在文化要素层面，长期以来“学校教育是正规教育，继续教育处于弱势、边缘、补充地位”的教育观念和人才观念根深蒂固，难以在短期内改变；在组织要素方面，各级各类学校的作用发挥不够，面向社会成员的开放性不足；学校以外的各类办学主体在继续教育资源配置上存在着自成体系、封闭和重复建设的现象；适应广大学习者各类学习需求的终身学习公共服务平台亟待

① 李一杨．全国企业职工教育培训发展综述［J］．国土资源高等职业教育研究，2016（3）：3-6.

② 数据来自教育部职业教育与成人教育司《2016 年度全国职工教育培训统计报告》。

完善；适应继续教育科学、动态、可持续发展的制度供给还没有到位；地区发展不平衡、弱势群体参与机会不充分等短板还存在。这些方面是继续教育结构体系发展不平衡不充分问题的集中体现，必须立足厘清新时代对继续教育结构体系的新需求，加快深化新时代继续教育结构体系的供给侧改革。

第二节　新时代对继续教育结构体系的新需求

中国特色社会主义进入新时代，这既是我国迅速崛起的重要战略机遇期，又是经济结构加速调整、社会结构深刻变动、人口结构加剧变迁的各类发展矛盾凸显的挑战期。在这个大发展大变革的关键时期，新时代对继续教育结构体系产生的新需求，既体现在继续教育必须转方式调结构，服务于新的国内外形势下我国实现社会主义现代化和提升国家竞争力的需求上，又体现在服务于促进社会全面和谐发展、解决人民日益增长的美好生活需要和教育不平衡不充分的发展之间矛盾的需求上，这将是一段时期内继续教育面临的严峻挑战。

一、服务于经济社会结构转型的需求

我国经济在经历了高速发展后，进入高质量发展的新阶段。经济社会发展需要新动能、新方式才能确保可持续，其中关键在于大幅提升我国整体人力资源开发的水平和质量，深入挖掘人口红利，全面提高国民素质及终身学习能力。因此，仅仅依靠传统的学校教育是不够的，必须通过发展各种形式的继续教育，建成一个适应人力资本需求加速增长的继续教育结构体系，落实将教育作为“国之大计、党之大计”的战略部署，源源不断地培养我国经济社会发展所需的各类人才，才能使我国丰富的人力资源真正成为推动经济社会可持续发展的不竭动力和关键依托。

我国正处于产业结构和就业结构、城镇化率、人口年龄结构发生巨大转型的时期（见图 5-2）。[①] 首先，在产业结构和就业结构方面，第一产业、第二产业比重持续下降，第三产业比重持续上升。产业结构和就业结构升级优化，工业和农业现代化进程加速，高端制造业、知识服务业、健康与养老产业、数字经济等产业正日益成为重要支柱产业。与此相对应，第一产业和第二产业就业人口比重持续下降，第三产业就业人口比重将持续上升，工业和农业现代化水平的提升及现代服务业的持续快速发展将对就业人口产生巨大影响，人们对终身学习将产生前所未有的刚性需求。据麦肯锡全球研究所预测，随着科技进步，到 2030 年，中国将面临全球最大规模的就业变迁，预计将有 1200 万至 1.02 亿中国人需重新就业，需要通过学习掌握新的就业技能[②]；另据世界银行预测，发展中国家有 2/3 的工作将受到自动化的影响[③]。其次，在城镇化率方面，按照“十三五”规划，2020 年我国的城镇化率达 60%，实现 1 亿左右农业转移人口和其他常住人口在城镇落户。2035 年左右我国的城镇化率将达到 72.0%，城镇总人口数将达到 10.36 亿人。此外，在人口年龄结构方面，呈现 0—14 岁人口比重持续下降、15—64 岁劳动年龄人口缓慢下降以及 65 岁及以上人口比重持续上升的趋势，老龄化进程正在加速，意味着满足各年龄群体需求的继续教育将面临更加严峻的挑战。面对上述结构性转型带来的挑战以及突出的继续教育结构供需矛盾，我们从补齐继续教育供给侧短板出发，优化教育结构体系供给，是满足我国经济社会结构转型对高质量、多样化人才的迫切需求的必然要求。

---

① 作者根据以下文献中的数据绘制：胡鞍钢，刘生龙．中国实现现代化经济社会结构的展望［J］．山东大学学报（哲学社会科学版），2018（2）：1-8.

② McKinsey Global Institute. Jobs lost, jobs gained：workforce transitions in a time of automation [EB/OL]. [2020-09-21]. https：//www.mckinsey.com/~/media/mckinsey/industries/public%20and%20social%20sector/our%20insights/what%20the%20future%20of%20work%20will%20mean%20for%20jobs%20skills%20and%20wages/mgi%20jobs%20lost-jobs%20gained_report_december%202017.pdf.

③ International Labour Organization. Work for a brighter future：global commission on the future of work [EB/OL]. [2020-09-21]. https：//www.ilo.org/wcmsp5/groups/public/-dgreports/-cabinet/documents/publication/wcms_662410.pdf.

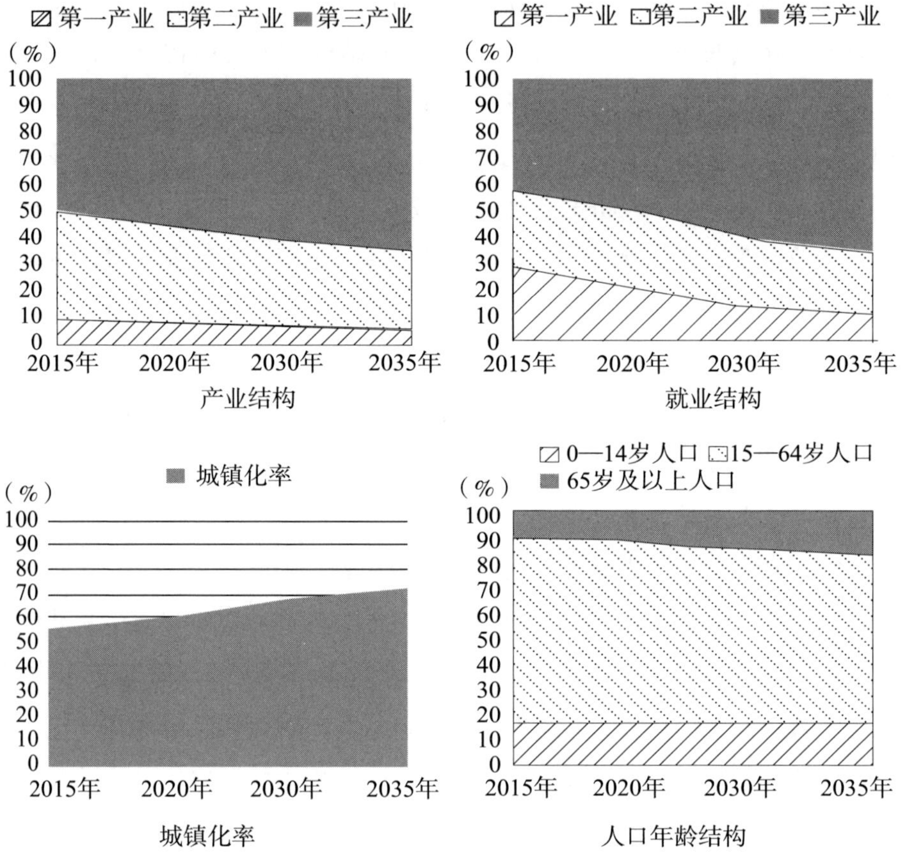

图 5-2　2015—2035 年我国产业结构、就业结构、城镇化率、人口年龄结构情况

二、服务于提升国际竞争力的需求

伴随现代信息技术发展及大数据等的应用、国际交通体系规模扩大而成本下降的实现以及全球供应链上的产品和服务的流动，各国间贸易日渐密切的全球市场已经形成。[①] 当今世界正处于大发展大变革大调整时期，新一轮科技革命和产业革命日新月异，全球化进程势不可当，国家间的政治经济文化科技竞争日趋激烈，人力和智力资源的决定性影响正在凸显，

① OECD. Trends shaping education 2019 [EB/OL]. [2020-09-21]. https://doi.org/10.1787/trends_edu-2019-en.

“教育被视为知识经济时代保证生产力和竞争力的关键因素”①。据世界银行有关分析，经济合作与发展组织主要国家国内生产总值的一半归因于知识的创新与运用。特别是信息技术的高速发展和国际互联网的建立，使得那些在知识的传播、加工、创造和应用方面占优势的国家在竞争中居于最有利的地位。② 在多边主义与单边主义这场没有硝烟的战争中，我国只有站在运用和创新知识的制高点，提升国家核心竞争力，掌握国际竞争的主动权，才能在全球竞争中居于有利地位，否则，将在世界转型的历史进程中被越甩越远。然而，传统的适应大工业生产要求的继续教育结构体系因时代的深刻变革而变得因循守旧，其在人才培养体系方面的大规模、同质化发展的优势正转变为保守、僵化和缺乏个性的劣势，已经不能很好地适应占领国际竞争制高点的需求，优化继续教育结构体系正在成为我国提升国际竞争力的战略抉择。

三、服务于建设和谐社会的需求

社会和谐发展是实现国家富强、民族振兴的根本保障。当前，我国经济社会发展还存在城乡、地区和社会群体间的不平衡，特别是在农村和贫困地区、贫困群体那里，知识资源及教育和学习的机会仍然缺乏，“知识差距”“教育差距”依旧存在，“教育公平”成为重大诉求。推进继续教育发展是实现教育公平的重要途径。研究表明，通过缩小知识差距，社会福利的增长速度会比单纯积累资源带来的增长要快得多。③ 此外，系列研究一再表明，出于经济、观念等原因，处境不利群体（失业群体、老人、文化和技能水平较低群体、低收入群体、残疾群体等）参与正规与非正规的成人教育与培训（继续教育）的水平往往低于整个群体的平均参与水平。④ 因此，以优

---

① Ball S J. The education debate［M］. 3rd ed. Bristol：Policy Press，2017：2.

② 郝克明．让学习伴随终身［M］. 北京：高等教育出版社，2017：5.

③ 斯蒂格利茨，格林沃尔德．增长的方法：学习型社会与经济增长的新引擎［M］. 北京：中信出版社，2017：396-397.

④ Gorard S. The potential lifelong learning impact of schooling［M］// Jarvis P. The Routledge international handbook of lifelong learning. London：Routledge，2009：91-95.

化继续教育结构体系为抓手构建服务全民的灵活、开放和包容的终身学习体系已是世界各国继续教育改革与发展的必然趋势，也是我国建设和谐社会的必然要求。继续教育供给侧结构性改革的重点之一就在于通过改革优化和调整继续教育的供给结构，不仅提升优质均衡的继续教育机会的总体供给水平，而且有针对性地解决重点地区、重点人群继续教育机会有效供给不平衡、不充分的问题，为缩小城乡、地区、群体间的知识差距提供根本保障。

四、服务于个人全面发展的需求

2000 年以来个人需求结构变化明显。就整体而言，我国城、乡居民家庭恩格尔系数（食品支出总额占个人消费支出总额的比重）逐年下降，分别从 2000 年的 39.4%和 49.1%降低到 2019 年的 27.6%和 30.0%[①]，表明我国居民整体生活水平有较大改善，预计 2035 年我国城乡居民家庭恩格尔系数将降低至 20%左右，进入相对富裕阶段；就收入群体而言，伴随着经济现代化以及中等收入群体扩大、收入水平提高，人民群众对继续教育的中高端需求正在不断增长，并呈现日趋多样化、个性化的发展态势。因此，急需改变继续教育结构体系与需求侧变化不相适应的局面，从供给侧结构性改革入手改变继续教育的无效和低端供给局部过剩以及有效和中高端供给不足的问题，进一步扩大继续教育的供给规模和供给效率，为学习者人生发展提供更多元更优质的终身学习机会。继续教育结构体系改革是扩大继续教育有效供给的必然选择，是新时代广大社会成员的迫切需求。

综上，新时代产生了对继续教育结构体系优化的新需求，满足该需求是改革继续教育结构体系的出发点和最终目的，新需求和现实供给之间的矛盾是我国改革继续教育结构体系面临的基本矛盾，从路径优化入手解决这对基本矛盾也是我国推进继续教育发展的基本动力。

① 参见《中华人民共和国 2019 年国民经济和社会发展统计公报》。

第三节　新时代继续教育结构体系优化的基本路径

党的十九大做出优先发展教育事业、加快教育现代化、建设教育强国的重大战略部署，并明确“办好继续教育，加快建设学习型社会，大力提高国民素质”，这是中国特色社会主义进入新时代，开启全面建设社会主义现代化国家新征程的历史条件下，对继续教育发展方向和战略地位的重申和发展。2019 年 2 月，中共中央、国务院出台《中国教育现代化 2035》，提出到 2035 年总体实现教育现代化，其中构建服务全民的终身学习体系成为推进教育现代化的重点任务。要落实这个重点任务，探索继续教育结构体系优化的路径成为必然的战略选择。必须进一步明确战略思路，牢牢抓住当前推动我国学习型社会建设的战略机遇，及时捕捉、应对时代的变化与挑战，以我国产业结构、社会结构、人口结构转型对继续教育提出的需求为导向，以供给侧为改革突破口，优化增量，激活存量，解决继续教育领域各要素的合理配置问题，激发和释放继续教育各要素的供给活力，全面推动我国继续教育结构体系的优化与创新，构建适应新时代需求的灵活、高效、优质的继续教育结构体系。继续教育供给侧结构性改革从根本上说就是在文化、组织、制度三大继续教育主体要素领域深化改革，以现代信息技术为依托、以提高全要素生产率为抓手提高继续教育结构体系的供给质量，促进继续教育向可持续方向发展。

一、加快培育终身学习理念

长期以来，我们对继续教育支撑服务经济社会发展、提升国民素质、增强国家竞争力的重要作用认识不够、理解不透，究其原因，在于终身学习理念尚未深入人心。终身学习文化是继续教育发展的土壤，但是文化概念过于宽泛，这里把终身学习文化转换为相对易于理解和可操作的终身学习理念。① 新时代需要的继续教育结构体系是以终身学习理念为引领的结构系统，是包括正规学习、非正规学习和无定式学习（也叫无一定形式或非正式）在内的各学习领域之间的有机联系的整体，是以学习者为中心、以培养终身学习能力为目标，最终服务于人人皆学、处处能学、时时可学的终身学习体系，其主要特征如下。

1. 包容多样化的学习途径

终身学习是正规学习、非正规学习和无定式学习的总和这一论断已成为国际、国内共识。终身学习体系突破了学校教育体系，意味着学习可以经由不同途径、在不同场合进行。虽然学校依然是人们接受教育不可替代的正规学习场所，但还应看到人在一生中所获得的知识和各种能力，大部分需要通过非正规或无定式学习途径获得。非正规学习主要指有别于有组织的学校教育的其他教育，如学徒的实习培训和在岗人员接受的有组织的培训等，对于那些缺乏正规学习机会的人而言，非正规学习是一种重要学习途径。无定式学习是一种无组织的学习（包括有意识的无定式学习和无意识的无定式学习），如阅读、听广播、看电视、与他人对话、参加各种会议、通过互联网学习、从事研究和创新的学习等，这种学习虽然没有课程、老师和考试，但也是获得知识、增强能力的重要途径，是终身学习的不可替代的形式。

2. 覆盖全纳化的学习对象

终身学习不仅仅指向学习者个体，而且在更加普遍的意义上强调“人人皆学”，“人人”指学习的主体是社会群体中的每一个人，“皆”更进一步强调学习的普遍性，实现学习对象从少数到多数直至全体的飞跃。这不

① 文化是一种长期形成的价值取向，理念是以文化为指导，针对组织相对具体的活动而产生的有相对具体标准的价值观。这里提终身学习文化和理念，而不是终身教育文化和理念，原因在于：虽然终身学习与终身教育密不可分，但终身教育强调国家和社会在满足社会成员对终身学习的需求方面发挥积极作用，即从教育供给的角度为社会成员终其一生的学习提供服务。终身学习则从学习者的需求角度，强调学习者的权利和责任，并强调通过国家及社会所提供的各种支持，满足学习者的终身学习需求。这个重要转变表明，终身学习体系的核心指向是作为学习的主体的人的发展。

仅是人类自身发展的必然要求，也是社会历史发展的必然方向。在农业社会，学习只是少数人的特权，在当时生产力水平非常落后的情况下，许多人依靠在劳动和实践过程中掌握祖辈传下来的生产技术和生活经验即可满足生存所需。人类进入工业社会，开创了机器代替手工劳动的时代，要求劳动者通过专门学习掌握一定的知识和生产技术技能，这是现代学校制度的建立发展，特别是义务教育制度推行的社会动因，掌握知识的群体大大增加。随着人类进入后工业化社会，由于社会发展日新月异，人人学习不仅成为每个公民生存和发展不可缺少的重要权利与必要条件，而且日益成为决定一个国家、民族、地区、组织可持续发展的关键因素。

3. 囊括终身化的学习时段

就学习所覆盖的时段而言，终身学习涵盖整个生命周期，这是对传统学校教育观念的颠覆。长期以来人们认为学习主要在学校教育阶段进行，人生也自然而然被划分为学习期和工作期。但是，在人类进入知识爆炸的时代，学习与工作的界限已经模糊，仅仅依靠学校教育已远远不够，唯有依靠“从摇篮到拐杖”的终其一生的学习活动，才能适应时代发展和自身发展的要求。

4. 指向多维化的学习目标

在人类从工业社会向知识社会转变的进程中，终身学习的目标不再是以知识获得为主要维度，更重要的是通过各种形式的学习发展“学会使用工具、学会与他人共处，学会管理自己”等各方面的能力。经济合作与发展组织在“能力的定义和选择”研究项目中将人的能力分为三类①，可以为我们理解增强人的终身学习能力提供很好的参考（见表5-3）。

① OECD. Definition and selection of key competences：executive summary［EB/OL］.［2020-09-27］. http：//www. oecd. org/pisa/35070367. pdf.

表 5-3 经济合作与发展组织提出的三类关键能力

A. 有效使用工具的能力	B. 与他人沟通的能力	C. 自我管理能力
有效使用语言、符号、文字的能力	与他人能友好相处	面临所处大环境能自主应对和决策
灵活运用知识和信息的能力	团队合作能力	能够为自身发展和工作项目制订和执行计划
应用现代信息技术的能力	管理和解决分歧与冲突的能力	能够捍卫和主张自身的权利、利益和需求

二、发挥学校教育体系的基础性作用

正规学校教育是继续教育的关键和基础，“受教育程度越高，继续教育参与率越高”这一点几乎得到所有国家实证调查结果的验证。[①] 构建继续教育体系不但不会削弱学校教育，而且需要更好地发挥学校教育的作用。但是，传统教育体系下的学校教育与终身教育体系下的学校教育在诸多方面有着区别（见表 5-4），如果要发挥学校教育在继续教育中的基础性作用，必须打破传统教育体系下学校教育的封闭“堡垒”状态，以终身学习理念为指导，在学校教育目的与功能、内容与方法、模式与制度等方面进行深刻变革。一要拓展学校功能，将学校打造成适应终身学习体系建设的优质教育资源的开发和应用组织、教学模式变革组织、学生学习指导组织和教师专业成长组织；二要创新学习方式，在各级各类学校中推广建构式学习、翻转式学习、主题式学习、合作式学习等；三要变革培养模式，加强对学习者能力的培养，帮助学习者适应终身学习环境下不断自我提高、自我发展的要求。

① 经济合作与发展组织教育研究与革新中心．经济合作与发展组织教育要览 1997［M］．北京：人民教育出版社，2000：159-161.

表 5-4　传统教育与终身教育体系下学校教育的主要区别

	传统教育体系下的学校教育	终身教育体系下的学校教育
学校的主要任务	传授知识	不仅传授知识，而且注重培养学生终身学习的兴趣和能力
学习者的学习途径	教师的教学是学习的主要途径	学习者除通过教师的教学来学习外，还通过各种途径进行学习
教师的角色	教师带着学生学习	教师帮助学生学习
评价的作用	用考试来评价学生并决定其继续学习的资格	评价主要被用来调整学习者的学习策略和继续学习的路径
学习者的学习结果	主要以考试分数衡量学习者的学习结果	尊重不同学习者的个性、爱好和潜能，注重对学习结果的多维评价
学习者的发展通道	只有学习成绩好的部分学生才能继续升学	所有愿意继续学习的人都有终身学习机会

三、重构终身学习导向的继续教育生态

“没有什么比……建立终身学习的教育系统更重要。我们的教育机构十分关注学习，但是更重要的是其他地方（包括工作过程中）所产生的教育。”① 完善继续教育结构体系必须突破和超越传统教育理念与体系，以终身学习理念为指导对教育和学习进行重新思考与定义，实现从传统学校教育形态向全新的教育（学习）生态的深刻变革。一要进一步发挥学校教育体系之外的教育供给主体的作用。机关、行业企业、事业单位、社会机构、社区、乡镇、村庄、家庭都是重构继续教育生态的重要依托。要开发城乡社区教育潜力，释放行业企业参与继续教育的动能，促进相关主体（机构）积极规范参与继续教育体系构建。要以灵活多样的机制（包括市场机制）推动上述主体要素向学习型组织转变。二要重构继续教育要素间

① 斯蒂格利茨，格林沃尔德．增长的方法：学习型社会与经济增长的新引擎［M］．北京：中信出版社，2017：314.

的组合及关系，强化继续教育结构体系的包容性和教育制度的弹性化、个性化、多样化。要在理念、性质、目标和功能方面重新审视与架构教育（学习）系统，为教育内容、方法和教学过程、人才培养模式探索与创新提供体系支撑；还要创建智慧学习、网络学习的环境与形式，形成丰富多元、不断涌现活力的继续教育结构生态。

四、完善相应支撑制度

继续教育是一项涉及社会各部门、各领域及全社会成员的复杂系统工程，必须依靠一系列保障机制和支持制度。

一是加快终身学习立法，明确政府、学校、社会和个人在终身学习方面的权利、责任和义务。

二是完善继续教育领导体制、经费保障机制以及质量的动态监督机制。加强党的领导，在中央教育工作领导小组的领导和指导下，将目前的“继续教育办公室”升格为“国家继续教育工作领导小组”，主要负责统筹推进继续教育结构体系建设及优化相关的领导、决策、设计、组织、实施、协调、评价等工作，督促地方加快建立跨部门、跨行业、跨地区的继续教育统筹管理协调机构及机制，优化各级政府对终身学习的统筹、协调和指导职能；建立健全继续教育经费保障机制、优化经费分配机制以及对重点特殊群体的倾斜支持制度。

三是建立继续教育的国家质量标准。要实现继续教育的高质量发展，首先要有标准。推进标准建设，应坚持借鉴国际经验与立足中国国情相结合、学历继续教育与非学历继续教育相统筹、统一标准与彰显特色相支撑的原则，重在以标准为引领统一概念、增进共识、鼓励创新，营造公平环境，树立行业标杆。通过国家质量标准建设，实现对影响继续教育质量因素的全覆盖，包括教育教学的各个方面、人才培养的各个环节、人财物等各个层面都应做出具体规定和指标描述。

四是创建统一的继续教育整体资质认证体系。以自愿认证为原则，凡是所有具体的认证事项全部通过的认证对象，可以通过“整体资质认证”

而获得认证证书。具体的认证事项，包括继续教育结构体系的组织、制度和文化的要素，如机构的办学条件设施、信息化水平、学科、专业（项目）、课程、学分、证书、学位、教师等。认证的具体实施工作可由具备相应资质且获得教育部许可的社会第三方机构承担。同时，完善对继续教育的组织、制度等方面要素的动态跟踪、监督与评估机制，并注重监督与评估结果的信息公开，推动继续教育领域供给与需求信息的对称，从根本上扭转“劣币驱逐良币”的现象。

五是建立统一完备的国家继续教育证书体系。继续教育作为单独的一类教育，应该有一套专门的、统一的国家证书体系，主要涉及国家统一的继续教育学分证书（需要完成规定的学历或非学历的继续教育课程并达到学分授予要求），非学历继续教育的课程结业证书（需完成规定的单科继续教育课程）和项目结业证书（需完成规定的一组继续教育课程），学历继续教育的专业结业证书、毕业证书和肄业证书，学位证书（仅限达到一定学术水平或者专业技术水平的人员）。其中，继续教育的学位证书是创新的难点，但也可能成为继续教育的改革亮点，例如，率先实行继续教育的微证书制度、继续教育的专业技术学位制度等创新性探索。为此，必须打通学校教育与企业教育、社会教育、自主教育等教育形式之间的壁垒，构建人才成长“立交桥”：逐步建立和完善国家学分银行制度、个人终身学习账户制度，促进正规学习、非正规学习和无定式学习之间学习成果的认证、积累和转换（即国际通行的先前学习认证政策或制度）；探索构建知识技能与能力并重、跨部门、跨行业的国家资格框架，将普通教育、高等教育、继续教育、职业教育与培训等相关学历学位证书、职业与技能资格证书等逐步衔接融通，促进各级各类教育共同发展。

五、促进现代信息技术手段的应用

习近平指出，当今世界正在经历一场更大范围、更深层次的科技革命和产业变革。互联网、大数据、人工智能等现代信息技术不断取得突破，数字经济蓬勃发展。① 面向2035，以有效开发和利用互联网、人工智能、大数据分析、区块链技术、量子技术、全息再现等现代信息技术在学习型社会建设中的巨大潜力为抓手，助推全民学习，促进公民终身学习，是实现学习型社会建设跨越式发展的关键依托。

一要有紧迫意识。“5G”时代已经到来，新一代信息技术的发展及其在学习中的应用，有望在更大程度上解放教学生产力，使海量优质学习资源在更低成本、更广范围内让更多的学习者共享，为学习者的个性化、定制化学习提供精准服务也成为可能。在构建继续教育结构体系的进程中，我们要高度重视新一轮信息革命带来的历史机遇，将其作为我国在劳动力资源相对丰富、教育资源相对短缺的条件下，利用后发优势实现继续教育跨越式发展的重要手段。

二要有创新思维。“互联网+”“人工智能+”条件下万物联通的叠加效应和倍增效应将很快显现，我们要突破传统思维定势，着力从继续教育结构性改革入手解决知识快速持续更新与学习资源供给不足、滞后的突出矛盾，努力为全体社会成员提供不受时空限制的多元化、全覆盖的高质量终身学习服务。近年来联合国教科文组织、欧盟、美国等利用数字技术针对学习成果进行认证和积累的“数字微证书”（digital micro-credentials）或“电子徽章”（digital badges）等理念与创新实践值得关注，其体现的去中心化、反权威的“区块链”思维以及指向学习成果的“小颗粒度”“可堆叠”“证据性”“个性化”“多维数据分析”等尝试，显示未来继续教育结构体系优化将有可能发生“哥白尼式”革命。②

三要从国家战略发展层面统筹建设在线、开放的国家终身学习公共服

① 国家主席习近平向第五届世界互联网大会致贺信［EB/OL］.（2018-11-07）［2020-15-08］. http：//news. youth. cn/sz/201811/t20181107_11777592. htm.

② European Centre for the Development of Vocational Training, European Training Foundation, United Nations Educational, Scientific and Cultural Organisation, et al. Global inventory of regional and national qualifications frameworks 2019：volume Ⅰ：thematic chapters［M/OL］.［2020-05-08］. https：//www. etf. europa. eu/sites/default/files/2019-05/03%20P221543_Volume%20I%20-%20PROOF%202_IC%20-%20080519%20-%20x%20copies. pdf.

务平台，为继续教育需求与供给的匹配提供服务①，为整合、开发多途径、多层次、多类型的国家数字化终身学习（教育）资源及其共享提供服务，为继续教育的准确、科学、系统化的大数据收集、分析、应用与评价提供服务，为实现继续教育的现代化、信息化、便捷化、智能化提供服务，为学习者的生涯（职业）指导及个性化、精准化、终身化学习提供服务。

六、推动继续教育结构体系与国际接轨

随着劳动力市场的全球化及教育与培训的国际化，跨境学习已经成为一个不可忽视的全球现象，不仅人员和工作机会在全球流动，教育和培训机构的国际流动也在不断加强，这就需要在国际、区域层面对学习结果进行公平、有效的认证，特别是对劳动力的技能和资格进行打破国界的国际认证（如对移民在本国和移入国获得的学习结果和资格进行认证）。例如，目前联合国教科文组织与有关专家、国际合作伙伴以及全球区域性组织一起开发出“世界参照层级”（World Reference Levels，WRLs），目的在于推动资格证书等的国际认证。WRLs 是一个国际化工具，采用“数码校准工具”（digital levelling instrument，WRL app），可以将某个资格、证书或其他学习成果转换为标准化的分析文档和报告，从而支持国际比较和认

① 例如“劳动力市场情报”（Labour Market Intelligence，LMI）工具是一个被证明对劳动力市场技能需求、供给的现状和趋势进行分析、预测的行之有效的工具，有助于继续教育的决策者、供给方和需求方更好地了解劳动力市场的技能状况。目前，欧盟正在加强基于大数据的 LMI 工具创新的实践探索，基于已有的门户网站和相关网络数据收集工具收集到的数据，对技能和行业进行深入、细化、实时以及本地化的情报分析，甄别过时的技能和职业、预测新兴技能和职业，动态地解决和调整技能供需不匹配的问题。见 European Centre for the Development of Vocational Training，European Training Foundation，United Nations Educational，Scientific and Cultural Organisation，et al. Global inventory of regional and national qualifications frameworks 2019：volume Ⅰ：thematic chapters［M/OL］.［2020-05-08］. https：//www. etf. europa. eu/sites/default/files/2019-05/03%20P221543_Volume%20I%20-%20PROOF%202_IC%20-%20080519%20-%20x%20copies. pdf.

证。2019 年已经开始 WRLs 数据工具的大规模试点。[①] 继续教育国际化认证将不仅有助于移民的融合以及发挥其潜在的优势，而且有助于我国在世界舞台与其他国家一起制定规则、应用规则。我国作为一个发展中大国，应该密切关注继续教育的国际化趋势，主动应对、提前谋划，不仅多方跟踪继续教育国际化动态，而且积极参与继续教育国际化的规划和设计，尤其要注重与国际接轨对继续教育结构体系可能产生的影响，其中学习成果、资格、证书的国际化认证是基础性工作，也是制定继续教育领域国际通行标准的重要尝试，为我们构建适应国际规则的继续教育结构体系提供了重要参照。

综上，面向国家现代化推进继续教育结构体系创新，需要立足更高的战略站位、更远的未来意识和更广的全球视野，推动从理念到实践、从学校到社会组织、从技术到制度的全方位的变革与优化，使我国继续教育结构体系向着要素更聚集、制度更优化、模式更灵活、载体更丰富的方向升级，推动全社会形成人人皆学、处处能学、时时可学的局面，这是我们有效落实科教兴国战略和人才强国战略，实现中华民族伟大复兴中国梦的必然抉择！

---

① European Centre for the Development of Vocational Training, European Training Foundation, United Nations Educational, Scientific and Cultural Organisation, et al. Global inventory of regional and national qualifications frameworks 2019: volume Ⅰ: thematic chapters [M/OL]. [2020-05-08]. https://www.etf.europa.eu/sites/default/files/2019-05/03%20P221543_Volume%20I%20-%20PROOF%202_IC%20-%2008051 9%20-%20x%20copies.pdf.

第六章　科技发展对教育结构的影响

马克思认为科学是一般社会生产力，体现人和自然界的理论关系；技术是现实生产力，体现人和自然界的实践关系；科学与技术是统一的，技术是物化的科学。[①] 在贝尔纳（J. D. Bernal）看来，科学具有建制性，是方法和知识的累积，塑造了各种信仰以及对宇宙和人类的各种态度。[②] 马克思一向重视从社会的角度理解科技，把科技看成是历史的有利杠杆，认为它具有一种其他任何力量都无法取代的推动历史进步的积极作用，是社会发展的重要标志。从历史上看，当科技发展达到一定程度，必会带来社会变革。围绕科技与社会的关系，马克思论述了科学与物质生产力之间的互动关系，指出生产力中也包括科学，而且劳动生产力是随着科学和技术的不断进步而不断发展的；论述了科学与生产关系之间的互动关系，指出18世纪英国的社会革命就是科学和实践结合的结果；高度评价了科学在社会发展中的重大作用，认为科学是一种在历史上起推动作用的、革命的力量。[③]

---

① 蔡军迎．马克思主义科技生产力理论研究：从马克思到哈贝马斯和邓小平［D］．长春：吉林大学，2015.

② 贝尔纳．历史上的科学［M］．北京：科学出版社，1959：687，15.

③ 程明华．科学是一种在历史上起推动作用的、革命的力量［J］．湘潭大学社会科学学报，1983（2）：74-80.

第一节　科技发展与教育结构变革

审视教育发展历史，科技一旦有了某种进步，教育也或迟或早地会发生相应的变化，科技变革越大则教育变革越大。历次科技革命与工业革命相伴而生，推动着教育的深刻变革，催生了现代学制，改变了教育组织和管理形式，革新了教育手段。

一、科技发展深刻影响人们的教育观

科技进步改变着人们对世界的认知，从而改变着教育者的教育价值观、教育理想、教育目的等，使教育者的价值观实现从旧向新的转变。

自培根以来，自然主义的教育思想，倾向实学，被视为对教会教育的反叛。19 世纪欧洲实证主义教育的兴起，就是由于自然科学的巨大进步，促进了科学精神的发展，实证主义取代浪漫主义，影响人的世界观与人生观，科技教育在学校教育特别是大学教育中逐步取代了人文教育并占据统治地位，这种教育适应了工业革命和生产力发展的需要。[①] 20 世纪中叶以来，科学技术转化为生产力的周期不断缩短，教育人才观转向通识教育和自我学习能力的培养。其间，不论是科学技术的理论发展，还是向生产力的转化，都表现出了高度综合化的特征。为了保证教育所培养出来的各级各类人才能够顺利适应这种迅速变化的现代社会，教育必须培养综合型人才，强调培养通识型人才的教育观获得广泛认可，“素质教育”成为我国教育的主流话语及改革方向。现代科技的发展大大改变了人们的劳动条件和赖以生存的生活环境，不接受良好的教育已很难融入和适应现代生活，而且随着技术更新加快，人们需要不断学习更新知识，“全民教育”和

① 雷通群．西洋教育通史［M］．长春：吉林出版集团股份有限公司，2016：271.

"终身教育"观念因此形成。另外，人们也在反思唯科学主义，2015 年联合国教科文组织在教育和学习方面倡导超越狭隘的功利主义和经济主义，将人类生存的多个方面融合起来，以实现可持续的未来。[①]

二、科技发展改变了现代学校制度结构

科技和工业革命的发展，推动了现代学校制度的发展，学校类型更加丰富，学校和学生数大幅增长，教育逐渐大众化、多元化。夸美纽斯在《大教学论》中就提出建立统一的学校制度，普及初等教育，采用班级授课制，扩大学科门类和内容。

普鲁士建立现代学制。19 世纪初，普鲁士在普法战争中战败，痛下决心改革教育制度，建立了切合科技发展需要与服务工业社会的教育体系，这可以说是现代学制的肇始。在洪堡的主导下，普鲁士改革了义务教育制度，设计了小学、中学、大学三级学校制度；改革了小学、中学、高级中学和大学的课程、教师培训和考试制度；在柏林创建第一所研究型大学，将科学研究引入大学。[②] 许多仍被沿用至今的改革措施取得了巨大成功，世界科技中心也逐渐转移到了德国。当时，美国基本照搬了普鲁士的教育体系，这个体系也被欧洲其他国家效仿，并推广到欧美以外的其他国家。

职业技术教育被纳入正规学制。工业革命前后，出现了许多开展职业技术教育的机构，17 世纪的英国，在早期工业发展的推动下，开始出现由协会举办的各种讲座，向工人和工匠讲授有关技术。法国 1879 年成立了技术教育委员会，19 世纪末期开始建立技术教育学校，1919 年制定的《阿斯蒂埃法》标志着法国进入由国家负责技术教育的时期。日本于 1894 年颁布了《实业教育国库补助法》，1899 年又颁布了《实业学校令》，把

---

① 联合国教科文组织．反思教育：向"全球共同利益"的理念转变？[M]．北京：教育科学出版社，2017：14.

② 戴本博．外国教育史：中［M]．北京：人民教育出版社，1990：476-482.

中等教育结构改为包括中等普通教育和中等职业教育。[①]

高等教育发展多样化。德国最早打破旧的传统，注重新兴的科学技术力量，依据“科研与教学合一”的精神创办了洪堡大学。英国在19世纪80年代出现了偏重于工科的应用型技术学院和多科技术学院。1876年，美国约翰斯·霍普金斯大学创建了研究生院，这成为世界研究生制度的起点。现代科学技术要求高校培养各级各类高级人才，这推动了高等教育结构和功能的变化，高等教育出现专、本、硕、博多层次，类型上各院校、科系、专业繁多，功能上与社会生产、科学技术各个方面联系越来越密切。

三、科技发展成果丰富了学科与课程结构

科学技术成果是人类智慧的结晶，除了应用于社会生产、改善人类福祉，也最先成为学校教育的重要内容，传承于下一代。

科学技术教育。人们在探索自然和社会发展规律的过程中，促进了科学技术的发展，创造积累了大量知识财富。教育有责任把人类社会的科技知识财富有目的、有计划、有组织地通过教学来传承下去。英国教育家赫胥黎（T. H. Huxley）尖锐批判传统的古典教育，积极提倡科学教育，一生追求促进自然科学知识的发展，普及科学知识，发展和组织科学教育，对于19世纪后半期的英国教育改革产生了决定性影响。

选修制和学分制。1747年，赫克（J. J. Hecker）在柏林创办的经济学、数学实科学校首推选修制度，但此时选修制尚未得到大范围推广。19世纪末，经济的发展和科学的进步迫使高等学校更新课程、扩大课程范围，学校课程的调整更新愈来愈频繁，这为选修制和学分制的推行提供了客观基础。20世纪后，选修制为美国中等学校广泛采用。[②]

课程改革运动。随着科学技术的迅猛发展，特别是苏联卫星上天，美

① 王天一．外国教育史：上册［M］．北京：北京师范大学出版社，2008：251.
② 黎学平．美国高校选修制的早期发展［J］．复旦教育论坛，2003（3）：73-76，81.

国开始反思自己的教育，1958 年美国国会通过了《国防教育法》，开展了以自然科学为中心的课程改革运动，出现了新数学、新物理、新化学、新生物等一系列新教材。[①] 课程改革是 20 世纪后半叶教育改革的中心课题之一。当前，多学科专业交叉群集、多领域技术融合集成的特征日益凸显。在课程结构上，现代教育已不再只是在一个狭窄的专业领域上建构课程，文理渗透、学科渗透已相当普遍，一批交叉学科和边缘学科等新兴学科课程正在大学中被成功实施。

四、科技发展改变了教育组织和管理结构

现代科技的进步为教育组织形式变革奠定了物质基础。英国历史学家阿什比（E. Ashby）认为人类教育史上有四次重要革命。第一次革命是将教育青年人的责任从家族手中转移到专业教师手中；第二次革命是采用书写，将书写作为与口语同样重要的教育工具；第三次革命是发明印刷术和普遍使用教科书；第四次革命是电化教育手段的广泛采用。[②] 影像设备、计算机、多媒体技术（如虚拟现实、超媒体技术）、互联网、人工智能等不同时代的先进技术先后被应用于课堂教学，促成了教育方法及教学过程的多样化，既扩展了教育的时空，又充分调动了受教育者的学习积极性和创造性，改变了学生对教师的依附。广播电视大学、慕课、互联网大学等多种教育组织形式，都是不同时期教育技术应用的结果。先进教育技术手段的应用，给教育带来了变革性影响。

国家教育权加强与实行义务教育。工业与科技革命使政府意识到教育的极端重要性，1870 年英国颁布了《初等教育法》，奠定了英国国民教育制度的最初基础，结束了国家不管教育的历史，保证了初等义务教育的实行。[③] 1754 年，普鲁士宣布实行八年制义务教育。1794 年，又颁布被视为

---

① 顾明远．课程改革的世纪回顾与瞻望［J］．教育研究，2001（7）：15-19.

② 毛祖桓．论信息技术对传统教育模式的影响［J］．北京科技大学学报（社会科学版），1999（2）：74-78.

③ 戴本博．外国教育史：中［M］．北京：人民教育出版社，1990：452.

世俗教育大宪章的《民法》，明确规定各级学校（包括大学）均系国家机构。[①] 1843 年，美国马萨诸塞州开始建立公立学校。1852—1853 年，马萨诸塞州和纽约州相继发布强迫义务教育法令。[②] “二战”后，科学技术发展更加迅猛，现代科技在生产中发挥了划时代的作用，各国更加重视教育，例如美国提供巨额拨款，200 多所大学参与“阿波罗计划”。政府通过各种手段加强对教育的主导权，延长义务教育年限，发展校外教育，等等。

信息技术改变教育管理模式。进入信息时代后，教育管理模式发生了巨大变化，以现代信息技术设施为基础，教育管理正大步迈向智能化。通过广泛获取管理对象的各类大数据，进行智能分析，建设智慧校园、智慧教育城市，学校教育管理更富成效，宏观决策更加科学。教育管理的现代化不仅是提高整体教育效率与质量的保障，也是推进教育现代化的重要内容。

第二节　新一轮世界科技革命和产业变革孕育兴起

科学与技术在历史上的关系总体上有“科技分离”与“科技共进”两种。在第一次工业革命期间，西方科学与技术仍然延续了此前的“科技分离”关系，19 世纪以来则呈现出“科技共进”的关系。进入 21 世纪以来，全球科技创新进入空前密集活跃的时期，新一轮科技革命和产业变革正在重构全球创新版图、重塑全球经济结构。科学技术从来没有像今天这样深刻影响着国家的前途命运，从来没有像今天这样深刻影响着人民的生活福祉。科学技术不仅成为推动社会生产力发展和提升劳动生产率的决定性因素，而且成为推动各项社会事业发展的重要力量。

---

① 王天一．外国教育史：上册［M］．北京：北京师范大学出版社，2008：186，187.

② 王天一．外国教育史：上册［M］．北京：北京师范大学出版社，2008：225.

一、"科技分离"的第一次工业革命

第一次科学革命始于16世纪中期的哥白尼天文学革命，以牛顿经典力学建立为主要标志，前后历时100多年。通过这次科学革命，物理学及天文学等建立了新的范式。[①] 随着第一次工业革命在英国展开，人类由此进入了工业时代。但是，第一次工业革命与科学革命关系不大，以纺织机和蒸汽机为主导技术的各种技术创新，通过工程师不断试错获得，几乎没有受到科学理论的指导。

二、"科技共进"的第二、第三次工业革命

19世纪60年代后期，第二次工业革命开始。19世纪以自然科学全面发展为主要表征的第二次科学革命，使电学、磁学、力学等各领域先后贯通起来，完成了物理学理论的第一次大一统。第二次工业革命以电动机和发电机为主导技术，科学与技术联姻，前者成为后者的基础，电力、化工等工业新部门都是在科学理论指导下兴起的，标准化制造普及，美国在管理技术上首先发生了革新。第三次工业革命发生于"二战"后，也是基于科学与技术的相互促进。第三次工业革命涉及信息技术、新能源技术、空间技术、生物技术、海洋技术等。第三次工业革命极大地推动了人类社会经济、政治、文化领域的变革。

三、以信息技术为引领的第四次世界科技革命和产业变革悄然来临

2018年7月26日，习近平主席出席金砖国家领导人第十次会晤，围绕"金砖国家在非洲：在第四次工业革命中共谋包容增长和共同繁荣"主

① 刘夙．万年的竞争：新著世界科学技术文化简史［M］．北京：科学出版社，2017：176.

题，习近平深刻指出，我们正在经历一场更大范围、更深层次的科技革命和产业变革。大数据、人工智能等前沿技术不断取得突破，新技术、新业态、新产业层出不穷[①]，揭示了新工业革命的突出特点。这场更大范围、更深层次的科技革命和产业变革，深刻影响着社会治理的方式及人类的生产生活方式。

科学技术作为第一生产力的作用愈益凸显。习近平指出，科学技术是第一生产力，创新是引领发展的第一动力。信息技术成为渗透到经济社会生活各领域的先导性技术，将促进以物质生产、物质服务为主的经济发展模式向以信息生产、信息服务为主的经济发展模式转变。绿色科技成为科技为社会服务的基本方向，是人类建设美丽地球的重要手段。能源技术发展将为解决能源问题提供重要途径。生物学相关技术创造新的经济增长点，基因技术、蛋白质工程、空间利用、海洋开发以及新能源、新材料发展将产生一系列重大创新成果，拓展生产和发展空间，提高人类生活水平和质量。

新一代信息技术成为引领新一轮科技革命和产业变革的重要驱动力。世界正在进入以信息产业为主导的新经济发展时期。根据世界知识产权组织公布的按技术领域划分的 PCT（Patent Cooperation Treaty，《专利合作条约》）专利申请数据，2018 年 1—11 月，数字通信领域的 PCT 专利申请量为 18499 件，计算机技术领域为 17688 件，电机、仪器和能源领域为 15313 件，医疗技术领域为 14541 件，这 4 个技术领域的 PCT 专利申请量均超过 10000 件，总份额超过 30%。据普华永道思略特《第 14 期全球创新 1000 强报告》，2018 年创新 1000 强的企业研发支出按行业划分，计算机和电子行业以 22.5%的行业占比位居第一，软件与互联网行业以 15.7%位居第四。总体来看，这场以信息技术为代表的新技术革命正在重塑全球创新格局。产业界逐渐成为全球科技创新和投入的主体。据调查，2018 年，在美国，产业界研发支出占美国总体研发支出的 66%；在欧洲和亚

---

① 汪晓东，杜尚泽，李志伟．习近平出席金砖国家领导人第十次会晤并发表重要讲话［N］．人民日报，2018-07-27（1）．

洲，产业界的研发支出份额也达到50%—75%。据普华永道思略特《第14期全球创新1000强报告》，2018年创新1000强的企业研发支出总额达7820亿美元，同比增长11.4%，且创新1000强的研发强度（研发支出占总收入的比重）创历史新高，达4.5%。①

科技创新、转化和产业化的速度不断加快。今天，人类基因组、超导、纳米材料等领域本属于基础研究的成果，有的早在研究阶段就申请了专利，很多科学研究成果迅速转化为产品，新发现、新技术、新产品、新材料更新换代周期越来越短；原始科学创新、关键技术创新和系统集成的作用日益突出，竞争已前移到原始创新阶段，原始创新、关键技术创新和系统集成能力已经成为国家间科技竞争的核心，成为决定国际产业分工地位和全球经济格局的基础条件。

科技发展日益交叉融合。科技发展的跨学科性日益明显，当前一些重大科学问题几乎都是跨学科问题。科学和技术的融合成为当今科技发展的重要特征，许多学科之间的边界将变得更加模糊，未来重大创新更多地出现在学科交叉领域，学科之间、科学与技术之间的相互融合、相互作用和相互转化更加迅速，逐步形成统一的科学技术体系。当前一些经济社会发展中的重大问题，已不单纯是自然科学与技术问题。比如温室效应，臭氧层破坏，资源环境问题，艾滋病等流行性疾病的预防、控制与治疗，如何实现人与自然和谐发展，如何实现经济社会全面协调可持续发展，等等，这些问题不仅涉及自然科学的发展和技术支撑，同时涉及经济、政治、法律、社会发展、文化和教育等。这些问题的解决超出了自然科学技术的能力范围，必须综合运用自然科学、技术手段和人文社会科学研究协同解决。

未来前沿技术对国家安全和社会治理的挑战将愈加突出。智能攻防技术使网络安全形势愈加复杂。当前网络安全在硬件、软件和数据三方面面临的挑战愈发严峻，而云计算、量子计算和人工智能等技术的持续进步，

① 2018年世界前沿科技发展态势及2019年趋势展望：综述篇［EB/OL］.（2019-02-12）［2020-07-08］. http：//aoc. ouc. edu. cn/92/8f/c9824a234127/page. psp.

更加速推动网络攻防技术发生全面变革，由人工主导快速向智能攻防转变的趋势已非常清晰。同时，各国对量子计算可能导致现有加密体系崩溃的担忧加剧。全球生物安全隐患集中爆发，深刻影响国家及国际社会安全稳定。重大传染病对人类健康、经济贸易等造成了巨大威胁，国家敏感生物资源泄露和流失的风险加剧，生物黑客使两用性生物技术滥用风险剧增。人工智能的高速发展引发了一系列政治、经济、法律、伦理危机，给国家安全和社会治理带来挑战。2018 年，人工智能伪造技术、人工智能网络攻击、智能军事战等成熟技术不断涌现。英国牛津大学研究证实，人工智能可被用于攻击自动驾驶飞机和自动驾驶汽车；美国纽约大学和密歇根州立大学开发出人工智能伪造指纹技术，给生物识别的安全性带来巨大挑战。Meta（2021 年 10 月 29 日，Facebook 创始人扎克伯格宣布公司将更名为 Meta）超 5000 万用户数据遭泄露和恶意利用一事，引发了大众对人工智能直接影响政治竞选结果的担忧。

第三节　新一代信息技术对教育结构的影响

科技革命和产业变革正在加速推进，人工智能、互联网、大数据与传统的一些物理、化学、机械等学科相结合，可能引发新一轮科技革命。党中央高度重视新一代信息技术发展所带来的变革性影响。2019 年 5 月，国家主席习近平在写给国际人工智能与教育大会的贺信中指出，人工智能是引领新一轮科技革命和产业变革的重要驱动力，正深刻改变着人们的生产、生活、学习方式，推动人类社会迎来人机协同、跨界融合、共创分享的智能时代。习近平主席强调，中国高度重视人工智能对教育的深刻影响，积极推动人工智能和教育深度融合，促进教育变革创新，充分发挥人工智能优势，加快发展伴随每个人一生的教育、平等面向每个人的教育、适合每个人的教育、更加开放灵活的教育。①

一、新一代信息技术的主要应用及相互关系

5G、大数据、区块链、人工智能等新一代信息技术快速发展，要充分理解它们对于教育的影响，必须了解它们的核心内涵及相互关系。

5G具有大容量、高速率、低延迟的特点，再加上移动通信网络连续广域覆盖的固有特性，能真正实现海量物联、泛在物联。但由于5G还远未普及，其在教育上的应用还在推理阶段，预计其应用于教育将会大幅提升智慧校园品质，扩展虚拟现实的应用，极大改善线上教学体验。大数据将数据作为研究对象，进行采集、处理、管理、关联分析等工作。数据被称为“新石油”，如同能源一样被各国所重视。人工智能开发需要大量数据，因此数据是智能社会的基础性资源。中国在人工智能应用领域有多项技术处于先进行列，麦肯锡董事长鲍达民认为一个最根本的原因是中国拥有海量的数据。区块链技术的核心是沿时间轴记录数据与合约，不能更改，实现了虚拟数据“实物化”，建立起了网络空间的超级信用体系。区块链技术实现了点对点的信任，加上智能合约，大幅提高了交易效率。区块链与教育有很多的对接点，比如解决证书造假问题、实现教育资源共享、客观记录学生个人成长等。人工智能是人类智能的延伸，它是信息处理的高级中介。自工业革命以来，先进技术一直在取代人类的一些工作岗位，人工智能的发展不仅仅波及体力工作，还会改变专业工作的形态。第四轮科技革命和产业变革正围绕着人工智能展开，人工智能像电力、互联网一样成为各行各业发展的基础性要素。

---

① 新华社．习近平向国际人工智能与教育大会致贺信［EB/OL］.（2019-05-16）［2020-07-08］．http：//www.xinhuanet.com/politics/leaders/2019-05/16/c_1124502111.htm.

二、新一代信息技术带来教育结构的变革

1. 学科与专业设置结构

着眼于新一轮科技革命和产业变革，高等院校的学科与专业结构开始调整。截至2017年12月，全国共有71所高校围绕人工智能设置了86个二级学科或交叉学科。教育部2018年认定首批612个“新工科”研究与实践项目，其中布局建设了57个人工智能类项目。[①] 我国“新工科”研究和实践就围绕工程教育改革的新理念、新结构、新模式、新质量、新体系开展。学科专业的新结构面向新经济发展需要、面向未来、面向世界，开展新兴工科专业的研究与探索，对传统工科专业进行更新升级等。首批“新工科”研究与实践项目名单包括了202个“新工科”综合改革类项目和410个“新工科”专业改革类项目。其中，“新工科”专业改革类项目则涵盖了包括人工智能类、大数据类、智能制造类等热门“新工科”在内的19个项目群。美国麻省理工学院也开设人工智能学院，硅谷区块链创业公司在加利福尼亚州创办了区块链技术大学等。2017年，英国有26所大学开设了人工智能本科生课程，20余所大学开设了30多种人工智能硕士研究生课程。2019年9月起，英国大学每年扩大招收人工智能硕士研究生200人，英国科技公司积极参与人才培养并提供资助。同时，英国统筹考虑人工智能教育的院校和学科布局，在15所大学设立了16个博士点，并结合人工智能的应用方向，每个博士点侧重一个学科或专业。[②]

中小学加强信息技术基础教育。2018年秋季开始，美国匹兹堡蒙托学区推出一个新的人工智能项目，提供全美第一个人工智能公立学校项目，为学生提供大量探索和体验人工智能的机会。2019年，法国在高中二年级开设数字科技必修课，重点培养学生计算机科学与数字社会生存方

---

① 余靖静．教育部提出“三步走”推动高校聚焦“新一代人工智能”研究和人才培养［EB/OL］．（2018-06-08）［2020-07-08］．http：//www.xinhuanet.com/politics/2018-06/08/c_1122957881.htm.

② 李建忠，王素．英国力争人工智能领先地位［N］．中国教育报，2019-05-17（5）.

面的素养，从高一到高三还开设配套的数字科技选修课程。日本安倍政府修订教学大纲，在小学、初中、高中开设编程及统计课程，以加强中小学信息技术基础教育。①

2. 教育教学组织形式

一些智能教育手段已经切入教育主环节，改变了部分教育组织形式。一批传统教育企业正向智能产品开发转型，利用语音语义识别、图像识别、知识图谱和深度学习等技术，开发出了从教学、测评到管理等环节的多种智能教育产品，丰富了教育手段。人工智能在教育领域的应用突出表现在学习过程辅助环节，越是外围的学习环节，越先被智能化，如智能自适应学习产品、智能教育机器人、智能在线教育助手。自适应学习起步于20世纪90年代的美国，目前相关智能产品覆盖早幼教、小学、初中、高中、大学、职业领域等各个学习阶段和层面，并覆盖多个学科。包括培生集团在内的众多教育科技公司，向社会提供了各具特色的智能自适应学习产品。智能自适应教育起步较早、应用广，已被证明能有效提高教学效果。② 从2018年4月开始，日本启动一项试验，在全国约500所学校安装讲英语的人工智能机器人，旨在提高学生的英语沟通能力。美国佐治亚理工学院的一个网络课程使用人工智能虚拟助教承担了大量答疑工作，这一模式可以在一定程度上替代教职人员，但目前还不够完善，未来基于人工智能技术算法改进与大量用户数据与行为的分析，可以期待虚拟教师和虚拟顾问的出现。随着教育测量学和人工智能技术的进一步发展，人工智能有望逐步渗透到教学的核心环节，从根本上改进教育组织形式、学习者的学习理念和学习方式。

3. 教育资源供给结构

技术革新驱动在线教育迅速发展。随着宽带速度提升、人工智能发展，移动互联网技术的革新给在线教育行业带来巨大变化。生动有趣的高校慕课平台、网络家教平台、经验与智慧分享平台、针对某种学习需求开

---

① 清华大学中国科技政策研究中心. 中国人工智能发展报告2018[R]. 2018.

② 上海艾瑞市场咨询有限公司. 中国人工智能自适应教育行业研究报告2018年[C]//上海艾瑞市场咨询有限公司. 艾瑞咨询系列研究报告(2018年第2期). 2018.

发的 App 产品等发展起来。一方面，越来越多的知识与技能被互联网化，另一方面，越来越多的在线学习者本身也在加速推动着教与学的信息化变革。“人工智能+教育”成为 2018 年在线教育行业的关键词，智能作业批改、人脸识别技术、个性化推荐等人工智能技术已经运用到在线教育的多元场景中。艾瑞咨询发布的《2018 年中国在线教育行业发展研究报告》显示，2018 年中国在线教育市场规模达 2517.6 亿元，同比增长 25.7%，预计未来 3—5 年市场规模增速保持在 16%—24%，预计 2020 年中国在线教育用户规模将达 2.96 亿人，市场规模将达 4330 亿元。①

教育资源交易共享平台涌现。例如，英属哥伦比亚大学、美国波士顿大学、荷兰代尔夫特理工大学、澳大利亚国立大学和瑞士洛桑联邦理工学院达成了代码共享协议，以建立安全、经济、便捷的共享知识库。新加坡 FCC（Future Classes Chain）基金会运营的未来教室也是基于区块链的数字教育资产运营平台，通过区块链技术嵌入智能合约并整合全球教育资源，完成数字教育资产的契约、存证和交易，有效降低了科研共享的交易成本，推动了教育资产的价值实现。目前 FCC 已与国内外 30 多家教育机构、大学达成战略合作意向。② 区块链管理、共享和保护数字内容的能力使其成为帮助研究人员、教师创建知识产权、分享知识产权并仍然控制其使用方式的理想选择，可以构建一个解决个体与个体之间信任问题的开放网络。

4. 教育评价技术应用结构

基于新一代信息技术建立高信度学生学习成长档案。2018 年 10 月，全国首个大数据教育区块链试验区在河北省廊坊市正式启动，旨在探索区块链技术在教育领域的应用，开发教育区块链产品，推动区块链基础核心技术研究和应用落地。北京市通州区教委、天津市武清区教育局、河北省廊坊市教育局三地教育部门共同搭建了一个大数据平台，采集并记录学生的学习成长轨迹数据，通过区块链的分布式、不可篡改和留痕功能，建立

① 上海艾瑞市场咨询有限公司．2018 年中国在线教育行业发展研究报告［R］．2018.

② 晋浩天．当教育遇上区块链，会擦出什么火花［N］．光明日报，2018-11-12（8）.

学生的个人学习成长档案。[①] 这有助于消除我国学生个人学习成长档案存在的三大弊端——信息不完整、不利于流通、信息容易篡改，为进行高信度的综合素质评价、推进招考改革奠定了牢固技术基础。

基于区块链技术的教育活动认证。一是发放区块链学历证书。美国麻省理工学院于2016年发布了首个数字证书，决定从2018年6月起为所有新的毕业生提供区块链钱包服务。意大利卡利亚里大学也开始颁发基于数字区块链的学位证书。伦敦大学、墨尔本大学等高等学府也陆续开展了该领域的研究和应用。[②] 2019年6月，江西软件职业技术大学向1900多名毕业生颁发了区块链数字毕业证，7月又发出了全球首张区块链大学录取通知书。[③] 这一方式解决了学历证书造假问题，大大降低了证书保存和使用成本，提高了效率，保障了数据安全。二是非学历教育认证。英国开放大学的“知识与媒体研究中心”已开发出组合“微认证”（micro-credentials），或者说徽章的创新技术，以适应基于区块链技术平台的学习和认证。[④] 日本的“索尼全球教育”已建设了基于区块链技术的全球学习和认证平台，让学习者、学校和雇主共享学习过程和学习认证等方面的数据。创始人铃木五十铃认为，区块链技术能够赋予学习者管理其成绩的更大自主权。“索尼全球教育”正致力于推动全球教育机构，尤其是大学探索、使用其区块链技术平台。

5. 教育数据标准结构

教育管理与教育资源信息化标准是国家教育信息化建设的重要基础，关系各级各类教育信息化的健康有序发展。为落实《教育规划纲要》《教育信息化“十三五”规划》的工作部署，加快教育信息化进程，完善教育信息化标准体系，实现数据互通、资源共享，我国于2010年着手研究

---

① 宋敏涛．全国首个大数据教育区块链试验区在廊坊启动［EB/OL］．（2018-10-19）［2020-09-20］．http：//www.chinanews.com/fortune/2018/10-19/8654551.shtml.

② 卞军凯．两岸高校携手成功研发数字毕业证书［N］．福建日报，2018-08-24（5）．

③ 王健．首张基于区块链的大学录取通知书正式颁发［EB/OL］．（2019-08-01）［2020-09-20］．http：//www.jx.xinhuanet.com/2019-08/01/c_1124824857.htm.

④ 晋浩天．当教育遇上区块链，会擦出什么火花［N］．光明日报，2018-11-12（8）．

制定教育信息化相关标准，并取得阶段性成果。2011 年，7 个教育管理信息化标准公布实施，涉及教育管理行政信息和各级各类学校管理信息的相关标准。2017 年，《基础教育教学资源元数据》《交互式电子白板》等 5 项涉及教育教学资源的数据标准颁布。

伴随着教育与学习方式的信息化，美国逐步建立起学习行业标准（Experience API，xAPI）。该标准为数字教材的制作、内容开发提供了一套共通的规范，统一了数据格式，更便于储存和访问学习经历，能追踪更多场景的学习经验，意义十分重大。[①] 这样，不同机构、不同个体的数据可实现互通，人工智能产品可以互相嵌套，形成一个有序竞争的市场，实现全行业整体价值提升。区块链所记录的各种学习经历和过程，能够促进 xAPI 的广泛、深入应用。

第四节　积极调整教育结构，迎接智能教育时代

一、我国智能教育前景广阔

我国在新一代信息技术，特别是人工智能发展方面总体上处于世界前列。在教育领域，我国人工智能创新发展有自身独特优势，具有广阔发展前景，有望成为相关领域的引领者。首先，党和国家高度重视。针对新一代信息技术，中共中央政治局多次进行集体学习；国务院发布《促进大数据发展行动纲要》《新一代人工智能发展规划》，明确提出建设“教育文化大数据”，发展智能教育；教育部积极落实部署，先后印发了《教育信息化 2.0 行动计划》《高等学校人工智能创新行动计划》等文件。其次，我国高校相关领域人才聚集度高。据清华大学《中国人工智能发展报告

① 顾小清，郑隆威，简菁．获取教育大数据：基于 xAPI 规范对学习经历数据的获取与共享［J］．现代远程教育研究，2014（5）：13-23.

2018》，国内人工智能人才投入以高校为核心载体，全国累计 179349 位人工智能人才在高校，占据人才总量的 81.3%。高校的人工智能论文、专利产出也十分突出。[①] 再次，我国教育市场规模巨大。我国举办着世界上最大规模的教育，教育市场、教育技术服务市场规模巨大，吸引了大量教育信息技术服务企业参与到教育信息化建设之中。最后，我国教育数据极其丰富。我国共有 50 多万所学校、3 亿多名学生、1500 多万名教师，庞大的教育基数产生了庞大的教育教学基础数据以及伴生数据，这是国家的核心数据资源之一。[②] 在“三通两平台”建设的推动下，我国中小学互联网接入率已超过 90%，多媒体教室的比例增加到 83%，教师和学生网络学习空间数量激增到 6300 多万个。[③] 教育数字化的量变，必将带来智能教育的质变。

二、我国智能教育发展也面临诸多挑战

首先，在教育信息化管理上统筹不够。我国教育信息化管理机构设置较乱、差异较大。从地级层面到省级层面，教育信息化主管职能部门的设置差异很大，有些地方设有专门的信息化管理中心，有的将信息化管理职能放在装备中心，有的放在电教馆，还有的放在教育电视台。教育行政部门在教育信息化中缺乏真正的抓手，信息化系统中各条线的业务系统数据各自为政，不能一体化推行，信息统筹远远不够。其次，教育信息化平台存在重复建设问题。全国各级部门的智能教育平台开发存在重复建设问题，造成资源浪费。不同区域建有不同的平台、不同的数据接口，造成有些地方学校或者教育部门使用困难、不愿用的问题。学校内部往往也有多个信息系统，导致数据整合时间长、难度大，还需要一大笔资金做测评。再次，智能教育领域的相关国家标准匮乏。智能教育领域缺乏相关国家标

---

① 清华大学中国科技政策研究中心．中国人工智能发展报告 2018 [R]．2018.

② 见《中国教育统计年鉴 2018》。

③ 胡浩．我国九成中小学校已接入互联网 [EB/OL]．(2017-12-15) [2020-09-20]. http：//www.gov.cn/xinwen/2017-12/15/content_5247533.htm.

准，区域和学校智能教育建设没有参考标准，造成后期整合特别困难。数字校园和区域教育大数据建设方面，各地数据格式标准不一，难以统筹推进。人工智能教育全国积极推进建设，但实验室建设标准缺乏，难以与学科教室有效区隔。智能教育关键技术缺乏技术对接和可用性评估标准，难以量化应用效果。信息系统平台支撑和保障还需要定义标准数据处理和应用接口。教育大数据积累和应用需要更好的标准化生态环境，这方面还很欠缺。最后，智能教育产学研生态结构的构建缺少政策支持。目前，教育信息化科研力量不足，产学研生态构建不充分。在教育信息化方向上，真正布局的国家级科研基地到 2019 年只有 4 个，科研队伍不足 300 人。智能教育的研究主要集中在高校，实际上，智能教育不单单是某一个学校或者某几家企业能做成的，它应该是一个生态体系。这种生态体系的构建，需要政产学研用多方联合、多方协作、合力推进，但是目前这样的机制还没有形成，智能教育生态结构的构建缺乏政策支持。此外，在教学科研上，教师的信息技术素养亟待提高，相关人才培养严重不足，基础性研究不强。

三、调整教育结构，迎接智能教育时代

习近平总书记在全国教育大会上的讲话指出：“教育是民族振兴、社会进步的重要基石，是功在当代、利在千秋的德政工程。”① 教育事业以公益性为主导，政府肩负巨大责任。信息技术对教育改革发展影响深远，教育对于人工智能的进步同样至关重要，教育部门应未雨绸缪，主动谋划推动发展。以大数据、云计算、区块链、人工智能、5G 为代表的新一代信息技术正驱动数字中国建设走向纵深。新一代信息技术不仅是生产力，也是生产关系，正推动着既有社会经济形态的变革。教育结构调整应在数字中国建设的背景下统筹推进。

① 张烁．习近平在全国教育大会上强调 坚持中国特色社会主义教育发展道路 培养德智体美劳全面发展的社会主义建设者和接班人［N］．人民日报，2018-09-11（1）．

1. 加强顶层设计，构建我国智能教育结构体系框架

现在的数据分析和辅助决策、网络与信息安全保障、教育网络空间治理、教育教学辅助等都需要信息技术来支撑。教育信息化建设已经发展到新阶段，应该体现一定的发展引领作用，引领教育模式和评价模式的变革，引领改革发展。“十二五”时期，“三通两平台”是教育信息化建设的主要任务，“十三五”时期，教育信息化建设的任务是在“三通两平台”建设基础上达到全面应用，“十四五”时期则要进入深度应用改造层面。2019 年 5 月，教育部部长陈宝生在国际人工智能与教育大会上指出，要出台中国智能教育发展方案。① 应该尽快建立起国家智能教育体系框架，包括智能化的大数据基础平台、智能教育的关键技术平台、数字教育资源系统等。

2. 深入调整教育信息化管理结构

教育主管部门要对教育信息化的内部职能进行重构，相应的事业单位的职能要重新整合调整。现在面对信息化的迅猛发展，中央领导高度重视，但实际工作中还没有理得很清楚。目前教育信息化工作为多头管理，导致各部门之间边界不是特别清晰，重复配置建设。有些地方尝试把涉及教育信息化的所有机构集中起来，比如浙江建立了浙江省教育技术中心负责教育信息化管理工作。另外，数据中心要上移、服务要下沉，数据中心至少要建在地市或省一级，如果一个学校建设一个数据中心，日常运维、信息安全等问题难以解决。

3. 大力推进智能教育领域相关标准体系建设

标准是推进工作的重要抓手，“十二五”和“十三五”时期教育信息化基础设施建设成就显著，下一步在高质量和标准化方面要有规范性要求。新一代信息科技发展迅速，全球性的技术标准还在发展之中。在智能教育领域，行业标准还存在很多空白，在信息化建设过程中存在着数据标准不同的问题，比如数字校园和区域教育大数据建设方面，各地的数据格

① 国际人工智能与教育大会在京举行 陈宝生出席并讲话［EB/OL］.（2019-05-16）［2020-09-20］. http://chuzhong.eol.cn/focus/201905/t20190516_1659011.shtml.

式标准不一，难以统筹推进。要鼓励企业开展智能教育规律和应用研究，允许企业申报政府立项的相关课题，让企业更多地参与技术标准和规范的制定。相关标准主要应包括：基础教育数据互通标准、人工智能教育实验室建设标准、智能教育关键技术标准。伴随“中国标准 2035”战略的实施，教育部门应更早地参与、主导有关智能教育标准的制定，这既有利于教育资源的整合，又有助于在全球范围内打造中国标准的影响力，提供中国的智能教育解决方案，带领中国教育产品、技术、资源走向世界。

4. 加强信息技术素养教育，超前谋划学科专业结构布局

基础教育要开展新一代信息技术素养教育，开设整体贯通的通识课程，使学生从基础教育阶段就建立起对信息技术的总体性认知。加大对教师信息化技能培训的投入。利用信息技术创新教学模式，需要对教师的信息技术运用能力和素养进行全面升级。高等教育要在数学、计算机科学、物理学、电子技术、生物学、心理学、法学等学科专业建设和人才培养方面做好超前布局与融合。正如前文所指出的，随着智能时代的来临，科技创新、转化和产业化的速度不断加快，新一代信息技术出现高迭代特性。学科之间相互融合，边界日益模糊，同时人工智能的高速发展引发了一系列政治、经济、法律、伦理危机，给国家安全和社会治理带来挑战。因此，学科专业结构与人才培养结构必须适应新时代的综合性要求。

5. 构建智能教育多样化基础平台结构

从《教育信息化 2.0》开始，我国教育信息化建设的政策取向从分散应用走向平台整合。2019 年 2 月印发的《中国教育现代化 2035》明确指出，要加快信息化时代教育变革，建设智能化校园，统筹建设一体化智能化教学、管理与服务平台。创新教育服务业态，建立数字教育资源共建共享机制，完善利益分配机制、知识产权保护制度和新型教育服务监管制度。因此，需要按照新一代信息技术发展需要，改革整合“三通两平台”及其他教育数据资源，尽快建设好三大平台。一是教育大数据平台。建设教育大数据平台是落实国家大数据战略的一项重要基础工程，是《促进大数据发展行动纲要》的具体要求。要探索企业参与开发的有效机制，使企业参与制定数据标准。二是教育资源共享交易平台。建立教育资源平台的

国家统一基础账号和登录体系，建设教育数据与资源共享交易平台基础设施。一方面，应整合教育资源，完成教育数字资产的存证和交易；另一方面，要解决对教育类 App 的监管和数据收集问题。三是探索建立基于区块链技术的学习存储平台（国家学分银行）。中国是考试大国，也是考证大国。把学习者从不同教育机构修来的学分或学习结果绑定、组合在一起，获得相应的教育认证，将是促进终身学习的有效手段。

第七章　调整乡村教育结构，全面振兴乡村教育

党的十九大报告提出乡村振兴战略，将乡村振兴战略作为决胜全面建成小康社会的七大重大战略部署之一，要求按照产业兴旺、生态宜居、乡风文明、治理有效、生活富裕的总要求，建立健全城乡融合发展体制机制和政策体系，加快推进农业农村现代化。乡村振兴战略是新时代中国经济社会现代化发展的全新思维，对促进农村现代化与新型城镇化协调发展具有理论和现实意义。乡村盛，教育必须盛。党的十九大报告指出，推动城乡义务教育一体化发展，高度重视农村义务教育，办好学前教育、特殊教育和网络教育，普及高中阶段教育，努力让每个孩子都能享有公平而有质量的教育。百年大计，教育为本，要实现乡村振兴，必须调整乡村教育结构，全面振兴乡村教育。

中共中央办公厅、国务院办公厅在《加快推进教育现代化实施方案（2018—2022 年）》中明确提出实施乡村振兴战略教育行动，大力发展现代农业职业教育，推进服务乡村振兴战略的高等农林教育改革，加快乡村振兴急需紧缺人才培养。

第一节　乡村振兴战略的提出

一、乡村振兴战略就是要着力解决新时代的矛盾

乡村振兴战略的提出是基于党的十九大对当下我国所处时代状况的判断，即我国社会主要矛盾已经转化为人民日益增长的美好生活需要和不平衡不充分的发展之间的矛盾，这当中城乡发展的不平衡、农业农村发展的不充分问题表现得尤为突出。改革开放以来，特别是党的十八大以来，农村社会经济、农村基础设施建设、城乡统筹力度都发生了巨大的变化。但由于历史欠账较多，我国当前最大的发展不平衡仍然是城乡发展不平衡，最大的发展不充分仍然是农村发展不充分，受发展不平衡和不充分影响最大的群体仍然是农民。在中国特色社会主义新时代，解决农业农村发展不平衡不充分的短板问题更加重要，广大农民对缩小城乡差距、共享发展成果的要求也更加迫切。

1. 城乡发展不均衡

虽然我国城镇化水平逐年提高，城乡一体化发展全面推进，2011 年，我国城镇化率首次超过 50%，达到 51.27%，但是构建新型城乡关系、推进城乡融合发展中仍存在一些突出问题，表现为：城乡经济发展差距仍然较大，县域经济发展仍然不足；城乡要素配置仍然不均衡，要素在城乡之间的流动受到诸多限制；城乡公共服务发展不平衡，农村公共服务能力亟待提升；城乡二元结构弊端仍然存在，户籍和土地等制度仍需完善；等等。具体来看，一是农民进城的门槛依然较高。虽然 21 世纪以来，户籍以及城市就业、社会保障等制度改革改善了农民向城市流动的环境，也降低了农民在城市就业和居住的成本，但是促使农民家庭整体迁入城市的制度环境依然没有建立，特别是城市的住房、子女教育等成为农民在城市定居的最重要限制因素。二是城乡金融市场存在严重的藩篱，资金缺乏有效

的双向流动。特别是商业化改革以来，随着国有银行城乡金融规模的不断扩大，城乡金融机构分布更加失衡，现存农村金融机构有效供给不足，农村资金外流严重，对农业农村发展造成负面影响。

2. 农村发展不充分

近年来，我国农村发展取得了很大的成效。2019 年，中国农村居民人均可支配收入达到 16021 元，提前 1 年实现比 2010 年翻一番的目标。我国粮食和重要农产品供给稳定，粮食产能稳定提升，产量连续 7 年稳定在 1.3 万亿斤以上。脱贫攻坚战取得全面胜利，现行标准下 9899 万农村贫困人口全部脱贫，12.8 万个贫困村全部出列。① 但不容忽视的是，农村的发展依旧不充分。

第一个不充分是城乡社会福利和公共产品的供给不充分。我们的城和乡，尤其是乡村，公共产品的供给比较不充分。所谓公共产品，就是一般由国家来提供的那些东西，比如基础教育、公共卫生、医疗、养老、文化等。所以我们现在看到所谓的不平衡，比如城乡不平衡、人和人的不平衡，实际上跟公共产品供给的不充分是有很大关系的。现在农村的公共产品供给有了很大的改善，但是仍然有很多乡村地区的公共产品供给严重不足，很多地方小学条件差，医疗条件不完善，乡镇卫生院和村卫生站的设备和人员不足，卫生环境差，很多村庄的垃圾处理令人揪心。这些公共产品供给不充分，尤其是在农村供给不充分，是影响我国城乡协调发展的大问题。

第二个不充分是农村社会公平机制的建构尚不充分。每个人根据身份不同有不同的福利待遇和权利，身份不同就有不同的医疗条件、社会保障和教育水平，这些现象直接导致人和人之间的不平衡。不充分和不平衡是有因果关系的，这个不充分在农村体现得比较突出。现在倡导城乡一体化和城乡社会保障均等化，就是出于这个原因。

3. 农业现代化与农村整体发展不同步

农业现代化主要指农业生产的机械化水平提高，从而使落后的传统农

① 李晓晴．党的十八大以来，农业农村发展取得历史性成就 新时代乡村振兴战略全面推进［N］．人民日报，2022-06-28（2）．

业日益转化为先进的现代农业的过程。近年来，在城镇化和工业化的带动下，“以工促农”作用明显，多数农村的现代农业生产已成规模，基本摆脱了过去人力耕作的局面，但从农村整体发展的角度来看，农业的现代化并没有形成全面带动作用，无论是村落的整体发展水平还是农民自身的现代化，与经济社会现代化的标准相比，差距依然很大。与农村缓慢发展相对应的是近些年大量农村劳动力加速向城市转移，不仅导致农村的空心化，而且产生了一系列连锁反应——农业产业人才流失、留守群体社会救助缺失、农村整体布局被严重破坏以及乡村文化发展后继乏人等。因此，农村整体发展呈衰落态势，给农村社会治理带来了严峻挑战。

二、乡村振兴战略要实现城乡之间资源的双向流动

实施乡村振兴战略、坚持农业农村优先发展首先意味着资源将不再主要从农村流向城市，国家将推动城市和工业反哺、回馈“三农”，根本改变城乡二元体制下资源几乎是单向流向城市的状况，形成资源在城乡之间的双向流动。如果说现阶段资源从城市流向农村还是涓涓细流，那么不远的将来，则有望形成滚滚洪流。在这一战略的具体实施中，要通过不断完善现有的农村基本经营制度，深化农村土地制度改革，完善土地承包的所有权、承包权、经营权三权分置机制，明确土地承包关系，保证国家粮食安全，同时要建设一支“懂农业、爱农村、爱农民”的“三农”工作队伍。从制度设计、管理体制、队伍建设等方面提升农村对人力、资本、技术的吸引力，从而综合推进农村的现代化。①

近年来，随着我国经济的飞速发展，城镇化速度加快与农村加速衰落形成了鲜明对比。一方面，大量的人才从农村走向城市，使城市人才过度集中达到饱和状态，反观农村，收入低、基础设施差、大量人才尤其是技术型人才外流严重；另一方面，在推进新型城镇化、进一步统筹城乡发展的进程中，城市用地面积不断扩大，向周围地区辐射，占用了优质的农村

① 根据党的十九大报告整理。

耕地，同时对农村的生态环境造成了极大的破坏。乡村振兴战略是对当前我国农业农村现代化与城镇化发展相对不协调的回应，也是针对全面现代化中的“短板”进行重点提升的有效措施。与2012年党的十八大报告中所提到的新型工业化、信息化、城镇化、农业现代化“四化”同步发展战略相比，乡村振兴战略更为聚焦，精准性更加突出。在这一战略背景下，农村的现代化与新型城镇化之间的关系呈现出一些新的特征，正确把握这些特征，将有助于人们正确看待新时代农村与城市的融合发展。

三、城镇化进程遇到新问题

1. 推进城镇化的工业化动能已显不足

我国的工业化总体上已基本完成。2010年，中国超过美国成为世界第一制造大国。2017年，中国制造业规模是美国的1.7倍。世界500余种主要工业品中，中国有220余种产品产量居全球第一，是全球最重要的“世界工厂”，中国产品遍布世界230多个国家和地区。中国实现了制造业规模对发达国家的超越，形成了完整的工业体系，拥有联合国产业分类规定的39个大类、191个中类、525个小类。[①] 另一方面，中国拥有全球最丰富最复杂的产业链条。轻工、纺织、石油化工、煤炭、钢铁、汽车、船舶、交通运输、物流、批发零售、电子商务等重点产业的产业链条比较健全。

西方城镇化的历史经验表明，在工业化的进程中推动城镇化是人类的一个伟大创造，推动城镇化的前提是工业化的发展。城市的发展与产业的发展是相辅相成的，没有产业支撑的城市是没有生机、没有竞争力的，同样的，没有城市依托的产业将是无本之木。当前，一些地区出现了收缩型城市，甚至出现“空城”现象，其背后的真正原因是“产业空心化”，缺乏产业的支撑，可持续发展能力不足，没有产业支撑的城镇化、只有房子的城镇化是走不远的，聚集不了人气。李克强总理在视察江苏时明确指

① 魏际刚．健全的产业链让中国经济变得强大［N］．中国经济时报，2019-07-19（7）．

出，“城镇化要有产业作支撑，实现产城结合。进城的农民有就业能创业，生活就会安稳，城镇化就能走得更扎实”①。产城发展的结构失衡，将会破坏产业发展与城镇发展的协调关系，没有产业支撑的城镇，居民难以就业甚至无法就业，变成“空城”；没有城镇化作为基础的产业缺乏人才支撑，难以形成有效竞争力，这样将会导致城镇化与工业化的协调发展处于低水平，结构性问题突出，缺乏可持续发展能力。可以看出，城镇化没有产业的支撑是发展不起来的，推进新型城镇化，促进“新四化”的协调发展，首要任务是提升产业发展水平。产业空心化的城镇化难以持续。

2. 农民市民化积极性下降

当前，城乡分割的二元结构不仅表现在城市和农村的差距上，而且表现在农民工与市民的差距上。由户籍制度导致的身份差别，使得进城农民工在就业、医疗、子女教育、养老、住房等方面享受不到与市民同等的权利，导致进城农民工处于进退两难的境地。可以说，我国长期以来形成的城乡二元分割的户籍制度是我国推进新型城镇化的制度性障碍，是制约推进新型城镇化的重要因素。

新型城镇化的关键在于农民市民化，而农民市民化不是简单地使农民的“农业户口”转为“非农户口”。因为城镇的利益格局与农村的完全不同。当农民从“农业户口”转变为“非农户口”之后，农民就失去了对农村土地林地等的承包权、宅基地以及集体经济的收益权等权利和资源，同时还面临着生产生活方式的转变。总之，农民市民化之后的利益格局和生产生活方式都要发生根本性的变化。正因为如此，很多农民对市民化缺乏积极性，尤其是那些不愿失去土地的农民。另外，由于我国区域发展存在不平衡，不同地区的农民市民化也存在很大的差异。在大城市以及特大城市，产业相对集中，就业机会多，公共服务水平高，对农民的吸引力大，但是落户门槛高，限制严格，导致农民市民化的难度很大；然而在一些小城市和小城镇，产业集中程度低，就业机会少，公共服务不完善，相

---

① 李克强．以农业现代化支撑新型城镇化［EB/OL］．（2013-04-01）［2019-05-25］．http：//finance. people. com. cn/n/2013/0525/c364438-21613709. html.

关的教育、医疗、社保等水平相对较低，对农民的吸引力不强，虽然这些小城市和小城镇放低了落户门槛，但是乐意落户的农民却很少。

3. 农民工增量对城镇化的贡献率持续下降

单纯从城镇人口比重的提高幅度上看，城镇化速度似乎并没有减慢，但是，目前我国城镇人口的年度增量构成中，约16%为自然增长，5%是农转非人口，26%系农民工增长的贡献，53%则来自所谓的就地转移。[①]其中，就地转移是通过改变行政区划，如县改市（区）、乡改镇、村改居（委会）等手段导致城镇人口增加。在这种单纯统计口径的变化中，大批农村居民身份虽然变为市民，甚至很多还获得了城镇户口，但并不涉及就业类型和居住地的变化，并不发生劳动力的重新配置，因此不是典型的库兹涅茨过程[②]。真正符合库兹涅茨过程的城镇化因素是进城的农民工，而这个源泉已经开始式微。

多年来源源不断进入城市的农民工，其实已经不再是从农业中转移出来的剩余劳动力，而是初中和高中毕业（或辍学）的新成长劳动力，大体上对应着农村16—19岁人口群体。这个组别的人口总数长期以来一直是迅速增长的，于2014年达到增长的峰值，此后其新增数量呈现逐年减少的趋势。与此相应，自2014年以来，农村外出劳动力的增长也开始减速，农民工增量对城镇化率的贡献从2010年的31%下降到2016年的2.3%。[③]在城镇化继续遵循着有来有去模式的情况下，不久后难免会出现返乡人数大于进城人数的情况。

---

① 蔡昉．把乡村振兴与新型城镇化同步推进［J］．中国乡村发现，2018（4）：12-16.

② 美国经济学家库兹涅茨（S. S. Kuznets）提出的发展经济学中的重要概念。库兹涅茨认为随着工业化的推进，经济中心从农村转移到城市，在经济发展初期，农业部门劳动力向非农业部门转移，而非农业部门相较于农业部门往往更加富有但不平等程度更高；但随着结构转型过程中平均收入的增长，不平等程度会趋于下降。

③ 蔡昉．把乡村振兴与新型城镇化同步推进［J］．中国乡村发现，2018（4）：12-16.

第二节　乡村振兴战略与乡村教育振兴的关系

一、乡村振兴战略为乡村教育全面振兴提供了重大机遇

实施乡村振兴战略，是党对“三农”工作一系列方针政策的继承和发展，是亿万农民的殷切期盼。将乡村振兴战略写入党章，成为全党的共同意志，使乡村振兴有了根本政治保障。从2018年到2022年，是实施乡村振兴战略的第一个五年，教育部门必须抓住机遇，实现乡村教育的全面振兴。

优先发展农村教育事业。《乡村振兴战略规划（2018—2022年）》明确提出优先发展农村教育事业，并对各级各类教育提出了具体要求：“统筹规划布局农村基础教育学校，保障学生就近享有有质量的教育。科学推进义务教育公办学校标准化建设，全面改善贫困地区义务教育薄弱学校基本办学条件，加强寄宿制学校建设，提升乡村教育质量，实现县域校际资源均衡配置。发展农村学前教育，每个乡镇至少办好1所公办中心幼儿园，完善县乡村学前教育公共服务网络。继续实施特殊教育提升计划。科学稳妥推行民族地区乡村中小学双语教育，坚定不移推行国家通用语言文字教育。实施高中阶段教育普及攻坚计划，提高高中阶段教育普及水平。大力发展面向农村的职业教育，加快推进职业院校布局结构调整，加强县级职业教育中心建设，有针对性地设置专业和课程，满足乡村产业发展和振兴需要。推动优质学校辐射农村薄弱学校常态化，加强城乡教师交流轮岗。积极发展‘互联网+教育’，推进乡村学校信息化基础设施建设，优化数字教育资源公共服务体系。落实好乡村教师支持计划，继续实施农村义务教育学校教师特设岗位计划，加强乡村学校紧缺学科教师和民族地区双语教师培训，落实乡村教师生活补助政策，建好建强乡村教师队伍。”

针对乡村教育质量提升，《乡村振兴战略规划（2018—2022年）》也

提出了具体计划："合理布局农村地区义务教育学校，保留并办好必要的小规模学校，乡村小规模学校和乡镇寄宿制学校全部达到基本办学标准。实施加快中西部教育发展行动计划，逐步实现乡村义务教育公办学校的师资标准化配置和校舍、场地标准化。加大对教育薄弱地区高中阶段教育发展支持力度，努力办好乡镇普通高中。加强乡村普惠性幼儿园建设。推进师范生实训中心和乡村教师发展机构建设，加大对乡村学校校长教师的培训力度。继续实施并扩大特岗计划规模，逐步达到每年招聘10万人，落实好特岗教师待遇。加快实施'三通两平台'建设工程，继续支持农村中小学信息化基础设施建设。"

二、没有乡村教育全面振兴就没有乡村振兴

2018年的《政府工作报告》提出，推动城乡义务教育一体化发展，教育投入继续向困难地区和薄弱环节倾斜，大力实施乡村振兴战略，依靠改革创新壮大乡村发展新动能。

实施乡村振兴战略，就要优先发展乡村教育事业，乡村教育的落后面貌不改变，乡村振兴战略就无法全面落实。对乡村来说，教育既承载着传播知识、塑造文明乡风的功能，更为乡村建设提供人才支撑，在乡村振兴中具有不可替代的基础性作用。正因为此，党和政府把包括公共教育在内的基础设施建设的重点放在农村，优先发展乡村教育事业。乡村教育承担着引领和促进农村社会转型的职能，对乡村振兴战略起着关键性的作用。

1. 文化角度

乡村教育是乡村文化的命脉，乡村教育振兴能够带动乡村文化的振兴。乡村教育肩负着传承和创新文化的重任。乡村学校不论大小都是根植于历史深处，处于文化与传统的滋养之中的。综合世界发达国家乡村教育发展的实际看，小规模的学校不仅不会消亡，而且应当成为乡村学校教育和基本公共服务的独特形态。就我国而言，保留适当的村校和教学点，不仅是实现教育公平的需要，也是维系乡村精神血脉的需要。

千百年来，乡村文化作为我国社会文化体系的重要组成部分，凝聚着

乡土之美、人文之美。中华文化的根脉在乡村，我们常说的乡土、乡景、乡情、乡音、乡邻、乡德等，构成中国乡土文化，乡土文化也成为中华优秀传统文化的基本内核。乡村文化振兴是乡村振兴的灵魂，对组织振兴、生态振兴、产业振兴、人才振兴有着强有力的推动作用，引领着乡村振兴之路。乡村文化振兴促使良好的乡风乡俗在乡村复苏，有利于乡村社会文明程度不断提升，焕发乡村文明新风尚，有利于提高农民思想文化道德水平和科学文化水平，促进乡村全面发展。一方面，乡村文化可以激发广大农民的乡村文化认同感和文化创新创造活力，让农民成为乡村文化发展、振兴的参与者、建设者，创造更多让人民群众喜闻乐见的优秀文化；另一方面，文化振兴可将文化资源优势转化为产业发展优势，推动地区产业结构调整，增加农民收入，提升农民幸福感、满足感。实施乡村教育振兴，是重构中国乡土文化的重大举措，是弘扬中华优秀传统文化的重大战略，乡村振兴战略实质上是在推进融生产、生活、生态、文化等多要素于一体的系统工程。

2. 人才角度

高质量的乡村教育事关国家未来。2020 年，我国城区、镇区、乡村小学学生数总量分别为4203. 10 万人、4071. 77 万人、2450. 48 万人；普通初中的学生数总量分别为 1902. 94 万人、2373. 35 万人、637. 81 万人。[①] 在整个义务教育阶段，在镇区和乡村就学的学生总数占到60%以上，只有统筹推进镇区和乡村义务教育的高质量发展，提升乡村学生教育质量，才能全面提升全民族素质，这对于实现民族复兴具有关键意义。

高质量的乡村教育有助于吸引和留住乡村人才。大力发展乡村教育事业，提升乡村公共教育资源质量，能解决来乡和返乡人才子女教育的后顾之忧，有助于吸引和留住人才。乡村振兴，产业兴旺是重点。实施乡村振兴战略，要深化农业供给侧结构性改革。构建现代农业产业体系、生产体系、经营体系，实现农村一二三产业深度融合发展，需要大量专业人才。吸引更多返乡人员进入科技园创业、就业，高质量的乡村教育是必要条

① 数据来源于《中国教育统计年鉴 2020》。

件，许多人才就是因为对于子女教育条件不满意而不愿下乡或者离乡进城。

乡村教育振兴有利于培育各群体服务乡村振兴的专业技能。乡村振兴离不开各类技术人才，要大力培养乡村振兴所需的管理、设计规划、商业运营以及国际交流等一大批术业有专攻的涉农专业人才，为全面深入推进乡村振兴战略保驾护航。

培育乡村技能人才。目前，我国农村后备劳动力出现断层，年轻人不想务农、不爱务农、不会务农的现象较为突出，“明天谁来种田”“谁来建设乡村”等现实问题已经摆在面前。劳动者的职业知识技能是乡村社会经济改革和发展的核心推动要素，是现代农业技术创新的核心智力支撑。对于“人”的问题，既要推动城乡人才的流动，在“引”上下功夫，更要在培育乡村技能人才上下功夫。要培育新型职业农民，培养一大批乡村本土人才，使其投身乡村建设。农民是乡村振兴的实际参与者，他们的素质状况关乎乡村振兴的实现。乡村振兴将“坚持农民主体地位”作为基本原则之一，但我国农民受教育程度整体偏低是不可回避的现实问题，乡村振兴实施了新型职业农民培育工程，职业院校布局结构调整得以优化，普通高等教育在培养乡村振兴专业人才中的作用也被重视。教育会增加对乡村振兴所需各类专业人才的供给，提供乡村振兴所需的各类智力服务。

3. 产业升级角度

乡村振兴战略为乡村企业发展提供了广阔的空间。党的十九大报告提出实施乡村振兴战略，要求加快推进农业农村现代化，培育新型农业经营主体，促进农村一二三产业融合发展。我国有60多万个行政村，为产业发展带来无限商机。“产业兴旺”为质量兴农与绿色兴农提供了机遇，“质量兴农”要求发展不同于过去传统农业的新式农业，延长产业链、提升价值链、完善利益链是一个系统工程。“生态宜居”为乡村基础设施建设，如水处理、垃圾分类处理等带来机会。近年来，农村人口的非农业收入已经超过了农业收入，“农村”已经不等于“农业”。因此，必须更新理念，坚持城乡融合发展，破除体制机制弊端，在标准、制度、督导、评价等方面逐步实现一体化，使乡村教育不再只是针对农村生产生活的教育，使城乡教育融合发展，推动新型工业化、信息化、城镇化、农业现代化同步发展，形成工农互促、城乡互补、全面融合、共同繁荣的新型工农城乡关系。大力推动产学研合作在乡村落地生根。

第三节　乡村教育是我国教育事业发展的大短板

一、义务教育阶段

2000—2017 年，全国小学教育阶段学校数量由 553622 所缩减至 167009 所，缩减近七成。乡村小学数量缩减最为严重，由 2000 年的 440284 所缩减至 2017 年的 96052 所；而城区小学数量缩减较少，只减少了 0.5 万所左右；镇区小学数量减少大约 3.74 万所（见表 7-1）。城区、镇区小学减少数量占小学减少总量的比重较小，约为 11%。缩减的小学绝大部分位于乡村，从 2000 年到 2010 年，中国乡村平均每天就要消失 63 所小学、30 个教学点、3 所初中，几乎每过 1 小时，就要消失 4 所乡村学校。

表 7-1　2000—2017 年我国各行政级别小学学校数变化情况

年份	城区（所）	镇区（所）	乡村（所）
2000 年	32154	81184	440284
2005 年	20372	29050	316791
2010 年	16400	30116	210894
2015 年	26058	46086	118381
2017 年	27159	43798	96052

数据来源：《中国教育统计年鉴》。

出现这种情况的原因主要有：一是计划生育等政策因素导致义务教育

学龄儿童减少约 1/4，二是大规模人口流动，三是从 2001 年持续至 2012 年的大规模“撤点并校”。

2000—2019 年，我国城区、镇区、乡村小学学生总数由 2000 年的 13013. 25 万人缩减至 2019 年的 8841. 68 万人，下降约 32%；城区、镇区小学学生数分别由 2000 年的 1861. 65 万人、2692. 89 万人增长至 2017 年的 3462. 29 万人、3856. 05 万人，分别增长了 1600. 64 万人、1163. 16 万人；但乡村小学学生数由 2000 年的 8503. 71 万人缩减至 2017 年的 2775. 36 万人，减少了 5728. 35 万人。小学专任教师数的变化趋势跟小学学生数变化趋势相仿，城区、镇区的专任教师数分别由 2000 年的 92. 72 万人、125. 51 万人增长至 2017 年的 159. 81 万人、191. 25 万人，都呈正向增长的趋势；反观乡村小学专任教师数，从 2000 年的 367. 80 万人直接锐减到 2017 年的 177. 19 万人，减少了 190. 61 万人，缩减幅度相当大（见表 7-2）。

表 7-2　2000—2019 年我国小学学生数、专任教师数变化情况

年份	小学学生数（万人）			专任教师数（万人）		
	城区	镇区	乡村	城区	镇区	乡村
2000 年	1816. 65	2692. 89	8503. 71	92. 72	125. 51	367. 80
2005 年	1730. 38	2185. 86	6947. 83	89. 84	112. 55	356. 86
2010 年	1820. 47	2770. 02	5350. 22	94. 73	147. 92	319. 05
2015 年	3070. 88	3655. 40	2965. 90	143. 05	180. 86	190. 18
2016 年	3267. 18	3754. 10	2891. 73	149. 70	185. 02	182. 93
2017 年	3462. 29	3856. 05	2775. 36	159. 81	191. 25	177. 19
2018 年	8669. 01			496. 80		
2019 年	8841. 68			510. 67		

数据来源：《中国教育统计年鉴》及教育部官网统计数据。

2000—2017 年，我国初中学校数量整体呈减少的趋势，由 2000 年的

62704 所缩减至 2017 年的 35696 所，共减少 27008 所。其中城区初中数略微减少（约 800 所）；镇区的初中数不但没有减少，反而增加了（约 3500 所）；乡村初中数缩减最为严重，减少了约 3 万所（见表 7-3）。

表 7-3　2000—2017 年我国初中学校数变化情况

年份	城区（所）	镇区（所）	乡村（所）
2000 年	8713	14678	39313
2005 年	5946	15521	30524
2010 年	5010	15800	21311
2015 年	7635	18448	11134
2017 年	7930	18260	9506

数据来源：《中国教育统计年鉴》。

2000—2019 年，我国城区、镇区、乡村普通初中学生总数由 2000 年的 6167.65 万人缩减至 2019 年的 3300.77 万人，整体上呈下降趋势，下降约 50%；城区、镇区普通初中学生数分别由 2000 年的 1034.64 万人、1704.54 万人增加至 2017 年的 1567.14 万人、2231.51 万人，分别增长了 532.50 万人、526.97 万人；但乡村普通初中学生数由 2000 年的 3428.47 万人缩减至 2017 年的 643.41 万人，减少了 2785.06 万人，乡村普通初中学生数大幅度减少。普通初中专任教师数的变化趋势跟普通初中学生数的变化趋势相似，城区、镇区的普通初中专任教师数分别由 2000 年的 64.74 万人、91.89 万人增长至 2017 年的 122.13 万人、175.26 万人，都呈正向增长的趋势；反观乡村普通初中专任教师数，从 2000 年的 168.23 万人减少到 2017 年的 57.47 万人，减少了 110.76 万人，减少幅度较大（见表 7-4）。

表 7-4　2000—2019 年我国普通初中学生数、专任教师数变化情况

年份	普通初中学生数（万人）			专任教师数（万人）		
	城区	镇区	乡村	城区	镇区	乡村
2000 年	1034.64	1704.54	3428.47	64.74	91.89	168.23
2005 年	1035.82	2351.33	2784.66	65.81	128.00	153.37
2010 年	1059.08	2433.73	1786.52	70.60	154.59	127.15
2015 年	1441.01	2168.44	702.50	111.18	171.86	64.52
2016 年	1489.42	2172.91	667.04	116.12	171.88	60.78
2017 年	1567.14	2231.51	643.41	122.13	175.26	57.47
2018 年	3224.95			254.75		
2019 年	3300.77			258.61		

数据来源：《中国教育统计年鉴》及教育部官网统计数据。

二、高中教育阶段

2000—2019 年，我国城区、镇区、乡村普通高中学生总数由 2000 年的 1201.27 万人增加至 2019 年的 2414.31 万人，整体上呈增长趋势；城区、镇区普通高中学生数分别由 2000 年的 462.39 万人、581.07 万人增长至 2017 年的 1131.44 万人、1165.18 万人，分别增长了 669.05 万人、584.11 万人；但乡村普通高中学生数由 2000 年的 157.81 万人缩减至 2017 年 77.93 万人，减少了 79.88 万人，乡村普通高中学生数大幅减少。普通高中专任教师数的变化趋势跟普通高中学生数的变化趋势相仿，城区、镇区的普通高中专任教师数分别由 2000 年的 29.68 万人、35.60 万人增长至 2017 年的 89.07 万人、82.59 万人，均呈增长的趋势；反观乡村普通高中专任教师数，从 2000 年的 10.40 万人减少到 2017 年的 5.74 万人（见表 7-5）。

表 7-5　2000—2019 年我国普通高中学生数、专任教师数变化情况

年份	普通高中学生数（万人）			专任教师数（万人）		
	城区	镇区	乡村	城区	镇区	乡村
2000 年	462.39	581.07	157.81	29.68	35.60	10.40
2005 年	843.41	1332.00	233.68	47.49	70.03	12.43
2010 年	858.20	1406.23	162.90	56.65	84.63	10.54
2015 年	1098.78	1198.62	77.01	81.86	82.17	5.51
2016 年	1112.59	1178.39	75.67	85.61	82.21	5.52
2017 年	1131.44	1165.18	77.93	89.07	82.59	5.74
2018 年	2375.37			181.26		
2019 年	2414.31			185.92		

数据来源：《中国教育统计年鉴》及教育部官网统计数据。

三、办学条件方面

自 2005 年 12 月国务院下发《关于深化农村义务教育经费保障机制改革的通知》以来，我国农村义务教育经费保障开启了新机制阶段，这对于缩小城乡义务教育发展差距、促进东西部教育的均衡发展具有重大改革意义，而农村中小学生均公用经费作为“新机制”中的重要组成部分，充分体现了公共财政对农村义务教育的法定保障责任。从 2007 年到 2017 年，农村小学生均一般公共预算公用经费支出年年增长，提高近 4 倍；农村初中生均一般公共预算公用经费除 2014 年有所下降外，也是年年增长，提高近 3 倍。但是，由于底子薄，农村学校的办学条件依然落后。

2018 年，我国基础教育经费总投入 29251 亿元，比 2012 年增加了 74.1%。各级教育固定资产总值连年攀升（见表 7-6），城区所占份额越来越大，增幅也较乡村更为明显。

综上所述，2000—2017 年，我国城区、镇区、乡村的小学学生数、小学专任教师数总体上呈下降趋势，但城区、镇区小学学生数不断增长，乡村小学学生数大幅减少；城区、镇区小学专任教师数不断增长，乡村小学的专任教师数大幅减少。

表 7-6　2013—2019 年我国各级教育固定资产总值

年份	高中（亿元）			初中（亿元）			小学（亿元）		
	城区	镇区	乡村	城区	镇区	乡村	城区	镇区	乡村
2013 年	3069. 85	2289. 92	230. 54	1846. 41	2348. 96	928. 13	2103. 74	1956. 21	1960. 17
2014 年	3483. 03	2529. 94	264. 84	2191. 34	2680. 15	1011. 88	2409. 66	2276. 33	2214. 19
2015 年	3715. 18	2787. 34	286. 78	2380. 96	3100. 29	1123. 88	2711. 60	2641. 09	2489. 56
2016 年	4135. 10	3036. 10	330. 74	2701. 47	3457. 15	1238. 34	3059. 97	2991. 01	2788. 89
2017 年	4656. 15	3312. 23	402. 35	3124. 69	3908. 88	1338. 09	3522. 88	3443. 65	3196. 24
2018 年	5123. 13	3526. 05	456. 63	3561. 58	4306. 16	1446. 08	3984. 42	3838. 04	3425. 21
2019 年	5662. 20	3768. 47	500. 57	4024. 88	4697. 82	1552. 30	4533. 13	4168. 98	3638. 41

数据来源：《中国教育统计年鉴》及教育部官网统计数据。

2000—2017 年，我国城区、镇区、乡村的初中学生数、初中专任教师数总体上呈下降趋势，但城区、镇区普通初中学生数不断增长，乡村普通初中学生数大幅减少；城区、镇区普通初中专任教师数不断增长，乡村普通初中专任教师数却大幅减少。

2000—2017 年，我国城区、镇区、乡村的普通高中学生数、普通高中专任教师数总体呈上升趋势；城区、镇区普通高中学生数不断增长，乡村普通高中学生数不断减少；城区、镇区普通高中专任教师数不断增长，乡村普通高中专任教师数却大幅减少。

随着城市化的加快，民众生育意愿降低，近些年全国小学生数量也呈现逐渐下降的趋势。由 2001 年持续至 2012 年的大规模“撤点并校”，导致相当一部分乡村学校被撤销或合并，从 2001 年到 2012 年的十余年间，有 2. 4 万所农村学校被关闭，所以乡村小学数、初中数、高中数的减少导致学生数的减少，学生数的减少也必然带来乡村学校专任教师数的减少。加上城区、镇区的初中、高中教学环境、教育资源、福利待遇相较于乡村而言都具有一定的优势，所以，教师们更愿意到城区和镇区的学校从事教学工作，这些都是导致乡村各教育阶段专任教师数量减少、乡村空城里挤现象的原因。

第四节　调整乡村教育结构，全面振兴乡村教育

一、教育投入结构

继续把国家社会事业发展的重点放在乡村，促进公共教育、医疗卫生、社会保障等资源向乡村倾斜，逐步建立健全覆盖全民、普惠共享、城乡一体的基本公共服务体系，推进城乡基本公共服务均等化。加大公共服务和民生投入，中央对于乡村教育的投入结构，包括整体比例、投入方向等要调整。推进城乡教育一体化，促进教育资源的合理分配，确保农民工子女更好地接受教育。2018 年国家颁发了《关于进一步调整优化结构提高教育经费使用效益的意见》，明确以调整优化结构为主线，突出抓重点、补短板、强弱项，着力解决教育发展不平衡不充分问题。

乡村义务教育应是国家教育经费投入的重点。应进一步提高全国特别是西部地区义务教育巩固率，为乡村振兴奠定基础；巩固完善城乡统一、重在乡村的义务教育经费保障机制，逐步实行全国统一的义务教育公用经费基准定额；对乡村不足 100 人的小规模学校按 100 人拨付公用经费；对寄宿制学校按寄宿生年生均 200 元的标准增加公用经费补助；全面加强乡村小规模学校和乡镇寄宿制学校建设，提升乡村学校办学水平，振兴乡村教育；推动建立以城带乡、整体推进、城乡一体、均衡发展的义务教育发展机制，着力解决人民群众关心的控辍保学、随迁子女就学、家庭无法正常履行教育和监护责任的农村留守儿童入校寄宿等突出问题。

优先保障教师队伍。财政教育经费要优先保障中小学教职工工资发放，推动落实城乡统一的中小学教职工编制标准。健全中小学教师工资长

效联动机制，核定绩效工资总量时统筹考虑当地公务员工资收入水平，实现与当地公务员工资收入同步调整，确保中小学教师平均工资收入水平不低于或高于当地公务员平均工资收入水平。加强教育督导，落实保障机制，以义务教育为重点，督促各地优先落实义务教育阶段教师工资收入政策。严格按照现行政策规定落实乡村教师生活补助政策，及时足额发放艰苦边远地区津贴，加强教师周转房建设，提高乡村教师工作生活保障水平，引导优秀教师到乡村任教。

着力补齐教育发展短板。发展面向乡村的职业教育，服务乡村振兴战略。财政教育经费着力向深度贫困地区和家庭经济困难学生倾斜。加大相关转移支付力度，存量资金优先保障、增量资金更多用于支持深度贫困地区发展教育和贫困家庭子女接受教育，推动实现教育基本公共服务全覆盖。健全学生资助制度，完善资助办法，提高精准水平，实现应助尽助。

二、统筹规划乡村基础教育区域布局结构

20 世纪 90 年代，全国各地以乡村初中和高中学校为重点，集中撤并了一些规模较小的“麻雀型”学校，对乡村教育资源进行了初步整合。2001 年《国务院关于基础教育与改革发展的决定》将农村学校合理布局列为一项重要工作。自此，全国大范围的乡村教育布局调整工作开始推进，深刻改变了乡村教育的格局，对乡村教育的发展产生了巨大影响，乡村学校数量急剧减少。面对新问题，2012 年，国务院办公厅出台了《关于规范农村义务教育学校布局调整的意见》，对科学制定农村义务教育学校布局规划、严格规范学校撤并程序和行为、办好村小学和教学点等做出了规定。规范乡村义务教育学校布局调整，事关社会主义新农村建设，事关教育公平，事关广大农村学生健康成长及其家庭切身利益。从全面建成小康社会、打赢脱贫攻坚战、乡村振兴以及维护社会和谐稳定出发，2018 年，国务院办公厅颁布《关于全面加强乡村小规模学校和乡镇寄宿制学校建设的指导意见》，明确指出办好乡村小规模和乡镇寄宿制两类学校，切实解决两类学校发展滞后问题，努力办好公平优质的乡村义务教育。

1. 乡村基础教育区域布局结构，应以县域为主体科学规划

乡村教育布局调整是基础教育领域的一个大事件，它深刻改变了乡村教育生态，再塑了城乡教育结构。这一政策对于基层政府、乡村中小学校、乡村学生及家长影响巨大，在多个方面改变了基层政府、乡村中小学校、乡村学生及家长的行为选择，对乡村教育利益进行新的分配与调整。县级政府承担着基础教育发展的重大责任，是推进城乡义务教育一体化发展的重要责任者，对于本地的人口分布、地理特征、交通资源、城镇化进程和学龄人口流动及变化趋势等最为熟悉。在县域内统筹教育资源，统筹乡村小规模学校、乡镇寄宿制学校和乡村完全小学布局，制定学校布局专项规划，县级政府发挥着主体作用。上级政府应给予支持，并予以监督，确保好的规划能得到有效实施。

2. 坚决制止盲目撤并乡村学校，恢复一定数量的乡村学校

学校在振兴乡村社区中具有不可替代的作用，“空心校”的出现有些是由生源减少造成的，也有一些是由于学校办学质量差而被家长抛弃。随着经济的发展、时代的变迁，农民对子女的教育问题越来越重视，为了不让自己的孩子“输在起跑线上”，不惜背井离乡，不惜放弃在农村发展的好时机，到城里去打工租房，为的就是让孩子在城里上学，享受好的教育资源。布局规划中涉及小规模学校撤并的，要按照“科学评估、应留必留、先建后撤、积极稳妥”的原则从严掌握。学校撤并原则上只针对生源极少的小规模学校，并应有适当的过渡期，视生源情况再做必要的调整。要严格履行撤并方案制订、论证、公示等程序，并切实做好学生和家长思想工作。严格规范学校撤并程序和行为，坚决制止盲目撤并和强行撤并。《关于全面加强乡村小规模学校和乡镇寄宿制学校建设的指导意见》中还规定，原则上小学一至三年级学生不寄宿，就近走读上学，路途时间一般不超过半小时；四至六年级学生以走读为主，在住宿、生活、交通、安全等有保障的前提下可适当寄宿；对已经撤并的小规模学校，出于当地生源增加等原因确有必要恢复办学的，要按程序恢复。乡村学校布局要方便学生就近入学，坚决防止因为学校布局不合理导致学生上学困难甚至辍学。

3. 调整乡村中心校布局，发挥其推进城乡义务教育一体化发展的枢纽作用

乡村中小学布局调整以后，一些基础设施较好、教学质量较高的乡村中心校，由于投入加大、资源集中，其办学条件在当地达到一流水平，其基础设施、师资、教学仪器设备、管理水平等也朝着与城镇差距缩小的方向发展，在这样的情况下，许多乡村学龄儿童可就近接受高质量、高水平的教育。从长远来看，这对缩小区域内、城乡之间的教育差距，推进区域内、城乡间的教育均衡发展起到了积极作用。统筹规划布局乡村基础教育学校，保障学生就近享有有质量的教育资源。乡村中心校在一定行政区域内对于下属乡村学校具有管理职能，可适时调配区域内的教育资源，上接城区下接乡村，在推进城乡义务教育一体化发展中具有枢纽作用，地位特殊。但是乡村中心校的设置一般位于镇政府所在地，从地理上看，有些行政镇并非位于相对中心的位置，位置偏远，学生上学很不方便。应改革延续多年的中心校设置机制，根据实际情况增加中心校数量，建立在中心村设立中心校的机制，使中心校在空间上布局更合理，方便乡村学生就近接受较高质量的教育。

4. 大力发展乡村职业教育

通过技术教育和技能培训带动区域经济的发展，对促进乡村振兴具有不可替代的作用，也是乡村振兴的重要举措，这是时代赋予乡村职业教育的重要使命和重要担当。

（1）大力发展乡村职业教育符合国家政策趋向。

总体上看，单独“农字口”的职业院校极度匮乏，布点上“农字口”的职业院校存在专业不突出问题，本科院校中“农字口”专业布点也很少，职业院校远离乡村，导致专业设置与市场需求割裂，难以形成富有乡村地方特色的办学格局和办学特色。[①] 针对这些问题，《乡村振兴战略规划（2018—2022年）》中明确提出：大力发展面向农村的职业教育，加

① 牛丹．新农村建设背景下中等农业职业教育发展的现状及对策［J］．才智，2014（1）：14-15.

快推进职业院校布局结构调整，加强县级职业教育中心建设，有针对性地设置专业和课程，满足乡村产业发展和振兴需要。国务院发布《国家职业教育改革实施方案》，指出：加强省级统筹，建好办好一批县域职教中心，重点支持集中连片特困地区每个地（市、州、盟）原则上至少建设一所符合当地经济社会发展和技术技能人才培养需要的中等职业学校；指导各地优化中等职业学校布局结构，科学配置并做大做强职业教育资源；服务乡村振兴战略，为广大农村培养以新型职业农民为主体的农村实用人才。因此，应对接乡村经济，突出地方经济发展，充分挖掘当地的特色乡土资源，打造一批富有地方特色的职业学校，服务乡村产业、文化发展。

（2）在乡村打造一批高水平涉农实训基地。

落实《国家职业教育改革实施方案》要求，加大政策引导力度，充分调动各方面深化职业教育改革创新的积极性，带动各级政府、企业和职业院校建设一批资源共享，集实践教学、社会培训、企业真实生产和社会技术服务于一体的高水平涉农职业教育实训基地。根据《高等学校乡村振兴科技创新行动计划（2018—2022 年）》，聚焦乡村振兴战略实施中的重大需求，引领鼓励高等院校将专业化产教融合实训基地建到田间地头，带动乡村职业教育高质量发展。利用实训基地，加强对新型职业农民的培训，培育一支爱农业、懂技术、善经营的新型职业农民队伍。

（3）鼓励企业到乡村创办职业院校。

《国家职业教育改革实施方案》鼓励校企全面加强深度合作，并指出：在开展国家产教融合建设试点基础上，建立产教融合型企业认证制度，对进入目录的产教融合型企业给予“金融+财政+土地+信用”的组合式激励，并按规定落实相关税收政策。试点企业兴办职业教育的投资符合条件的，可按投资额一定比例抵免该企业当年应缴教育费附加和地方教育附加。为了乡村振兴，对于企业到乡村创办职业院校的，在以上优惠政策的基础上，可给予更加优厚的税收抵免政策，以吸引更多社会资本进入乡村职业教育领域。

5. 建设乡村社区教育中心

社区教育发端于社会转型期的全民教育需求，具有公益、开放、全纳、普惠的基本属性，是促进社会转型发展的重要力量，有助于推进形成学习型社会。乡村是中国文化和中国社会的重要组成部分。要建设学习大国，建设学习型社会，大力提高国民素质，就必须重视学习型乡村的基础地位。农民作为乡村振兴的建设者和受益者，既需要尽快提高物质富裕后的新生活能力，更需要持续提升适应新乡村的工作能力，以积极应对乡村振兴中的各种变化和挑战。将学习型乡村建设纳入乡村振兴战略，补上村民教育短板，助力乡村面貌从形态到内在、从生产到生活的持续改变，形成新乡村和新村民的良性支撑。

（1）完善乡村社区教育。

自 20 世纪 80 年代以来，乡镇成人中等职业学校发挥着一定的社区教育功能，起着农民学历补偿教育和职业培训的阵地作用。近年来，有些发达地区已经初步建立起社区学院—乡镇成校—村民学校三级网络，但覆盖面小，离“三农”发展需求远，尤其是对乡村振兴的支撑度而言，总体上发展滞后，力量薄弱，运行困难，体系不健全。社区教育在多年的发展中，已经拓展了其功能边界，实现了与党建、文体等功能的跨界融合。因此，各地方应结合当地实际，理顺管理机制，党团、民政、文化等部门共同构建多元化的乡村社区教育模式。建立针对农村青少年、职业农民、老年人和留守妇女以及积极参与乡村振兴的新村民等不同人群的精准教育服务途径和机制，促进学习型乡村建设。

（2）多种途径扩大乡村社区教育资源供给。

相对城市而言，乡村社区教育更需本土化，对资源的需求更复杂更个性化，乡村社区教育资源更显匮乏。当前最迫切的是要根据学习型乡村建设的目标任务，借鉴学习型城市建设经验，研究制定学习型乡村资源体系构架，形成基础资源、共享资源和个性化乡土特色的本土资源等类别，建立全社会资源汇聚机制和配送机制，在较短时间内改善乡村社区教育资源的品质。党团、民政、文化等部门要协作建好建强乡村社区教师队伍，探索区域人才合理流动机制，以区县为单位，统筹配置城乡师资，引导优质社区教师定向服务薄弱乡村。还要更加重视乡村在线学习平台建设和政策扶持，设立农村远程教育收视点，加快开发适合乡村特点的移动端学习，通过在线资源共享和在线教学服务提高城乡一体化水平。制定人才激励制度，吸引更多优秀人才以志愿者身份投身乡村社区教育事业，为学习型乡村建设提供人才保障。

6. 办好乡村学前教育

《乡村振兴战略规划（2018—2022年）》明确提出，优先发展农村教育事业，统筹规划布局农村基础教育学校，保障学生就近享有有质量的教育。在推进学校建设方面，提出全面改善贫困地区义务教育薄弱学校基本办学条件，加强寄宿制学校建设，提升乡村教育质量，实现县域校际资源均衡配置。积极发展农村学前教育，以每个乡镇的中心幼儿园为基本要求，完善县乡村学前教育公共服务网络。继续实施特殊教育提升计划，为乡村特殊儿童提供适合的教育。实施高中阶段教育普及攻坚计划，提高高中阶段教育普及水平。

振兴乡村教育，是贯彻落实习近平总书记“坚持以人民为中心的发展思想”的具体行动，也是教育自身发展的需要，城乡共同发展、均衡发展是教育发展的趋势和愿景。办好乡村学校能够缓解城区学校的拥挤。把乡村教育办好，是贯彻落实党的十九大精神、办好人民满意的教育的重要举措，涉及亿万农民切身利益和国家长治久安。

第八章　人口变动与教育结构调整

学龄人口变动是研制教育规划、配置教育资源的基础。从短期来看，各年龄段人口数量和结构直接影响人民群众对各级各类教育资源的需求；从长期来看，人口数量和结构的变动将影响人力资源状况。教育是人力资本开发的基本途径，必须从战略高度提前布局，为国家持续稳定发展提供人才支撑。

第一节　人口变动的相关规划和研究

引起人口规模和结构变动的因素有生育、死亡和迁移。在我国人口发展历史上，这三个因素在决定人口走势中的重要性是不同的。我国人口发展趋势已经由过去的高生育、低死亡逐步发展到低生育、低死亡状态。人口迁移和流动已经成为影响人口变动的重要因素。①

一、相关规划

1. 人口发展规划

2016 年底，国务院印发了指导此后 15 年全国人口发展的纲领性文

① 国家卫生健康委员会．中国流动人口发展报告 2018［M］．北京：中国人口出版社，2018：3.

件——《国家人口发展规划（2016—2030年）》（以下简称《人口规划》）。《人口规划》对我国未来人口发展趋势做出如下判断：我国人口发展进入关键转折期，未来人口变动的主要趋势是人口总规模增长惯性减弱，2030年前后达到峰值，劳动年龄人口波动下降，劳动力老化程度加重，老龄化程度不断加深，少儿比重呈下降趋势，人口流动仍然活跃，人口集聚进一步增强，出生人口性别比逐渐回归正常，家庭呈现多样化趋势，少数民族人口增加，地区间人口变化不平衡。

《人口规划》的总体思路是促进人口均衡发展。在生育政策方面，“坚持计划生育基本国策，鼓励按政策生育，充分发挥全面两孩政策效应”。人口发展的战略导向从过去的以控制人口数量为主，向“调控总量、优化结构和提升素质并举转变”。表8-1列出了《人口规划》各项指标的目标值。2015年总和生育率水平是1.5—1.6，2020年的发展目标是恢复到1.8，到2030年一直保持在1.8的水平；全国总人口到2030年预计达到14.5亿人；常住人口城镇化率到2030年提高至70%。

表8-1　《人口规划》预期发展目标

领域	主要指标	2015年	2020年	2030年
人口总量	全国总人口（亿人）	13.75	14.2	14.5
	总和生育率	1.5—1.6	1.8	1.8
人口结构	出生人口性别比	113.5	≤112	107
人口素质	人均预期寿命（岁）	76.3	77.3	79
	劳动年龄人口平均受教育年限（年）	10.23	10.8	11.8
人口分布	常住人口城镇化率（%）	56.1	60	70

2. 新型城镇化、乡村振兴和区域协调发展战略

城镇化的核心是人的城镇化。中共中央、国务院印发的《国家新型城镇化规划（2014—2020年）》（以下简称《新型城镇化规划》）提出，紧紧围绕全面提高城镇化质量，加快转变城镇化发展方式，以人的城镇化为核心，有序推进农业转移人口市民化，并确立了2020年常住人口城镇

化率达到60%、户籍人口城镇化率达到45%的发展目标。以人为核心的城镇化，关注点是人的福利和幸福。[①] 其中，与教育系统直接相关的就是随迁子女义务教育问题。《新型城镇化规划》明确提出，保障随迁子女平等享有受教育权利。

城镇化的布局也是人口流向的重要影响因素。《新型城镇化规划》要求，以城市群为主体形态，推动大中小城市和小城镇协调发展，并提出了“两横三纵”的城镇化战略布局，即以陆桥通道、沿长江通道为两条横轴，以沿海、京哈京广、包昆通道为三条纵轴，以轴线上城市群和节点城市为依托、其他城镇化地区为重要组成部分，大中小城市和小城镇协调发展。近年来，以城市群为主体的城镇化格局不断优化，“19+2”[②] 的城市群格局基本形成[③]。

乡村振兴要求加快农业人口市民化。2018 年，《乡村振兴战略规划（2018—2022 年）》发布。乡村振兴战略和新型城镇化战略不是对立关系，而是相互补充、相互促进的关系，是推进我国现代化建设的必由之路。[④] 在人口流动方面，《乡村振兴战略规划（2018—2022 年）》明确，要拓宽农村劳动力转移就业渠道。在户籍制度改革方面，要允许农业转移人口在就业地落户。

区域协调发展战略也涉及人口的流动和迁移。党的十六大报告就已经提出促进区域经济协调发展。党的十九大报告进一步明确，要建立更加有效的区域协调发展新机制，支持革命老区、民族地区等加快发展，推进西部大开发，加快东北等老工业基地振兴，推动中部崛起，率先实现东部地区优化发展等。要以城市群为主体构建大中小城市和小城镇协调发展的城镇格

① 任远．新型城镇化是以人为核心的城镇化［J］．国家行政学院学报，2014（3）：33-34.

② 即京津冀、长三角、珠三角、山东半岛、海峡西岸、哈长、辽中南、中原地区、长江中游、成渝地区、关中平原、北部湾、晋中、呼包鄂渝、黔中、滇中、兰州—西宁、宁夏沿黄和天山北坡 19 个城市群，还有以拉萨、喀什为中心的两个城市圈。

③ 国家统计局城市司．城镇化水平不断提升 城市发展阔步前进：新中国成立 70 周年经济社会发展成就系列报告之十七［EB/OL］．（2019-08-15）［2020-07-16］．http：//www. stats. gov. cn/tjsj/zxfb/201908/t20190815_1691416. html.

④ 蔡昉．把乡村振兴与新型城镇化同步推进［J］．中国乡村发现，2018（4）：12-16.

局，加快农业转移人口市民化。区域发展战略着眼于区域，在区域内既要推进新型城镇化，也要实施乡村振兴。

从国家关于城镇化、乡村振兴和区域协调发展等的战略部署看，我国未来城镇化水平将进一步提高；城镇化发展将依托“两横三纵”轴线上的城市群和节点城市，人口会进一步向这些地方聚集；乡村振兴的基础是农业现代化，通过激发农村内部发展活力、优化农村外部发展环境，推动人才、土地、资本等要素双向流动，实现城乡融合发展。

二、人口预测相关研究

1. 对生育水平的估计

“全面二孩”政策于 2016 年 1 月 1 日正式实施。在政策实施的首年，出生人口是 1786 万人，较 2015 年增长 131 万人。但是出生人口并没有持续增长。2017 出生人口是 1723 万人，与 2016 年基本持平。2018 年和 2019 年出生人口明显下降，分别是 1523 万人和 1465 万人。国家统计局人口和就业统计司司长张毅指出：“全面二孩”政策发挥了作用，2019 年二孩及以上比重达 59. 5%，比 2018 年提高 2. 1 个百分点；但受育龄妇女人数持续减少、生育率水平下降的影响，2019 年出生人口数仍然有所降低。①

对于未来生育水平的变化，研究人员普遍认为生育水平将持续低迷，出生人口将逐步减少。尽管近几年二孩生育率提高了，但由于一孩生育率下降和整体预期终身生育水平偏低，低生育水平的特征没有发生根本变化。②

2. 对未来人口的预测

在低生育水平的影响下，未来我国人口增速放缓，人口峰值即将来

① 张毅．城镇化率明显提高 人力资源依然丰富［N］．经济日报，2020-01-19（6）．

② 陈卫．中国的两孩政策与生育率［J］．北京大学学报（哲学社会科学版），2019（5）：57-68；王广州，王军．中国人口发展的新形势与新变化研究［J］．社会发展研究，2019（1）：1-20，242．

临。《人口规划》制定的发展目标是2030年人口达到14.5亿人。对此，各机构的研究结果略有不同。联合国预测我国2030年的人口规模为14.4亿人①；中国社会科学院人口与劳动经济研究所王广州预测我国总人口峰值将在14.2亿人以内，总人口负增长起始年份估计在2026—2027年前后②；国务院发展研究中心李建伟等预测的人口峰值来临时间更早，将于2023年前后到达，人口峰值不超过14.04亿人③。尽管不同研究预测的人口峰值大小和峰值来临时间略有不同，但未来人口规模呈倒U形发展的趋势已经确定。

3. 人口流动相关研究

改革开放前30多年，我国流动人口④一直呈快速增长势头。近年来，人口流动呈现出一些新特征。

第一，流动人口规模长期快速增长，目前已进入调整期。

1982年，我国流动人口规模为670万人，占总人口的0.66%。1982—1990年，流动人口年均增长7%；1990—2010年，人口流动继续加速，年均增长12%，到2010年，流动人口规模已达到2.21亿人，占总人口数的16.5%；2010—2015年，流动人口仍然在增长，但增速明显放缓，降至年均2%；从2015年开始，流动人口规模出现了新变化，开始缓慢下降，2015年全国流动人口为2.47亿人，比2014年下降了约600万人，2016年和2017年均比前一年减少100万人。⑤

第二，流动人口以省内流动为主，跨省流动比例先增长后下降。

人口流动主要是在省内。1990年，省内流动人口数占总流动人口数

---

① United Nations, Department of Economic and Social Affairs, Population Division. World population prospects: the 2017 revision, key findings and advance tables [R]. 2017.

② 王广州，王军．中国人口发展的新形势与新变化研究 [J]. 社会发展研究，2019 (1)：1-20，242.

③ 李建伟，周灵灵．中国人口政策与人口结构及其未来发展趋势 [J]. 经济学动态，2018 (12)：17-36.

④ 关于流动人口的界定，国家统计局的统计口径是：离开户口所在地，跨乡（镇、街道）居住半年以上的人口，主要包括农村户籍流动人口和城镇户籍流动人口。

⑤ 国家卫生健康委员会．中国流动人口发展报告2018 [M]. 北京：中国人口出版社，2018：3-4.

的 73.9%。2005 年，省内流动人口占比下降至最低点 53.9%，但依然超过跨省流动。此后，省内流动人口比例有所回升，2015 年上升到 60.6%。

相应地，跨省流动则经历了先增长后下降的发展过程。1990 年，流动人口中跨省流动的比例仅为 26.1%，2005 年，跨省流动的人口比例达到 46.1%，接近一半。此后，跨省流动的人口比例逐步下降，2015 年，跨省流动的人口比例下降至 39.4%。如表 8-2 所示。①

表 8-2 1990—2015 年省内流动和跨省流动情况

	1990 年	2000 年	2005 年	2010 年	2015 年
占比（%）					
跨省流动	26.1	36.4	46.1	42.6	39.4
省内流动	73.9	63.6	53.9	57.4	60.6
合计	100.0	100.0	100.0	100.0	100.0
规模（万人）					
跨省流动	558	3723	6796	9433	9691
省内流动	1577	6506	7939	12710	14906
合计	2135	10229	14735	22143	24597

数据来源：《中国流动人口发展报告 2018》第 9 页表 6。

第三，流动人口主要在东部，近年来有向中西部分散的趋势。

流动人口主要在东部地区。1982 年，40.7%的流动人口在东部地区，到 2005 年该比例提高至 64.6%。随着西部大开发和中部崛起战略的实施，流动人口中流向中西部地区的比例略有提升，到 2015 年，东部地区流动人口占总流动人口的比例下降至 54.8%，中部和西部地区的比例分别提高到 21.7%和 23.5%。但东部地区仍然是吸纳流动人口最多的地区。②

① 国家卫生健康委员会．中国流动人口发展报告 2018［M］．北京：中国人口出版社，2018：8-9．

② 国家卫生健康委员会．中国流动人口发展报告 2018［M］．北京：中国人口出版社，2018：9-10．

跨省流动人口的变化特征与全部流动人口相似，且更明显地往东部聚集。1990 年，跨省流动人口中，流向东部地区的占 58.5%，流向中部地区的占 22.0%，流向西部地区的占 19.6%①。到 2005 年，流向东部地区的比例提高到 84.6%，流向中、西部地区的比例合计为 15.4%。此后，跨省人口流向有向中西部转移的趋势，2015 年，流向中部地区的流动人口比例为 8.7%，流向西部地区的流动人口比例为 13.1%。②

根据卫计委流动人口调查数据，北京、上海、江苏、浙江、福建、广东 6 地一直是跨省流动的主要流入地，流入人口数占全国跨省流入人口总数的 90% 左右。近年来，这一比例有所下降，2016 年降到 87.6%，较 2011 年下降了 1.7 个百分点。从跨省流入人口占流入地常住人口的比例（即跨省流入率）看，北京、上海超过 40%，浙江、广东在 20%—35%，江苏、福建在 10%左右。安徽、江西、河南、湖北、湖南、四川 6 省一直是主要人口流出地，流出人口数占全国跨省流出人口总数的比重接近 60%。近年来，6 省人口跨省流出速度有所放缓，2016 年跨省流出率为 58.0%，较 2011 年下降 1.7 个百分点。③

第四，流动儿童规模经历了快速增长，目前稳定在较高规模上。

人口普查数据显示，1982 年，0—17 岁流动儿童为 254 万人，占全国 0—17 岁儿童总数的 0.6%，2010 年，流动儿童高达 3581 万人，占同年龄段儿童总数的比例上升到 12.8%。2015 年抽样调查结果显示，流动儿童规模为 3426 万，较 2010 年下降了 155 万人（见表 8-3），流动儿童占同年龄段儿童总数的比例为 12.7%。④

---

① 部分数据因四舍五入，存在总计与分项合计不等的情况，下同。

② 国家卫生健康委员会．中国流动人口发展报告 2018［M］．北京：中国人口出版社，2018：9-10.

③ 国家卫生和计划生育委员会流动人口司．中国流动人口发展报告：精编版：2010—2017［M］．北京：中国人口出版社，2017：121-123.

④ 国家卫生健康委员会．中国流动人口发展报告 2018［M］．北京：中国人口出版社，2018：3-4.

表 8-3　1982—2015 年各学龄段流动儿童规模

	1982 年	1990 年	2000 年	2005 年	2010 年	2015 年
幼儿阶段（0—2 岁）（万人）	26	56	287	321	386	463
学前教育阶段（3—5 岁）（万人）	45	82	377	388	512	590
小学教育阶段（6—11 岁）（万人）	104	139	709	764	929	934
初中教育阶段（12—14 岁）（万人）	46	66	332	361	464	412
义务教育后阶段（15—17 岁）（万人）	33	115	276	699	1290	1026
0—17 岁流动儿童合计（万人）	254	459	1982	2533	3581	3426

数据来源：《中国流动人口发展报告 2018》第 9 页表 5，部分数据由于四舍五入存在误差。

根据《中国教育统计年鉴》，2013 年，小学阶段随迁子女数为 1187 万人，占小学在校生总数的 12.7%，初中随迁子女 427 万人，占初中在校生总数的 9.6%。2017 年，小学和初中随迁子女数分别增长至 1405 万人和 492 万人，占在校生总数的比例分别提高至 13.9%和 11.1%（见表 8-4）。

表 8-4　义务教育阶段随迁子女情况

	在校生数（万人）				比例（%）			
	2013 年		2017 年		2013 年		2017 年	
	小学	初中	小学	初中	小学	初中	小学	初中
总数	9361	4440	10094	4442	100.0	100.0	100.0	100.0
随迁子女	1187	427	1405	492	12.7	9.6	13.9	11.1
外省迁入	579	164	662	201	6.2	3.7	6.6	4.5
本省外县迁入	607	263	743	291	6.5	5.9	7.4	6.5
进城务工人员随迁子女	931	346	1042	364	9.9	7.8	10.3	8.2
外省迁入	433	130	470	147	4.6	2.9	4.7	3.3
本省外县迁入	497	217	573	217	5.3	4.9	5.7	4.9
农村留守儿童	1440	686	1064	486	15.4	15.5	10.5	10.9

数据来源：根据《中国教育统计年鉴》数据计算，部分数据由于四舍五入，存在误差。

流动儿童的地域分布与整个流动人口群体相似，集中在东部，但近年来有往中西部分散的趋势。2015 年全国流动儿童中有 48.8%的儿童集中在东部，比 2005 年下降了 7 个百分点。京津冀、长三角和珠三角这三大城市群吸引了大量的流动人口，包括流动儿童。2005 年全国流动儿童中约 1/3 的儿童集中于这三大城市群，2015 年降为 1/4。北、上、广、深作为三大城市群的核心城市，2015 年吸纳的流动儿童数量占全国流动儿童数量的 8.5%，较 2005 年下降了 3.5 个百分点。①

随着我国新型城镇化、乡村振兴及区域发展战略的推进，农村人口向城市流动仍将持续，人口在区域间流动日益频繁。在“十四五”期间，义务教育阶段人口数量将进一步增加，这些都是未来随迁子女数量持续增长的重要因素。农村留守儿童规模将随着城镇化发展进一步减小，但是短期内的规模仍然相当庞大。

第五，流动人口的平均受教育水平显著提升。

1982 年，流动人口的平均受教育年限仅为 5.6 年（全国人口平均受教育年限为 5.5 年）；到 2015 年，流动人口的平均受教育年限提高到 10.6 年，比全国平均水平高 1.5 年。② 根据流动人口动态监测数据，2017 年大专以上文化程度的流动人口比重达到 17.0%，2010 年仅为 7.5%。③ 流动人口受教育水平的提高，最直接的影响是他们对子女接受良好教育的需求比过去更加强烈。

① 国家卫生健康委员会．中国流动人口发展报告 2018［M］．北京：中国人口出版社，2018：138.

② 段成荣，谢东虹，吕利丹．中国人口的迁移转变［J］．人口研究，2019（2）：12-20.

③ 杨舸．流动人口就业的“本地化”与分化并存现象［M］//张车伟．中国人口与劳动问题报告 No. 20：面向更高质量的就业：“十四五”时期中国就业形势分析与展望．北京：社会科学文献出版社，2019：156-175.

第二节　人口年龄结构变化及教育需求

近年来，有一些关于不同教育阶段学龄人口预测及教育资源需求分析的研究，如对学前教育①、小学教育②、义务教育③、高等教育④学龄人口及教育资源需求的预测和分析。对各教育阶段适龄人口数的预测十分重要，综合把握各教育阶段适龄人口数的变化特征，对于“十四五”教育规划具有重要参考价值。孙百才等⑤的研究是少有的综合分析各学龄段人口的研究，但是，这项研究没有论及 22 岁以后的研究生教育和继续教育。

在梳理人口变动相关规划和研究的基础上，本研究借助中国社会科学院人口与劳动经济研究所王广州研究员对我国人口预测的研究成果，结合我国各级各类在校生规模和教育政策走向，重点分析 2035 年前我国各级教育需求状况及教育应对。本节主要从年龄结构的角度分析，暂不考虑人口流动的影响。第三节重点分析城镇化进程对城乡教育需求的影响。

王广州研究员以 2010 年第六次全国人口普查数据为基础，运用队列要素模型⑥，预测了 2050 年前每年分年龄的人口数。人口预测的参数假定采用第六次全国人口普查时点参数，包含普查时点的男性与女性平均

---

① 李玲，黄宸，李汉东．“全面二孩”政策下城乡学前教育资源需求分析［J］．教育研究，2018（4）：40-50.

② 李玲，周文龙，钟秉林，等．2019—2035 年我国城乡小学教育资源需求分析［J］．中国教育学刊，2019（9）：58-64.

③ 梁文艳，杜育红，刘金娟．人口变动与义务教育发展规划：基于“单独二孩”政策实施后义务教育适龄人口规模的预测［J］．教育研究，2015（3）：25-34.

④ 王广州．中国高等教育年龄人口总量、结构及变动趋势［J］．人口与经济，2017（6）：79-89.

⑤ 孙百才，蔡翼飞，高春雷，等．2016—2030 年人口变动及城乡、区域分布对教育供给的影响研究［J］．教育经济评论，2018（3）：14-39.

⑥ 队列要素人口预测是最经典的人口预测方法，它采用系统仿真思想，构建结构功能模型，对人口年龄结构的动态变化趋势和过程进行模拟分析。关于队列要素人口预测的基本原理、基本模型和预测方法详见王广州．人口预测方法与应用［M］．北京：社会科学文献出版社，2018.

预期寿命、总和生育率和出生性别比。对于平均预期寿命，采用线性插值的方法，估算各个时点的男性与女性平均预期寿命。为了防止留存人口高估，参照《世界人口展望 2017》① 的数据对预期寿命进行限定。对于总和生育率，2010—2017 年的数据根据 2017 年人口变动抽样调查年龄结构推算；2018—2050 年的数据利用递进的方法进行估计。对于出生性别比，假定 2021—2030 年、2031—2040 年、2041—2050 年分别维持在 109、108、107 不变。预测时对总和生育率设定了两个方案，据此可以得到出生人口和总人口规模预测的上限方案与下限方案。未来实际人口数将大概率落在上限方案和下限方案之间。从过去预测经验看，短期内人口预测结果与人口普查结果比较接近，但是预测的偏差会随着预测年份与当前间隔的增加而扩大，其原因是参数估计问题造成的累积误差逐年增加。如无特别说明，下文中某年人口数的预测值是上限预测和下限预测的平均值。

根据预测结果，我国出生人口数已经开始下降。按照上限方案，2025 年出生人口将下降至 1351 万人，2035 年进一步下降至 1218 万人。按照下限方案，2025 年出生人口数预计 1184 万人，2035 年降至 984 万人。2050 年，预计出生人口将介于 850 万人至 1200 万人之间（见图 8-1）。

我国总人口规模也将迎来关键性转折。“十四五”期间总人口数还将持续上升。按照上限方案，2029 年总人口数量达到顶峰 14.19 亿人，然后开始下降。按照下限方案，人口峰值将于 2025 年出现，为 14.03 亿（见图 8-2）。

① United Nations, Department of Economic and Social Affairs, Population Division. World population prospects: the 2017 revision, key findings and advance tables [R]. 2017.

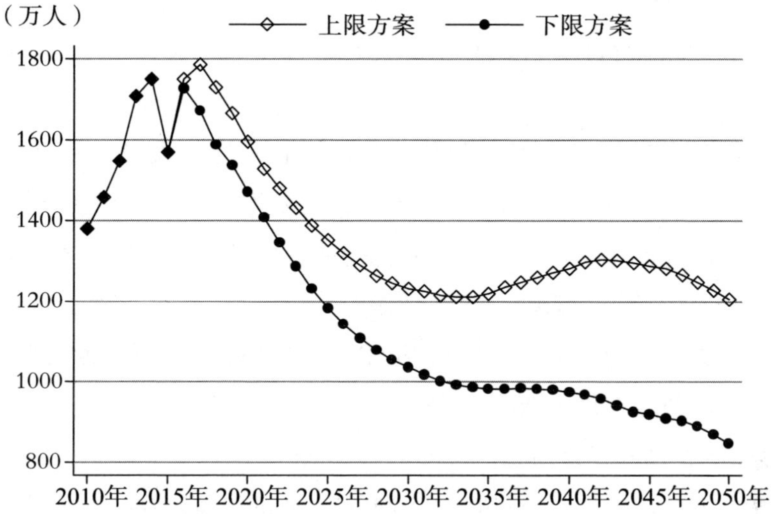

图 8-1　我国出生人口预测

数据来源：中国社会科学院人口与劳动经济研究所王广州研究员对人口预测的结果。

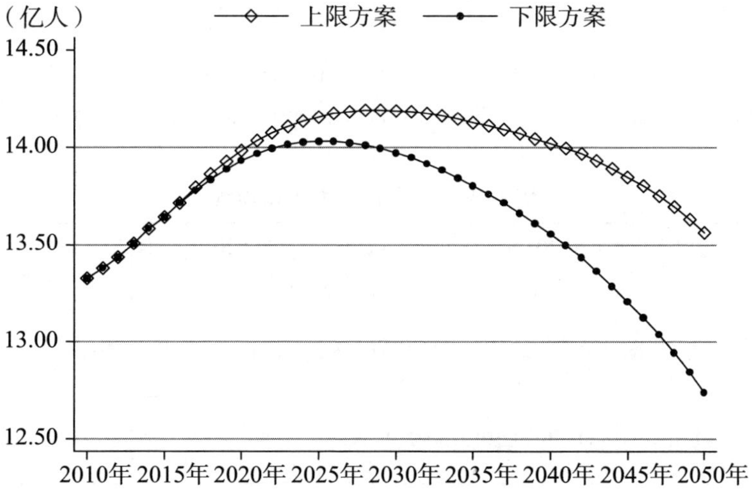

图 8-2　我国总人口数预测

数据来源：中国社会科学院人口与劳动经济研究所王广州研究员对人口预测的结果。

一、学前教育

本研究将3—5岁年龄人口作为学前教育的适龄人口。有研究将学前教育适龄幼儿年龄段界定为3—6周岁，其依据是《幼儿园工作规程》对适龄幼儿的规定①。但是，考虑到目前在园幼儿以3—5岁为主，《中国教育统计年鉴》计算学前教育毛入学率时，以3—5岁幼儿数作为学前教育适龄人口数进行测算，因此，本研究以3—5岁幼儿人口预测数据为基础，分析未来学前教育供求情况。

1. 3—5岁人口预测

学前教育适龄幼儿数量在“十四五”期间将维持在一个较高的水平，特别是“十四五”初期。“全面二孩”政策实施后，出生人口数量在政策实施头两年增幅显著，2018—2019年虽有所回落，但规模仍然比较大，相当于2015年的水平。因此，2020年前后，3—5岁人口数迎来高峰。按照预测的上限方案，2021年达到峰值5253万人，按下限方案，2019年峰值已经到来，为5032万人。2022年以后，3—5岁人口数将逐步下降，2025年，按照上限方案为4590万人，按照下限方案为4214万人（见表8-5和图8-3），分别相当于2019年3—5岁人口数的90.8%和83.7%。

表8-5　我国3—5岁人口预测

	2010年	2015年	2016年	2017年	2018年	2019年	2020年	2021年	2022年	2023年	2024年	2025年	2030年	2035年	2050年
上限方案（万人）	4520	4368	4697	4990	5012	5054	5092	5253	5170	4980	4777	4590	3952	3664	3827
下限方案（万人）	4520	4368	4697	4990	5012	5032	4955	4973	4783	4584	4405	4214	3428	3052	2732

数据来源：根据王广州的人口预测结果，课题组进行了汇总。

① 李玲，黄宸，李汉东．“全面二孩”政策下城乡学前教育资源需求分析［J］．教育研究，2018（4）：40-50.

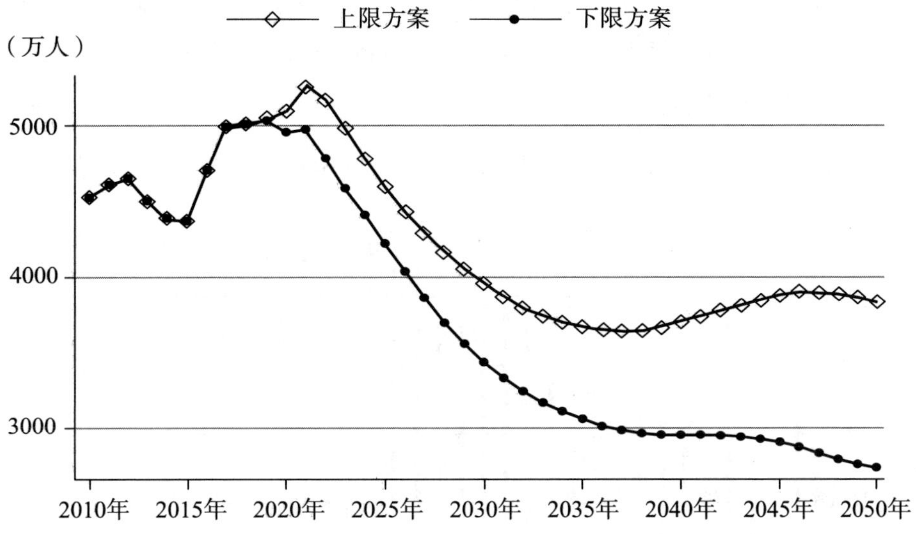

图 8-3　我国 3—5 岁人口预测

数据来源：根据王广州的人口预测结果，课题组进行了汇总。

2. 学前教育供求分析

学前教育的需求取决于适龄人口数量及国家入学政策。未来我国学前教育的发展目标是推进学前教育普及普惠发展。2018 年发布的《中共中央国务院关于学前教育深化改革规范发展的若干意见》提出，到 2020 年，全国学前三年毛入园率达到 85%，普惠性幼儿园覆盖率（公办园和普惠性民办园在园幼儿占比）达到 80%，广覆盖、保基本、有质量的学前教育公共服务体系基本建成；到 2035 年，全面普及学前三年教育，建成覆盖城乡、布局合理的学前教育公共服务体系。《中国教育现代化 2035》及《加快推进教育现代化实施方案（2018—2022 年）》重申了学前教育“普及普惠”“有质量”的发展方向。

从供给角度看，供需矛盾依然突出，特别是普惠性幼儿园供给不足。2019 年，幼儿园在园人数达到 4714 万人，学前教育毛入园率为 83.4%。其中，民办幼儿园在园幼儿数 2649 万人，占学前教育总规模的一半以上，是普及学前教育的重要力量。根据预测，“十四五”初期，3—5 岁学前教育适龄人口数仍将有所增加（见图 8-4）。在“十四五”时期要实现学前教育普及普惠发展，需要继续加大对学前教育的投入力度。而且，学前教育的普及目前也必须依靠民办教育，需要制定相应的财政政策，确保民办学前教育的普惠性。

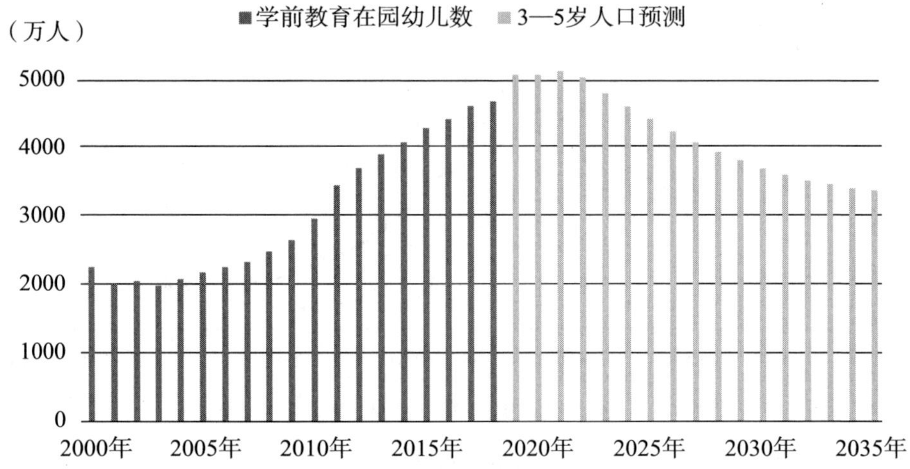

图 8-4　学前教育在园幼儿数及 3—5 岁人口预测

数据来源：2000—2018 年学前教育在园幼儿数来自历年《中国教育统计年鉴》，2019—2035 年 3—5 岁人口数据来自王广州的人口预测结果。

二、义务教育

本研究将 6—14 岁人口界定为义务教育适龄人口。《中华人民共和国义务教育法》规定义务教育入学年龄为 6 周岁，条件不具备的地区可以推迟至 7 周岁。各地实际入学年龄有所不同。根据《中国教育统计年鉴》，2018 年，一年级学生中 6 周岁的占 82.0%。可见，大部分地区已经实施 6 周岁入学的政策。下面对义务教育适龄人口数的预测和分析将年龄限定在 6—14 岁。尽管这一简单化处理与我国义务教育实际学龄人口有一定出入，但两者的总体变化趋势是一致的。

1. 6—14 岁人口预测

“十四五”期间，义务教育适龄人口数将有小幅增长。2019 年，6—14 岁义务教育适龄人口数为 13683 万人，比 2015 年增长 3.4%。到“十四五”末期，义务教育适龄人口数将增至 14488 万人至 14895 万人之间，比 2019 年增加 5. 9%—8. 9%。

“十四五”以后，义务教育适龄人口数将快速下降，按照上限方案，到 2035 年 6—14 岁人口将降至 1. 23 亿人，按下限方案，将降至 1. 08 亿人（见表 8-6 和图 8-5）。也就是说，到 2035 年，义务教育适龄人口数将是 2019 年的 79. 0%—89. 5%。

表 8-6　我国 6—14 岁人口预测

	2010 年	2015 年	2016 年	2017 年	2018 年	2019 年	2020 年	2021 年	2022 年	2023 年	2024 年	2025 年	2035 年
上限方案（万人）	13106	13234	13180	13263	13461	13683	13954	13998	14219	14442	14607	14895	12251
下限方案（万人）	13106	13234	13180	13263	13461	13683	13954	13998	14198	14306	14327	14488	10803

数据来源：根据王广州的人口预测结果，课题组进行了汇总。

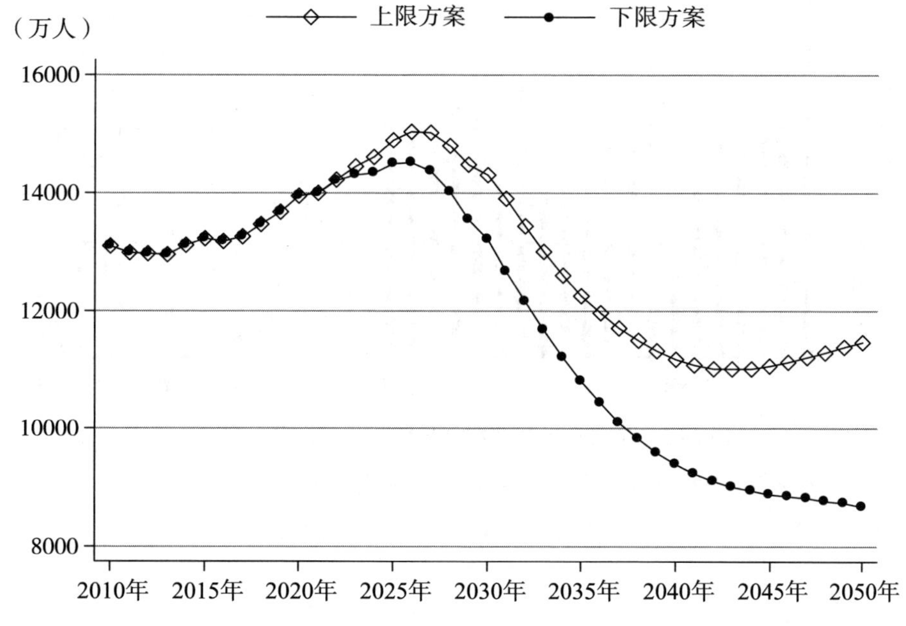

图 8-5　我国 6—14 岁人口预测

数据来源：根据王广州的人口预测结果，课题组进行了汇总。

2. 义务教育供求分析

2000 年以来，我国义务教育在校生规模大幅度缩小。2000 年，小学在校生数为 13013 万人，初中在校生数为 6256 万人。2013 年，小学在校生数降至最低点 9361 万人。初中在校生数 2015 年降至最低点 4312 万人。近些年小学和初中适龄人口数一直在增长，年均增长 2%左右。

从目前到“十四五”结束，6—14 岁义务教育适龄人口数仍将持续小幅增长，每年增长幅度不超过 2%。到 2025 年，义务教育适龄人口数将达到 14692 万人（见图 8-6）。根据教育部公布的毛入学率情况，近年来义务教育毛入学率在 104%左右，也就是说义务教育在校生数将比预测的人口数多 4%左右①。预计 2025 年义务教育阶段在校生规模将达到 1.53 亿人左右。

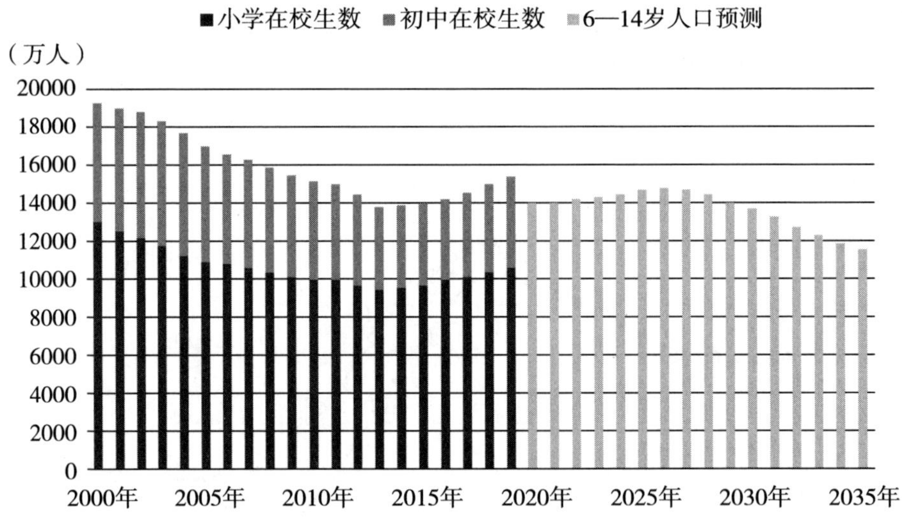

图 8-6 我国义务教育在校生数及 6—14 岁人口预测

数据来源：2000—2019 年义务教育在校生数来自历年《中国教育统计年鉴》，2020—2035 年 6—14 岁人口数据来自王广州的人口预测结果。

① 教育部对小学阶段毛入学率按照各地相应学龄计算，初中阶段毛入学率按照 12—14 周岁计算。本研究估计时取了 6—14 岁。

三、高中阶段教育适龄人口预测

1. 15—17 岁人口预测

“十四五”期间，高中阶段教育适龄（15—17 岁）人口数小幅上涨。2021 年，15—17 岁人口数预计为 4458 万人，比 2019 年增加 6.8%。2024 年达到短期内的峰值 4627 万人，比 2019 年增加 10.8%。2025 年略有下降，为 4478 万人，与 2021 年大致相当（见表 8-7）。

表 8-7　我国 15—17 岁人口预测

	2010年	2015年	2016年	2017年	2018年	2019年	2020年	2021年	2022年	2023年	2024年	2025年	2035年	2050年
上限方案（万人）	5759	4370	4254	4225	4122	4176	4281	4458	4501	4587	4627	4478	4965	3628
下限方案（万人）	5759	4370	4254	4225	4122	4176	4281	4458	4501	4587	4627	4478	4571	2952

数据来源：根据王广州的人口预测结果，课题组进行了汇总。

从“十四五”结束至 2035 年，高中阶段教育适龄人口数总体上仍呈上升趋势。2024 年后，15—17 岁人口数会短暂下跌，2028 年恢复增长趋势。按照上限方案，15—17 岁人口数在 2033 年达到最高值 5237 万人，比 2019 年多 25%，随后迅速下降，在 2035 年下降至 4965 万人。如按照下限方案，15—17 岁人口最高峰出现在 2031 年，最高值为 5016 万人，比 2019 年高 20%，此后开始下降，2035 年降至 4571 万人。2035 年，高中阶段教育适龄人口数相当于 2019 年的 109%—119%。2035—2050 年，高中阶段教育适龄人口数一直呈迅速下降的趋势（见图 8-7）。

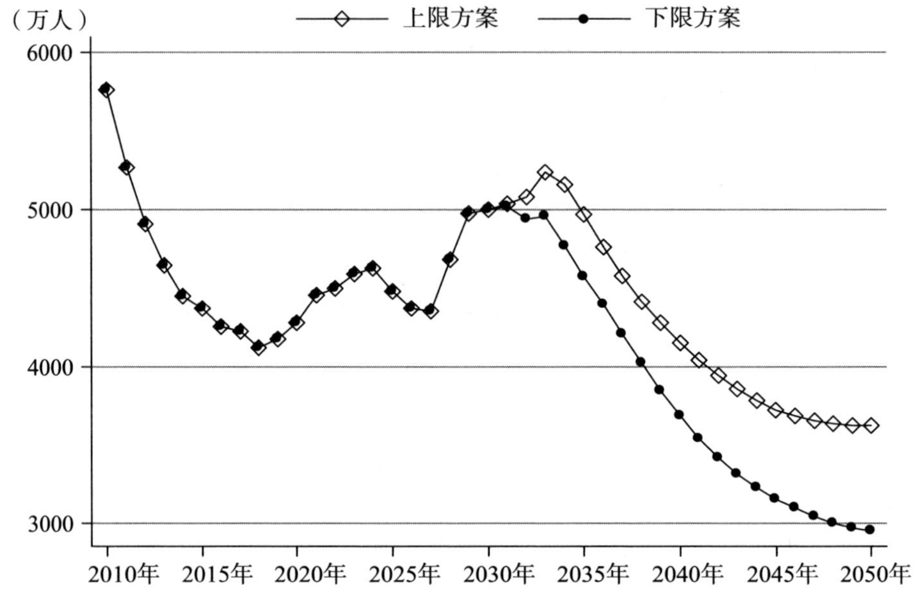

图 8-7　我国 15—17 岁人口预测

数据来源：根据王广州的人口预测结果，课题组进行了汇总。

2. 高中阶段教育供求分析

进一步提高高中阶段教育的普及水平是高中阶段教育的发展方向。《高中阶段教育普及攻坚计划（2017—2020 年）》要求，到 2020 年，全国、各省（区、市）高中阶段教育毛入学率均达到 90% 以上。目前大部分省份毛入学率已经达到 90%，只有少部分省份在 90% 以下，主要集中在西部。攻坚的重点是西部贫困地区、民族地区、边远地区和革命老区等。

《中国教育现代化 2035》提出了到 2035 年全面普及高中阶段教育的发展目标，并且中等职业教育和普通高中教育要协调发展，鼓励普通高中多样化有特色发展。为此，《加快推进教育现代化实施方案（2018—2022 年）》要求加快高中阶段教育普及攻坚，支持中西部地区加快普及高中阶段教育。

从办学能力上讲，“十四五”期间有进一步提升高中阶段教育普及水平的空间。2000 年以来，高中阶段毛入学率快速增长，从 2000 年的

42.8%提高到2019年的89.5%。这一时期，高中在校生规模并不是一直在增长。2000—2011年，高中在校生数基本呈上升趋势，从2012年起开始下降，2019年又是一个转折点，高中在校生规模较上一年增长1.5%（见图8-8）。2012年起高中在校生规模下降的主要原因是高中阶段教育适龄人口数下降明显。2018年15—17岁人口数相当于2012年15—17岁人口数的84.0%。“十四五”期间，高中阶段教育适龄人口数预计继续上涨，国家也将进一步提高高中阶段毛入学率，因此，在“十四五”期间，我们面临与过去截然相反的形势，高中阶段毛入学率要进一步提升，同时适龄人口数在增长而不是下降，提高高中阶段毛入学率的困难程度会有所提高。但是，在校生规模在2011年的最高峰时已经达到4687万人，高于“十四五”期间15—17岁人口预测值的最高值4627万人，因此，从供给角度讲，进一步提高高中阶段毛入学率是可行的。

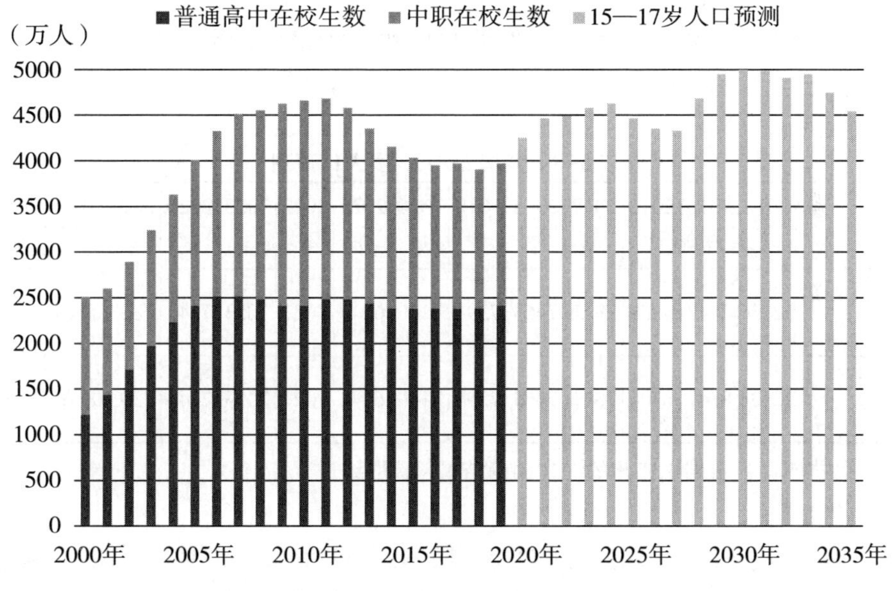

图8-8　我国高中阶段在校生数和15—17岁人口预测

数据来源：2000—2019年高中阶段在校生数来自历年《中国教育统计年鉴》，2020—2035年15—17岁人口数据来自王广州的人口预测结果。

提高高中阶段毛入学率的困难在于如何吸引初中毕业生接受并完成中等职业教育。从过去发展情况看，高中阶段教育适龄人口数减少时，普通高中在校生规模相对稳定，在 2400 万人左右；中等职业学校在校生规模有明显下降。根据 2019 年发布的《国家职业教育改革实施方案》，近期政策目标是坚持高中阶段教育普职比大体相当。也就是说，未来高中阶段教育招生的增量主要在中等职业教育。但是，中等职业教育在吸引和留住初中毕业生方面还存在一定困难。

四、高等教育

1. 18—22 岁人口预测

“十四五”期间，高等教育学龄人口数将持续上涨。2020 年 18—22 岁人口数为 7140 万人，2021 年略有下降，为 6942 万人。自 2022 年起，该年龄段人口开始缓慢上升，2025 年达到 7303 万人，比 2020 年高 2.3%（见表 8-8）。

表 8-8　我国 18—22 岁人口预测

	2010年	2015年	2016年	2017年	2018年	2019年	2020年	2021年	2022年	2023年	2024年	2025年	2035年	2050年
上限方案（万人）	12136	8847	8308	7821	7463	7297	7140	6942	7027	7053	7148	7303	8501	6149
下限方案（万人）	12136	8847	8308	7821	7463	7297	7140	6942	7027	7053	7148	7303	8365	5167

数据来源：根据王广州的人口预测结果，课题组进行了汇总。

从“十四五”结束后到 2035 年，18—22 岁人口总体上仍呈上涨趋势。2027 年升至 7599 万人，经过两年缓慢下降后，自 2030 年起重新回到上升通道。2035 年 18—22 岁人口数将落在 8501 万人至 8365 万人这个区间内，比 2019 年该年龄段人口数多 14.6%—16.5%。2035 年以后，18—22 岁人口数将持续下降，按下限预测方案，到 2050 年将下降至 5500 万人左右（见图 8-9）。

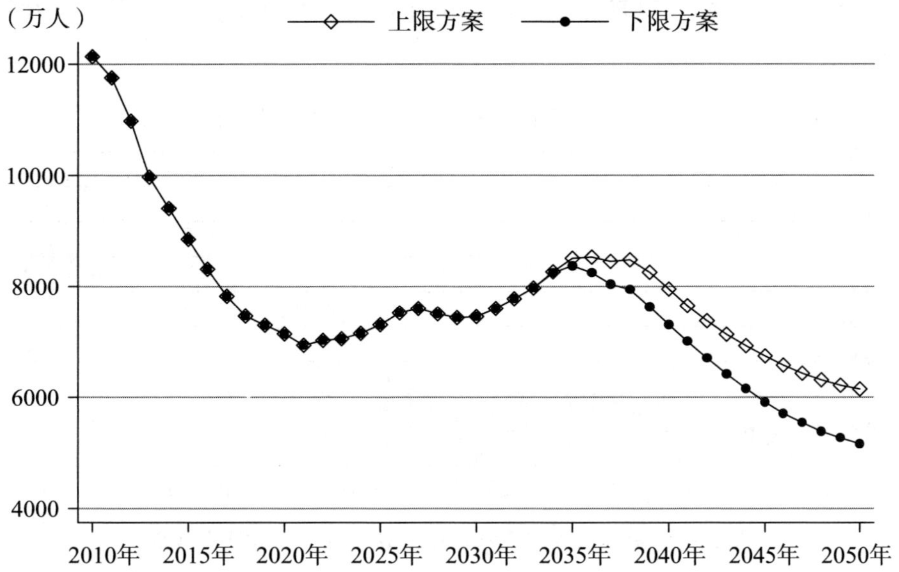

图 8-9　我国 18—22 岁人口预测

数据来源：根据王广州的人口预测结果，课题组进行了汇总。

2. 高等教育供求分析

未来高等教育的发展方向是重视提升质量，走内涵式发展道路。2018 年教育部《关于加快建设高水平本科教育全面提高人才培养能力的意见》要求，紧紧围绕全面提高人才培养能力这个核心点，加快形成高水平人才培养体系。《中国教育现代化 2035》明确高等教育发展的目标是提升高等教育的竞争力，要制定紧跟时代发展的多样化高等教育人才培养质量标准，要振兴中西部地区高等教育。

“十四五”时期高等教育适龄人口数要低于“十二五”和“十三五”时期，有利于将工作重心聚焦在质量提升上，走内涵式发展道路。2019 年高等学校普通本专科在校生数为 3032 万人，高等教育毛入学率显著提升，2019 年达到 51.6%。按照特罗的高等教育发展阶段理论，我国已经进入高等教育普及化阶段。近年来，高等教育毛入学率的快速提高，除与政府不断扩大高等教育规模有重要关系外，也与我国 18—22 岁人口数大幅度下降有关。2019 年，18—22 岁人口数为 7297 万人，比 2010 年减少了 40%。“十四五”时期这一年龄段人口数虽然会有所增加，但增幅不大

（见图 8-10）。高等教育适龄人口数增速较缓，有利于将投入用于提升教育质量。

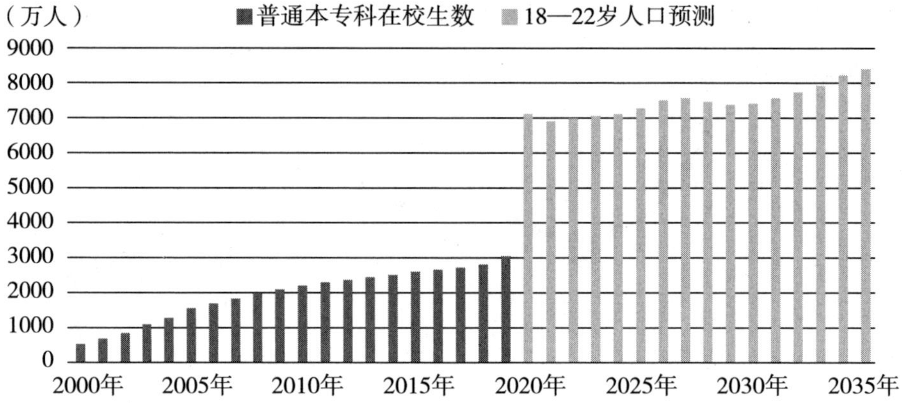

图 8-10　我国普通本专科在校生数及 18—22 岁人口预测

数据来源：2000—2019 年普通本专科在校生数来自历年《中国教育统计年鉴》，2020—2035 年 18—22 岁人口数据来自王广州的人口预测结果。

五、研究生教育和继续教育

1. 23—30 岁人口预测

23—30 岁是研究生教育的主要年龄段，也是大学以下学历者最有可能接受继续教育的年龄段。“十四五”期间，23—30 岁人口数将延续“十三五”时期的趋势，继续大幅度下降。2025 年，23—30 岁人口预计降至 1.2 亿人，比 2019 年减少 29%，相当于 2016 年峰值的 2/3。“十四五”以后，23—30 岁人口数仍将继续下降，从 2030 年开始缓慢回升，但幅度不大，预计 2035 年上升到 1.2 亿人，相当于 2025 年的水平（见图 8-11）。

受 23—30 岁人口数减少及普通高等教育发展的影响，传统成人学历教育需求可能减少。这种情况其实已经发生，过去十几年，成人高等学校的数量一直在减少。但在当前信息技术变革、全球产业链变化加快的背景下，成人对继续教育的需求会更加多元化，因此应当根据学习者需求重新调整继续教育和研究生教育供给。普通高等学校和职业院校将是更合适的承担高质量继续教育任务的机构。

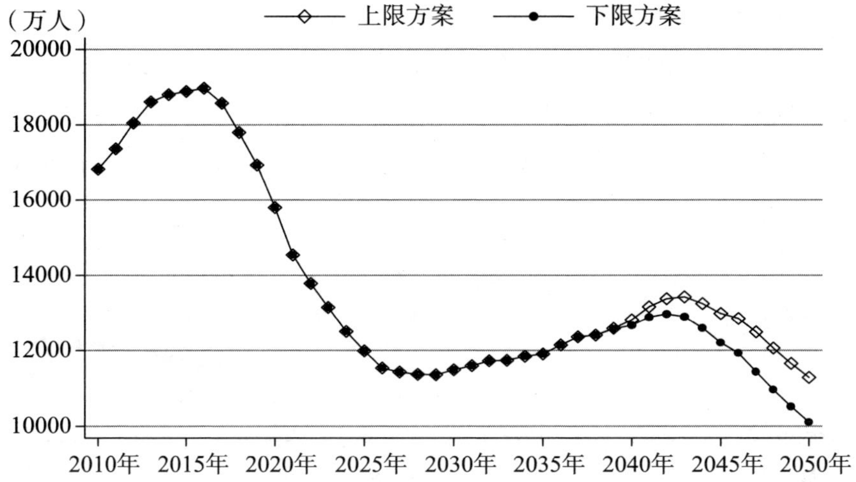

图 8-11　我国 23—30 岁人口预测

数据来源：根据王广州的人口预测结果，课题组进行了汇总。

2. 31—64 岁人口预测

我国 31—64 岁人口数在“十四五”期间将持续上升。2020 年该年龄段人口预计为 7.04 亿人，2025 年将提高至 7.30 亿人，增幅为 3.7%。“十四五”以后，从 2027 年开始，31—64 岁人口数将持续下降，2035 年降至 6.49 亿人（见图 8-12），预计到 2050 年将降至 5.7 亿人左右（见图 8-12）。

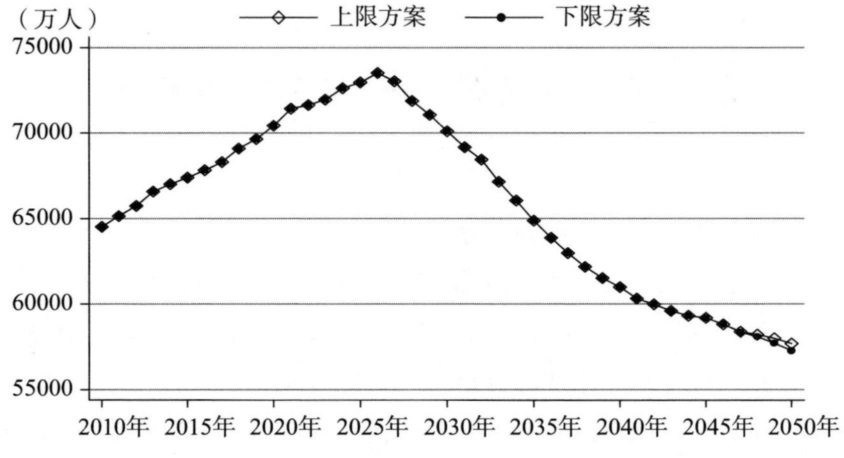

图 8-12　我国 31—64 岁人口预测

数据来源：根据王广州的人口预测结果，课题组进行了汇总。

3. 65岁以上人口预测

“十四五”期间及以后，老年人口将持续快速增长。2020年，65岁以上老龄人口数为1.82亿人，到2025年将增长至2.12亿人，增幅达16.5%。2035年，老年人口数将进一步上升至3.15亿人，相当于2020年的1.73倍（见图8-13）。

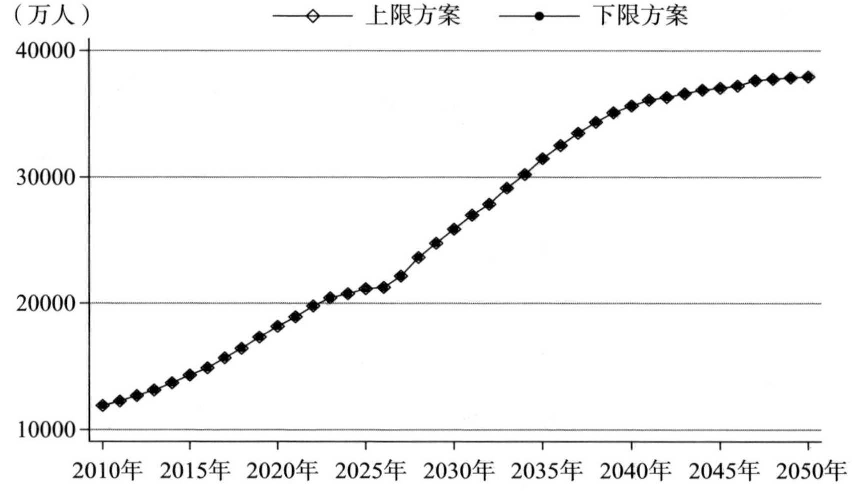

图8-13　我国65岁及以上人口预测

数据来源：根据王广州的人口预测结果，课题组进行了汇总。

第三节　城镇化对教育需求的影响

我国正处于大规模农村劳动力继续向城镇转移和城镇间劳动力流动并存的发展阶段。人口流动和迁移是实现劳动力资源合理配置的重要方式，也是个人生存和发展的一项权利。党的十九大报告指出，要破除妨碍劳动力、人才社会性流动的体制机制弊端，使人人都有通过辛勤劳动实现自身发展的机会，要以城市群为主体构建大中小城市和小城镇协调发展的城镇格局，加快农业转移人口市民化。

教育供给特别是学前教育和义务教育供给，必须与国家区域发展、城镇化、乡村振兴等战略相协调，积极应对地方人口变化。下面结合我国城镇化发展趋势，分析未来我国城乡教育需求。

一、城镇化率的预测

改革开放以来，我国工业化和城镇化进程加速。1980 年，我国城镇化率不到 20%，同时期高收入国家城镇化率已经超过了 70%，改革开放 40 余年来，我国城镇化水平以平均每年提高 1 个百分点的速度发展。根据国家统计局数据，2019 年，我国城镇人口占总人口的比重为 60.6%，与高收入国家城镇化水平的差距缩小到 20 个百分点。

根据发达国家城镇化进程的发展历史，城镇化的速度将随着城镇化发展水平的提高而降低。《人口规划》确定的常住人口城镇化率目标是到 2030 年达到 70%。根据联合国预测，到 2035 年，我国城镇化率将提高至 73.9%，2050 年进一步提高至 80%，与高收入国家的差距仅剩 8 个百分点（见图 8-14）。中国社会科学院人口与劳动经济研究所对城镇化的预测与联合国基本一致，到 2035 年城镇化率为 75%，2050 年达到 78%。

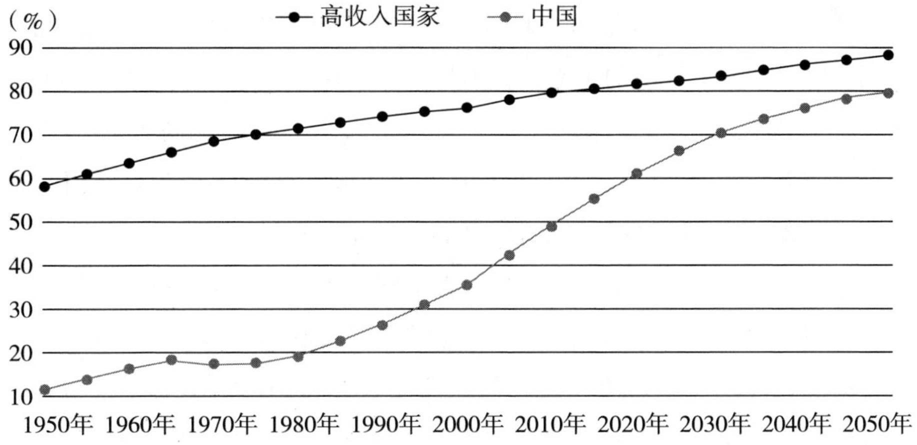

图 8-14　中国城镇化率变化情况及预测（1950—2050 年）

数据来源：United Nations, Department of Economic and Social Affairs, Population Division. World urbanization prospects: the 2018 revision, custom data acquired via website[R]. 2018.

二、城乡学前教育至高中阶段教育需求

人口数量和结构变化（特别是学龄人口变化）及城镇化进程正在对我国教育发展提出新挑战。“十四五”期间，我国3—22岁人口数量将增加400多万人。2027年起，该年龄段人口数开始下降，预计2035年降至2.81亿人左右。尽管从学龄人口总量来看，“十四五”期间教育需求增长不明显，但受城镇化进程的影响，城镇教育需求增长明显。

根据预测，城镇0—14岁人口数呈现倒U形增长趋势。从2010年至2030年，城镇0—14岁人口数呈现增长趋势，2025年将达到1.49亿人，2030年达到1.53亿人，然后将进入下降通道。农村0—14岁人口数从2010年起一直处于下降状态。2020年，农村0—14岁人口数为8217万人，2025年将下降至6300万人，比2020年减少23%；2035年进一步降至3900万人，不到2020年的50%。

1. “十四五”时期学前教育需求达到峰值，城乡学前教育供需矛盾突出

受“全面二孩”政策的短期影响，学前教育适龄幼儿数在“十四五”期间将维持在一个较高的水平，特别是在“十四五”初期。据上限预测方案，3—5岁人口在2021年达到峰值5253万人，比2019年高3.9%；据下限预测方案，3—5岁人口在2019年达到峰值，目前已经开始下降。到2025年，3—5岁人口数相当于2019年的84%—91%。

但是，由于城镇化水平的提高，大量农村转移人口子女将在城镇接受教育，因此“十四五”时期城镇学前教育学位存在着旺盛需求。城镇学前教育适龄人口数（3—5岁）的峰值预计在2022年到达，农村学前教育适龄人口数在“十四五”初期略有增加，然后开始下降（见图8-15）。

由数据推算出来的结论是：为实现学前教育普及普惠发展的目标，城乡都面临着挑战，其中城镇尤为突出。《中共中央国务院关于学前教育深化改革规范发展的若干意见》要求，到2020年，学前三年毛入园率达到

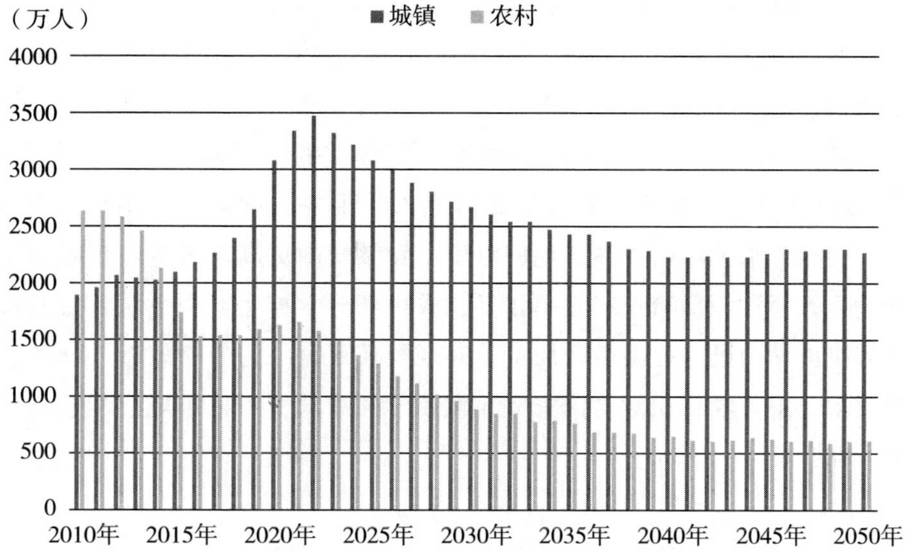

图 8-15　我国分城乡 3—5 岁人口数预测

数据来源：根据王广州的人口预测结果，课题组进行了汇总。

85%，普惠性幼儿园覆盖率达到 80%；到 2035 年，全面普及学前三年教育，建成覆盖城乡、布局合理的学前教育公共服务体系。《中国教育现代化 2035》和《加快推进教育现代化实施方案（2018—2022 年）》也重申了学前教育“普及普惠”“有质量”的发展方向。在进一步提高学前教育毛入学率的政策目标下，学前教育供需矛盾突出。“十四五”时期，城镇学前教育适龄人口数增幅超过 30%；农村虽然适龄人口数增幅不大，但由于农村学前教育毛入学率偏低，“十四五”时期面临的是进一步提高普及水平的压力。

2. 义务教育适龄人口数在“十四五”以后开始下降，但城镇义务教育适龄人口数峰值预计在 2030 年达到

“十四五”期间，义务教育适龄人口数将有小幅增长。2025 年，义务教育适龄人口数将介于 14488 万人至 14895 万人之间，比 2019 年增加 5.9%—8.9%。“十四五”之后，义务教育适龄人口数将快速下降，到 2035 年 6—14 岁人口数降至 2019 年的 79.0%—89.5%。

受城镇化进程的影响，城镇义务教育学位紧张问题将持续到 2030 年，农村学校生源持续下降。与 2019 年相比，2025 年城镇 6—14 岁人口数预计高出 23%左右，农村则低 28%左右。到 2030 年，城镇义务教育适龄人口数达到峰值，比 2019 年高 39%左右（见图 8-16）。因此，在 2030 年之前，城镇义务教育面临“入学难”的问题。近年来，流动人口受教育水平不断提高，他们对于子女教育的更高期望进一步要求增加优质教育资源供给。与城镇相反，农村部分学校生源减少，学校需权衡解决就学问题，提高教育质量，实现规模效益。为遵循就近入学的法律要求，服务农村相对贫困家庭儿童就学的需求，农村小规模学校将长期存在[①]。

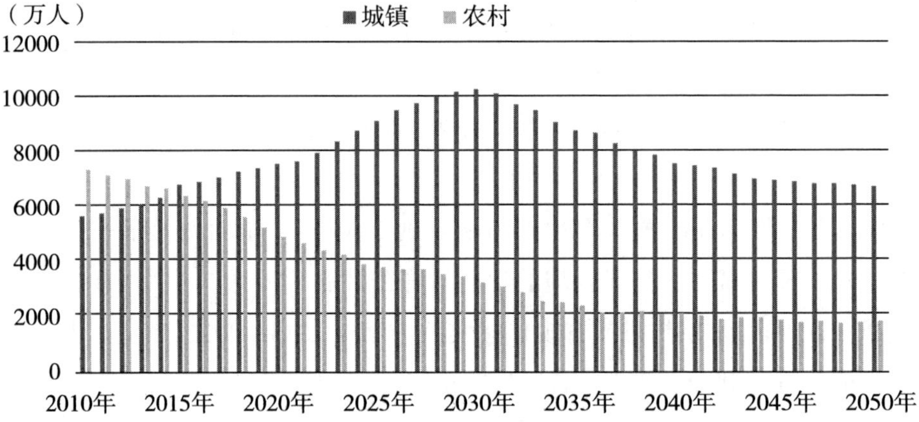

图 8-16　我国分城乡 6—14 岁人口数预测

数据来源：根据王广州的人口预测结果，课题组进行了汇总。

3. 高中阶段教育适龄人口数呈波浪式上升，增量主要在城镇

受出生人口波动影响，高中阶段教育适龄人口数峰值会比义务教育推迟几年，预计在 2033 年到达。“十四五”期间，高中阶段教育适龄人口数小幅上涨。2024 年达到“十四五”时期的峰值 4627 万人，比 2019 年高 10.8%。“十四五”以后，高中阶段教育适龄人口数总体上呈上升趋势。

① 秦玉友．农村小规模学校发展的基本判断与治理思路［J］．教育研究，2018（12）：81-86.

2024 年后经历几年的下跌，2028 年恢复增长趋势，预计在 2033 年达到最高峰。分城乡看，15—17 岁人口的增量主要在城镇，2024 年达到“十四五”时期最高峰，比 2019 年高 16%左右。城镇 15—17 岁人口的峰值大约出现在 2034 年，比 2019 年多 60%左右（见图 8-17）。

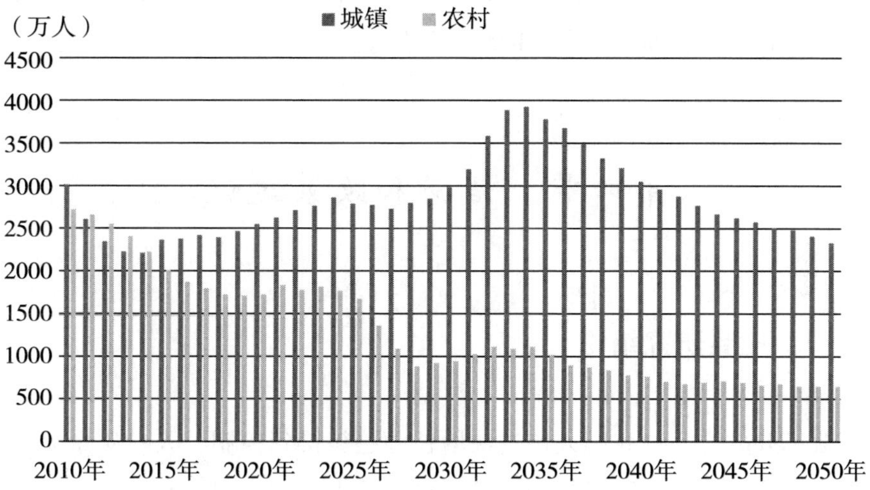

图 8-17　我国分城乡 15—17 岁人口数预测

数据来源：根据王广州的人口预测结果，课题组进行了汇总。

进一步提高高中阶段教育的普及水平，从区域来看重点在中西部地区、农村地区，从结构上看重点是中等职业教育。《中国教育现代化 2035》提出，到 2035 年全面普及高中阶段教育，在结构上，中等职业教育和普通高中教育要协调发展。《加快推进教育现代化实施方案（2018—2022 年）》要求加快高中阶段教育普及攻坚，支持中西部地区加快普及高中阶段教育。

从办学能力上讲，“十四五”期间有进一步提升高中阶段教育普及水平的空间。2011 年，高中阶段在校生规模达到最高峰 4687 万人，已经高于“十四五”时期 15—17 岁人口总量。从供给角度讲，“十四五”时期进一步提高高中阶段教育毛入学率困难不大，关键在于如何化解国家经济发展需求和个人教育需求之间的矛盾，吸引初中毕业生选择中等职业教育。2019 年，中职在校生数占高中阶段在校生数的 39.46%。要实现《国家职业教育改革实施方案》提出的高中阶段教育普职比大体相当的发展目标，未来招生的增长点在中等职业教育。但是，不少中等职业学校在吸引和留住初中毕业生方面还存在一定困难。特别是未来一个时期年轻劳动力数量下降，部分行业劳动力短缺，工资上涨幅度明显，欠发达地区的初中毕业生面临先工作而不是升学的经济激励。

第四节　结论和政策建议

一、主要研究结论

改革开放之后，我国人口过快增长的趋势得到控制，人口质量显著提升，人口流动高度活跃，为经济发展贡献了丰富的人口红利。近年来，人口发展出现趋势性转折，虽然人口总量还在增加，但增速放缓，年轻劳动力数量下降及人口流动变化将成为影响社会经济活动的重要因素。

出生人口变化将对各级各类教育需求产生重要影响。根据预测，我国已经经历了人口出生的高峰，出生人口数开始进入下降通道，2035 年出生人口数介于 984 万人至 1218 万人之间。其他各级教育适龄人口数也将先后到达峰值然后开始下降。受 2010—2017 年出生人口增长的影响，学前教育适龄人口数在 2021 年达到最高峰，义务教育适龄人口数峰值出现在 2026 年，高中阶段教育适龄人口峰值出现在 2031 或 2033 年，18—22 岁高等教育适龄人口数高峰将再往后推几年，在 2035 年前后出现。

根据国家新型城镇化规划，从目前到 2035 年，我国仍将处于城镇化快速发展阶段，农村地区、欠发达地区的人口将继续向城镇、向发达地区迁移。根据估计，2035 年城镇化率将超过 70%。受城镇化水平持续提高的影响，城镇学前教育和义务教育适龄人口数继续增加，峰值到达时间更晚，教育供需矛盾更加突出。根据预测，“十四五”期间城镇学前教育和义务教育适龄人口数量仍然处于高位。学前教育适龄人口数在 2021 年达到最高值，然后进入下降通道。义务教育适龄人口数峰值出现在 2026 年。农村地区在出生人口数下降和人口外迁的双重影响下，学前教育和义务教育适龄人口数将加速减少。农村学前教育适龄人口数在“十四五”初期略有增加，然后开始下降。农村义务教育适龄人口数已经开始下降并将持续。如何权衡好办学效率及农村留守儿童的受教育权利和教育质量，是我们面临的重大挑战。

未来，流动儿童数量仍将保持相当规模。人口流动和迁移已经成为影响我国人口发展的关键因素。由于未来区域人口流动仍然比较活跃，流动儿童规模仍然会维持在较高水平，给义务教育入学保障带来较大不确定性。从近几年流动人口变化的特点来看，东部发达地区仍然是吸纳流动人口和流动儿童的主力，但流动人口有向中西部地区分散的趋势。

二、政策建议

1. 继续增加城镇学前教育和义务教育学位供给

从适龄人口总量上讲，学前教育和义务教育适龄人口在“十四五”期间增幅不大，但由于农村人口进一步向城镇流动，城镇学前教育和义务教育“入园难”“入学难”现象还将持续一段时间。受人口流动影响，不同区域学位紧张程度不同。目前，东部地区依然是最主要的人口流入地，但在国家新型城镇化战略、区域协调发展战略的引导下，流动人口有向中西部地区分散的趋势。因此，各地要加强人口流向预判工作，妥善解决城镇学前教育和义务教育学位供给问题。要特别关注东部经济发达地区城市及在国家发展战略支持下的中西部地区大城市的就学压力问题。农村学前教育和义务教育适龄人口数逐步下降，农村学前教育的普及应当首先考虑利用农村中小学闲置校舍举办公办园。

2. 提前谋划城镇高中阶段教育布局结构

未来城镇面临高中阶段教育适龄人口数持续增长的局面。全面普及高中阶段教育亟须重视城镇普通高中的发展布局（特别是在人口大镇、人口增速快的特色小镇和经济开发区等）和提高中等职业学校的办学吸引力。《中国教育现代化 2035》要求高中阶段教育兼顾普职协调发展，中等职业教育是国家现代产业发展的急需，但对初中毕业生的吸引力不足。受近年来劳动力数量持续下降、普通劳动力工资水平提高的影响，年轻劳动力更容易放弃高中阶段教育，特别是在经济欠发达地区，这会影响经济的高质量发展。为此，还是要大力支持中等职业教育发展，通过改善办学条件、改革办学模式、提升办学质量，扎实办好职业教育，让职业教育真正起到富民的作用。

3. 抓住契机调整高等教育体系结构

未来年轻人口数量的变化，将有利于把高等教育的工作重心聚焦到提高内涵质量上来。从目前到 2035 年，18—22 岁高等教育适龄人口数将小幅增长，23—30 岁人口数在“十四五”期间快速下降，到 2030 年止跌回升。可见，本专科和研究生教育从人口数量需求上看没有大规模扩招的压力，这将有利于高等教育的内涵式发展，以及根据经济社会需求和人民群众接受优质教育的需要而主动谋划。重点是按科技革命和产业变革需求调整学科专业结构，按创新型国家建设和百姓升学需求积极发展研究生教育并优化结构，推动高等学校重视提高人才培养质量和实现特色发展。

4. 不断加大继续教育和技术培训力度

受出生人口减少、人均预期寿命增加的影响，我国人口老龄化程度不断加剧。支撑这样的人口结构，必须进一步提高劳动生产率。也就是说，经济增长方式要逐步向资本和技术密集型方向发展，依靠创新和质量提升提高劳动生产率。在这个过程中，大量劳动者将面临技术变革、岗位变化带来的新挑战，特别是那些受教育程度较低的劳动者。这就需要充分利用高等学校和职业院校建立灵活开放的培训体系，增加在职职工接受继续教育的刚性要求。高等学校和职业院校需要进行教学管理体系和教学模式改革，承担起高质量继续教育和培训的重任，成为建设学习型社会的主力军。

5. 全力确保“十四五”期间教育经费增长落实到位

“十四五”期间，3—22 岁人口数小幅上涨。根据《加快推进教育现代化实施方案（2018—2022 年）》，学前教育和高中阶段教育的毛入学率要进一步提升，且各级各类教育都面临进一步提升质量的要求。因此，面对教育全面普及化阶段的到来，内涵式发展的要求更为迫切，这是久久为功的事业，经费保障是基础，经费增长要落实到位。

第九章　普通教育与职业教育结构关系

在教育史上，普通教育与职业教育既是两种不同的教育概念，又是两种不同的学校制度。普通教育与职业教育在价值上存在本质区别，在内容和实现方式上也有显著不同，同时二者在实现过程和作用上又存在密不可分的联系。今天，普通教育职业化和职业教育普通化成为教育发展的一个重要趋势。正确认识普通教育和职业教育的关系，要求我们辩证地看待普通教育与职业教育，尊重教育分工的科学规律，这也有助于我们建立现代职业教育体系。

第一节　普通教育与职业教育的人才培养类型、规模、层次结构及比例关系

高中阶段教育能否实现多样化发展，合理的普通高中教育与中等职业教育规模结构比例是关键，因此，应通过测算东中西部地区普通高中教育与中等职业教育学校数、在校生数和招生数的占比情况来探究普通高中教育与中等职业教育之间规模结构的合理性。

其一，在学校数方面，东中西部地区表现出相对一致的变化趋势，中等职业学校数占比都呈现逐年下降的趋势，相反，普通高中学校数占比呈逐年上升的趋势。两者截然相反的变化趋势，在一定程度上说明了我国中等职业教育和普通高中教育的规模结构有了很大的变化，更多的学生选择接受普通

高中教育而不是中等职业教育。具体而言，中部地区普通高中学校数和中等职业学校数占比相对均衡，东部地区和西部地区中等职业学校数与普通高中学校数占比差距随着时间的推移而加大（见表 9-1），当然，据此并不能简单地认为中等职业教育与普通高中教育发展不均衡，能否满足社会经济发展的需求是判断两者规模结构是否合理的重要依据。

表 9-1 不同地区普通高中学校数与中等职业学校数占比情况

年份	东部地区				中部地区				西部地区			
	中等职业学校数（所）	占比（%）	普通高中学校数（所）	占比（%）	中等职业学校数（所）	占比（%）	普通高中学校数（所）	占比（%）	中等职业学校数（所）	占比（%）	普通高中学校数（所）	占比（%）
2003 年	4625	42.90	6156	57.10	3812	43.47	4958	56.53	3275	41.25	4665	58.75
2004 年	4559	42.45	6181	57.55	3758	42.31	5124	57.69	3253	40.46	4787	59.54
2005 年	4404	41.76	6142	58.24	4144	44.46	5177	55.54	3265	40.31	4834	59.69
2006 年	4313	42.05	5943	57.95	4416	46.84	5012	53.16	3108	39.67	4726	60.33
2007 年	4185	42.22	5728	57.78	4416	47.36	4909	52.64	3143	40.75	4569	59.25
2008 年	3947	41.60	5541	58.40	4311	48.08	4655	51.92	3066	41.01	4411	58.99
2009 年	3765	41.44	5320	58.56	4155	48.27	4452	51.73	2944	40.72	4286	59.28
2010 年	3510	40.34	5191	59.66	3820	46.92	4321	53.08	2839	40.47	4176	59.53
2011 年	3335	39.52	5104	60.48	3668	46.31	4253	53.69	2759	39.92	4152	60.08
2012 年	3188	38.65	5061	61.35	3532	45.82	4176	54.18	2660	39.26	4115	60.74
2013 年	3038	37.59	5045	62.41	3446	45.38	4148	54.62	2576	38.82	4060	61.18
2014 年	2935	36.61	5081	63.39	3238	43.98	4124	56.02	2484	38.10	4035	61.90
2015 年	2839	35.53	5151	64.47	3129	42.93	4160	57.07	2399	37.07	4072	62.93
2016 年	2755	34.58	5213	65.42	3081	42.26	4210	57.74	2345	36.21	4132	63.79

数据来源：根据 2001—2018 年《中国统计年鉴》和 2001—2017 年《中国教育统计年鉴》中的相关数据计算。

其二，关于在校生数，东中西部地区表现出相对趋同的变化趋势，依据图 9-1 所示，与两类学校数占比的变化略有不同，中等职业学校和普通高中学校在校生数虽然呈现完全相反的变化趋势，但其变化趋势并非直线式地上升或下降，而是近似U形或倒U形，普通高中学校在校生数占比呈先下降后上升的趋势，即类似U形的变化趋势，相反，中等职业学校在校生数占比呈先上升后下降的趋势，即近似倒U形的变化趋势，另外，普通高中学校在校生数占比占据绝对优势（见图9-1、表9-2）。

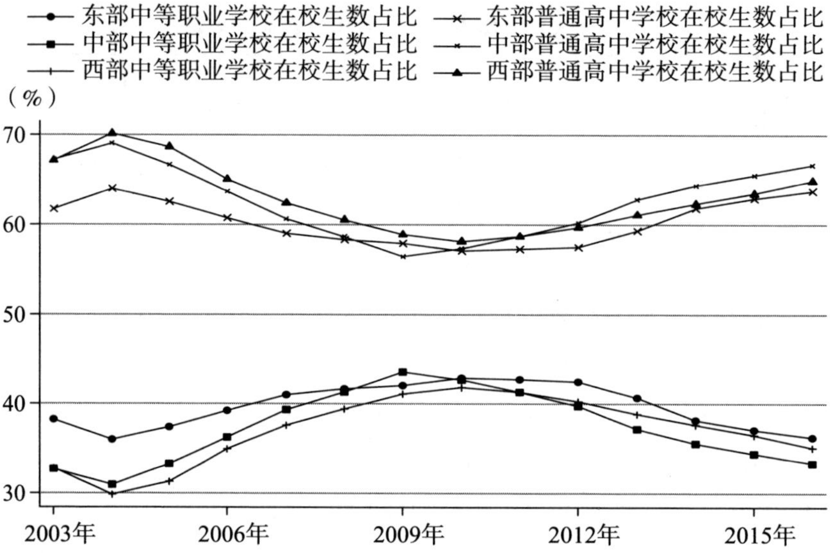

图9-1　不同地区普通高中学校与中等职业学校在校生数占比变化情况

其三，在招生数方面，不同地区无论是绝对比例还是变化趋势，普通高中教育与中等职业教育都表现出与在校生数占比相对一致的特征（见表9-3）。

综上所述，一方面，我国中等职业教育与普通高中教育在学校数、在校生数和招生数方面总体上呈现出完全相反的变化趋势；另一方面，中等职业教育和普通高中教育在学校数、在校生数和招生数的占比上存在着明显的比例不协调，普通高中教育在各项指标中都占据着绝对的比例优势，而中等职业教育则相反。

表 9-2　不同地区普通高中学校与中等职业学校在校生数占比情况

年份	东部地区				中部地区				西部地区			
	中等职业学校在校生数（人）	占比（%）	普通高中学校在校生数（人）	占比（%）	中等职业学校在校生数（人）	占比（%）	普通高中学校在校生数（人）	占比（%）	中等职业学校在校生数（人）	占比（%）	普通高中学校在校生数（人）	占比（%）
2003 年	4954680	38. 26	7996565	61. 74	3244528	32. 73	6667952	67. 27	2436633	32. 84	4983744	67. 16
2004 年	5396822	35. 98	9602290	64. 02	3719621	30. 94	8301750	69. 06	2631024	29. 84	6186861	70. 16
2005 年	5895811	37. 43	9857739	62. 57	4368085	33. 31	8745486	66. 69	2983525	31. 32	6541742	68. 68
2006 年	6275197	39. 24	9717394	60. 76	5039512	36. 28	8850593	63. 72	3576010	34. 95	6656021	65. 05
2007 年	6557772	41. 01	9433741	58. 99	5603289	39. 36	8632231	60. 64	4037529	37. 61	6696870	62. 39
2008 年	6606894	41. 67	9247515	58. 33	5863696	41. 33	8323555	58. 67	4411831	39. 45	6771713	60. 55
2009 年	6723605	42. 06	9261214	57. 94	6254689	43. 56	8104347	56. 44	4820179	41. 10	6907790	58. 90
2010 年	7005058	42. 91	9319802	57. 09	6023024	42. 67	8092702	57. 33	5136365	41. 85	7135723	58. 15
2011 年	6903120	42. 71	9260518	57. 29	5700436	41. 30	8101184	58. 70	5145512	41. 31	7310010	58. 69
2012 年	6637378	42. 48	8988527	57. 52	5247956	39. 78	7944377	60. 22	5013486	40. 30	7425913	59. 70
2013 年	5995824	40. 68	8744758	59. 32	4609928	37. 18	7787768	62. 82	4758090	38. 90	7472197	61. 10

续表

年份	东部地区				中部地区				西部地区			
	中等职业学校在校生数（人）	占比（%）	普通高中学校在校生数（人）	占比（%）	中等职业学校在校生数（人）	占比（%）	普通高中学校在校生数（人）	占比（%）	中等职业学校在校生数（人）	占比（%）	普通高中学校在校生数（人）	占比（%）
2014年	5300479	38.18	8580979	61.82	4265570	35.61	7712325	64.39	4503237	37.67	7450688	62.33
2015年	4998800	37.08	8483743	62.92	4052829	34.46	7707731	65.54	4300785	36.52	7474991	63.48
2016年	4820202	36.24	8479927	63.76	3879323	33.32	7762512	66.68	4059079	35.11	7503045	64.89

数据来源：根据2001—2018年《中国统计年鉴》和2001—2017年《中国教育统计年鉴》中的相关数据计算。

表 9-3　不同地区普通高中学校与中等职业学校招生数占比情况

年份	东部地区				中部地区				西部地区			
	中等职业学校招生数（人）	占比（%）	普通高中学校招生数（人）	占比（%）	中等职业学校招生数（人）	占比（%）	普通高中学校招生数（人）	占比（%）	中等职业学校招生数（人）	占比（%）	普通高中学校招生数（人）	占比（%）
2003 年	1929403	38. 77	3047627	61. 23	1356543	34. 89	2531047	65. 11	955220	32. 96	1942590	67. 04
2004 年	2002716	36. 99	3411386	63. 01	1523549	33. 23	3061109	66. 77	1038780	31. 07	2304822	68. 93
2005 年	2225054	39. 85	3359082	60. 15	1876044	38. 32	3019459	61. 68	1271824	35. 28	2333539	64. 72
2006 年	2372156	42. 91	3155586	57. 09	2156124	42. 37	2932101	57. 63	1602327	40. 91	2313957	59. 09
2007 年	2400080	43. 40	3130518	56. 60	2295812	44. 45	2869592	55. 55	1818862	43. 42	2369953	56. 58
2008 年	2377866	43. 05	3145921	56. 95	2242719	44. 96	2745647	55. 04	1882154	43. 83	2411816	56. 17
2009 年	2570362	44. 80	3166647	55. 20	2496795	47. 80	2726522	52. 20	2050613	45. 37	2469190	54. 63
2010 年	2720780	46. 27	3159681	53. 73	2240775	44. 52	2792190	55. 48	2152402	45. 71	2555928	54. 29
2011 年	2486357	44. 68	3077901	55. 32	2056326	42. 64	2766401	57. 36	1956943	42. 93	2601769	57. 07
2012 年	2240052	43. 06	2962538	56. 94	1875574	41. 20	2676264	58. 80	1855159	41. 75	2588159	58. 25
2013 年	1968301	40. 88	2846999	59. 12	1605350	38. 52	2562104	61. 48	1838973	41. 83	2556857	58. 17

续表

年份	东部地区				中部地区				西部地区			
	中等职业学校招生数（人）	占比（%）	普通高中学校招生数（人）	占比（%）	中等职业学校招生数（人）	占比（%）	普通高中学校招生数（人）	占比（%）	中等职业学校招生数（人）	占比（%）	普通高中学校招生数（人）	占比（%）
2014 年	1739016	37. 88	2851904	62. 12	1484359	36. 46	2586998	63. 54	1699410	40. 21	2527164	59. 79
2015 年	1747353	37. 94	2858090	62. 06	1453100	35. 63	2625689	64. 37	1597721	38. 56	2545427	61. 44
2016 年	1713119	37. 68	2833558	62. 32	1428886	35. 25	2624265	64. 75	1519423	37. 40	2542725	62. 60

数据来源：根据 2001—2018 年《中国统计年鉴》和 2001—2017 年《中国教育统计年鉴》中的相关数据计算。

随着经济发展水平的提高、经济结构的优化调整、产业结构的转型升级，为适应经济社会对技术型人才的需求，推动高等职业教育规模的扩大和发展有着不言而喻的重要性。本研究测算了不同时间序列下我国高等职业教育在校生数的极差、极差率和变异系数（见表9-4）。

高等职业教育在校生数极大值与极小值相差21—73万①。具体而言，首先，根据图9-2，2003年以来，在校生规模最大的省份是江苏和广东，在校生规模最小的省份是青海和西藏。其次，2005年（2003—2004年西藏数据缺失，不纳入比较）以来，我国高等职业教育在校生数的极差率呈现先下降后上升的趋势，我们认为经济发达地区在发展高等职业教育上有着生源和财力上的优势，因此，就拉大了与经济发展相对落后地区的距离。最后，为了解不同时间序列下我国高等职业教育在校生规模的均衡性，选取变异系数为测量指标来反映其离散程度，依据测度的数据可知，截至2016年，我国高等职业教育在校生数的变异系数都高于0.70并且保持相对稳定的离散水平，这同样说明各省份高等职业教育在校生规模集中程度很低，表现出高度的离散水平，进而能够反映我国高等职业学校发展水平也存在很不均衡的问题。

---

① 由于2003—2004年西藏高等职业教育在校生规模数据缺失，因此，将青海省（在校生数仅低于西藏）视为在校生规模最小的省份。

表 9-4　各省份高等职业教育在校生数及变化情况

单位：人

省份	2003 年	2004 年	2005 年	2006 年	2007 年	2008 年	2009 年	2010 年	2011 年	2012 年	2013 年	2014 年	2015 年	2016 年
北京	25413	53481	69876	77089	78111	79060	77621	74098	71243	71707	67479	63501	59442	54310
天津	64045	105221	113475	118651	120887	128015	133988	136178	143192	147212	156650	159168	149150	147692
河北	104341	177837	217567	248685	283458	304926	315593	314553	307348	306905	295065	304672	318578	345526
山西	35356	79791	93019	114157	141763	157110	168267	177412	191088	188919	191052	194729	193532	190659
内蒙古	21475	54991	69550	90395	111991	128705	134861	137404	127396	128398	132607	142745	151454	156712
辽宁	56735	79417	97197	117400	133184	143455	155975	159512	171977	192873	203401	214035	214428	206545
吉林	14354	20840	27712	36214	48568	62599	66351	68802	70848	76599	82154	86806	91927	92714
黑龙江	45207	104821	124673	142700	163802	182603	181796	166853	154106	152316	154893	163749	166094	163568
上海	71067	86911	90673	97373	102400	104391	102183	98450	93754	93571	99219	103500	106091	104700
江苏	214382	356377	439742	558865	617422	666984	635784	631924	636750	637236	636162	635491	629281	633271
浙江	133606	178578	211156	250540	272024	290179	292628	301167	310424	324070	333150	340270	345623	348112
安徽	86780	167374	218172	257527	294405	328590	356404	361628	363184	366260	376304	410198	414679	412966
福建	36916	87365	114414	148762	167688	188998	198251	195890	198526	205817	210289	208832	210382	210882
江西	57630	161678	226519	236096	225519	243881	248370	234604	225724	220885	236364	284567	319202	331678
山东	131790	291563	386693	459378	496160	535697	553375	512153	489659	496614	543132	613796	675987	687088
河南	89648	190153	255843	288428	336139	382343	419535	416889	417251	408325	412345	447954	500883	578189

续表

省份	2003 年	2004 年	2005 年	2006 年	2007 年	2008 年	2009 年	2010 年	2011 年	2012 年	2013 年	2014 年	2015 年	2016 年
湖北	164317	257029	296125	322104	322681	361703	373249	385156	396877	403177	416074	424332	427319	425507
湖南	138626	228073	276962	322061	362919	395611	392350	391887	383687	386804	389586	421984	457441	494546
广东	141355	255907	322829	384088	433444	477406	517663	553297	604557	658730	677036	700501	711901	738779
广西	36727	90192	116600	142797	169650	185750	199345	195784	202928	195450	211766	231221	257448	284340
海南	9327	23477	34671	42243	35069	41669	44001	45236	48556	47487	53851	55415	57040	55665
重庆	21991	50865	65634	79766	93517	106384	126426	148003	174122	190077	200946	216145	233335	244737
四川	42063	126544	172729	210151	247683	255362	267329	279282	325124	348391	366717	401729	436131	461703
贵州	18995	30489	37779	45470	56082	69855	79458	88097	103743	114979	139012	162482	203903	232580
云南	14429	32853	46357	55959	73235	92260	107268	111500	110645	113925	109785	130105	150977	181704
西藏	–	–	1947	2654	3059	3308	4202	4724	5291	5018	4753	4883	5094	5084
陕西	80545	108637	136610	165261	178061	203985	209899	205754	225990	252268	267419	283032	288455	291498
甘肃	18146	39544	55759	67756	82058	90177	98619	109000	121056	116777	121879	122006	130949	141478
青海	3905	7595	9074	10118	12881	13351	13619	13348	14524	15200	16556	19302	22483	25521
宁夏	4678	11542	14775	18205	21817	22755	23287	25774	24017	27030	29543	30148	29819	31222
新疆	14010	30556	39936	54292	62596	67611	72326	77378	85622	89043	97140	105697	115760	132262
极差	210477	348782	437795	556211	614363	663676	631582	627200	631459	653712	672283	695618	706807	733695
极差率	54. 90	46. 92	225. 87	210. 57	201. 84	201. 63	151. 31	133. 77	120. 35	131. 27	142. 44	143. 46	139. 75	145. 31
变异系数	0. 85	0. 77	0. 81	0. 81	0. 80	0. 79	0. 77	0. 76	0. 75	0. 75	0. 74	0. 73	0. 73	0. 73

数据来源：根据 2001—2018 年《中国统计年鉴》和 2001—2017 年《中国教育统计年鉴》中的相关数据计算。

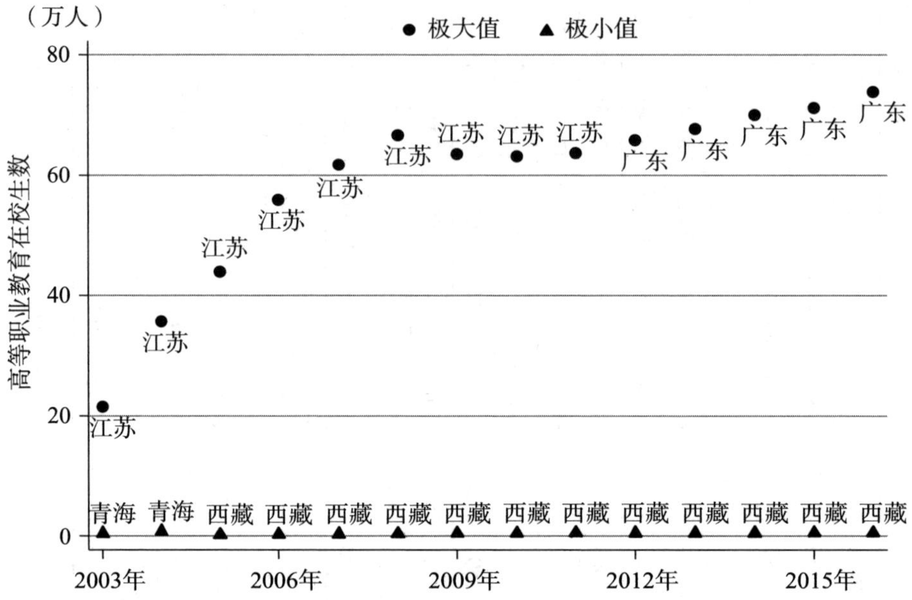

图 9-2 高等职业教育在校生规模最大（最小）省份的散点图

第二节 未来社会变化对普职结构的挑战及需求趋势

一、未来经济社会变化趋势

其一，人口变动因素。据有关专家预测，我国小学阶段学龄人口总体呈现比较稳定的状态，2017—2021 年略有提升，由 9427 万人提高到 9588 万人，2022 年后逐步下降，2030 年降至 8890 万人。初中阶段学龄人口先增加后下降，2016 年为 4400 万人，峰值出现在 2023 年，达到 4913 万人，随后逐步下降，至 2030 年降至 4651 万人。高中阶段学龄人口总体呈上升趋势，从 2016 年的 4329 万人不断增加至 2026 年的 4911 万人，随后开始略有下降，2030 年降至 4713 万人。[①] 从预测结果看，面对高中阶段学龄人口先增加后略有减少的情况，更加需要调整普通高中教育和中等职业教育资源配置结构，稳定发展中等职业教育。

其二，经济发展新常态因素。当前我国经济已经进入新常态阶段，将逐步进入减速通道，潜在增长率将降到 8% 之下，2016—2020 年为 5.7%—6.6%，2021—2030 年为 5.4%—6.3%。这表明我国经济进入高质量发展阶段。在高质量发展阶段，无论是发展理念、发展机制还是发展方式和发展动力，均发生了革命性转变，其中对人力资本与人才资源的需求空前凸显。高质量发展要求坚持提高全要素生产率，实现由资源密集型与劳动密集型向技术密集型与知识密集型转变，由低技术与低附加值向高技术与高附加值转变，由自然资源为本向人才资源为本转变，由劳动力成本优势向人力资本优势转变。

其三，产业结构转型升级因素。从历史演进视角看，我国三次产业结构构成经历了从“二、一、三”结构（1985 年之前）到“二、三、一”结构（1985—2012 年）再到“三、二、一”结构（2013 年至今）的变化过程。根据赛尔奎因（M. Syrquin）和钱纳里（H. B. Chenery）就业结构模式理论，伴随产业结构的逐步演化，产业劳动力就业结构也会发生相应变化。与产业构成演变相适应，我国三次产业就业人员结构也经历了深刻变化。随着我国产业结构的调整、新兴行业的崛起，对技术工人和高技能人才的需求量大大增加，而技术工人的培养却远远不能满足企业的需求。相关部门数据显示，我国拥有 1.4 亿名产业工人，其中技术工人为 7000 万人，居世界各国之首，但是我国技术工人的素质状况不容乐观，高级工只有 245 万人，仅占技术工人总数的 3.5%，与发达国家高级工所占比重（40%）相比差距很大。目前，我国拥有技师 100 万余人，约占技术工人总数的 1.4%，约占职工总数的 0.4%，而发达国家则分别为 20% 和 10%。全国只有高级技师 7 万多人，约占技术工人总数的 0.1%。这种“技师荒”

① 孙百才，蔡翼飞，高春雷，等. 2016—2030 年人口变动及城乡、区域分布对教育供给的影响研究［J］. 教育经济评论，2018（3）：14-39.

现象，说明人才存在结构性不合理的问题，产业结构转型升级对高技能人才的需求量逐渐提升，对复合型人才的需求量增大。而且，我国经济从劳动密集型向资本密集型转变时，劳动力市场对具有初中学历劳动者的需求下降，对具有高中及本科以上学历劳动者的需求大幅上升。

其四，新型城镇化因素。2000 年我国城镇化率为 36.5%，2016 年为 57.4%。据预测，2030 年我国城镇化率将达到 71.17%，意味着将有 10.4 亿人进入城市。并且，小学阶段城镇学龄人口规模逐渐扩大，乡村学龄人口规模则逐渐萎缩。初中和高中阶段学龄人口城乡分布变化情况与学前教育和小学阶段类似。新型城镇化将带来两个方面的影响。一是城镇化过程中人口向城镇的聚集会导致学龄人口地域分布变化，农村小学教育资源出现闲置，城镇小学教育资源不能满足学龄儿童入学需求，城镇中学越来越受到教育资源不足的限制。同时，随迁子女受教育机会与升学权利成为新型城镇化进程中教育发展的热点问题、难点问题。二是新型城镇化进程中进城的农民作为城市生活中的新市民，迫切需要掌握在城市谋生的技能。所以，要正视新市民对城市谋生技能的强烈渴求，有力推动职业教育的迅猛发展。

二、未来经济社会发展对我国普通教育规模、布局和层次结构的影响

1. 对普通教育规模的影响

根据对未来学龄人口的预测，2030 年之前，我国学前教育规模总体上呈现缩减趋势，但小学、初中和高中阶段学龄人口规模总体上呈现先增长、再减少的趋势。

就普通教育城乡分布来说，根据对未来学龄人口的预测，随着新型城镇化的推进，城镇学前教育人口迅速扩大，“十三五”期间由 3177 万人提高到 2020 年的 4112 万人，2025 年将达到峰值 4234 万人，但受到低生育率的影响，之后又逐步降至 2030 年的 4112 万人。农村学前教育人口呈现持续下降的趋势，从 2016 年的 3201 万人降至 2030 年的 1454 万人，下降

幅度超过100%。小学阶段城镇人口规模逐渐扩大，从2016年的4114万人提高到2030年的6436万人，农村小学阶段学龄人口规模萎缩速度很快，从2016年的5313万人缩减至2030年的2454万人。初中和高中阶段学龄人口城乡分布变化情况与学前教育和小学阶段类似，城镇从2121万人和2301万人增至3330万人和3232万人，而农村从2279万人和2029万人降至1321万人和1481万人①，无论是增幅还是降幅都低于学前教育和小学阶段的人口。可见，到2030年，我国城镇学前教育人口将呈现先扩大、后缩小的发展趋势，农村学前教育人口则呈现持续下降的趋势。而城镇小学、初中和高中阶段学龄人口将呈现扩大的趋势，乡村小学、初中和高中阶段学龄人口则呈现下降的趋势。

2. 对普通教育布局的影响

城镇化过程中人口向城镇的聚集会导致学龄人口地域分布的变化，必然导致基础教育资源分布与实际需求的偏差。农村小学教育资源将会闲置，城镇小学不能满足学龄儿童入学需求，城镇中学升学率越来越受到教学资源不足的限制。在新型城镇化推进、进城务工人员子女在城镇就学以及学龄人口逐年减少的共同作用下，出现了农村偏远山区小学“吃不饱”、城镇小学“撑死了”的失衡局面。随着城镇化进程的不断加快，农村人口大量涌入城镇，随迁子女在学生中占有较大比例，随迁子女教育问题将愈加受到关注。可见，城镇化的持续推进使农村教育布局面临变动，催生了“小规模学校”“寄宿制学校”“大班额学校”三类学校，以及随迁子女和留守儿童两类群体。截至2017年底，全国有农村小学寄宿生934.6万人，占农村小学生总数的14.1%。中低年级寄宿生年龄小、自理能力差，除学习之外，教师又要照顾学生的日常生活，工作量不断增大，对他们全身心投入教育教学活动产生了消极影响。大量农村学龄儿童进城还引发了城镇学校大班额问题。截至2016年，城区、镇区小学大班额的比例分别为16.50%和15.96%，超大班额比例分别为4.94%和5.57%。随着新型城镇

① 孙百才，蔡翼飞，高春雷，等. 2016—2030年人口变动及城乡、区域分布对教育供给的影响研究［J］. 教育经济评论，2018（3）：14-39.

化的不断推进，“小规模学校”“寄宿制学校”“大班额学校”三类学校会长期存在。

3. 对普通教育层次结构的影响

我国经济已经进入高质量发展阶段，无论是发展理念、发展机制还是发展方式和发展动力，均发生了革命性转变，其中对人力资本与人才资源的需求空前凸显。我国劳动力供需的变化、普通工人工资的持续上涨等将促使产业结构转型升级，而产业结构不断升级又必将要求进一步提升人力资本。所以，产业结构转型升级给我国普通教育结构带来巨大的影响。一方面，经济从劳动密集型向资本密集型转变时，劳动力市场对具有初中学历劳动者的需求下降，而对具有高中学历劳动者的需求不断上升；另一方面，我国经济从资本密集型向技术、知识密集型转变时，劳动力市场对具有初中或高中学历劳动者的需求逐步下降，但对受过高等教育的劳动力的需求大幅上升。

因此，要进一步提高劳动者整体素质，提高主要劳动力平均受教育年限，加强学前教育、义务教育、高中阶段教育，扩大本科教育和研究生教育的规模，形成完整的教育体系，使教育既能造就世界一流科学家和科技领军人才，又能培养具有专业知识和技术专长的高素质劳动者，使教育发展水平与经济社会发展水平相适应。

三、未来经济社会发展对我国职业教育规模、层次结构和专业设置的影响

1. 对职业教育规模的影响

新型城镇化进程中进城的农民作为城市生活中的新市民，迫切需要掌握在城市这个相对陌生的空间中谋生的技能。因此，应正视新市民对城市谋生技能的强烈渴求，有力推动我国职业教育的迅猛发展。另外，根据有关专家的预测，我国高中阶段学龄人口将总体上升，从 2016 年的 4330 万人不断增加至 2026 年的 4911 万人，随后开始略有下降，2030 年将降至 4713 万人。高中阶段学龄人口的相对稳定，会使我国中等职业教育规模

也相对稳定。

2. 对职业教育层次结构的影响

随着我国产业结构的调整、新兴行业的崛起，对技术工人和高技能人才的需求量大大增加，而目前我国技术工人的培养却远远不能满足企业的需求。这需要教育特别是职业教育根据产业结构和劳动力市场需求进行调整。第一，产业结构转型升级对高技能人才的市场需求量逐渐提升。从现实来看，我国高技能人才供给一直难以满足市场的需求，存在很大的缺口，不仅数量不足，而且质量也不高，高端人才需求缺口的扩大与普通工人就业难并存，说明产业转型升级客观上要求进行人才升级，需要继续大力发展高等职业教育。第二，产业结构转型升级对高层次复合型人才需求量大，对单一技能型人才需求量降低。生产流水线的智能化、自动化要求工人同时具备熟练的技术与扎实的专业知识，要求一线工人具有更高的综合素质。为此，需要进一步促进普通高校向应用技术大学转型发展，并发展硕士和博士层次的职业教育，为经济新常态和产业结构转型升级提供更多高层次复合型人才。

3. 对职业教育专业设置的影响

产业结构转型升级过程中必然会淘汰落后产业和技术，对区域产业结构进行重新布局，同时，信息技术将推动不同产业之间的融合，进而衍生出新产业、新业态。而随着产业结构和产业布局的改变，新的职业和就业方式将不断出现，要求职业教育专业随之做出调整和升级。产业转型升级的方向为职业教育专业发展提供新思路，要求职业院校在专业建设上应同时做到“除旧”与“布新”。“除旧”是指针对不适应产业转型升级所需的落后专业要进行果断处置，对于部分产能过剩专业要进行淘汰，而对于那些难以跟上产业未来发展需求而当下还具有存在价值的专业要进行调整和升级；“布新”是指要科学研判我国产业结构的发展趋势，围绕国民经济中的支柱产业和新兴产业谋划布局，积极拓展和布局与现代制造业、现代服务业相关的专业，优化完善自身的专业结构，努力形成与现代化生产相适应、与未来产业发展趋势相契合的现代职业教育专业体系。

第三节　我国高中阶段普职比发展趋势及应对策略

一、我国高中阶段普职比变化趋势

从学校数量来看，1978 年，我国普通高中学校数量为 49215 所，中等职业学校数量为 2760 所，普通高中学校与中等职业学校数量之比为 17.83∶1。随着中等职业教育的不断发展和普通高中教育的萎缩，1990 年，普通高中学校和中等职业学校数量之比为 0.99∶1，2001 年普通高中学校数超过中等职业学校数，此后普通高中学校数量和中等职业学校数量的差距一直维持在一定的范围之内。2017 年，普通高中学校和中等职业教育学校数量分别为 13555 所和 10707 所，普通高中学校数量是中等职业学校数量的 1.27 倍。从招生来看，中等职业学校的招生增量明显，与普通高中学校招生数量的差距逐渐缩小。1978 年普通高中学校和中等职业学校招生数量分别为 6929000 人和 447000 人，二者之比为 15.50∶1；2017 年普通高中学校和中等职业学校招生数量分别为 8000548 人和 5787218 人，二者之比降为 1.38∶1，普通高中学校和中等职业学校在校生数的差距也呈现缩小趋势。1978 年普通高中学校和中等职业学校在校生数分别为 155308000 人和 889000 人，二者之比为 174.70∶1；2017 年，普通高中学校和中等职业学校在校生数分别为 23745484 人和 15774416 人，二者之比降为 1.51∶1。

从 2010 年开始，我国中等职业学校招生数和在校生数占高中阶段教育招生数和在校生数的比例开始连续多年下滑，我国“普职比大体相当”的政策还面临巨大的挑战。

二、世界主要国家和地区高中阶段的普职比情况

事实上，世界上大多数发达国家在高中阶段教育毛入学率达到90%以上的情况下，仍旧守住了高中阶段普职比1∶1的底线。2012年经济合作与发展组织国家高中阶段普职比的基本情况是：德国普高的比例是51.7%，中职的比例占到48.3%；法国普高的比例是55.8%，中职的比例占到44.2%；瑞典普高的比例占到50.6%，中职的比例占到49.4%；澳大利亚普高的比例占到49.5%，中职的比例则为50.5%；奥地利、比利时、捷克、芬兰等国的中职比例甚至达到70%以上。经济合作与发展组织各国平均普高占比为54.3%，中职占比为45.7%；其中，欧盟各国普高占比平均为47.3%，中职为52.7%。[①] 可见，和经济合作与发展组织国家相比，目前我国高中阶段教育的普职比偏高。

三、我国高中阶段普职结构面临的主要问题

1. 高中阶段普职结构问题突出

事实上，与世界各国相比，我国普职结构还存在一定的问题，尤其是中西部贫困地区职业教育发展滞后，难以适应当地经济社会发展的需要，所以要将这些地区的工作重点放在初中升中等职业学校方面，逐步调整普通高中学校和中等职业学校的比例结构。2019年，全国各地区高中阶段教育毛入学率达到89.5%，意味着有一部分初中毕业生毕业后没有直接升学，而选择就业。在培养学生就业方面，中等职业学校更有优势。因为经过第一次教育分流进入中等职业学校的这批学生，与普通高中学校学生相比明显“学力不足”，如果强制将其放在普通高中学校培养，在现有普通高中教育模式不改变的情况下，并不见得有利于其发展。

---

① 经济合作与发展组织．教育概览2013：OECD指标［M］．北京：教育科学出版社，2014：178-180.

2. 普通教育和职业教育沟通不畅

其一，普通教育对职业教育的影响过强。长期受普通教育的学科中心思想的影响，职业教育严重脱离实际，导致职业院校学生的实践能力较弱，职业院校生源较差又导致职业院校学生的理论基础较弱，因此，职业院校毕业生的整体素质较低。其二，职业教育对普通教育渗透不够。职业启蒙在普通教育中渗透不够，导致大部分学生对产业结构和职业发展缺乏基本的了解，对社会生活认识不深。由于在基础教育阶段未受到应有的职业启蒙，很多已经进入职业教育的学生根据学生家长的意愿选择专业，对自己的职业兴趣没有正确清晰的判断，致使其对所选专业缺乏兴趣，对未来的职业没有信心和不抱希望。①

3. 普通教育和职业教育内部结构不协调

普通教育与职业教育内部层次结构不协调的主要原因是职业教育体系不够完善。这导致职业教育内部层次结构不完善，缺乏高等教育阶段的研究生学历层次的教育，职业教育体系内的学生向普通教育体系流动很难，学生只能通过普通教育的途径接受更高的教育。虽然我国有关文件规定，中等职业教育毕业生可以选择报考普通高等院校，但由于受到高考内容和所学课程不一致的影响，这部分学生基本上很难升入普通高等院校。高等职业教育与普通高等教育之间缺乏有效的沟通。我们可借鉴国外经验，如美国社区学院“转学教育”架构高等职业教育与普通高等教育之间的桥梁，丰富职业教育体系的层次结构。美国按照职业教育培养目标规格和要求程度的不同，纵向上形成初等职业教育、中等职业教育和高等职业教育，其中高等职业教育又分为专科层次的高等职业教育、本科层次的高等职业教育和研究生层次的高等职业教育。

4. 普通教育和职业教育纵向结构不协调

从教育的纵向结构来看，普通教育包括九年义务教育、普通高中教育、普通本科教育、研究生教育（硕士和博士）四个层次。职业教育主要

---

① 任平，代晓容. 我国现代职业教育体系研究：基于中高职衔接、普职沟通的视角［J］. 职教论坛，2014（3）：10-14.

是接受完整的九年义务教育后的教育类型，有中等职业教育（包括职业中学、中等职业学校和技工学校）和高等职业教育（主要指专科层次的教育）两个层次。显而易见，相对于普通教育而言，职业教育层级结构较低。此外，职业教育内部层级中心偏低，以中等职业教育为重心。2017年，中等职业教育在校生数占职业教育在校生数的65.44%，高等职业教育在校生数占职业教育在校生数的34.56%，高等职业教育力量相对薄弱，中等职业教育依然是职业教育体系中的主体。由此可见，职业教育内部纵向结构不协调。

四、我国高中阶段普职比政策的路径选择

1. 给予政策较大的弹性空间

我们要停止自上而下分派中等职业学校招生指标的“一刀切”行为，弹性使用“高中阶段普职比基本达到1∶1”的指标。地方教育主管部门尤其是省级教育主管部门可以根据未来人口变动、城镇化发展、产业结构转型升级和经济发展等综合因素，结合本地区中等职业学校的布局结构、专业设置、办学规模、育人质量等方面与地方经济发展的契合度，科学确定各县（区）未来一段时间内高中阶段普职比。值得注意的是，“普职比大体相当”在未来一段时间内仍然是我们强调的重点，只不过是地方教育主管部门尤其是省级教育主管部门有了较大的自主权，并且该政策也有了较大的弹性空间。并且，“普职比大体相当”政策有底线，不允许地方教育主管部门随意调低普职比，要保证普职比相对稳定。

2. 分类指导、分区域推进

我们要坚持差异化发展策略，对于经济发达的大中城市和东部沿海高端服务业和高端制造业发达的地区，其普职比可以适当调高；对于小城市、县镇和农村，可以适当调低普职比。截至2016年10月，全国仍有4个省区的高中阶段毛入学率低于70%，集中连片特困地区所在地市有11个地市高中阶段毛入学率低于50%，边境县和民族自治县的高中阶段教育普及水平更低。所以，这些地方要适当调低普职比，稳定发展中等职业教

育，提高中西部贫困地区、民族地区、边远地区和革命老区高中阶段的毛入学率。

3. 从“普职规模大体相当”向“普职质量大体相当”转型

我国高度重视中等职业教育规模的扩张，对其质量却没有足够的关注和重视。目前中等职业教育缺乏足够的吸引力，其中一个很重要的原因就是中等职业教育质量不尽如人意。因此，在今后一段时间内，各地应该在中等职业教育经费、专任教师配备和基础设施建设等方面进一步加大投入，保证普职教育质量大体相当，进而进一步增强中等职业教育吸引力。

4. 拓展中等职业教育的纵向发展空间

中等职业教育之所以缺乏足够的吸引力，其中一个很重要的原因是中等职业教育上升的空间有限。因此，应在政策上放开中职升高职以及专升本的规定比例，转而强调入学的知识和能力标准。改革招生考试制度，面对职业学校的学生，强调技能、工作经验以及职业资格证书的价值。打通从中职、专科、本科到研究生的上升通道，发展本科层次的职业教育，并逐步发展研究生层次的职业教育。

5. 打通普通高中与中等职业教育的横向转化通道

以“学籍”为枢纽，采用一定的考核评价标准实现普通高中学校和中等职业学校学生之间的互转，从而改变“一考定终身”的局面，赋予有专业特长和对职业技术感兴趣的普通高中学校学生与因中考失利但愿意进行知识学习的中等职业学校学生二次选择的机会。打破课程体系壁垒，摆脱固有的认知定势，以全新的课程思维打通普通教育和职业教育课程体系，实现课程的理念融通、内容融通、结构融通。改革招生考试制度，实现学分自由转换和互认。

第四节　普职融通的经验、模式、问题及路径

一、普职融通的基本内涵

普通教育和职业教育的相互融合和渗透就是要打破二者之间相互分离的状态，在教育过程中实现“职业教育普通化”“普通教育职业化”，解决多年以来职业教育只关注实际操作而普通教育只注重学术素养的弊端，从而完善各自的教育功能，促进人的全面发展，这也是体现终身教育理念和人的可持续发展理念的切实要求。①

普职融通的基本内涵主要有以下三个方面。第一，认可普通教育和职业教育等值，两者相互融合促进各自育人结构的改变。第二，从人才的发展需求出发，进行资源的有机整合，主要包括教育机构之间的整合，加强普通教育和职业教育的沟通与合作，两类教育之间呈现出“你中有我”“我中有你”的发展方向，架设不同类型人才成长的“立交桥”，从而有利于各种人才的教育和培训。第三，课程设置和教育目标要相互联系和衔接②，达到有效培养人的目的。

二、普职融通的国外典型经验

在普职融通理论的指导下，国外特别是一些发达国家如德国、日本、美国、瑞典、新加坡等，已经取得了诸多有价值的经验，值得借鉴。

---

① 张桂春，卢丽华．职普融通的教育理念与实践：基于公民素质培养的视角［J］．教育科学，2014（5）：22-26.

② 刘茂祥，惠中，许翔杰．现代普职沟通的内涵、结构与行动路径［J］．现代基础教育研究，2018（3）：86-91.

1. 德国

德国非常重视职业教育，制定了职业教育方面的法律，使得职业教育体系更加规范。为了克服招生和就业困境，提升职业教育品质，德国以法律规定职业教育证书与普通教育学历证书具有同等地位、同等效力，这就建立了普职等值机制。① 德国的双元制职业教育模式是普职融通理念的一个成功案例，校企合作是其典型的特点。在此模式中，学生与企业签署相关合同，接受企业的培训，成为企业的学徒，同时又要在学校中进行理论学习和接受文化课教育。企业参与人才培养全过程，在培养中，企业结合自身需求，深入参与培养与考核环节，安排经验丰富的一线师傅实施教学，与学校形成人才培养的封闭循环，并参与人才培养的形成性与终结性考核。因为双元制教育既发生在企业，又发生在职业学校，需要对两个学习场所的教学内容和教学进度进行协调，如企业和学校定期召开联系会、制订相应的计划等。在课程设置方面，双元制教育将课程分为两个部分，一部分是专业课程，另外一部分是普通教育课程。这两种课程并不是截然分开的，而是着力强调课程的关联性，通过组织职业教育和普通教育两方面的师资对职普学科的相关内容进行有机整合。在师资方面，德国职业学校的教师队伍素质很高。在德国，职业学校教师属于国家公务员，具有较高的社会地位和稳定的工作环境。并且，德国对教师的要求较高，除了相应的学历要求，还必须有一定年限的实际工作经历，接受过教师专业培训。德国职业教育的成功，离不开高素质的师资队伍。② 除此之外，双元制的实施还依赖于企业与政府的支持，德国对参与和赞助职业教育的有关企业给予很多的政策支持和鼓励，比如免除一定的税赋等，这都为德国双元制职业教育的发展注入了活力。

2. 日本

“二战”后，日本成立了新制高中。新制高中的学科设置形成了实施

① 蔡玲玲．发达国家职普沟通经验对我国职普教育改革的启示［J］．教育与教学研究，2015（5）：109-111，115.

② 彭晓帆．论普通教育与职业教育的融合与沟通［J］．现代职业教育，2016（3）：107-109.

普通教育的“普通学科”（以升学为目的）与实施职业教育的“专门学科”（以就业为目的）并存的“二元”格局，这种“普职分离”的现象导致许多不升学而选择就业的普通学科学生不能受到职业教育，而志愿升学的专门学科学生也无法接受普通教育。为突破“双轨制”高中教育体制的限制，满足学生全面发展和多样化发展的需要，日本加强了综合学科高中的发展，对普通高中教育与中等职业教育进行了有机沟通与融合。在课程设置方面，融合了艺术、科学、工业等诸多门类，分为共同必修科目、综合学科高中原则上必修的基础科目、综合选修科目和自由选修科目。共同必修科目是普通学科、专门学科和综合学科高中的所有高中生都要学习的科目，综合学科高中原则上必修的基础科目是为学生将来职业生活提供所需要的基础知识和技术的科目，综合选修科目和自由选修科目由各校自行设置，旨在培养学生的表现力、沟通能力以及实践能力。①

日本终身教育理念深入人心，为了满足公民的受教育愿望以及社会发展对教育提出的更高要求，日本开办了许多短期大学，这既推动了职业科学化发展，也推动了整个教育的变革。日本企业内部培训日趋成熟和系统化，对于注重学术的普通高等教育形成有力补充，发展出一种校企互补的模式。日本许多企业培训已经打破了各种领域的狭窄思路，注重培养学生宽厚的职业知识技能，同时增强员工的综合素质。日本的高职院校与企业有着广泛的社会联系，自身也坚持宽进严出的标准，注重学生职业素质的培养。在充分尊重学生的兴趣、爱好和个性的前提下，广泛开设各类课程。在高职教育体系上，政府开办承担基础性的职业学术研究的院校，将有社会需求的热门专业教育交给民营学校和企业内部培训班或者企业办的大学。

3. 美国

美国普职教育融合主要体现在两方面：一方面，实行普职教育首次分流之前，在初、高中教育阶段课程设置方面首先实现普职教育融合，主要

---

① 李润华．综合高中：日本高中普职融通模式研究［J］．外国中小学教育，2016（3）：33-38.

体现在职业教育课程渗透到普通教育之中；另一方面，实行普职教育第二次分流后，走向职业教育的学生由于灵活的学分转换制度可再次转向普通学术教育。灵活的学分转换制度为普职教育分流后的融合提供了可能。学分转换主要体现在：职教中心和高中学分互认，高中和社区学院学分互认，社区学院和本科院校学分互认。它们之间的学分可逐级转换，但不可越级互认。例如，美国的社区学院学习时间短、机动灵活，既可以作为上岗前的职业培训，也可以作为进入四年制大学进行学术学习的预备。学分制的灵活转换，有利于普职教育的顺畅衔接与融合，为美国学生的未来发展提供了更多机会和选择。①

美国学校以课程作为职普沟通与衔接的关键。美国的综合高中开设了广泛的普通教育和职业教育课程。其课程主要分为核心课程、一般选修课程和活动课程三大类。核心课程确保共同学术基础，各州课程标准必须包括4门核心学术科目，即英语、数学、科学和社会科学。多元选修课程为学生提供适当的发展机会。美国综合高中的多元选修课程基本集中在艺术、体育、生涯技术、世界语等领域，有的学校甚至提供了十几个领域的选修课程。多样的活动课程帮助学生确定发展性向，综合高中为学生提供了各式各样的校内外活动课程，给学生在实践中充分发展兴趣特长的机会。根据学生的毕业走向，美国综合高中的课程设置一般分为三轨，即普通轨、职业轨和学术轨。普通轨主要是为学生未来生活做准备；职业轨主要是为未来就业做准备，侧重于职业训练；学术轨为继续升学做准备，侧重学术培养和训练。学生可以根据自己的选课类型和学习结果来确定自己的轨道走向，也可以根据兴趣和需要在三轨之间流动，实现三轨课程的沟通和融合。②

4. 瑞典

1968年，瑞典议会通过法案，废除组织相互分离、培养目标不同的三类学校，代之以职业教育与普通教育一体化的综合高中。综合高中承担

① 赵娟．美国普职教育分流与融合研究［J］．福建师大福清分校学报，2018（6）：71-76.

② 刘丽群，王继玲．多元共享，适性发展：美国综合高中课程设置的基本特点［J］．课程教学研究，2015（5）：67-71.

双重培养任务：实施系统的科学文化基础教育，为普通高等学校输送合格的新生，又向学生实施系统的职业技术教育，为国民经济各部门培养合格的劳动大军。

瑞典综合高中由于所设科目的修学年限长短不一，课程设置各不相同，因而毕业生在升学和就业方面存在一定差异。大多数二年制科目偏重于职业教育，主要为学生就业做准备；三年制科目和少数二年制科目侧重于普通教育，主要为学生升学做准备；只有四年制技术科把以升学为目的普通教育和以就业为目的的职业教育融为一体。四年制技术科在第一和第二学年不分专业，学生主要学习瑞典语、英语或其他第二外语、历史、公民学和体育等普通文化课，以及数学、物理、化学、工艺学、商业经济学、职业指导等职业基础课程。另外，学生还必须在综合高中的实习车间接受200个小时的实践培训，以获取必要的实际工作经验，为第三学年专业课的学习奠定必要的感性认识基础。第二学年结束，学生必须根据自己的兴趣爱好、学业成绩、身心发展状况和社会需求在机械工程、建筑、电子工程和化学工程四个专业中进行选择。第三学年开始按所选专业学习专业课，同时，各专业的学生必须学习瑞典语、英语或其他第二外语、宗教知识和体育等普通文化课，以及数学、物理、职业指导等职业基础课程，还必须前往对口的企业接受为期6周的专业实习。第三学年结束，学生面临两种选择，或升入普通高等学校接受高等教育，或留在综合高中继续第四学年的学业。第四学年期满，学生既可升学，即进入限定专业的高等学校接受对口专业的高等教育，也可就业，即在对口企业担任工程师。①

5. 新加坡

新加坡的教育分流制度打破了职业教育和普通教育两者的隔阂与边界，不但造就了举世瞩目的“精英式”教育体制，而且造就了较为成功的职业教育。所谓“职普分流”是指将普通教育“流”中的学生一部分分到职业教育“流”中去，从而直接为社会培养合格劳动者，为受教育者从

① 黄日强．瑞典职业教育与普通教育的相互沟通［J］．漯河职业技术学院学报（综合版），2005（1）：39-41.

事不同职业、进入不同的社会阶层奠定基础。①

从横向看，新加坡的职普分流教育实行的是双轨制，无论是普通教育还是职业教育都具有从初级教育到高等教育的完整教育体系，并且相互衔接、相互沟通。从纵向看，新加坡的教育分流大体可分为三个阶段，即小学阶段、中学阶段以及中学后阶段。学生通过不同的学习阶段进行层层分流，实现精英教育和大众教育兼顾的目标，使每位学生都能找到自己的发展途径和方向。第一阶段分流是在小学，小学学制六年，主要进行基础文化教育，小学学习结束后，根据考试成绩，学生分别进入政府资助的学校、私立学校、职业中学、专业学校。第二个阶段是中学，中学课程分特快课程、快捷课程、普通学术、普通工艺四种。前三种课程主要是让学生接受普通文化教育，为升学做准备。普通工艺课程属于职业教育体系，学生通过接受职业技术方面的教育，为就业做准备。第三个阶段是中学后，参加特快课程、快捷课程学习的学生在 4 年的学习后需参加英语 GCE 考试，普通学术班的学生在 5 年的学习后也需要参加此考试。这些学生根据考试情况和意愿可以申请初级学院、理工学院与工艺教育学院这三类学校进行高中阶段的学习。进入初级学院的学生，2 年之后须参加国家的“A”水准的考试，通过后才可以进入大学深造，没有通过的可以直接进入劳动力市场。②

无论选择哪种课程，学生想获得更高层次的教育，只要参加相当水准的考试就可以。新加坡这种职普分流使得一部分学生完成了高等教育学业，成为社会的管理人才，而另一部分学生接受了系统的职业技术训练，成为不可或缺的职业技术人才，满足了经济社会发展的要求。

---

① 柏晶，李存园．新加坡教育分流政策对我国职业教育的启示和借鉴［J］．机械职业教育，2016（3）：13-16.

② 周佳峰．新加坡教育分流机制论析及其对我国的启示［J］．长春理工大学学报（社会科学版），2017（2）：139-144，149.

三、我国普职融通的历史演进

新中国成立之初，我国就曾明确提出普通中学的双重任务，即兼顾升学和职业预备，这一目标与宗旨一直延续到20世纪80年代初。1954年1月，教育部召开的全国中学教育会议正式确定了中学教育的双重任务：不仅供应高等教育以足够的新生，还要供应国家生产建设以足够的具有一定政治觉悟、文化教养和健康体质的新生力量。1963年中共中央颁发的《全日制中学暂行工作条例（草案）》规定中等教育的任务是为社会主义建设事业培养劳动后备力量，为高一级学校培养合格的新生。“文化大革命”期间，我国的教育工作基本停滞，职业教育更是遭到破坏。在1966—1976年成长的青年人普遍没有接受过系统的学校教育，使得当时知识和技术人才都十分短缺。1977年，我国恢复高考，1978年后，全国的教育事业也开始逐渐恢复。1978年，邓小平在全国教育工作会议上指出，要扩大农业中学、各种中等专业学校、技工学校的比例。1979年颁布的《技工学校工作条例（试行）》指出，学校教学应与生产相结合，培养受教育者的专业实践能力。这一文件在“文化大革命”结束后首次以国家意志的形式明确了职业教育要秉承教学与生产相结合的教育理念以及教学与生产不可分割的关系，初步勾勒出职业教育产教融合的政策雏形。1980年《关于中等教育结构改革的报告》指出，中等教育结构改革，应当实行普通教育与职业、技术教育并举。通过此阶段职业教育政策的调整改革，各类职业技术学校的在校生数在整个高级中等教育中的比重大大增长。①1985年《中共中央关于教育体制改革的决定》正式提出要逐步建立一个从初级到高级、行业配套、结构合理又能与普通教育相互沟通的职业技术教育体系。这是在国家的政策文件中初次提出了普通教育和职业教育相结

① 王卓，沈小碚．改革开放以来我国职业教育政策制定的梳理及其思考［J］．苏州市职业大学学报，2019（2）：64-71.

合的教育形态。[①]《关于中等教育结构改革的报告》和《中共中央关于教育体制改革的决定》是以发展职业教育为前提的，二者基于大力发展职业教育的立场，有力地改变了中等教育结构单一化的情况，在推动普通教育和职业教育并行的同时也开始注重二者之间的联系。

20世纪80年代，世界范围内许多地区相继开设综合高中，综合高中改革风起云涌。1995年全国普通高中教育工作会议对高中办学模式改革提出了指导性意见：一部分高中可以升学预备教育为主，大部分普通高中可以通过分流，分成兼有升学预备和就业预备的学校。此后，我国许多地区相继进行综合高中试点。《面向21世纪教育振兴行动计划》提出经济比较发达的地区可发展部分综合高中。此后，全国许多地区尤其是经济发达地区的职业中学对试办综合高中表现出浓厚的兴趣。后来，由于综合高中定位不清楚，教育资源配置没有特殊的政策，特别是没有配套的国家考试制度，曾经一度高涨的地方探索热情逐渐消减。到2010年，全国仅有大约500所综合高中。

随着我国经济的转型升级，从传统工业社会迈向信息化社会，中高端技术人才成为社会急需的人才。在这样的时代背景下，高端应用型、技术技能型和复合型人才成为教育培养的重要目标。传统教育体制中职业教育与普通教育相互分离、单轨发展，两者之间缺少沟通和衔接，这样的教育体制不利于新时期国家人才培养战略目标的实现。同时，社会转型时期，促进就业，改善民生，不仅关系着个体的生存，也关系着国家的稳定和社会的长治久安。职业教育能够有针对性地培养技术型人才，普通教育尤其是普通高等教育在社会上拥有较高的认同度和无法比拟的优势。普职融通能把两者的优势有效结合，满足个人发展需求，也适应社会经济发展方式的转变。

在此背景下，2010年，党中央、国务院颁布了《教育规划纲要》，其在教育战略目标之一"构建体系完备的终身教育"中明确提出了职业教育

---

① 许译心，沈亚强．现代职业教育体系下普职融通的困境与破解［J］．教育与职业，2015（10）：9-13.

和普通教育相互沟通，并在高中阶段教育部分，具体指出推动普通高中多样化发展，鼓励有条件的普通高中根据需要适当增加职业教育的教学内容，探索综合高中发展模式，采取多种方式，为在校生和未升学毕业生提供职业教育。[①]《教育规划纲要》明确了我国高中教育的未来走向——普职融通。高中阶段教育是义务教育和高等教育连接的关键，因此，必须重新思考和审视自身培养目标和功能定位。随着高中阶段教育从精英化迈向大众化，传统的普通高中面向升学、职业高中面向就业的“片面”的教育与当前社会已经不相适宜，两者必须同时兼顾升学和就业成为新时代教育发展的必然趋势。客观地说，改革虽任重道远，但发展走向是明朗的。[②]《教育规划纲要》也提到要建立体现终身教育理念，适应经济发展方式转变和产业结构调整要求的中高职协调发展的现代职业教育体系。建立行业、企业、学校共同参与的机制，进一步发挥行业、企业在职业教育和培训中的重要作用；深化职业教育教学改革，加强专业、课程和教材建设；推行工学结合、校企合作、顶岗实习的职业人才培养模式。

2009 年我国高中阶段毛入学率为 79.2%，《教育规划纲要》提出 2015 年、2020 年毛入学率将分别达到 87%、90%，事实上一些大城市或发达地区已经基本普及高中阶段教育。为了更好地促进普职融合，2014 年，国务院颁布了《关于加快发展现代职业教育的决定》，提出构建具有中国特色、世界水平的现代职业教育体系的总体目标：到 2020 年，形成适应发展需求、产教深度融合、中高职衔接、职业教育与普通教育相互沟通，体现终身教育理念，具有中国特色、世界水平的现代职业教育体系。“普职融通”是现代职业教育体系构建的主要内容之一。[③]《现代职业教育体系建设规划（2014—2020 年）》对普职融通的方式方法提出了具体的指导

① 刘丽群，王继玲．我国高中普通教育与职业教育融通的基本模式与发展现状［J］．教育学术月刊，2015（9）：3-11.

② 刘丽群，彭李．普职融通：我国高中阶段教育改革与发展的整体趋向［J］．湖南师范大学教育科学学报，2013（5）：64-68.

③ 郑程月．改革开放以来我国职业教育政策演变探析：基于政策伦理学视角［J］．职业技术教育，2016（13）：13-18.

性建议，即建立职业教育和普通教育双向沟通的桥梁：普通学校和职业院校可以开展课程和学分互认；学习者可以通过考试在普通学校和职业院校之间转学、升学；普通高等学校可以招收职业院校毕业生，并与职业院校联合培养高层次应用型人才。这些内容分别从教育教学的核心部分——课程，转换路径——考试，实施机构——学校，以及顶层设计——高等教育招生等方面，来促进普职融通。其中，课程和学分互认是非常重要的内容，是普职融通有效开展的重要依托。

近年来，我国高中阶段教育取得了长足发展，但是存在普通高中教育与中等职业教育发展不协调的问题。2019 年高中阶段毛入学率达到 89.5%，普及水平迈上了新台阶。但出于多方面原因，中西部贫困地区教育资源短缺，普及程度低，中等职业教育发展明显滞后。这些地区受经济发展水平和自然环境条件的制约，普及任务异常艰巨。同时，东部经济发达地区也存在许多薄弱环节，普通高中 56 人以上大班额比例接近 1/4，有的班额甚至超过 80 人。针对此现象，《高中阶段教育普及攻坚计划（2017—2020 年）》提出要普职并重，统筹普通高中和中等职业教育发展，将职业教育摆在突出位置，优化高中阶段教育结构，促进普职协调发展，满足学生多样化选择需求。

深化职业教育、高等教育等改革，促进人才培养供给侧和产业需求侧结构要素全方位融合，培养大批高素质创新人才和技术技能人才十分重要。为此，2017 年 12 月，国务院办公厅印发了《关于深化产教融合的若干意见》，要求完善教育资源布局，促进教育和产业联动发展，构建教育和产业统筹融合发展格局。教育与产业、学校与企业的协同联动得到进一步加强，我国开始形成职业学校与行业企业共同办学、主体联动、协同育人、多元治理的多层次、立体化的产教融合格局。①

① 彭莉洁．职业教育产教融合的历史演进、逻辑起点与战略要点［J］．教育与职业，2019（6）：19-25.

四、我国普职融通的基本模式

普职融通是教育现代化和面向人人的现代化职业教育体系的重要维度，国务院《关于加快发展现代职业教育的决定》明确提出，加强职业教育与普通教育沟通，为学生多样化选择、多路径成才搭建“立交桥”。同时，随着产业结构的不断转型升级，传统的普通教育与职业教育二元独立的教育结构已经没有办法适应产业结构变化对劳动力素质和能力结构的需求。普通教育偏重基础知识的传授，忽视职业素养和技能的培养；职业教育则相对重视职业素养和技能的培养，忽视基本理论知识的传授。这两种教育过程都违背了教育对人才培养的全面性，违背了教育的本质，“单项培养”的教育必然会输出“单项人才”。因此，无论是从经济社会发展的角度还是从教育培养人的本质视角看，普职融通都必定成为我国教育改革和发展的重要方向。我国的普职融通随政策的变化而发展。自相关政策明确提出构建普职融通、中高职衔接的现代职业教育体系后，各省市纷纷开展了普职融通试点。① 根据普职融通的程度，可以将普职融通的模式分为四种。

1. 校内课程渗透模式（普职渗透式）

该模式主要是指在保持原有普通高中和中等职业学校相对独立、双轨并行发展格局的前提与基础上，通过在普通高中增设职业技术教育等相关课程或在中等职业学校强化文化基础课程，来实现普职教育在学校内的沟通与融合，如国家规定普通高中开设信息技术、通用技术课程等。有学者认为，这种模式主要是在保持大局不变的情况下，在小范围内增设课程或相关内容，因此，此种模式的普职融通程度较低。②

① 陈鹏，肖龙．我国普职融通改革的理性审思：基于政策、制度与路径的三维视角［J］．江苏教育，2017（44）：17-19.

② 刘丽群，王继玲．我国高中普通教育与职业教育融通的基本模式与发展现状［J］．教育学术月刊，2015（9）：3-11.

2. 校际课程合作模式（双主体互通式）

该模式是指普通高中与中等职业学校以课程为载体，通过学生互修对方学校课程，并借助学分互认等方式实现普通教育与职业教育的校际沟通。该模式主要考虑到普通高中与中等职业学校相互独立的办学体制，两者在资源与师资上都各占优势，通过学生互修对方学校的相关课程，但不产生学籍互换来弥补普通教育与职业教育各自的不足，强调普通高中与中等职业学校的办学独立性与资源共享性（见图 9-3）。

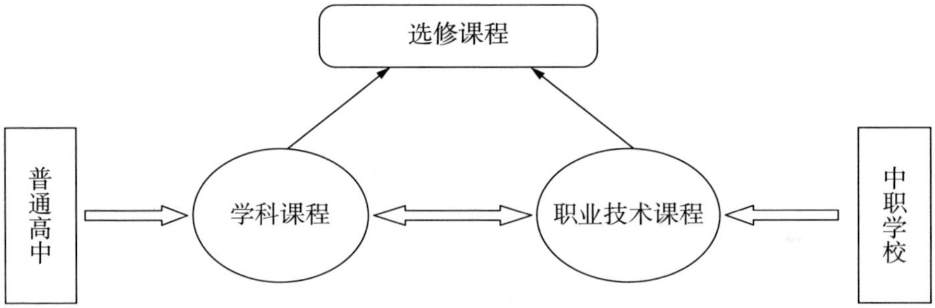

图 9-3　校际课程合作模式

3. 校际学籍转换模式

该模式是指合作的普通高中和中等职业学校不仅在课程上相互开放，还可以实现学籍在不同学校间的流动，即普通高中的学生可以选择直接转入中等职业学校，中等职业学校的学生也可以直接转入普通高中就读，并获得普通高中学籍，且完成相关学业任务后，拥有相应的学历证书。此模式是为了突破校际课程合作模式对学生的学籍和身份限制而产生的一种融合模式。该模式下的学生可以结合自身情况自由选择进入普通教育或者职业教育，但是这种选择必须建立在普通教育和职业教育学分互认的基础之上，该模式极大地增强了普职融通的可能性和灵活性（见图 9-4）。

4. 综合高中模式（普职一体式）

上述三种模式进行普职融通时，从普通教育与职业教育的地位和身份来看，二者都是相对独立、自成体系的，普通教育与职业教育双轨并行的局面并没有被实质性地打破。2017 年，教育部等四部门出台《高中阶段

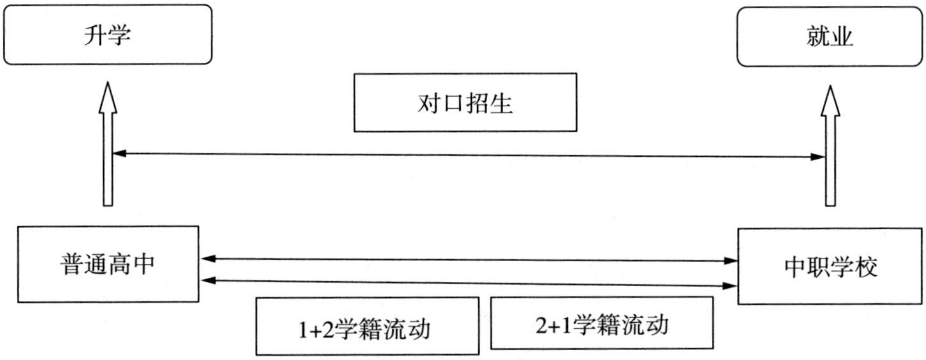

图 9-4　校际学籍转换模式

教育普及攻坚计划（2017—2020 年）》，提出将探索发展综合高中，完善课程实施、学籍管理、考试招生等方面的支持政策，实行普职融通，为学生提供更多选择机会。综合高中是区别于普通高中和中等职业学校的一种独特的学校类型，向学校所在地区的所有学生开放，并同时提供大学预科课程、职业课程和普通课程供学生选择①，融普通教育、职业教育于“同一屋檐下”，学生通过选择不同课程在校内实现普职自然分流，真正实现普职一体化（见图 9-5）。

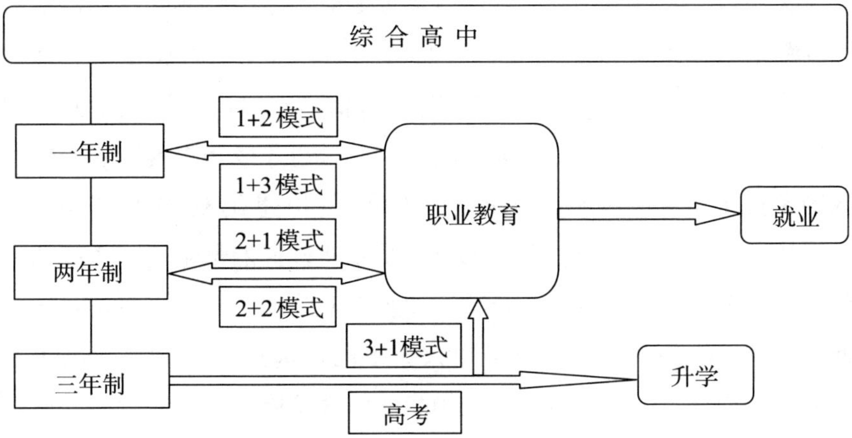

图 9-5　综合高中模式

① 刘丽群．高中阶段普职沟通的问题反思与政策建议［J］．教育研究，2015（9）：92-98.

综合高中由于普职融通的程度最高，因而成为普职融通最为理想的模式，但因对外部环境和配套制度的要求都比较高，很难广泛实现。

五、当前我国普职融通面临的主要困难和问题

《教育规划纲要》明确提出“职业教育和普通教育相互沟通”。2014年印发的《关于加快发展现代职业教育的决定》进一步明确职业教育的发展目标：到2020年，形成适应发展需求、产教深度融合、中职高职衔接、职业教育与普通教育相互沟通，体现终身教育理念，具有中国特色、世界水平的现代职业教育体系。在国家政策的大力倡导下，各地相继出台相关职业教育发展政策、开展试点。例如，江苏省教育厅《关于试办综合高中班的指导意见》提出探索综合高中办学形式，丰富拓展学生成长路径，让初中毕业生拥有更多自主选择升学的机会。普职融通理念开始逐渐被大众所知晓，普通高中、中等职业学校在课程、教师、资源等方面都开始了沟通，但是改革还是面临不少问题。

1. 普职不等值，社会对职业教育认可度低

姜大源教授提出，高等职业教育培养的应用型人才要和普通高等教育培养的学术型人才同层次且等值①，即要实行职业教育与学术教育地位相当的学位制度，实现“普职等值”。普职等值是实现普职融通的首要前提，只有在普职等值的基础上，普职之间的双向融通才成为可能。但当前绝大多数国家长期存在重学术、轻职教的传统。② 20世纪90年代初期，我国职业学校的学生毕业后包分配，那时接受职业教育的学生拥有较高的社会地位。随着企业用人制度的改革，毕业生就业演变为双向自由选择，此时普通教育开始代替职业教育成为出人头地的最优选择。1999年高等院校开始大规模扩招，国家虽然极力鼓励职业教育发展，但是职业教育已经被冠上“差生专属”的标签，职业教育发展遭到了前所未有的打击。现今，

① 姜大源．现代职业教育体系构建的理性追问［J］．教育研究，2011（11）：70-75.

② 许译心，沈亚强．现代职业教育体系下普职融通的困境与破解［J］．教育与职业，2015（10）：9-13.

随着人口年龄结构变化和产业结构调整带来的社会就业与竞争压力增大，人们更多倾向于普通教育，对于以提高职业技能为主旨的职业教育至今未形成普遍的认同。刘丽群等表示我国虽然基本实现了高中阶段普通教育和职业教育招生规模的大体相当，但这仅是一种数量上的平衡，在这种看似协调的表象下，依旧隐藏着普通高中教育和中等职业教育发展“一条腿长、一条腿短”的本质。①

2. 普职分离的“双轨制”，长期独立的管理体制

我国长期以来在中等教育阶段实行的是普职分离的“双轨制”，普通高中隶属于基础教育系统，中等职业教育隶属于职业与成人教育系统。朱忠琴认为因为长期的“双轨制”，普通高中与中等职业学校分别隶属于不同的管理部门，部门之间各司其职、各负其责，都基于各自的立场来设计学校的课程和实施教育管理，采用不同的学期制度和管理办法。② 分离的管理体制极大地限制了两类学校之间的沟通，又加上缺乏相应的制度保障，致使普职融通变成“纸上谈兵”的空话。

3. 差异化的课程设置和培养目标，难以实现融通

由于普通高中和中等职业学校培养目标的差异，其课程设置的差异也较大。普通高中以培养学生的基本文化素质为目标，为学生继续接受各类教育提供一定的文化知识基础。为此，普通高中课程设置了语言与文学、数学、人文与社会、科学、技术、艺术、体育与健康、综合实验活动八大领域。而中等职业教育的定位则不同，其目标是使学生掌握专业知识、专业技能，将来成为高素质的劳动者或专业技术人才。相应地，中等职业学校开设的课程包括基础课程、社会生活课程、通用核心基础课程和专业方向类课程。普职融通主要通过课程的融通实现，而目前我国这种分离的课程体系，给普职融通造成了较大的障碍。

---

① 刘丽群，刘家伟．我国高中阶段教育普职融通困难的原因分析［J］．湖南师范大学教育科学学报，2015（2）：75-79.

② 朱忠琴．我国高中阶段普职融通的实践、困境与出路［J］．职教通讯，2014（4）：5-7，12.

4. 高考招生和相关考试评价制度的制约

普通高中以升学为主，主要侧重对学生学业知识的考评，中等职业学校以就业为主，主要侧重对学生技术技能的评价，二者在评价的体系、标准和目的等方面是截然不同的。再加上有高考的存在，很多普通高中片面追求升学率，“唯高考是从”，这无疑给普职融通蒙上一层阴影。普通高中和中等职业学校有各自的评价制度和升学体系，普职融通需要改变这种现状。但到目前为止，对高考等相关考试评价制度的改革仍处于探索阶段，行之有效的举措并不多。张慧敏研究了柳州市的普职融通，发现柳州市《2015 年初中毕业生升学考试和高中阶段招生工作方案》只提出了把学业考试成绩和综合素质评价结果作为普通高中段招生录取的依据，未对中职学生入学标准提出要求。①

5. 实现普职融通的师资、教学设备等条件要求较高

实现普职融通必须要有师资、教学设备等条件的保证。有学者认为，普职融通旨在让学生接受普职两类教育，以得到较为全面的发展，这必然要求建立起相应的普职融通课程体系，构建结构合理的普职兼具的师资队伍，且拥有配套的教学设备和实训场所。② 一直以来，普通高中的教师承担着“升学”的任务，中等职业学校的教师承担着“就业”的任务，这就造成普通高中与中等职业学校对教师的选用标准也存在极大的差异。有学者认为，普职融通的办学模式之下需要既掌握理论知识，又具备核心操作技能的双师型教师。从当前的实践经验来看，普通高中和中等职业学校是彼此借用师资进行联合培养，但却不成体系。③

六、我国普职融通的基本路径

普职融通是近代以来我国教育体系建设中的主要问题，我国也在持续

---

① 张慧敏．现代职业教育体系下实施普职融通教育改革的思考：基于柳州市普职融通教育实施情况的问卷调查［J］．职教通讯，2016（11）：11-15.

② 周京树．高中阶段普职融通的实现路径研究［D］．南京：南京师范大学，2013.

③ 敖文娟．中国高中阶段普职融通的实践路径［J］．内江师范学院学报，2017（11）：103-106.

探索实现普职融通的方式方法，其他国家也是一样，例如，美国的融合式教育、澳大利亚的衔接教育等，都是对普职融通的探索。当前我国普职融通已经开始不断深入，也得到了社会和家长的部分认可，但仍存在不少困难。无论是普通教育还是职业教育，都需要成为人发展的良好基础；无论是社会经济方面还是科技领域，抑或职业领域，都需要普通教育和职业教育的融通和谐的发展。我国对普职融通的路径进行了探索，自 2010 年《教育规划纲要》颁布以来，我国不少地区开展了普职融通试点，并能够结合其他国家和地区的典型经验，形成普职融通的基本路径。

1. 树立普职平等的观念，是普职融通的基础

根据终身教育理念，无论个体接受职业教育还是普通教育，其最终都是指向职业的，因此普职融通是必然的。但是，由于传统思想根深蒂固，职业教育一直以来地位较低。德国等西方发达国家的经验表明，没有技术工人对先进技术成果的实际操作，再先进的成果也无法转化为现实生产力，所以要高度重视职业教育的发展。应通过法律和各项政策的指引，实现普职地位平等。

2. 树立正确的人才观，重新审视职业教育

职业教育是我国技术型人才供给的主要力量，但社会并未充分重视其地位，转变群众的思想观念不仅是职业教育发展面临的首要问题，同时也是我国教育体制革新的长远目标。杜文军等提出，可通过三方面措施去解决思想层面的问题：转变守旧的人才观念，树立人才多样化观念；消除将职业教育视为“次等教育”的观念误区；树立普通教育与职业教育文凭等值的理念。①

3. 以“学籍互换”为枢纽促进普职融通

我国普通高中和中等职业学校的学籍一直是处于两种类型的机构独立分管之下，普职间长期分离并有着不可逾越的界限，导致学生的培养片面化、单一化。在普通高中和中等职业学校间以“学籍”为枢纽，采用一定

① 杜文军，赵旋屹．普职教育双轨制向单轨制转换：学制体系改革的应然选择［J］．教育与职业，2018（1）：5-9.

的考核评价标准实现学生之间的互转，从而一改“一考定终身”的局面，赋予有专长和对职业技术感兴趣的普通高中学生与因中考发挥失利但愿意继续进行学术深造的中职学生二次选择的机会。敖文娟认为，在管理体制上突破普职藩篱，进一步打破高中阶段普职之间长久的“二元”并行的分离局面，可以有效地为学生的多元化发展提供优化路径。①

4. 课程体系是“普职融通”的载体

课程的沟通是实现普职融通的有效途径。普通高中与中等职业学校作为高中阶段两种类型的学校，要架设实现融通所需要的选修课程体系这一桥梁。金毅伟提出从国家、省级、地方和院校几个层面全方位地建立选修课体系，包括国家“普职融通”学习单元制、省级“普职融通”网络选修平台、地方区域普职课程建设和普职学校指导规划等。② 以课程设置的方式来消除普通教育与职业教育的严格界限，用单元课程与单元学分累积制的方式使学术型课程与职业性课程通过某种中介课程相互过渡并实现相互认证。彭茂辉等的研究表明，课程融通是普职融通的基点。要实现普职课程融合，需打破各自课程体系的壁垒，摆脱固有的认知定势，以全新的课程思维打通普通教育与职业教育课程体系，实现课程理念融通、内容融通、结构融通。③ 同时，课程体系也是普职融通得以实施和确保成效的载体和关键，建设具有科学搭桥作用的课程体系，有助于实现真正的普职融通，也有利于转变普职教育传统观念、提升高中生综合素质水平。肖加平就提出，普职融通过程中课程体系可以具体到高一重视职业性向引导，高二重视职业与学术能力的培养，高三科学定位学生发展方向。课程体系融通注重课程的内在融合，注重课程“宽基础，活方向”的设计理念。④

5. 改革高校招生考试制度，实现学分自由转换和互认

普职之间的学分自由转换机制是招生考试制度改革的基本保障。以学

---

① 敖文娟．中国高中阶段普职融通的实践路径［J］．内江师范学院学报，2017（11）：103-106.

② 金毅伟．普职融通是现代职业教育体系的重要维度［J］．中国职业技术教育，2014（21）：72-76.

③ 彭茂辉，谭绍华．建国前比乐中学普职融通教育实验的启示［J］．职业技术教育，2018（27）：74-77.

④ 肖加平．科学导向与定向培养：论普职融通课程体系的设计［J］．当代教育科学，2014（24）：16-19.

分为计量单位来考核学生学业的完成情况，可以使学习成果量化，更直观地促进各级各类教育教学成果的互认和沟通。在中等教育阶段试行弹性课程和弹性学制，在中等职业学校与普通高中学生转学的过程中实现学分自由转换和模块内的课程衔接，以学分代替分数作为衡量学业的标准，建立国家级别的学分互认机制和制度，尝试建立国家学分银行以保证学分互换机制的顺利运行。

6. 健全教师交流机制，为普职融通顺利进行保驾护航

健全教师交流机制是普职融通实现的必要条件。赵思林等认为，教师是提高教育质量的核心力量，教师培训是教师专业发展的重要途径，对于普职融通的实现，建立教师交流机制就显得尤为重要。[①] 要实现普职融通的目标，前提是必须要培养一批高水平的师资，建立教师交流机制可以为普通高中教师和中职教师提供交流机会，促进他们相互学习、弥补缺陷以实现互补，从而实现培养双师型教师的目标。

① 赵思林，彭家寅，潘超．“导—研—行”教师培训模式与实践［J］．内江师范学院学报，2012（8）：80-83.

第十章　社会需求与人才培养结构关系

随着知识经济、现代科技和社会民主政治的发展，社会对各级各类人才的需求显著增加，内容更加多元，而学校，尤其是高等学校，作为人才的直接供给方，肩负着越来越重要的使命，其人才培养的数量、质量和规格直接影响着国家的综合竞争力和经济发展。经济发展不仅是社会财富在量上的增多和扩张，还意味着质的变化和发展，即经济结构、社会结构的变化，投入产出效益的提高和人民生活质量的改善。[①] 就高等专门人才的供给与需求而言，高等教育与经济发展呈现显著的双向关联互动关系：高等教育机构为经济发展提供高等专门人才和科研成果，当高等教育的规模和质量不断提升时，能够为经济发展提供充足的、高质量的劳动力，改变经济领域的人才结构，提高经济活动的产出，促进经济发展；反过来，经济发展带来的规模扩大、产业结构趋于高级化的过程则对高等教育机构的人才供给数量、质量、结构提出新的需求，刺激高校人才培养结构的调整。

但高校人才培养结构的调整具有挑战性。一方面，高校人才培养结构的形成是多种因素相互影响的结果，需要一个过程，甚至是很漫长的过程，而结构一旦形成，就会产生一定的惯性，很难在短时间内被改变。另一方面，在高等教育的历史发展过程中，各个国家基于各自的政治、经济和文化特性，形成了不同的高等教育制度和高校人才培养结构，也形成了不同的高等教育运行机制。在社会主义市场经济体制下，结构自身调整的高难度与管理体制的特殊性交织在一起，使高校人才培养结构的调整更是

① 刘志民．教育经济学［M］．北京：北京大学出版社，2007：72.

面临前所未有的挑战，如何在人才培养上取得国家宏观调控与市场基础性配置的相对平衡，是非常艰巨的任务。

第一节　国际视域下社会需求与人才培养结构关系的探讨

我国高等教育的发展与发达国家相比仍有明显差距，这与我国的国情密切相关。研究发达国家和地区在相应发展阶段社会经济和高校人才培养结构的基本状况，探索高校人才培养结构与社会需求发展的历史规律，对改革我国高等教育结构体系、促进高校人才培养与社会需求紧密结合有重要的参考价值。

一、发达国家社会需求与人才培养结构关系的实践特征

1. 经济发展水平和产业结构共同影响人才培养的层次与科类结构

发达国家的经济和高等教育发展历史表明，随着经济发展水平的提升、产业重心的转变，各国劳动力接受高等教育的比例越来越高。

（1）在经济发展水平低的农业社会与工业社会早期，高等教育的社会需求非常低。

在传统农业社会，经济发展受自然地理环境的高度制约，发展缓慢，生产力的提高受历史条件限制，整个社会的流动性弱，第二、三产业发展受限，社会大量的劳动力集中在传统的农耕生产上，技术含量很低；国家管理和文教机构所需的高等专门人才数量也极其有限。即使在工业社会早期，经济活动所需的大量人才也是集中在低技术水平的工业产业，而不是中等或高等技术水平的工业产业，社会对人才的大量需求会集中在初等或中等教育层次，而非高等教育层次。1889—1920 年是美国工业迅速发展的时期，产业结构实现转型，产业重心转向第二产业。但这一时期美国高校

的学位授予情况表明，高等教育的社会需求没有发生非常显著的变化（见表 10-1）。

表 10-1　1889—1920 年美国高校学位授予情况

年份	学士学位（个）	硕士学位（个）	博士学位（个）
1889—1890 年	15539	1015	149
1899—1900 年	27410	1583	382
1909—1910 年	37199	2113	443
1919—1920 年	48622	4279	615

数据来源：美国教育统计中心网站。

（2）在经济发展进入中等偏上水平阶段，产业结构调整加速，中等教育的社会需求旺盛，高等教育社会需求初步显现，但增长迅速。

自“二战”之后到 20 世纪 90 年代初，发达国家的经济发展从人均 GDP 不足 3000 美元增长到人均 GDP 超过 10000 美元，再到人均 GDP 超过 20000 美元，成功跨越中等收入阶段，进入高收入国家行列。表 10-2 呈现了九国人均 GDP 达到 3000 美元、10000 美元的时间。20 世纪四五十年代兴起的第三次工业革命奠定了这一时期发达国家经济发展的基础，各国相继制订产业升级和结构调整计划，国际产业格局完成两次大的调整，发达国家逐渐将技术含量低的钢铁、纺织等传统产业转移至发展中国家，在本国保留并发展通信、计算机、医药、集成电路、机械制造等技术密集型产业①，并加快发展第三产业。

表 10-2　九国人均 GDP 3000—10000 美元阶段概况

	美国	英国	加拿大	法国	德国	意大利	日本	韩国	中国
人均 GDP 达到 3000 美元的年份	1960 年	1972 年	1966 年	1971 年	1971 年	1972 年	1973 年	1988 年	2008 年

① 闵维方，蒋承．产业与人力资源结构双调整背景下的大学生就业：一个历史和比较的视角［J］．北京大学教育评论，2012（1）：2-12，187.

续表

	美国	英国	加拿大	法国	德国	意大利	日本	韩国	中国
人均 GDP 超过 10000 美元的年份	1978 年	1986 年	1979 年	1986 年	1986 年	1986 年	1983 年	2000 年	2019 年
阶段时长（年）	18	14	13	15	15	14	10	12	11

注：人均 GDP 超过 10000 美元的时间为最终稳定在 10000 美元以上的时间。

数据来源：世界银行网站。

这一时期，企业和社会对中等教育人才的需求数量最为庞大，特别是对工业、制造业等领域的中等人才的要求更加具体和专业化，以适应产业结构的调整；对高等教育层次人才的需求则初步显现，并在之后较为快速地增长。劳动力质量的提升促进劳动力从农业、工业部门流向服务业部门，进而通过服务业部门产出份额的上升推动经济结构转型和增长。① 经济发展迅速和产业结构升级处于前端的美国、加拿大和日本在这一时期对高等教育层次人才的需求已经非常明显。20 世纪 90 年代初期，美国、加拿大等发达国家接受初等教育的劳动力占比开始快速下降，接受中等教育的劳动力比例最大，且保持平稳，是劳动力结构的主体（见图 10-1）。从长期发展趋势看，世界各国只接受初等教育的劳动力的比例下降明显；接受中等教育的劳动力的比例最大且平稳，但部分国家开始出现下降趋势；接受高等教育的劳动力的比例在快速上升（见图 10-2）。

社会对高等专门人才的需求和个人对接受高等教育的需要，促成高等教育全球化的大发展。欧美发达国家的高等教育机构在工业化过程中逐渐分化，呈现多样化发展，而高校类型的多样化本身正是高校人才培养应对社会需求多变的一种方式。传统精英大学、现代城市大学、多科技术大学/学院、融合专业教育和职业教育的新建大学为发达国家的工业化进程提供

① 揭辉，王成勇．教育投入、劳动力质量对经济增长的影响效应研究：基于 STR 模型［J］．华中师范大学学报（人文社会科学版），2019（1）：50-56.

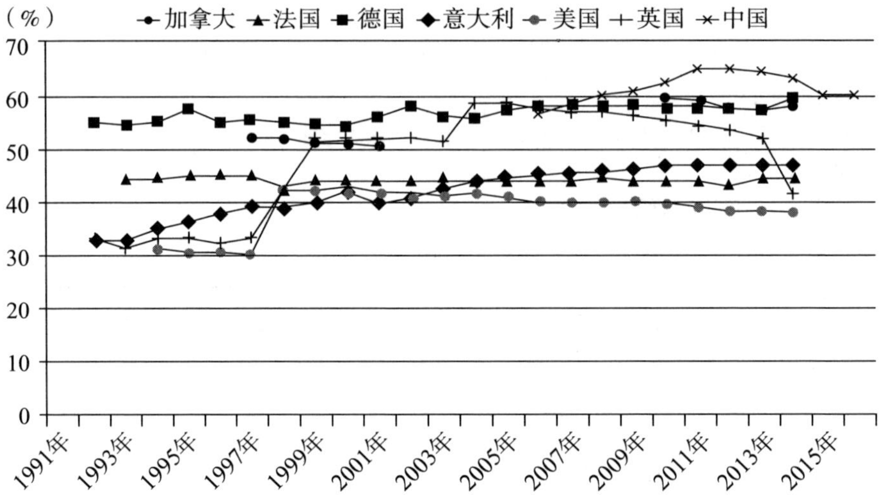

图 10-1　七国接受中等教育的劳动力占比

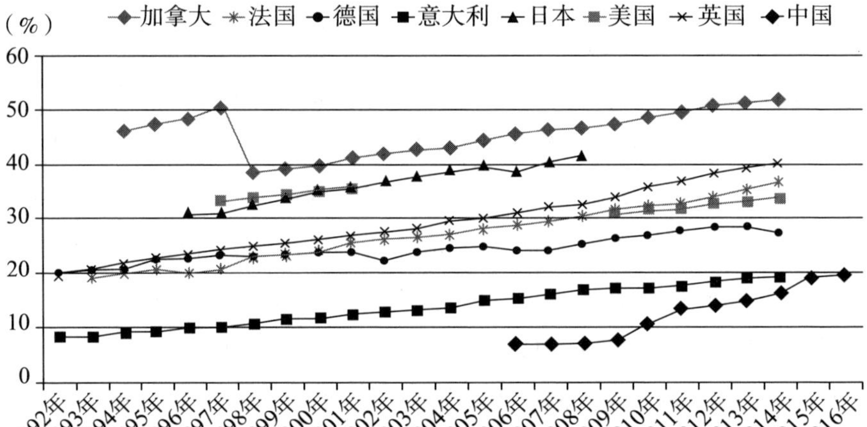

图 10-2　八国接受高等教育的劳动力占比

了各级各类专业人才，既包括领袖精英、行业专家，也包括各层次的技术、服务与管理人员。

（3）20 世纪 90 年代以来，发达国家高校人才培养的学科专业分布以商科为多，农学最少，STEM 领域受关注。

20 世纪 90 年代至 2005 年前后，尽管经历了 1998 年的金融危机，主要发达国家的人均 GDP 仍由 20000 美元波动上升至 30000 美元（见图 10-3），产业结构向高级化发展，工业产值占 GDP 的比重继续下降，以高新技术为基础的高附加值产业产值比重日益增加，服务业产值比重进一步提升。这种因经济全球化形势下的以知识经济为基础、以信息技术为主导的新的经济增长模式①而取得的经济发展成果被称为“新经济的胜利”，并引发了全球范围内的高新技术产业革命，也由此引发了对高新技术人才的广泛需求。

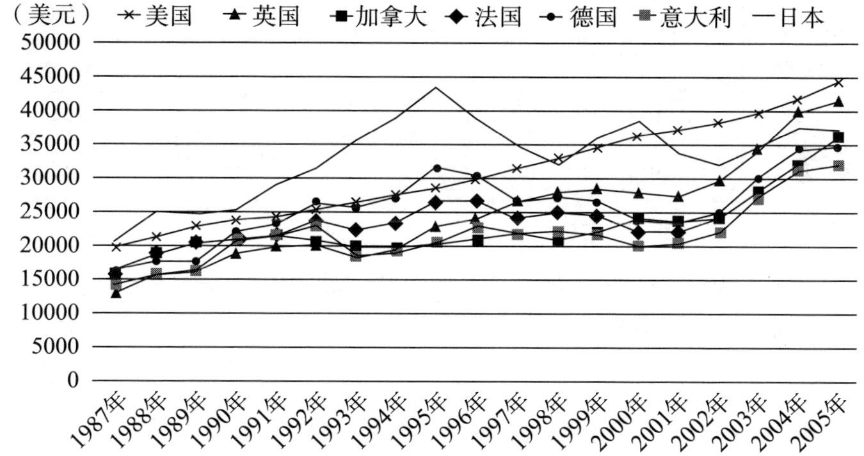

图 10-3　G7 国家人均 GDP 增长

数据来源：世界银行网站。

高校人才培养结构中，STEM 领域的人才备受关注。此外，与“三二一”的产业结构相一致，商科人才占据最大比例，农学人才比例稳定在低点。美、加、英、意、法五国的高校毕业生专业分布数据显示，农学等专业的人才占比稳定地保持在低点，各国均为 2%左右；商业、行政和法律专业的毕业生占比居于首位，约为 20%—30%。图 10-4 显示了 1990—2005 年美国各专业毕业生占毕业生总数的比例。

STEM 领域②的专业人才因与高新技术产业密切相关，是知识经济时

① 孙时联．“新经济”的基本内涵［J］．经济工作导刊，2000（17）：21-23.

② STEM 领域包括生物和生物医学科学、计算机和信息科学、工程和工程技术、计算和统计、物理科学和科学技术。

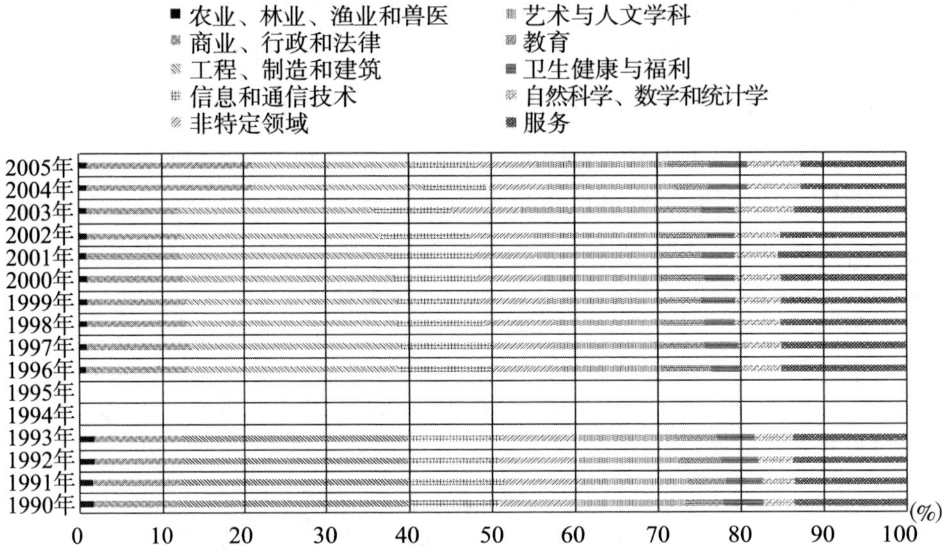

图 10-4　1990—2005 年美国各专业毕业生占毕业生总数的比例

数据来源：世界银行网站。

代一国经济发展和综合竞争力的核心象征，受到全球各国的高度重视。同时，STEM 作为专门的人才培养领域的出现也标志着高等专门人才的培养由细致的学科分化走向学科交叉与融合。在美、英、法、德、意、加六国的高校毕业生中，除美国外，其他五国 STEM 领域的毕业生占本国所有毕业生的比例均已超过 20%，表明发达国家在高新技术产业，如生物医药、信息通信、电子工程、计算科学领域的高层次人才需求旺盛。德国 STEM 领域毕业生在 1993 年的时候占比就已经超过 25%，与德国的高端制造业形成了良好互动。而美国本土的 STEM 毕业生占比并不是很高，一方面是由于美国在 20 世纪 70 年代已完成产业结构的高级化转型，人才需求的结构相对稳定；另一方面，美国作为全球高端科技人才的聚集地，大量的外来人才为满足其企业和社会的用人需求提供了充足的保障。

2. 高校人才培养结构与社会需求具有“非共时”匹配关系

从发达国家的历史看，高校的人才培养结构与社会需求之间并不是完全的实时平衡，而是经常处于错时匹配状态，即特定阶段经济发展对人才的需求可能在之前一段时期高校的人才培养结构中就已经展现出来，或者要在其后一段时期的人才培养结构中体现。这一方面是由于高校人才培养具有周期长、迟效性、长效性等特点，人才培养结构调整变化的效果需要通过较长时间才开始显现；另一方面是社会生产方式、经济发展模式、产业结构以及劳动力资源配置方式等各方面因素，使高校人才培养结构与社会需求的匹配有时间上的错位，无法实时满足社会需求，而是形成一种“非共时”匹配关系。高校人才培养结构通常表现为滞后或者超前于特定历史时期的社会需求。

这种关系在经济增长迅速、产业转型升级周期变短的历史阶段表现得更为明显。20 世纪五六十年代，西方国家受人力资本理论的影响，大力发展教育事业，调整教育结构，至 20 世纪 60 年代末 70 年代初，高校人才培养成果显著。以美国为例，1960—1970 年，高校出现了副学士学位①，1969—1970 年有 20 多万人获得副学士学位，学士学位获得者由 1959—1960 年的 39 万多人猛增到 1969—1970 年的 79 万多人（见图 10-5）。1960 年学士、硕士、博士之比为 41：8：1，1970 年副学士、学士、硕士、博士之比为 9：32：9：1。从整个教育结构看，高等教育阶段的规模明显扩大，受过高等教育的人才增加，但当时的产业结构却无法吸纳如此多的高校毕业生，产生了许多问题，如过度教育、学生毕业后找不到工作、文凭膨胀、文凭主义等。但从长远看，美国 20 世纪 70 年代积累的充裕的高等人力资本无疑成为之后美国在高新技术产业、基础理论和人文社科等领域发展创新的重要基础。

德国和日本的发展历史中同样存在这种“非共时”的匹配关系，其消极的表现是人才培养结构滞后于当时的经济发展需求，其积极的表现是人才培养结构的前瞻性变化在后续时期为经济发展和产业转型升级提供了充足的人力资本。19 世纪末德国能够抓住第二次工业革命的发展时机，与其高等技术学校超前发展，很好地满足科学技术和工业发展的需要是分不

① 副学士学位，学制两年，要求完成专业学科的基础理论学习，在取得副学士学位后，继续攻读两年，可获得学士学位。

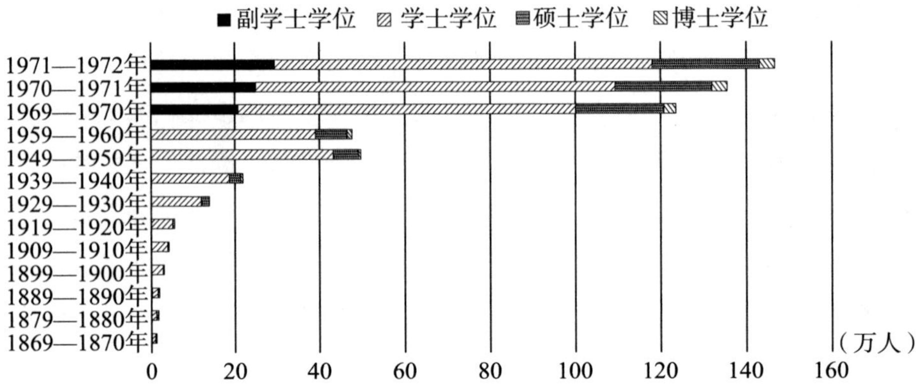

图 10-5 美国学位授予情况

数据来源：美国教育统计中心网站。

开的。日本在19世纪末快速跨越第一次工业革命也与其高等教育的先行发展有密切联系，1872年日本就建立了东京技术工学院，培养高等技术人才。①

因此，高校人才培养结构与社会需求之间的“非共时”匹配是一种正常的历史现象，无论是在自由市场经济体制下，还是在有政府宏观调控的市场经济体制下都可能出现。这种“非共时”匹配关系没有绝对的对错，关键在于清醒地认识到这种关系，进而通过经济发展方式和产业结构的调整，或高等教育结构的调整使两者朝着良好互动的方向发展。

3. 卫生健康与福利、艺术与人文学科人才的培养是社会需求中的重要关切

在发达国家高校学科专业结构中，有两大领域的专业人才培养是不可忽视的，一是卫生健康与福利，二是艺术与人文学科。从美、加、法、意、英、德六国的毕业生数据可知，这两大专业领域的毕业生在全体毕业生中占有非常显著的比例，平均都在10%以上，仅次于商业、行政和法律专业毕业生占比（见图10-6、图10-7）。

① 闵维方，蒋承．产业与人力资源结构双调整背景下的大学生就业：一个历史和比较的视角［J］．北京大学教育评论，2012（1）：2-12，187.

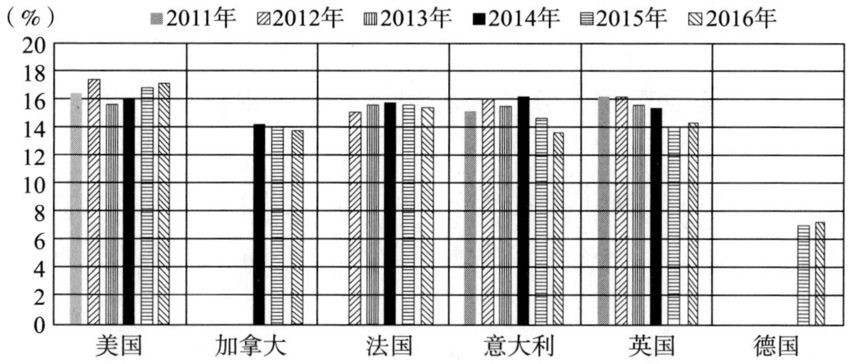

图 10-6 美国等六国卫生健康与福利专业毕业生占比

数据来源：世界银行网站。

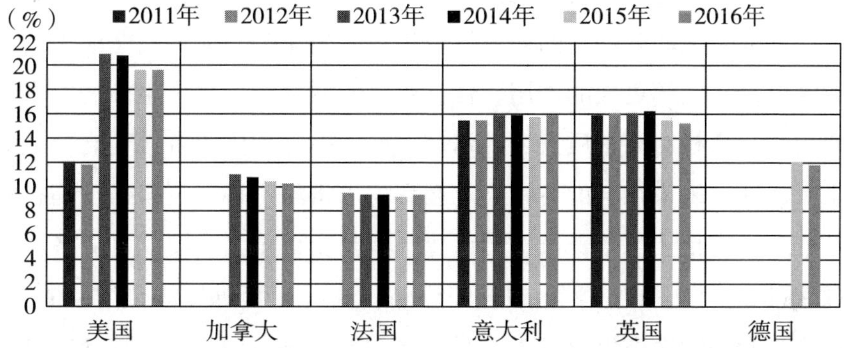

图 10-7 美国等六国艺术与人文学科毕业生占比

数据来源：世界银行网站。

卫生健康与福利专业人才服务于人的身体健康，而艺术与人文学科的专业人才则致力于人的精神丰富。从个体的发展看，其既有身体健康的需求，也有精神世界丰富的需求；从整个国家、社会和民族经济社会发展的全局看，全民健康本来就是人力资本的重要组成部分，而国家与社会的和谐发展，更需要精神文化的滋养和哲学科学的指引。因此，高校人才培养结构的调整应重视有价值的非功利性学科，有预见性地面向未来经济社会高度发展对各类人才的直接需求与内在需求。在信息社会，通信技术的发展使个体有便捷的途径学习各种知识，但提升生活品质、丰富个体的内心世界已成为高校重要但容易被忽视的功能。

二、社会需求与人才培养结构关系的未来特征

全球范围内新一轮信息技术革命的兴起，使得社会对人才培养也有了更多期待和要求，未来社会需求与高校人才培养结构之间的关系将呈现新特点。

1. 高校人才培养结构将是社会各类需求叠加后的集中反映

知识经济社会对高等教育的需求主要体现在三个方面：一是对高层次劳动力和高等专门人才的需求，二是对科学技术创新与再生产的需求，三是个体对接受高等教育的多元需求。人才培养是高校的基本职能，高层次人才的培养、在职劳动力的职业技能提升、失业劳动力再就业能力的获得等都需要高校发挥更大的作用。社会对科学技术创新与再生产的需求，依然要落脚到高校对高素质人才的培养上面。另外个体也有接受高等教育的需求。因此，未来社会的各种高等教育需求将集中折射、聚焦于高校的人才培养上，高校人才培养结构的优化与调整变得至关重要。世界各国的高等教育都在走向多样、多元的发展道路，高等教育机构的类型不断分化；高校内部众多的院系形成庞大、复杂的学科专业结构。只有这样的高校才能为未来“这个由不同需要、无限可能性和无限选择性组成的世界提供有价值的东西”①。

2. 高校人才培养结构更深融入国际化体系

高等教育人才培养的国际化体系是指在全球权威教育组织（如联合国教科文组织）倡导的教育理念指导下，以高等教育发达国家为主体，适应全球社会需求的高等教育人才培养体系。当前，经济全球化正更深、更广和更快地发展，国与国之间的关联更加密切，教育世界贸易已经成为经济全球化的重要内容之一，高等教育的全球化趋势更加显著，一国的人才培养将深度融入全球的人才培养结构中，对标国际化的社会需求，高端人才

① 史密斯，韦伯斯特．后现代大学来临？［M］．北京：北京大学出版社，2014：45.

的培养更是如此。虽然各国发展的阶段不一致，但一国高端人才培养的层次结构将与国际发展变化趋势一致，微观层面的人才培养结构将是国际标准和国家特色的有机结合。人才的全球化流动程度也将进一步提高，一国的人才培养不能独立于全球人才培养结构之外，一国培养的人才无法做到仅仅为一国所用，国与国之间的人才竞争也因之更加激烈。未来的竞争是全球化的竞争，全球化的竞争是资本带动的人才的竞争，由于资本流向的区域一定是人才储备充足的地域，所以，一国的人才培养需综合评估民族国家和全球社会的共同需求，高校人才培养将更深融入国际化体系。

3. 高校人才培养层次结构重心上移

高校是人才培养的主要机构，未来高校人才培养的层次重心将逐渐上移，由专科层次（副学士学位）占主导上升至本科层次（学士学位）占主导，同时，硕士和博士层次的人才培养规模将进一步扩大。这一趋势在发达国家已经显现，近年来英、法、美、日、加等国受过高等教育的劳动力比例持续上升，均已经超过30%，加拿大已经超过50%，在一些高校和企业的核心研发部门，研究人员的主体都已经是硕士层次的高等专门人才。知识经济时代社会生产对脑力劳动者，尤其是高层次、复杂脑力劳动者有强大需求。因为知识和信息的生产与传统的农业、工业生产不同，它具有强烈的创新性特点，需要大量接受更高层次教育的、有主动创新意识和知识生产能力的人进入知识和信息的生产、分配和使用过程中。

4. 高校人才培养的学科专业结构注重学科交叉与整合，专业边界进一步淡化

科技革命带来经济发展方式的深刻变革，不同学科的交叉与融合生成了大量知识经济的增长点，新的经济增长又进一步带动了社会对学科交叉人才的需求。当前及未来一段时期人类社会面临的许多共同问题都需要在多学科领域的知识框架内分析和解决，这些问题大到国家和全球性的环境、气候、粮食安全，以及高科技犯罪等问题，小到一项城市治理工程的设计和实施，都具有高度的综合性和学科交叉性，无法仅凭单一学科领域的知识解决，需要不同学科领域的人才相互协作，从不同视角研究和把握问题的实质，提出适合的问题解决方案。另外，未来以现代服务业为主的产业特征对人才的需

求也倾向于多学科背景。发达国家的高等教育已经对此做出应对，高校在人才培养和科学研究中开始从过度的学科分化走向学科交叉与整合，新兴的计算科学与认知心理学、人工智能与教育等交叉性人才培养项目的出现，以及STEM、STEAM、互联网+、AI+等概念的出现都充分反映了这一发展趋势。英美等发达国家的高校毕业生学历证书有相当比例是以特定的项目（program）名称而非单一学科名称标注学习及研究领域，也充分表明了学科交叉与融合的人才培养结构变化。

5. 优化高校人才培养的微观素质结构成为适应社会需求的关键

高校人才培养的微观结构主要指某一专业人才培养的课程结构或包含知识、能力和素养的人才素质结构。高等教育无法预测未来所有的行业岗位需求，也难以做到随时更新人才培养结构，因此，高等教育的重心在于培养学生具备承担多样性任务所需的才能和创造力。因为后工业社会时期，或者说知识经济时代，经济、科技与社会的高速发展已经不是线性的，而是非线性的，技术迭代的周期不断缩短，劳动力市场的变化不定将是必然现象。一方面，高校毕业生在校期间所掌握的许多知识和技能可能在毕业之时就已经过时，社会对人才的需求将从单纯的“专家”型人才转向具有更高综合素养、职业迁移能力强、能适应职场变化的人才。另一方面，毕业生需要形成一种新的思想，即在未来非传统模式的工作生活中，需要不断建构或重构自己的社会定位。这种思想的形成比知识传授和技能培养更难，也更有挑战性，这将是未来高校人才培养的重点和难点，也是高校在人才培养上可能具有的优势。所以，把握人才培养的核心，优化微观的人才培养课程结构，改革、创新人才培养的知识、能力和素养结构，将是高校人才培养适应和引领社会需求的着力点。通过创设前瞻性的新课程，培养新人才；通过加大综合素养在人才培养结构中的比重，提高毕业生的批判思维能力、创新力、学习能力以及协同意识，以能力和素养应对专业知识更新换代，以领导力、国际视野、跨学科素养、团队合作、跨文化交往等软实力塑造具有灵活适应力、国际就业力的高素质人才。更重要的是，要发展学生高尚的道德情操和精神品质，寓高尚品性于高素质人才，从而高质量地带动社会变革，引领新的社会需求。

6. 高校人才培养结构与社会需求将实现良性共振

在经济社会发展的高级阶段，生产力高度发达，民众物质生活条件大幅提升，社会发展稳定，各国形成“三二一”的稳定的高等产业结构。全球经济和谐共存、共同发展的特征逐渐替代国家和地区间激烈的竞争性发展特征，经济社会达到高度和谐平稳的状态。高等教育普及化，教育资源充沛，高校的人才培养结构在经历各种发展阶段的调整和不断优化之后，形成整体稳定但颇具弹性的结构体系，社会所需的各类高等人才将在灵活高效的培养结构中得到充分的发展，高校的人才培养与社会需求良性共振。影响高等教育社会需求的主要因素将是自然人口的变化和受教育者个体的需求，而这些变化的需求也将在高校人才培养的弹性结构内得到充分的满足。

全球经济社会发展和人才培养的历史实践表明：一个国家的强盛总是伴随着教育的强盛。高等教育人才培养的层次结构、专业结构和适应地方发展需求的区域结构调整都是对社会需求的积极应对；这些结构的调整又进一步影响了高等教育对社会需求的供给能力，进而映射到经济和社会的发展之中。重视发展教育事业，培养各种专业人才，提升人力资本，正是美国“新经济”得以发展的重要保障。①

按照我国当前的经济发展水平，我国劳动力质量结构已经优于发达国家曾经所处的相同经济发展阶段的劳动力质量结构。但我国当前及未来经济社会的发展是以现有基础与世界各国或地区站在同一起点上竞争，由此逻辑出发，我国劳动力质量仍逊于发达国家的劳动力质量，接受初等和中等教育的劳动力占比相比发达国家处于高位，接受高等教育的劳动力占比与发达国家相比处于低位，劳动力结构有待进一步优化，整体提升劳动力受教育水平。

① 卢建锋，张月娥.20 世纪 90 年代美国“新经济”兴起的原因及启示［J］. 合肥工业大学学报（社会科学版），2017（4）：13-17，25.

第二节　我国高校人才培养结构的现状特点与经济社会发展对高等专门人才的需求分析

一、我国高校人才培养结构的现状特点

高校人才培养结构演变深受经济、政治、科技等因素的影响。新中国成立后，与我国高等教育的发展相对应，高校人才培养结构大致经历了三个阶段的演变。20 世纪 50 年代的大规模院系调整对高校人才培养结构影响深远，奠定了工学的主体地位，哲学、社会学、政治学、逻辑学等人文学科的发展受到很大的限制，或被大量撤销，或减少招生；全国高校区域布局结构从“东部独大”转变为“东多西少”结构，一直延续至今。

改革开放后，我国经济社会发展驶入了快车道，高等教育的价值日益凸显，高校人才培养学科结构和层次结构发生显著变化，工学之外的其他学科得到发展，形成了稳定的专科、本科、硕士、博士四级人才培养层次结构（见图 10-8），但区域发展不均问题更加突出，东部沿海省市高校集中。1999 年高等教育扩招政策实施，高等教育规模急剧扩大，与此同时，经济社会发展方式的转变也使得质量与结构问题更加凸显。

1. 东中西部人才培养规模呈阶梯式递减

截止到 2018 年，我国共有普通高校 2663 所，其中本科高校 1245 所，高职（专科）院校 1418 所。从地域上看，大多数本科高校分布在东部省份[①]，呈现“东多西少”的结构；在中部和西部地区，高职（专科）学校

---

① 依据经济发展水平和地理位置，长期以来，我国大陆区域整体上被划分为东部、中部、西部三大经济地区。东部地区包括北京、天津、河北、辽宁、上海、江苏、浙江、福建、山东、广东、广西、海南 12 个省、自治区、直辖市；中部地区包括山西、内蒙古、吉林、黑龙江、安徽、江西、河南、湖北、湖南 9 个省、自治区；西部地区包括重庆、四川、贵州、云南、西藏、陕西、甘肃、宁夏、青海、新疆 10 个省、自治区、直辖市。

数量均远多于本科院校，呈现“本少职多”的结构。与高校区域布局结构相对应，我国专科与本科层次的人才培养也具有“东多西少”的区域结构特点。

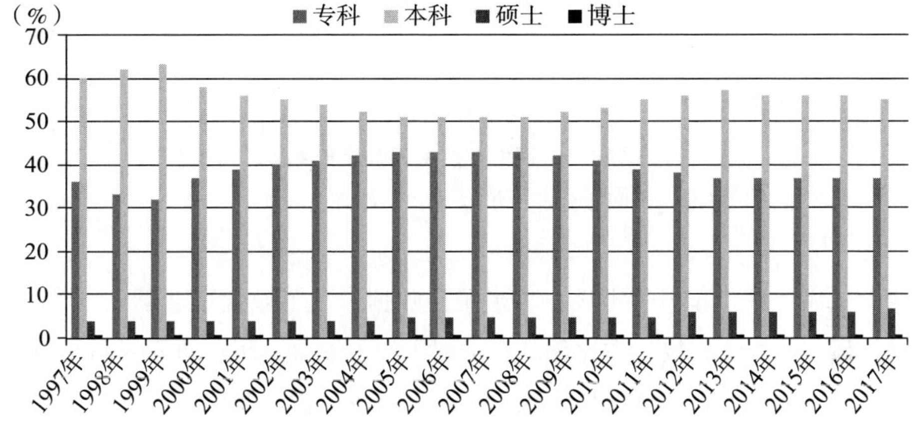

图 10-8　1997—2017 年我国专本硕博在校生占比变化

数据来源：《中国教育统计年鉴》。

研究生培养规模也呈现出相同的特点，在地域分布上呈现出“东部为主体”的结构特点。东部地区硕士在校生数超过中部、西部地区硕士在校生数的总和，而且东部地区硕士在校生数是西部地区的 2 倍多。全国有 9 个省份的硕士在校生数量超过 10 万人，东部有 6 个，中部有 1 个，西部有 2 个，东部地区硕士研究生培养优势明显。[①] 博士研究生培养则更向东部地区集中，呈现出“东部独大”的结构特点（见图 10-9）。

2. 人才培养层次呈现明显的“金字塔形”

截止到 2016 年，我国普通高校有高职（专科）在校生 1104. 96 万人、本科在校生 1648. 63 万人、硕士在校生 225. 4 万人、博士在校生 35. 4 万人。[②] 由此可见，本科在校生占比最大，专科在校生占比与本科在校生占比较为接近，硕士、博士在校生占比明显偏小，人才培养层次整体呈“金字塔形”。此外，人才培养层次结构在学科间存在一定差异。在 12 大类学

---

① 文中数据是根据《中国教育统计年鉴 2016》整理而得。

② 数据来自《中国教育统计年鉴 2017》。

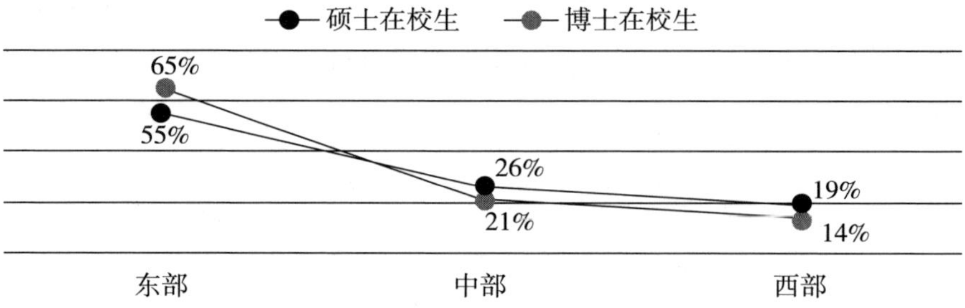

图 10-9 硕博在校生区域分布情况

数据来源：根据《中国教育统计年鉴 2017》整理。

科中（由于缺乏军事学本科在校生统计数据，故不包含军事学），哲学学科的硕士、博士在校生占比偏高，加起来约占 60%，说明哲学学科更倾向于培养高端人才。其他学科的硕士、博士在校生占比都偏小，大部分学科的硕士、博士在校生占比之和在 25%以内。工学一改在本专科培养中的霸主角色，在研究生培养方面优势并不明显（见图 10-10）。

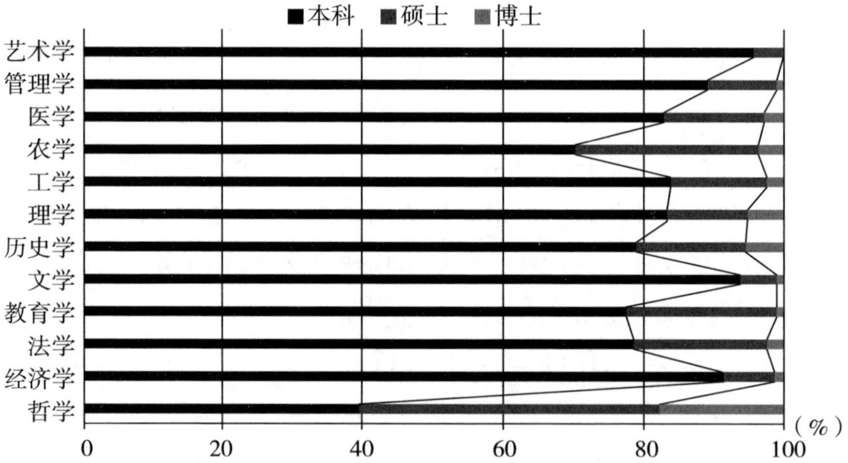

图 10-10 12 大类学科的本硕博在校生分布情况

数据来源：根据《中国教育统计年鉴 2017》整理。

从全国各省份的人才培养层次结构来看，除北京、上海外，大多数省份的人才培养“金字塔”塔尖过细，研究生在校生占比整体偏小，严重制约着高端人才供给能力的提升（见图 10-11）。

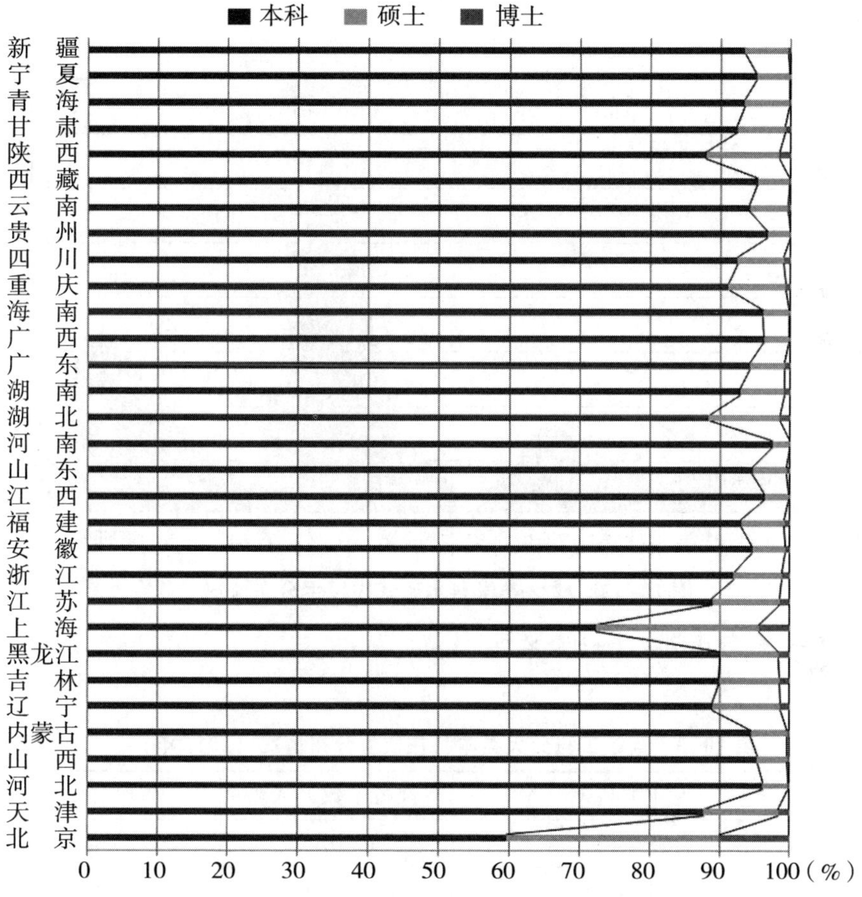

图 10-11　各省份本硕博在校生分布情况

数据来源：根据《中国教育统计年鉴 2017》整理。

3. 工学在科类结构中“一枝独秀”

在 12 大类学科（不包括军事学）的本硕博在校生中，工学的本硕博在校生数是最多的，一枝独秀，其他学科中，除了管理学的本硕博在校生数占比超过了 10%以外，其他学科均未超过 10%（见图 10-12）。在工学细分的力学类、机械类、材料类、能源动力类等 30 个专业类别中，本科生培养规模排在前 5 位的分别是计算机类、机械类、电子信息类、土木类和电气类专业。其中，排名第一的计算机类本科生培养规模达到了 100 万人以上（见表 10-3）。

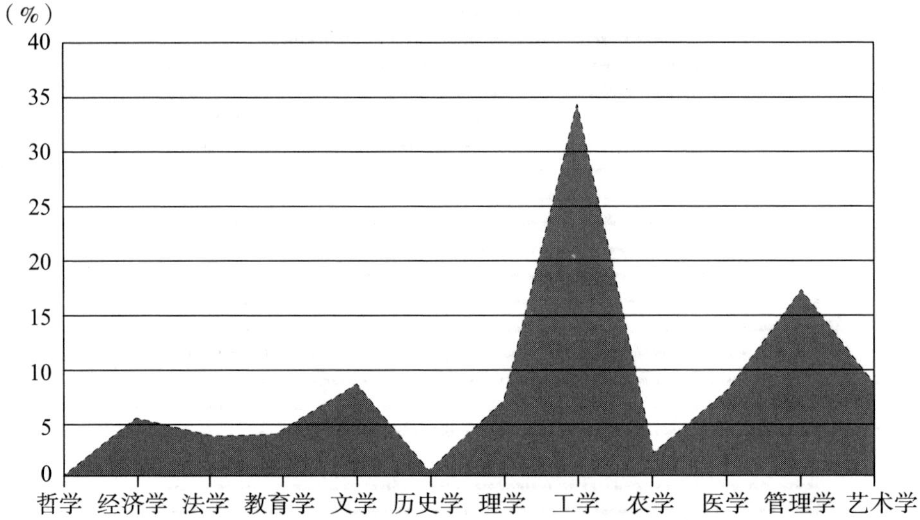

图 10-12　12 大类学科本硕博在校生分布情况

数据来源：《中国教育统计年鉴 2017》。

表 10-3　高校工科分大类本科在校生分布情况（2017 年）

排名	专业类名	在校生数（人）	占比（%）
1	计算机类	1070709	19.43
2	机械类	821665	14.91
3	电子信息类	700881	12.72
4	土木类	502292	9.11
5	电气类	353689	6.42
6	材料类	278813	5.06
7	化工与制药类	214028	3.88
8	自动化类	206750	3.75
9	建筑类	164889	2.99

续表

排名	专业类名	在校生数（人）	占比（%）
10	食品科学与工程类	163122	2.96
11	环境科学与工程类	150283	2.73
12	交通运输类	132547	2.40
13	能源动力类	104923	1.90
14	生物工程类	77989	1.42
15	仪器类	73973	1.34
16	水利类	55711	1.01
17	矿业类	51199	0.93
18	测绘类	48310	0.88
19	地质类	46404	0.84
20	安全科学与工程类	40972	0.74
21	纺织类	38492	0.70
22	航空航天类	33099	0.60
23	轻工类	31497	0.57
24	公安技术类	30931	0.56
25	农业工程类	27581	0.50
26	生物医学工程类	24816	0.45
27	其他	23436	0.43
28	力学类	19196	0.35
29	海洋工程类	13072	0.24
30	林业工程类	10176	0.18
	总计	5511445	100.00

数据来源：《中国教育统计年鉴 2017》。

二、经济社会发展对高等专门人才的需求分析

2018 年我国经济总量达到 13.6 万亿美元，GDP 占据全球的 1/6，稳居世界第二，人均 GDP 接近 10000 美元，经济增速为 6.6%，位居世界前

列，对世界经济增长的贡献率约为30%。在经济和社会发展过程中，高等教育通过人才培养，提供了高质量的人力资本保障和强大的发展动力。在我国经济发展由高速增长转向高质量发展的关键阶段，人才作为一种资源要素，发挥着越来越重要的支撑作用，已经成为核心资源要素。

1. 社会对人才规模的需求仍有较大上升空间

2018年，我国高等教育毛入学率达到48.1%，但是与国际水平相比，仍然有较大差距。美国在1972年（48.17%）、英国在1995年（48.25%）、法国在1994年（49.51%）、意大利在1998年（48.19%）、日本在2000年（48.74%）、韩国在1995年（48.93%）的高等教育毛入学率就已高于我国。从每10万人口中高校平均在校生数来看，虽然我国由1949年的22人增加到1999年扩招开始时的594人，并在2018年达到2658人（见图10-13），但与世界主要发达国家和金砖四国等53个国家相比，每10万人口中高校平均在校生数排名仍然靠后。

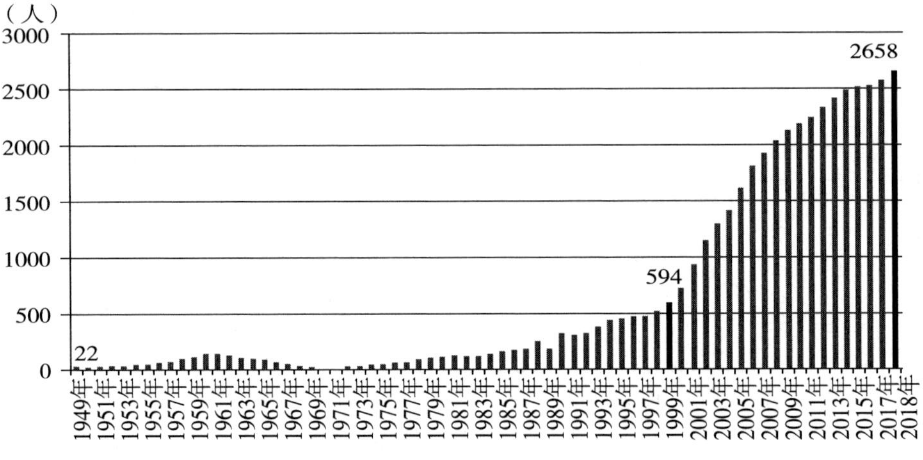

图10-13　1949—2018年我国每10万人口中高校平均在校生数变动情况

数据来源：《中国统计年鉴2018》。

另外，虽然我国高学历人才比例逐步上升，但与发达国家相比，人均受教育年限仍有较大提升空间。据联合国2015年发布的《人类发展指数报告》，2015年中国25岁及以上人口人均受教育年限仅为7.6年，远低于美、英、德、法、日、韩人均12年以上的水平。

以上数据表明，与发达国家相比，我国高等人才在总人口中所占比重仍然偏低。我国庞大的经济总量的增长仍然推动着经济规模不断扩大，社会对人才的需求加大，现有高等教育规模仍显不足。始于2017年初的“抢人大战”从某种程度上也说明了这一问题。在这场“抢人大战”中，不仅有一、二线城市，也有三、四线城市，“抢人”竞争十分激烈（见表10-4）；所抢人才以青年大学生为主体，北京、上海等一线城市则以抢夺顶尖人才为主，显然，高层次人才“僧多粥少”的状况较为突出。

表10-4　2017年以来出台人才新政的地区

所在城市群	代表城市	占比（实行人才新政的城市数量/该城市群城市数量总和）
山东半岛、京津冀	青岛、济南、烟台、聊城、淄博、济宁、临沂、潍坊、新泰、惠民、北京、天津、石家庄、秦皇岛、邢台、承德、沧州、廊坊、保定、张家口、唐山	39%
中西部	长沙、新余、南昌、武汉、西安、郑州、成都、重庆、洛阳、兰州、呼和浩特、太原	23%
泛长江三角洲地区	南京、杭州、无锡、扬州、宁波、滁州、合肥、昆山、徐州	18%
泛珠江三角洲地区	深圳、广州、中山、珠海、佛山、东莞、福州、厦门	16%
东北地区	沈阳	4%

数据来源：全国51个省市人才新政解读：当“归国潮遇上抢人大战”［EB/OL］.［2020-07-06］. https：//new. qq. com/omn/20180613/20180613A0G2HH. html.

总之，在我国经济增长由粗放型向集约型、由中高速增长向高质量增长转变的过程中，需要大量高水平的生产、管理和服务人才。高校是培养创新人才的重要机构，中国本科以上的人才储备量与发达国家相比仍然太少，在激烈的国际竞争中将处于不利地位。同时，国民文化素质也是综合国力的基础，当前我国城乡居民中受过高等教育的居民比例也远低于发达国家，因此，我国的社会经济发展对大学毕业生仍然有较大的需求。

2. 不同区域对人才的需求差异明显

社会对人才数量和质量的需求深受区域经济发展水平的影响，具有显著的区域差异。经济发展水平高、就业机会多、工资收入较高的区域一直是人才集中的主要区域。高校毕业生的流动对全国的人才格局具有重要影响，由于应届高校毕业生初次就业的流动成本相对较小，对地域的偏好表达更为充分。经济发展水平高的区域充分利用其雄厚的资金实力和所能提供的优厚待遇与发展环境，吸引了大量的毕业生。我国东部沿海地区是人才需求的主要区域，20 世纪 80 年代以来，西部人才流出量是流入量的 2 倍以上，特别是中青年骨干人才，大量外流。陕西省 2004 年毕业的 4600 多名硕士学位以上的研究生，有 80%选择了到东部沿海地区。[①] 甘肃省虽然采取了多种积极措施吸引人才、挽留人才，使得人才总量保持了一定的增长，但是科学研究人员等高层次人才的流失问题依然严峻。从 1979 年到 1999 年，甘肃省共流出各类人才 1.3 万人，其中 70%是高级人才、科技骨干，而同期流入的人才不足 5000 人。1992—2002 年，甘肃省的科学研究人员从 1975 人下降到 1742 人。[②] 从全国分地区就业人员受教育程度来看，经济发达省份对高层次人才的需求旺盛。2017 年，北京就业人员中大学专科及以上学历人员占比高达 55.8%，其后是上海、天津、浙江、江苏，占比分别为 46.2%、34.6%、26.5%、25.2%，远高于全国 18.2% 的平均水平，排在后五位的是河南（12.5%）、西藏（11.7%）、江西（11.4%）、贵州（10.2%）和云南（9.5%）（见图 10-14）。另外，前文所提到的“抢人大战”中，不同城市所抢人才的层次存在着差异，有些聚焦于顶尖人才，有些聚焦于本科层次人才，有些则将人才引进的学历标准放宽到中专，这种对人才层次的不同需求也反映出区域间的人才需求存在

① 陕西研究生八成被东部预定 西部人才流失严重［EB/OL］.［2020-07-06］. http://news.sohu.com/12/72/news147937212.shtml.

② 王亚博. 1978—2009 年甘肃省人才流动研究［D］. 兰州：西北师范大学，2017.

较大差异。

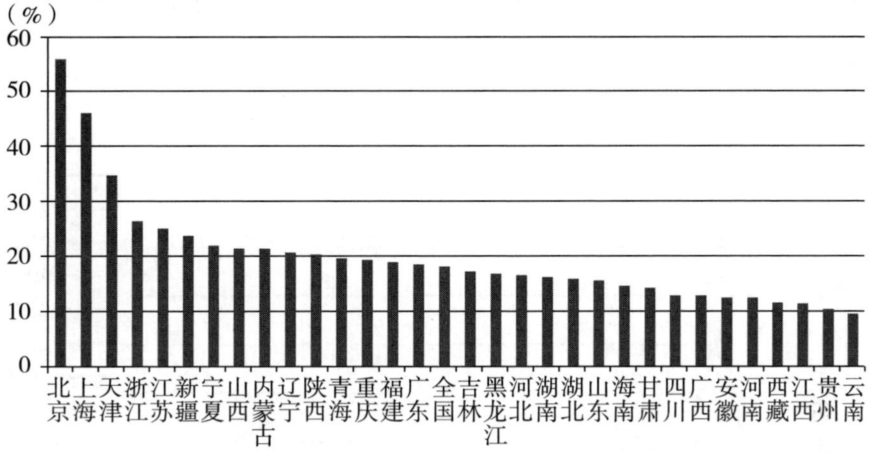

图 10-14　2017 年我国分地区就业人员中接受大学专科及以上教育的比例

数据来源：《中国人口和就业统计年鉴 2018》。

3. 制造业是社会人才需求的主要行业

不同产业、不同行业对人才数量和质量的需求有差异。随着我国经济结构的优化升级，我国的产业结构已经成为“三二一”的结构，与此相适应，我国的就业结构也呈现出“三二一”的特点。改革开放 40 多年来，我国逐步发展成为世界第一制造大国，2017 年我国的制造业产值达到 242707 亿元，占 GDP 的 29.34%，是我国第一大行业。我国制造业增加值在全球占比基本稳定在 26%以上，在 500 余种主要工业产品中，有 200 多种产量位居世界第一。[①] 制造业成为我国就业人员分布最多的行业，以城镇单位就业人员的行业分布为例，2017 年，制造业城镇单位就业人员达到 4635.5 万人，占全国城镇单位就业人员的比例达到 26.27%。从 2003—2017 年的就业人员分布变动情况来看，制造业始终是城镇单位就业人员分布的最主要行业（见图 10-15）。随着我国劳动力人口的逐渐减少和劳动力成本的上升，靠大量投入廉价劳动力谋求发展的道路会逐渐变窄，以

① 智研咨询．改革开放 40 年我国制造业发展成就、产业问题及对策分析［EB/OL］.（2018-10-29）［2020-07-08］. https：//baijiahao. baidu. com/s？ id=1616650139568554371.

工业机器人为代表的智能装备正逐渐取代传统劳动力，我国制造业在新时期的发展将伴随智能化与自动化，这必将对人才提出更高的要求，使过去对人才的“量”的需求转向对“质”的需求，以适应高端制造业的发展。

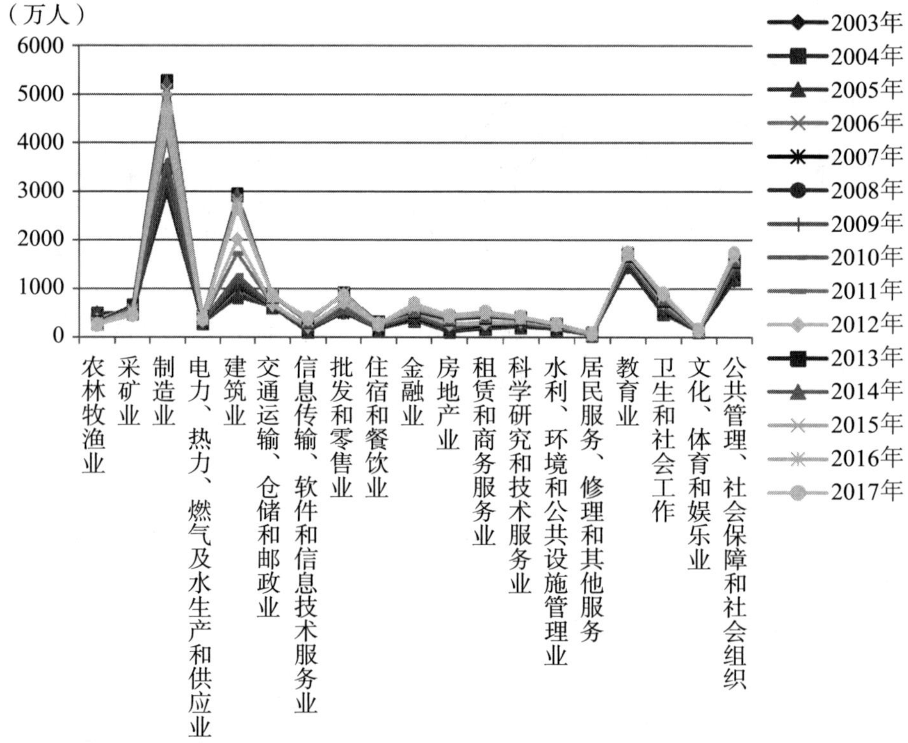

图 10-15　2003—2017 年我国按行业分城镇单位就业人员变动情况

数据来源：《中国统计年鉴 2018》。

4. 私营企业和个体经济成为社会人才需求的主要单位类型

社会人才需求的种类和范围比较多，但经济发展对人才的需求是核心。企业作为商品生产和流通的主要承担者，是市场经济活动的主要参与者和社会财富的主要创造者，是社会经济可持续发展的重要力量。以山东省 2018 年度非师范类毕业生就业为例，企业需求毕业生最多，占需求总人数的 88. 66%，事业单位占 3. 38%，机关占 0. 49%，部队、基层社区等其他性质单位占 7.47%。[①] 广东省 2018 年的毕业生中，有 73.22%到企业就业，12.75%到机关、部队、党群及政法系统单位和事业单位就业，有 7.02%选择升学和出国。[②] 就全国来看，民营企业/个体（60%）是 2017 届大学毕业生就业最多的单位类型，本科院校中有 53%的毕业生就业于民营企业/个体，2017 届大学毕业生就业比例最高的单位规模是 300 人及以下规模的中小型用人单位（55%），其中本科毕业生这一比例为 51%。[③] 从历年变动情况来进行分析，在民营企业和个体就业的人数不断攀升，从 2000 年的 1268 万人、2136 万人分别增加到 2017 年的 13327 万人和 9348 万人（见图 10-16）。

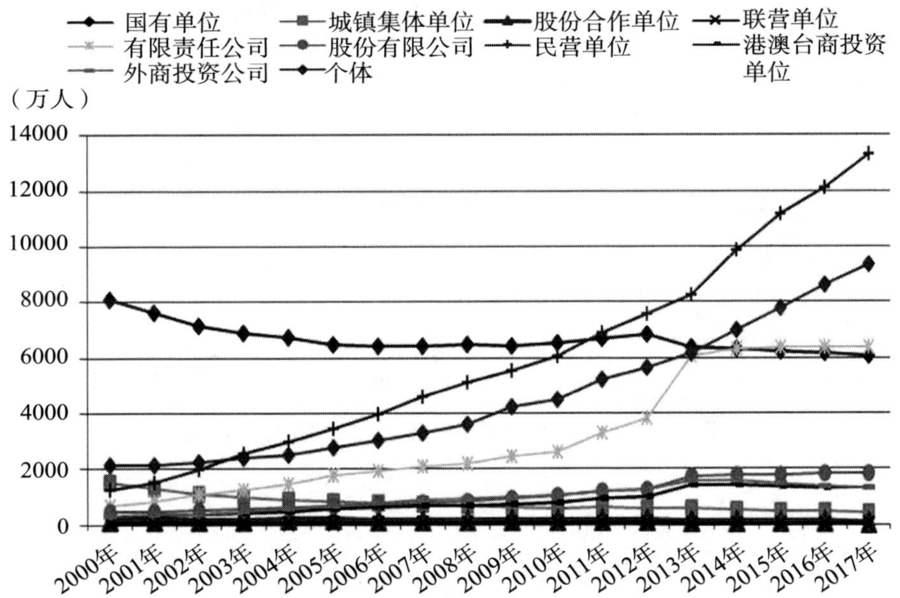

图 10-16　2000—2017 年我国按经济类型分城镇单位就业人员变动情况

数据来源：《中国统计年鉴》。

---

① 2018 年度山东省高校毕业生就业质量年度报告［EB/OL］．［2020-07-08］．http：//www.sdgxbys.cn/advertisement/2018/2018jyfx/．

② 广东省教育厅．2018 年广东省高校毕业生就业质量年度报告［EB/OL］．［2020-07-08］．http：//www.gd.gov.cn/zwgk/zdlyxxgkzl/jy/content/post_1408021.html．

③ 毕业后就业率最高的三大专业，有你的吗?［EB/OL］．［2020-07-08］．http://m.sohu.com/a/283802439_755197．

5. 经济社会发展对人才素质结构提出新要求

我国产业传统的生产模式、人员模式、合作模式都已开始发生大的变化，新的产业行业对人才有新需求，复合型、跨专业、高技能、高素质人才是当前高度短缺的人才群体，也是当前和今后一段时期最受欢迎的人才。《2018 年度山东省高校毕业生就业质量年度报告》显示，用人单位在录用毕业生时考虑的重要因素中，最注重的是“品德修养”“工作态度”“稳定性”三个方面，选择比例分别为 51.24%、46.87%和 37.85%（见图 10-17）。

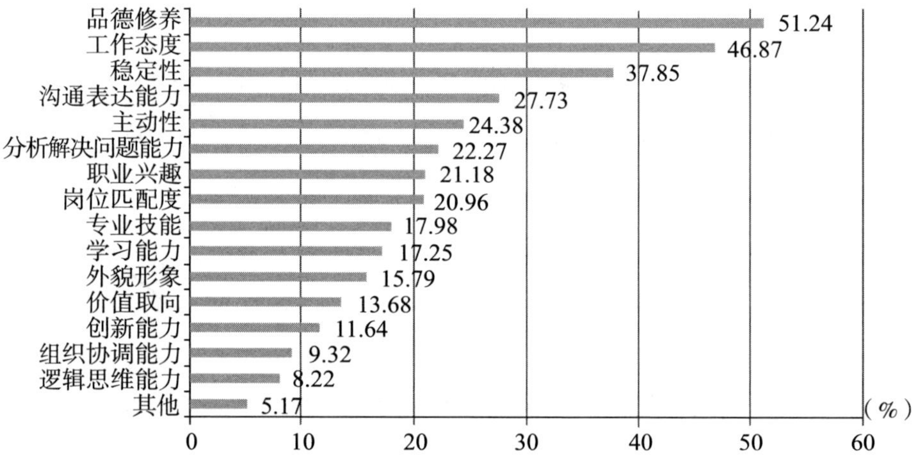

图 10-17　用人单位录用毕业生时考虑的重要因素

针对产业结构变化的新特征，如产业融合、产业结构软化、生产方式变革和产业融合创新，社会对人才提出了更高要求。（1）产业融合对人才的需求。随着产业升级以及信息技术的广泛应用，产业间的边界日趋模糊，加之大数据、云计算、互联网技术的发展，互联网与传统产业的融合不断加深。[①] 产业融合催生的新兴产业内产品技术融合的增多与加速，对从业人员在知识的交叉运用与创新、团队协作方面提出了更高的要求。（2）产业结构软化对人才的需求。软化主要包括两个方面：一是经济服务

① 方大春，王海晨．新常态下产业转型升级对人才培养的新要求及对策建议［J］．对外经贸，2017（3）：140-141.

化，表现为第三产业（软产业）比重不断上升；二是对信息、服务、技术和知识等（软要素）的依赖程度加深。产业结构软化需要既懂生产制造又懂商务知识，既精通制造技术又熟悉服务流程的复合型人才。（3）生产方式变革对人才的需求。工业 4.0 是以智能制造为主导的第四次工业革命，通过充分利用信息通信技术和网络空间虚拟系统相结合的手段，使制造业向智能化转型，催生出新的价值网络和产业链分工，这使对人才的需求更加强调基础化、综合化、个性化、实践化，要打破高度专业化的人才培养模式，大力培养复合型的交叉人才。（4）产业融合创新对人才的需求。融合创新是立体的、全方位的创新，在实践上更加关注创新效果以及竞争力的持续性，这不仅需要多层次、系统化链接配套的专业技术人才，更需要大批具有协同能力，能够驾驭“政产学研资介”战略合作的复合型人才。①

美国学者的研究结果表明，1960—2009 年，美国劳动力市场对常规性认知、常规性操作和非常规性操作技能的需求呈下滑趋势，而对非常规性分析和非常规性人际交往技能的需求却大幅上升。② 我国高等教育也强调知识、能力和情感并重的综合培养目标，培养的学生除了要有扎实的专业技能和良好的职业态度以外，还应该有较高尚的品质，有高度的责任感、事业心，有广泛的兴趣和开阔的视野。从国际竞争和国家发展战略的角度来看，创新创业能力和学习能力是当今时代和未来时代都需要的重要能力。高层次人才必须具有创新意识、创新思维、创业能力以及不断学习的能力，提高应对未来不确定性和风险的意识、胆略和勇气，才能在更为复杂多变的环境中去解决更具有挑战性的问题，才能为社会做出更多的贡献、产生更大的影响力。

① 方大春，王海晨．新常态下产业转型升级对人才培养的新要求及对策建议［J］．对外经贸，2017（3）：140-141.

② 滕珺．21 世纪人才的十大核心技能［J］．中国教师，2015（1）：69-71.

第三节　我国高校人才培养结构与社会需求关系分析

人才培养与社会需求相结合是高等教育改革发展的趋势，高校人才培养只有对接社会需求，不断加强科技创新和创新型人才的培养，才能为区域经济发展提供人才支持和智力保障，也才能更好地实现高校的可持续发展。当前高校的人才供给结构与社会需求结构处于失衡状态，经过多年的努力调整，两者关系向着契合方向发展，但人才供给仍滞后于社会需求，两者处于一种动态调整的非平衡状态。

一、我国不同经济发展阶段呈现出不同的人才供需关系类型

经济发展具有明显的阶段性，与此相适应，社会对人才的需求与高校的人才供给之间的关系也具有明显的阶段性特征。

1. 计划经济阶段人才供需的国家匹配关系（1949—1992 年）

在计划经济阶段，社会对人才没有主动权，只能是被动接受。高等学校实行全国统一招生、毕业生工作由政府统筹分配的政策。在特定的经济社会发展阶段，这种以行政手段为基础的国家指令性分配，能够最大限度地使人才培养与国家发展目标相一致，有效实现高层次人力资源的配置，使之与国家发展规划相协调，达到“按需培养，人尽其才”的配置状态。

与当时的计划经济体制相一致，我国高等教育采用计划管理模式。学校按国家计划招收学生，毕业生按照分配计划到单位就业，用人单位按计划无条件接收，市场机制和经济手段几乎不发生任何作用。这种国家“统包统分”的人才供需模式在当时有利于提供经济建设所需的各类人才，有利于国家对人才流向进行宏观调控，有效解决了国民经济发展和高等学校及其专业设置分布不均衡而造成的人才分配不均的问题，使高等教育发展

与我国社会主义建设密切关联。

2. 社会主义市场经济阶段人才供需的市场导向关系（1993—2014 年）

1992 年邓小平同志南方谈话突破了“姓资姓社”的争论，党的十四大确立了建立社会主义市场经济体制的目标。随着我国市场经济体制的建立与发展，经济社会发展对高等专门人才的需求逐渐灵活多样，计划经济时期的人才培养结构和统招、统培、统分制度的弊端越来越明显。用人单位与毕业生均缺少自主选择权的情况，既容易导致人才浪费，又难以有效满足经济社会发展的需求。在前期教育体制改革的经验基础上，党中央和国务院于 1993 年正式提出改革高等学校毕业生统包统分和“包当干部”的就业制度，实行少数毕业生由国家安排就业，多数由毕业生“自主择业”的就业制度。[①] 经过两三年的调整过渡，到 20 世纪 90 年代中后期，即 1996 年，统一分配制度被取消。随着教育体制改革的深化，高校办学自主权和毕业生就业自主权进一步扩大，劳动力供需市场对高校人才培养的调节作用日益明显，大学生升学和就业受社会需求影响而呈现适当波动的市场化发展特点日益明显。2002 年 3 月，我国颁布了《关于进一步深化普通高等学校毕业生就业制度改革有关问题的意见》，明确提出了要建立“市场导向、政府调控、学校推荐、学生与用人单位双向选择”的就业机制。该政策的出台，标志着“以市场为导向”的人才资源配置新机制的确立，高校毕业生就业工作全面走向市场。在“以市场为导向”的人才资源配置新机制下，高校在人才培养方面更加注重市场需求，致力于提升毕业生的就业竞争力。但由于这一阶段我国高校人才培养规模虽逐步扩大，但从整体上来讲仍处于“供小于求”的状态，因此，高校的危机感并不是很强，对社会需求的反应也不够敏锐，存在着比较突出的“人才培养难以有效满足社会需求”的问题。

3. 经济发展新常态阶段“人才供需”的市场主导关系（2015 年至今）

自 2015 年至今，我国经济发展方式从粗放型、数量型扩张转到集约

---

① 李春芳，季晨阳，徐锐，等．新时代背景下教育与就业关系的探究［J］．创新创业理论研究与实践，2018（14）：9-10.

型、质量型发展。这种状态有三个基本特征：一是经济增长速度由高速增长转为中高速增长，二是经济结构不断优化升级，三是发展动力从要素驱动、投资驱动转向创新驱动。①

为适应经济发展的新常态，缓解人才供给和需求的结构性矛盾，教育部、国家发展改革委、财政部于 2015 年联合颁布了《关于引导部分地方普通本科高校向应用型转变的指导意见》，在指导思想中明确提出："推动转型发展高校把办学思路真正转到服务地方经济社会发展上来，转到产教融合校企合作上来，转到培养应用型技术技能型人才上来，转到增强学生就业创业能力上来，全面提高学校服务区域经济社会发展和创新驱动发展的能力。"近几年来，全国已经有 200 多所地方高校参加了转型改革试点，安徽、重庆、长三角地区还成立了区域性应用型本科高校联盟，一大批行业龙头企业主动与应用型高校对接合作，立足社会需求，助力区域经济发展。② 市场需求对高校人才培养的影响越来越大，以市场为主导的人才供需关系正逐步形成，随着我国高等教育进入普及化阶段，高校间的竞争也将日益激烈，通过面向市场办学、办专业，改革人才培养模式来提升市场竞争力将成为未来我国高校的生存常态。

二、新时期我国高校人才培养结构与社会需求关系状况

高校人才培养结构具有相对稳定性，而社会需求的变动比较频繁，两者之间无法做到完全同步。近年来，各级教育主管部门和高校积极以就业为导向，促进人才培养、社会需求间的良性互动，主动适应新时期经济发展对人才需求的新特点，促进了高校人才培养与社会需求之间的有效对接。从总体上而言，经过多年的发展和调整，高校人才培养的区域结构、学科结构与经济社会发展需求之间的契合水平在不断提升。

---

① 刘小燕．新常态下边境地区要素驱动型县域经济发展问题研究：以麻栗坡县为研究对象［J］．文山学院学报，2018（6）：97-100.

② 鲍方印，窦鹏，武杰，等．校企合作协同育人机制探究［J］．蚌埠学院学报，2019（1）：86-88，98.

1. 人才培养区域布局与区域经济发展基本保持协调

2000 年以来，为了适应地方经济发展，我国主动调整了高等教育的空间布局结构，与区域经济社会发展步调基本保持协调。新建院校也助推了我国高等教育大转型，高校与产业结构对接更加紧密。本科高校自东向西阶梯状递减的区域分布特点表面上看是一种不均衡发展，实际上是与各区域经济发展水平相对应的。东部地区经济发达，经济规模大，对高层次人才的需求大，必然导致高校和人才供给量的增加，这种区域布局结构的形成除了受国家宏观调控的影响之外，也是社会需求调节的一种结果。为了促进中西部地区的经济发展，加快中西部地区高等教育发展步伐是一种宏观战略，但也必须密切结合区域经济发展对人才的需求，保持基本的协调与平衡。

2. 人才培养的学科大类结构与产业发展需求基本契合

我国现有的就业人数分布与各学科培养的人才数量基本契合。2017 年，制造业城镇单位就业人员数量达到 4635. 5 万人，占城镇单位就业总数的 26. 27%，就业人数排各行业第一。工学普通本科及以上学历在校生数达到 104. 74 万人，占 13 大类学科在校生总数的比例达到 40. 13%，也是排名第一。两者具有很强的一致性。此外，社会机构发布的专业就业报告也促进高校调整学科专业，适应产业发展需求。《中国大学生就业报告》汇总了每年的就业红牌、绿牌专业分布情况（见表 10-5、表 10-6）。红牌专业是指失业量较大，就业率、薪资和就业满意度综合较低的专业；绿牌专业是指薪资、就业率持续走高，失业量较小的需求增长型专业。红牌专业和绿牌专业的变化显示出社会对人才需求变化的阶段性特点，而高校的学科专业布局可以此为参考适时地进行调整。2019 年，本科和高职院校新增了 2297 个专业，2019 年山东大学新增了人工智能、数据科学与大数据技术、智能制造工程、网络空间安全、材料科学与工程以及生物医学科学等 6 个战略新兴专业。中国石油大学（华东）2019 年聚焦国家战略性新兴产业以及行业，新增 4 个招生专业，分别是新能源材料与器件、智能制造工程、智能科学与技术、数据科学与大数据技术。[①] 这些新增专业聚焦新兴行业人才需求，与当前社会经济发展的需求相契合。

表 10-5　2010—2018 年大学本科红牌专业

专业	2010年	2011年	2012年	2013年	2014年	2015年	2016年	2017年	2018年
生物科学	■	■	■	■	■	■	■		
法学	■	■	■	■	■	■			■
生物工程	■	■	■	■	■	■		■	
生物技术	■	■	■	■	■		■	■	
动画	■	■	■	■	■				
体育教育	■	■	■	■	■				
英语	■	■	■	■					
数学与应用数学	■	■	■	■					
美术学				■	■	■	■	■	■
国际经济与贸易	■	■	■				■		
应用心理学						■			
音乐表演						■	■	■	■

注：图中灰色代表对应年份的红牌专业。

数据来源：历年《中国大学生就业报告》。

表 10-6　2010—2018 年大学本科绿牌专业

专业	2010年	2011年	2012年	2013年	2014年	2015年	2016年	2017年	2018年
信息安全								■	■
软件工程						■	■	■	■
网络工程						■	■	■	■
物联网工程									■
数字媒体技术									■

① 刘艳杰. 中国石油大学（华东）：聚焦战略新兴产业［N］. 光明日报，2019-05-25（4）.

续表

专业	2010年	2011年	2012年	2013年	2014年	2015年	2016年	2017年	2018年
通信工程						■	■	■	■
数字媒体艺术								■	■
电气工程及其自动化							■	■	
广告学							■	■	
审计学		■	■	■	■		■		
车辆工程					■	■	■		
建筑学					■	■			
建筑环境与设备工程						■			
矿物加工工程	■	■	■	■	■	■			
地质工程	■	■	■	■	■				
采矿工程	■	■	■	■	■				
油气储运工程	■	■	■	■	■				
城市规划					■				
船舶与海洋工程	■	■	■	■	■				

注：图中灰色代表对应年份的绿牌专业。

数据来源：历年《中国大学生就业报告》。

3. 高校人才培养结构与社会需求结构仍存在一定程度的失衡

高校人才培养结构与社会需求间的这种供需失衡突出地体现在“就业难”和“招工难”两个方面。一方面，随着我国经济增速的放缓、经济结构的转型升级推进，产业转型升级所能够提供的高端岗位与大学毕业生的低技能水平的结构性矛盾越来越突出，出现“就业难”；另一方面，大学毕业生普遍存在实践能力差、自我认识不足、定位过高等问题而不愿“低就”，致使需求和供给在区域、职业、学历层次等结构上出现不一致，出现“招工难”。以信息技术专业人才培养为例，2017—2021 年，我国高校最多可向信息技术产业供给约 170 多万名本科层次的人才（计算机类的 100 多万名在校生加上电子信息类的 70 多万名在校生）。虽然这样的人才供给量与其他科类相比已经很大，但从社会需求的角度来看，其规模仍难以满足信息技术产业的人才需求。《中国 ICT 人才生态白皮书 2018》显示，2017 年，我国信息技术产业人才总体需求缺口是 765 万人。除了人才供给量与社会需求之间的失衡，人才供给的质量与结构也与社会发展之间存在着失衡状况。相关研究显示，云计算领域的人才需求缺口为 108 万人。云计算当前的人才主体结构集中在云平台级研发，底层架构和行业应用人才结构相对薄弱，限制了云计算在行业领域的快速推广。[①] 牛津大学 2018 年关于中美两国算法研究人才的比较研究显示，中国算法研究方面的人才仅占全球人工智能底层技术研究人才的 13.1%，而美国算法人才的占比为 26.2%[②]；从开设人工智能专业院校的数量来看，中国仅有不到 30 所大学的研究实验室专注于人工智能，该数字远远无法满足人工智能企业的用人需求；从人工智能从业经验来看，美国半数以上的数据科学家拥有 10 年以上的工作经验，而在中国超过 40%的数据科学家工作经验不足 5 年[③]。

从高校层面来讲，部分高校定位不准，发展方向不明确；忽视社会人才需求研究，对大学毕业生这种“产品”，只管生产、不管销售；在学科发展上求多求全，追求向多学科、综合性发展等是导致当前高校人才供给偏离社会需求的主要原因。此外，受制于目前的高等教育管理体制，高校的办学自主权仍然没有真正落到实处，也在一定程度上束缚了高校的手脚，使其人才培养在对接社会需求方面仍然具有时滞性。

4. 高校人才供给和社会需求处于动态调整的非平衡状态

正如市场的供需关系一样，高校人才供给和社会需求之间不可能达到真正的平衡，只能处于不断动态调整的非平衡状态。这是高等教育人才培养的追求和动力。如果构建了较为灵活的调整机制，这种非平衡动态调整的速度就会快些，反之则会出现供给严重滞后于需求的问题。在我国，社

① 华为技术有限公司，计世资讯．中国 ICT 人才生态白皮书 2018 [R]．2018.

② “徐匡迪之问”背后，中国人工智能真的不行吗？[EB/OL]．[2020-07-08]．http://dy.163.com/v2/article/detail/EFV50ATB05382249.html.

③ 集成电路进口超过石油为最大软肋！德勤：中国人工智能产业链图谱 [EB/OL]．[2020-07-08]．http://www.jinciwei.cn/l529654.html.

会需求的产生遵循的是市场规律，而高校人才培养仍遵循计划思维，两者有不同的运行机制，当一方变化时，另一方不能迅速做出响应。因此，高校人才供给结构和社会需求结构之间是处于一种较为缓慢的非平衡动态调整状态，两者经常处于脱节状态，这种脱节突出地反映在当前的高校人才培养结构难以满足新兴产业行业的需求，如山东省计算机类专业的硕士研究生培养，在软件工程、集成电路工程、网络空间安全等专业方向的培养规模都偏小。根据《网络安全人才发展白皮书2018》，山东省对网络安全人才的需求在全国排第8，需求量占比为2.4%；从全国网络安全人才库学历情况来看，本科学历最多，占比63.2%，其次是硕士，占比23.6%，由此可见，山东省的网络空间安全硕士培养规模远远满足不了相关需求。要想促进社会需求与高校人才供给之间的平衡，使高校人才培养更好地满足社会发展需求，尤其是新的社会发展需求，社会需求与高校人才供给之间的关系就必须从“市场引导”型向“市场主导”型转变。目前，我国已经开始了这种转变，如对应用型大学建设的大力推进，对校企合作办学的大力倡导，但是要想使“市场主导”型的人才供需关系真正建立起来，还需要深化体制机制改革，使得高校与企业之间的合作更加组织化、制度化和常态化。

第四节　高校人才培养结构对接社会需求的战略对策

由于高校人才供给结构与社会需求之间一直会处于一种非平衡的动态调整状态，因此，很难给高校人才培养结构提出一个最优标准，应致力于增强结构动态调整的灵活性，使其可以跟上时代发展的步伐，更好地满足社会发展对高层次人才的需求。

一、推动完善人才需求预测和动态调整机制

社会对人才的需求是一种市场行为，高校要实现人才培养与社会需求的对接，必须遵循市场导向原则对现有的人才培养模式进行创新改革。高校人才培养对接社会需求，首先，要加大高校办学自主权，不断去除高校行政化，使高校在“生产”大学毕业生这种“产品”时能更多以市场经济的思维去改良“生产”目标与模式。其次，要建立基于社会需求的信息管理和反馈机制。社会对人才的需求主要是通过人才市场来传达的，人才市场是劳动力市场的有机组成部分，是调节人才供求平衡的基础机制。高校应根据人才市场供需变化的动态信息，建立人才需求的市场信号生成机制、传导机制和调整机制，从而及时进行人才培养方案的动态调整，以较好满足市场对人才的多样化需求。① 需要指出的是，推动构建社会需求主导型的人才培养体制，并不是要让高校丧失办学的独立权，成为社会需求的跟风者和被动接受者。高校需要不断厘清社会对人才的需求中的稳定性内容和波动性内容，分清短期人才需求和长期人才需求，不能盲目跟随社会需求，以有效规避大学人才培养结构改革的风险，避免导致大学的功利化。弗莱克斯纳（A. Flexner）认为，“大学不是风标，不能流行什么就迎合什么，大学应该时常给社会一些它所需要的东西，而不是社会所想要的东西”②。

二、构建校政企高度协同发展模式，大力促进产教融合

受制于体制机制，目前我国高校人才培养供给侧和社会需求侧在数量、结构、质量、层次上都存在较大程度的脱节，必须把高校、政府、企

① 林金娇，樊铭渠，蒲海涛，等. 基于社会需求的信息管理与信息系统专业人才培养模式研究［J］. 中国管理信息化，2014（11）：110-112.

② Flexner A. Universities：American，English，German［M］. Oxford：Oxford University Press，1930：5-6.

业统筹起来，促进现有的高等教育发展由“政府主导”模式向“校政企协同推进”模式转变，推动教育链、人才链与产业链、创新链有机衔接。在构建“校政企协同推进”模式的过程中，政府应发挥统筹作用，积极将高等教育建设纳入区域重大战略，结合区域发展、产业发展、城市建设和重大生产项目布局规划，紧密对接产业链、创新链的学科专业体系，把教育优先、人才先行融入各项规划，加快人才培养结构调整，促进教育和产业联动发展。同时，各级政府要通过多种方式加大地方区域统筹力度，给予高校资金、政策、资源等多方面支持，切实落实“放管服”要求，积极推动本地区高水平大学和优势特色学科建设。充分调动企业参与高校人才培养的积极性和主动性，深化“引企入教”改革，健全校企协同育人和合作长效机制，推进产教协同育人，逐步提高行业企业参与办学程度，健全多元化办学体制，鼓励企业参与举办职业教育和高等教育。通过统筹，把政府、高校、行业、企业连接在一起，把高校发展与区域社会经济发展融合在一起，把高校的通识教育、专业教育、行业教育、管理教育融合在一起，把学习、实习、创业和就业融合在一起，从而构建起融合教育体系①，为加快建设实体经济、科技创新、人力资源协调发展的产业体系，培育经济发展新动能提供有力支撑。

三、高校应确立超前意识，充分发挥对社会需求的引导作用

高校拥有丰富的高层次人才资源和创新资源，具备强大的科研能力和人才优势。高校各专业门类比较齐全，创新思维活跃，与国外高校和科研机构交流密切，能时刻把握技术前沿和最新科技的发展动态，是我国基础研究和应用研究的主力军。因此，我国高校不能成为社会需求的被动跟随者，而是应确立超前意识，积极、主动预测经济社会发展趋势与规律，通过培养创新人才，提供新思想、新知识、新技术，推动产学研的合作，引

① 席西民．未来人才需求和大学教育变革［EB/OL］．［2020-03-20］．http：//www.qunzh.com/qkzx/gwqk/dzxt/2017/201705/201711/t20171122_35180.html.

领社会需求发展。《面向21世纪教育振兴行动计划》明确提出，“高等学校要在国家创新工程中充分发挥自身优势，努力推动知识创新和技术创新，加快技术开发，围绕经济建设中的共性关键技术开展科技攻关，为改造传统产业、调整产业结构、加强农业和农村工作、培育国家经济发展新的增长点服务”，高等教育有责任对社会发展进行判断并引导社会沿着健康的轨道前进。[①] 对于当前我国高校而言，要想引领社会发展和需求，就必须加强对各类需求的针对性研究、科学性预测和系统性把握，主动对接国家和区域的重大战略，加快建设对接区域传统优势产业及先进制造、生态环保等战略型新兴产业发展的学科，优化学科专业结构，完善以社会需求和学术贡献为导向的学科专业动态调整机制，推进高层次人才供给侧结构性改革，优化不同层次学生的培养结构，适应需求调整培养规模与培养目标，建立面向服务需求的资源集成调配机制。

① 邬大光，施晓光．高等教育的历史责任：克拉克·科尔《高等教育有无法逃避的历史责任》述评［J］．高等教育研究，1996（1）：88-93.

第十一章　家庭教育、学校教育、社会教育结构关系

在个体成长的过程中，教育发挥着举足轻重的作用。家庭、学校、社会是个体接受教育的三类不同的场所，家庭教育、学校教育、社会教育三种教育形态相互依赖、彼此影响，构成个体成长的重要环境。

第一节　研究背景

一、核心概念界定

家庭教育是指父母或其他年长者在家庭生活中自觉地、有意识地对子女进行的教育。与学校教育、社会教育相比，家庭教育的内容更具有广泛性，家长对子女进行的是做人做事所需要的全方位的教育；教育方法也更灵活，家长可以根据条件和需要不拘一格地对子女进行教育；教育时间也更持久，家庭教育从子女出生就开始进行，一直持续到其成年之后。与其他教育形态相比，家庭教育是一种特殊的教育形态，是一种非正规的私人教育。因此，在家庭教育中，教育者和受教育者之间的关系不仅是一种教育和受教育的关系，而且是一种血缘关系、隶属关系和情感关系，家庭教育是为了充分地满足家庭成员的个人愿望并实现其利益需求的活动；此外，家庭教育还是一种融于家庭生活之中、自然而然地进行的教育。家庭

教育对个体的影响是潜移默化、终身相伴的。有学者将之称为“底色教育”，家庭教育为个体接受其他教育奠定基础。

学校教育是在学校中进行的教育，它是指教育者按照一定社会的要求和受教育者身心发展的规律，对受教育者施行的一种有目的、有计划、有组织的传授知识技能、发展智力和体力、培养思想品德的系统影响活动。现代学校教育按水平可分为初等学校教育、中等学校教育、高等学校教育，按性质可分为普通学校教育、专业学校教育。学校教育是狭义的专门的教育。相对于家庭教育而言，学校教育是一种制度化教育，是由专业的人员（教师）在专门的场所（学校）依据既定的教育目标开展的活动。规模化、高效率是学校教育的重要特征。从历史角度来看，现代学校的产生是为了满足社会对人才的大规模需求，因此，在学校教育中，课程设置、教材编写都立足于浓缩人类科学文化知识的精华，教师运用科学、合理的教学方法进行知识的传授，引导受教育者在相对短的时间里高效率地掌握系统的科学文化知识以及一定的道德观念，从而产生较之于非正规教育的高效率。只有在学校教育形成一种独立的形态后，教育才成为真正意义上的教育。

社会教育作为一种教育形态，自古有之。广义而言，包括家庭教育、学校教育在内的一切影响个人身心发展的教育都属于社会教育。狭义的社会教育则指学校教育、家庭教育以外的一切文化教育设施对青少年、儿童和成人实施的各种教育。现代社会教育是学校教育和家庭教育的重要补充。本研究取狭义社会教育的角度，主要关注以基础教育阶段学生为对象的社会培训机构或组织开展的教育活动。这一社会教育在学术界被称为“影子教育”，即此社会教育是学校教育的影子，在内容、形式等方面都深受学校教育的影响。

家庭教育、学校教育、社会教育是人们依据教育赖以运行的空间特征划分的，然而，对个体的发展过程而言，家庭、学校和社会的作用并非泾渭分明。尽管三者加诸个体成长的过程存在强度、方式上的差异，但是从教育效果而言，个体均从中受益。因此，从应然的角度来看，家庭教育、学校教育、社会教育三者是和谐共生的有机体。

二、文献综述

1. 学术研究现状

在学术界，关于家庭教育、学校教育、社会教育三者的关系，主要有三类观点：其一，在家庭教育、学校教育和社会教育过程中，学校教育应当占主导地位，家庭教育和社会教育是学校教育的补充和辅助；其二，家庭、学校和社会之间的关系不是谁领导谁或谁支配谁，然而当前三者的关系发生了错位，导致教育功能扭曲；其三，家庭教育、学校教育和社会教育“三位一体”，三者之间地位平等。

（1）学校教育处于主导地位，家庭教育和社会教育是学校教育的补充和完善。

在家校社三者关系中，一种普遍的观点是学校教育、家庭教育和社会教育各有特点，在整个教育体系中的角色、地位也不尽相同。家庭教育是儿童接触最早的教育，在整个教育体系中处于基础地位；社会教育是学校教育的延续、家庭教育的补充，可以弥补学校教育在知识教学方面存在的不足；学校是作为专门培养人的机构而产生的，体系最完整、涉及面最广泛、结构最稳定，在培养人方面具有其他社会机构所不能比拟的优势。因此，家庭教育只能起到补充、辅助的作用，学校教育的重要程度是任何一种教育形式都无法比拟的。[①][②][③] 当然持这一观点的学者并不否认家庭教育、学校教育和社会教育之间应该是一种伙伴关系，但是他们强调，学校教育在三者关系中具有很强的主导作用，只有当学校教育对家庭教育给予有效指导、能够整合社会教育资源时，家校社三者才能形成教育合力，共

---

① 张洪华．和而不同 和合而生：家庭教育、学校教育和社会教育合作的生态分析［J］．当代教育论坛（下半月刊），2009（10）：8-10.

② 王亚，胥媛媛，戴义凤．构建学校—家庭—社会的基础教育改革共同体［J］．西北成人教育学院学报，2017（1）：104-108.

③ 张明学．对学校、家庭、社会教育三结合的思考［J］．甘肃教育，2017（9）：43.

同促进学生健康成长。①② 因此，有学者在探索家庭教育、学校教育、社会教育的协同教育模式时，强调要以学校为主体，充分发挥学校的组织牵头、协调作用。③④⑤⑥⑦

还有学者从系统论的角度对这一观点进行解释，按照系统论的观点，系统中的各子系统要互相配合，有机联系，形成一个完整的整体才能发挥最大效能。

（2）家庭教育、学校教育与社会教育的关系发生了错位。

不少学者指出，当前我国家庭教育、学校教育与社会教育之间的关系并没有被理顺，三者之间也没有形成相互协调、相互合作的关系，突出表现出家庭教育的学校化、学校教育的家庭化。家庭教育的学校化主要表现为：家长把家庭教育狭隘地理解为仅仅是智育，这使得家庭教育始终围绕着学校的分数指挥棒转，学校也把本应承担的智育的职能部分推给家长，其结果是家长未能履行自己的德育职责，把相当多的精力倾注在孩子的学业辅导上。学校教育的家庭化主要表现为：为提高学校教育质量，学校把家庭教育指导工作纳入追求升学率的轨道，一味要求家长在对子女的智能培养上与学校同步，配合学校狠抓学生文化成绩。有学者认为家庭教育与学校教育应改变以一方为主、一方为辅的状况，形成双向互动、同步协调、教育互补、共同负责的局面，家庭教育指导工作应该由社会来协调，不能全由学校包下来，以此来实现家庭教育与学校教育的复位。⑧ 还有学

---

① 刘兵．浅谈家庭、学校、社会教育间的伙伴关系［J］．小学教学研究（理论版），2017（5）：32-33.

② 张文倩，金博兰．论家庭教育、学校教育和社会教育三者之间的关系［J］．知识经济，2015（9）：66-67.

③ 陈同亮．家庭、学校、社会协同教育模式的实施［J］．现代教育，2017（6）：7-8，13.

④ 王一寒，建新．正确处理家庭、学校、社会教育之间的关系［J］．产业与科技论坛，2014（15）：128.

⑤ 黄文斌．在家庭、学校、社会紧密配合下全面提高学生的综合素质［J］．学周刊（中旬），2013（11）：13.

⑥ 路伟．思想政治教育环境中家庭学校社会教育合作研究：以北京城市农民工子女思想政治教育为例［D］．长春：长春理工大学，2011.

⑦ 孙健军．家庭教育与学校教育、社会教育的结合点摭探［J］．成才之路，2019（13）：92.

⑧ 黄河清．论家庭教育与学校教育的合作［J］．教育评论，2001（4）：24-27.

者认为，家庭教育、学校教育与社会教育关系错位的根源在于学校教育的地位被无境止地提升，成为“绝对中心”与“无上至尊”，由此家庭教育的地位被削弱，基本上成为学校教育的附庸与补充，最多也只能是学校教育的“延伸”；社会教育的地位始终毫无起色，基本上无地位可言。因此，学校教育与家庭教育之间形成一种支配与被支配的关系，社会教育与家庭教育、学校教育之间几乎不存在任何关系，彼此孤立。[①] 为此，不少学者大力提出家庭、学校、社会“一体化”或“三结合”的理论，指出家庭教育、社会教育、学校教育应协调一致、互相配合，实现整个教育在时空上的紧密衔接，发挥各种教育的互补作用，从而加强整体教育的有效性。[②③④]

（3）家庭教育、学校教育和社会教育“三位一体”，相互联系，相互协调。

有学者指出，教育是相互联系和相互渗透的，要想促进学生的成长，必须坚持家庭教育、学校教育和社会教育三位一体的教育生态理念，实现三者的有机结合。只有整合三种教育形态，使三者紧密结合、相互协调、理念合拍、方法相容、互通有无、形成合力，实现教育在时空上的有效对接，才能更好地满足学生作为人的全面发展和社会的全面进步的需要。[⑤] 有学者强调，家庭、学校和社会在个人发展中作用各异，家庭教育能够决定个体的学校教育起点，而学校教育需要很好地为家庭教育提供支撑与引导，社会教育能够对学校教育起到良好的反馈作用，并为家庭教育提供一个优越的教育环境，这三种教育形态在教育过程中既相互独立又有着紧密的联系，而任何一种教育形态的失误，都有可能阻碍未成年人的发展，因

---

① 孙山．关于新时期家庭、学校、社会教育的新思考［J］．文教资料，2007（18）：123-125.

② 黎军，张大玲，张堡．论现代教育中家庭教育与学校教育的合作［J］．高等理科教育，2003（S1）：41-43.

③ 曾文婕．家庭、学校与社区教育整合：新认识、新方法与新问题：第 39 期广东教育沙龙纪要［J］．教育导刊，2006（7）：63-64.

④ 玛依拜达尔·马合木提．关于对新时期家庭、学校、社会教育关系的研究［J］．亚太教育，2016（22）：293.

⑤ 陈殿兵，杨新晓．构建家庭、学校、社会三位一体的大教育生态研究［J］．基础教育研究，2015（21）：9-11.

此，就需要将这三种教育形态充分地结合起来，从而构建出一种“三位一体”的教育合作模式。基于此，这部分学者提出家长参与学校教育、学校指导家庭教育、学校教育社会化的观点。[①] 还有学者认为家庭教育是学校教育的根本，学校教育是全部教育过程的重点，社会教育是家庭教育、学校教育的延续，三者就像一条生物链，环环相扣，任意一方都不能脱节，不然会影响到整条教育链的完整性。[②]

还有学者从德育的角度去论述三者融合的必要性，他们认为家庭德育、学校德育、社会德育在人的道德成长过程中具有不同的特征，扮演不同的角色，保持着各自的相对独立性，在空间上很难分清主次；在德育过程中，一种方法发挥了作用，另一种方法也随之发挥作用，一种方法作用过了头，另一种方法的作用发挥就会受到阻碍。家庭、学校和社会虽然在横向上相对独立、并列存在，但是，人的道德成长前后相承的发展链条又内在地把三者连接在一起，呈现纵向发展结构。[③④]

还有学者从素质教育的目标去论证三者和谐关系的意义。家庭教育是现代教育的一个重要组成部分，只有积极构建家庭、学校、社会“三位一体”的教育体系，充分发挥家庭、社区教育资源优势，使学校教育和家庭教育达到“同步”，教师和家长达到“同心”，科学管理、广开社会育人渠道，才能全面推进素质教育。[⑤⑥]

2. 我国相关政策的演变过程

改革开放初期，国家极为重视学校教育，家庭教育、社会教育还未进

---

① 孙茂安．关于学校、家庭、社会“三位一体”教育合作的思考［J］．中国校外教育（中旬），2016（10）：16，19．

② 常娟．浅析初中生的家庭、学校、社会教育及其关系［J］．中国校外教育（中旬），2011（4）：25．

③ 刘永春．论家庭、学校、社会相结合的综合德育系统［J］．河北工业大学学报（社会科学版），2010（4）：69-74．

④ 侯鹏高．家庭、学校、社会三位一体形成教育合力［J］．卫生职业教育，2009（14）：36-37．

⑤ 夏辉．构建家校携手新体系：家庭·学校·社会共创“放心”教育［J］．辽宁教育，2014（6）：20-22．

⑥ 陈欢．家长学校对做好家庭、学校和社会“三结合”教育之浅析［J］．黑河教育，2019（5）：4-5．

入教育政策制定者的视野；伴随着我国教育事业的改革与发展，家庭教育和社会教育的作用日益凸显，逐渐进入政策视野。从政策的角度来看，家校社三者关系大致经历了如下发展过程。

改革开放初期，我国教育领域的重建和复兴是从大力发展学校教育开始的。为满足社会主义建设和发展事业对人才的需求，各级各类学校逐渐开始恢复和重建。1977 年 3 月 18 日邓小平同志在全国科学大会开幕式上的讲话中提出，“各行各业都要来支持教育事业，大力兴办教育事业”。邓小平还强调“抓科技必须同时抓教育。从小学抓起，一直到中学、大学”，“要办重点小学、重点中学、重点大学。要经过严格考试，把最优秀的人集中在中学和大学”。这一时期最重要的一份教育文件《中共中央关于教育体制改革的决定》（1985 年）提出，“教育体制改革的根本目的是提高民族素质，多出人才，出好人才”，它对我国义务教育、职业技术教育、高等教育等学校教育制度的改革和发展提出了明确要求。以人才培养为中心，大力发展各级各类学校教育成为改革开放以来我国教育政策的核心问题，相对而言，家庭、社会在人才培养中的作用还未进入政策制定者视野。

从 20 世纪 90 年初期开始，家庭与社会在教育中的作用开始受到重视，家庭教育、社会教育进入教育政策视野。在改革开放的第一个十年，我国学校教育逐渐恢复，教育规模和教育质量相较改革开放之前有了长足的进展。此时，学校教育的发展超越简单的数量追求，开始注重内涵发展。家庭教育、社会教育逐渐进入政策视野，成为推动学校教育内涵发展的重要抓手。较早提及家庭作用的教育政策是 1989 年 6 月国家教育委员会发布的《幼儿园工作规程（试行）》。该文件第八章主要规定了“幼儿园与幼儿家庭”的内容。其中第四十七条规定：“幼儿园应主动与幼儿家庭配合，帮助家长创设良好的家庭教育环境，向家长宣传科学保育、教育幼儿的知识，共同担负教育幼儿的任务。”该文件将家长看作影响幼儿发展的重要主体，鼓励幼儿园在办学过程中，通过多种方式与家长建立联系。此后，我国在 20 世纪 90 年代先后制定并颁发了《中华人民共和国未成年人保护法》（1991 年）、《九十年代中国儿童发展规划纲要》（1992

年)、《中共中央关于进一步加强和改进学校德育工作的若干意见》(1994年)、《中华人民共和国教育法》(1995年)、《全国家庭教育工作“九五”计划》(1996年)、《家长教育行为规范》(1997年)、《全国家长学校工作指导意见(试行)》(1998年)、《中华人民共和国预防未成年人犯罪法》(1999年)等。从这些政策或法律文件可以看出,家庭教育、社会教育出现的频率越来越高,我国逐步认识到家庭教育与社会教育的重要性,家庭教育与社会教育已经逐步进入教育政策制定者的视野。

2000年以后,家庭教育、学校教育与社会教育的关系进一步发展,在教育改革与发展中应当发挥家庭、学校和社会的合力渐成共识。国务院在2001年下发了《中国儿童发展纲要(2001—2010年)》,在“儿童与教育”的目标中提出了“提高家庭教育水平。建立多元化的家长学校办学体制,增加各类家长学校的数量。提高儿童家长家庭教育知识的知晓率”,在“策略措施”部分的第二点“法律和部门政策”中提到“发挥学校、家庭、社会各自的教育优势,充分利用社会资源形成教育合力,促进学校教育、家庭教育、社会教育的一体化”。此后,全国妇联、教育部以及其他相关职能部门又相继制定和出台了《全国家庭教育工作“十五”计划》(2002年)、《关于进一步加强和改进未成年人思想道德建设的若干意见》(2004年)、《关于全国家长学校工作的指导意见》(2004年)、《家长教育行为规范(修订)》(2004年)、《关于推进社区教育工作的若干意见》(2004年)、《全国家庭教育工作“十一五”规划》(2007年)等。这一时期的教育政策凸显了我国在进入21世纪以后,进一步强调家庭教育、学校教育与社会教育三者密切结合的重要性。这一时期,我国还意识到了推进家庭教育指导工作和社区教育工作的重要性以及家校社三者在这些工作中所要发挥的作用。

2010年至今,教育政策开始进入“大教育观”时代,重视家庭教育、学校教育与社会教育的融合发展成为教育政策的重要目标。随着我国对家庭教育的重视程度增加,学校教育与社会教育对家庭教育的作用也越发受到重视,家庭教育、学校教育与社会教育的关系也逐渐在教育政策制定者视野中占据重要位置,突出体现在2010年全国妇联、教育部等部门联合发布了家庭教育领域具有权威指导性的文件——《全国家庭教育指导大纲》。该文件明确提出“文明办协调各部门力量共同构建学校、家庭、社会‘三结合’教育网络”。此外，在2010年的《教育规划纲要》、2011年的《中国儿童发展纲要（2011—2020年）》《关于进一步加强家长学校工作的指导意见》、2012年的《关于指导推进家庭教育的五年规划（2011—2015年）》、2015年的《关于加强家庭教育工作的指导意见》、2016年的《关于进一步推进社区教育发展的意见》等政策文件中，“大教育视野下的教育改革与发展”观念已经形成，家庭教育、社会教育成为学校教育改革与发展必须要考虑的内容。

从我国教育政策的演变来看，家庭教育和社会教育在教育政策话语体系里经历了从无到有的过程，特别是进入21世纪以来，在教育改革向纵深发展的背景之下，教育政策逐渐呈现了“大教育观”；对待家庭教育和社会教育的态度，也经历了从手段到目的的转变，在教育改革与发展中，发挥家庭教育和社会教育的作用，不再是出于工具主义的视角，而是强调家庭教育、社会教育和学校教育是一个共同体，教育事业的发展不再仅仅是学校教育的发展，而是融合学校、家庭、社会三者力量的大教育的发展。

三、研究问题与方法

家庭教育、学校教育、社会教育三者关系的实然状态如何呢？与应然的三者关系相比，在当前我国社会中，家庭教育、学校教育、社会教育尚处于彼此分离甚至相对对立的状态，三者之间并未完全建立起和谐的共生关系。不仅如此，家庭教育、学校教育、社会教育各自的内涵也不清晰。什么是学校教育？什么是家庭教育？什么是社会教育？单这三个基本的问题就很难界定清楚，更遑论三者和谐共生关系的实现。本部分希望从三者和谐关系建立的视角出发，去审视、界定当前家庭教育、学校教育、社会教育的现状，并在此基础上探索建立三者和谐关系的路径。

本部分采用文献分析方法，对反映家校社关系的国内外政策、研究文献进行分析。文献主要包括三类：改革开放以来，家校社关系相关政策文件；国外家校社关系现状的政策文件；近年来，家校社关系相关的学术研究文献。

此外，本部分还运用问卷调查方法，对学校校长、教师和家长进行问卷调查，了解他们对不同类型教育的理解，以及家长对学校教育、家庭教育、社会教育三者关系的认识和实践。调查在北京、广州、武汉三个城市获得学校校长问卷 215 份、教师问卷 2904 份、家长问卷 1558 份。问卷调查样本未按随机原则进行抽取，只在三个中心城市发放，因此调查结果缺乏普遍性，但是调查所在地区均是我国教育发达地区，能够代表家校社关系的最佳状态水平。从逻辑上讲，如果家校社关系在教育发达地区存在问题，那么全国其他地方也会面临类似问题。从这个角度而言，由本次问卷调查的结果虽不能推论总体，但能“管中窥豹”，揭示具有代表性的一些问题。

第二节　家庭教育、学校教育、社会教育三者关系现状

一、家庭教育：在学校教育与社会教育的夹缝中生存

家庭教育、学校教育、社会教育是依据教育系统运行的空间划分的，然而三者相互关联，很难通过“空间”的物理特征区分出严格意义上的家庭教育，即发生在“家庭”这一空间范围内的教育不一定就是家庭教育。在实际的教育过程中，学校教育、社会教育都离不开家庭，与家庭教育在空间上存在交叉。

1. 学校教育在家庭教育中无限延伸

当前，我国家长在家庭教育过程中，过多地将精力放在学校布置的任

务上，诸如检查孩子的学校作业、督促孩子学习以及完成学校布置给家长的其他任务。针对这一现象，有学者认为我国的家庭教育存在“学校化”倾向，家庭演变成学校的分校、家长成为教师的助教。① 学校通过一些方法让家长关注孩子写作业或孩子在学校的一些活动，可以引导家长关注孩子的成长。然而，学校教育过多地延伸至家庭，已经使得家庭教育的空间被挤占，家长们忙于孩子的学业和学校布置的任务，家庭教育就此失去了准确定位。

本次调查的家长问卷结果一定程度印证了上述观点。从图 11-1 来看，在家长关心的孩子发展中的问题排序中，“学习成绩”以 77.2%的关注度排在第一位。相对而言，“兴趣爱好的培养”“处理人际关系的能力”“品德道德”等家庭教育的重要内容被排在最后三位，关注比例均在 50%以下。此外，家长在“我很关心孩子的学习过程”“我很重视孩子的学习成绩”这两个问题上，持“很赞同”“赞同”态度的比例都在 90%以上。

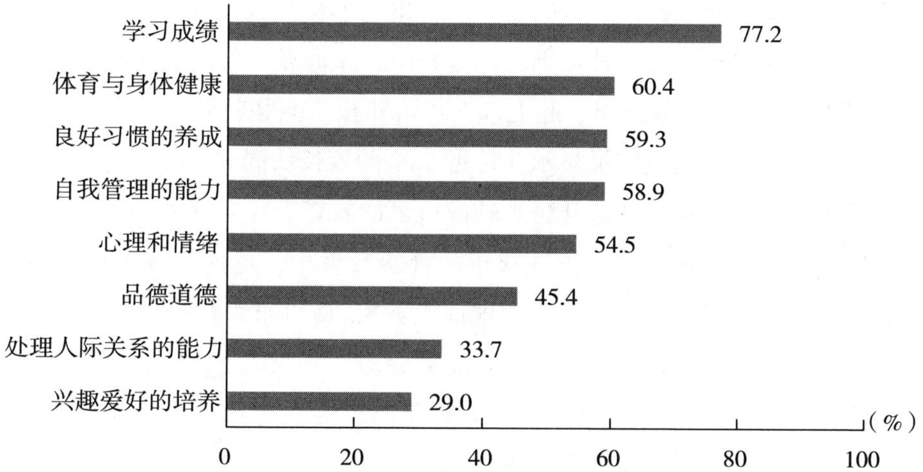

图 11-1 家长对自己孩子发展中的问题的关注

① 王庆环．别把家庭变分校！[N]．光明日报，2018-01-23（8）．

此外，针对“家长成为教师的助教，家庭成为学校的分校”这一观点，9.4%的家长“完全赞同”，43.3%的家长“同意”，两者合计超过半数，高于持否定态度的家长的比例（47.3%）。这说明多数家长感受到了学校教育对家庭教育的过度介入或挤压。更为重要的是，有更高比例的教师认为“家长应当配合教师教学，充当好教师的助教”，具体而言有61.8%的教师表示同意，15.7%的教师表示“非常同意”，这表明学校教育一定程度上确实存在挤压家庭教育空间的主观动机。

2. 社会教育模糊了与家庭教育的界限

当前，社会培训/课后托管已经成为我国城市家庭中一个比较普遍的教育选择。自2000年以来，面向基础教育阶段学生的校外培训市场持续发展，特别是近年来，伴随国家“减负政策”的强力推行，学生在校时间和作业量被严格控制。然而，“学校减负，校外补”等政策负效应进一步助推校外社会机构的发展。① 本次调查结果显示，72.8%的教师、57.9%的家长对“学校减负了，父母不能给孩子减负”这一观点持认同态度。

正是在家长热衷社会教育的过程中，出现了社会教育代替家庭教育的倾向。在竞相给孩子报各种培训班的过程中，家庭教育的内容逐渐被“接送孩子上培训班”“陪孩子一起上课”“培养孩子兴趣特长”等活动所代替。本次校长问卷调查结果显示，接近90%的校长认同“家庭教育中，父母往往通过给孩子报各种课外班来转嫁自己的教育责任”这一观点。家长将时间、精力和金钱过多地投入孩子的社会教育中，然而，在教师看来，家长对社会教育的投入很可能是“顾此失彼”，使得家庭教育“空心化”。

图11-2显示，在教师看来，当前家庭教育中父母的表现并不合格。多数教师认为“家长们普遍认同‘不能让孩子输在起跑线上’的观点”，这是家长热衷给孩子报课外班的重要动因，然而，只有52.2%的教师认为“大多数父母愿意花时间陪伴孩子”，只有58.2%的教师认为“大多数父母都很了解自己的孩子”，只有56.2%的教师认为“当下大多数父母跟孩

① 王东，王寰安．对减负政策盲点和负效应的反思：基于北京市中小学生课业负担现状的调查研究［J］．上海教育科研，2017（3）：30-33.

子的关系很亲密”。这一定程度上揭示出家庭教育效果不尽如人意。此外，在教师看来，家长的家庭教育方式相对落后，分别有 79.1%、78.7%的教师认同“为了让孩子集中精力学习，多数家长大包大揽，所有事情替孩子准备妥当”“多数家长通常使用金钱、玩具或其他物质激励的方式调动孩子的学习或做事的积极性”这两个观点。更为重要的是，有 67.4%的教师认为“‘养而不教’的家长很普遍”，有 74.0%的教师认为“‘养而不当’的家长很普遍”，这表明家长对社会教育的热衷和投入并不一定能提升家庭教育的质量。在寻求社会教育的过程中，不少父母在家庭教育的内容上迷失了方向。

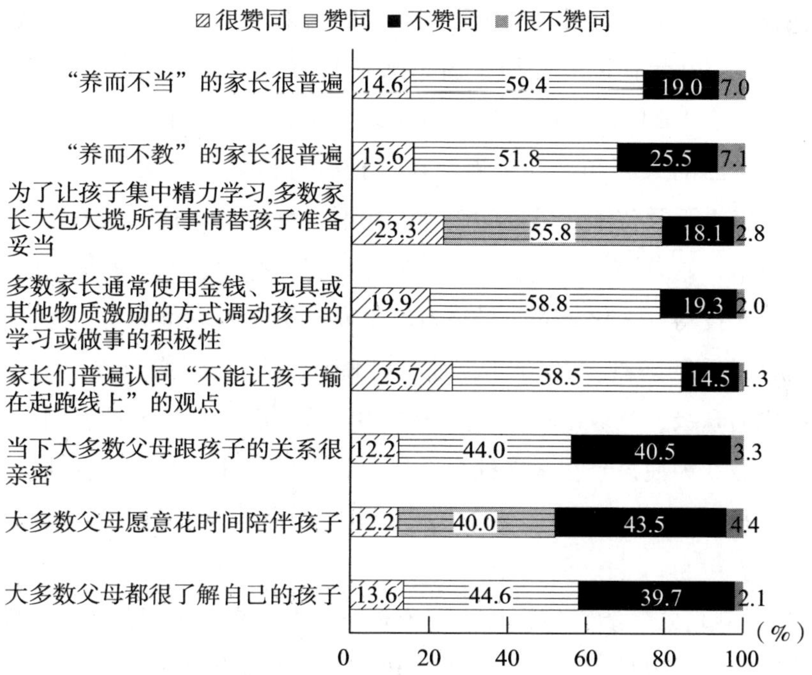

图 11-2 教师对当前家庭教育的评价

3. 家庭教育的空间被学校教育和社会教育挤压

基于上述调查数据，可以初步得出这样的结论：家庭教育的空间一定程度上被学校教育、社会教育挤压。到底什么才是家庭教育？如何开展家庭教育？家长们不仅无心再去思考，而且根本没有时间去思考。在某种程度上，家庭教育被挤压成“学校教育+社会教育”，如果去除学校教育、社会教育，当前的家庭所实施的教育内容所剩无几。

二、学校教育：面对家庭和社会的挑战无所适从

1. 家长教育方式转变对学校教育提出挑战

伴随着经济增长方式的转变、社会结构的转型，人们的教育方式也会出现显著变化。美国教育社会学家帕特南（R. D. Putnam）研究 20 世纪美国家长教育方式的变化时，基于跟踪调查的结果提出，美国家长的教育方式在 20 世纪 70 年代以后经历了由“放任自流式”向“精心栽培式”的转变。① 所谓“放任自流式”教育是指父母放手任由孩子发展，让他们更多地凭借自己的天分和运气发展。在这种教育模式下，父母没有什么计划，也不怎么干预孩子在学校的表现。所谓“精心栽培式”教育是指父母从孩子出生开始就深谋远虑地为其做教育投资，有意识地培养孩子的认知能力、社交技巧、文化素养，最终目的是使孩子将来取得成功，尤其是在学校内有优秀的表现。2000 年以来，伴随着我国经济增长方式的转变、产业结构的升级，就业市场对人力资本的要求水涨船高，劳动者的就业竞争日益激烈。为使孩子在未来社会获得一个理想职业，实现社会地位的向上流动，我国大多数家长的教育方式也由“放任自流式”向“精心栽培式”转变。

“精心栽培式”教育突出体现了家长对子女教育的重视，满足个性化、多样化的教育需求是“精心栽培式”教育的题中应有之义。然而，家长们在竭尽所能寻求社会教育的同时，依然对学校教育格外重视，甚至某种程度上，不少家长寄希望于通过加强学校教育的投入去实现他们心目中的“精心栽培”目标。

从本次调查来看，秉承“精心栽培式”教育理念的家长对学校抱有更

① 帕特南．我们的孩子［M］．北京：中国政法大学出版社，2017.

大的期望。在回答“依您家孩子目前的发展状况，您认为起作用最大的是哪一个”的问题时，78.3%的家长选择了“学校教育”；在“对孩子的学习成绩起最大作用的因素是什么”这一问题上，88.9%的家长认为是“学校教育”；在“最能实现孩子个性发展的因素是什么”这一问题上，选择“学校教育”的比例（48.0%）也高于选择“家庭教育”的比例（45.1%）；在“对孩子兴趣培养起最大作用的因素是什么”这一问题上，选择“学校教育”的比例（41.3%）少于选择“家庭教育”的比例（54.3%），但是两者相差不大。此外，在希望学校开设收费的培训班、学校开设各类培训班质量可靠等问题上，均有超过50%以上的家长持认同态度。这说明家长不仅在学习成绩上对学校抱以很高期望，在兴趣培养、个性发展等方面也希望学校承担起更多责任，甚至希望学校能突破现有政策，在校内“收费办班”（参见表11-1）。

表11-1　家长对学校教育的预期

	很同意	同意	不同意	很不同意
如果政策允许，我希望学校开设收费的培训班（%）	9.6	44.7	29.8	15.9
如果政策允许，我认为由学校开设各类培训班，质量可靠（%）	15.3	54.4	18.8	11.6

对此，校长明显感受到了压力，78.6%的校长认为“家长对学校抱有不切实际的预期”。在校长看来，家长对学校的诸多预期是不现实的。具体而言，85.6%的校长认为“学生兴趣特长的培养，家长应该负主要责任”，67.4%的校长认为“学校教育难以真正实现个性化”，67.0%的校长认为“学生个性化需求越来越多，学校难以满足”。

此外，在教师看来，家长对孩子的教育虽然很重视，倾向于“精心栽培”，但是在具体的教育行为上，“大多数家长忽略孩子的学习过程”“大多数家长只关心孩子的学习成绩”（见表11-2）。

表 11-2　教师对家长的评价

	很同意	同意	不同意	很不同意
大多数家长忽略孩子的学习过程（%）	23.8	52.8	21.0	2.4
大多数家长只关心孩子的学习成绩（%）	23.3	50.3	24.0	2.3

一定程度上，追求"精心栽培式"教育的家长，在对孩子教育加大投入的过程中，并没有减少对学校教育的诉求，反而对学校教育抱有更大的预期，这成为当前我国学校教育面临的挑战。

2. 社会教育对学校教育的负面影响

"双减"前，校外培训机构呈"井喷"发展态势，中国教育学会发布的《中国辅导教育行业及辅导机构教师现状调查报告》显示，2016 年课外辅导市场"吸金"超 8000 亿元。但由于种种因素，本应以"非学历教育培训"为主业，作为"学校教育的补充"并在"满足中小学生选择性学习需求、培育发展兴趣特长、拓展综合素质"方面具有积极作用的校外培训机构，却逐渐背离初心，偏离既定轨道，甚至成为学校教育干扰者。

从表 11-3 来看，无论是学校教师还是校长，都普遍认为"校外培训机构良莠不齐，打乱了教师的正常教学安排"，同意的比例分别为 87.5%、71.1%。此外，在校外培训的存在减小了教师教学难度这一问题上，78.6%的校长、76.5%的教师持否定态度。

表 11-3　校长和教师对校外培训的评价

		很同意	同意	不同意	很不同意
校长	校外培训机构良莠不齐，打乱了教师的正常教学安排（%）	29.8	57.7	11.2	1.4
	校外培训的存在，让教师的教学更轻松（%）	8.4	13.0	58.6	20.0
学校教师	校外培训机构良莠不齐，打乱了我的正常教学安排（%）	15.0	56.1	21.9	7.0
	校外培训的存在，减小了我的教学难度（%）	2.9	20.7	57.0	19.5

由此可见，当前社会教育资源虽然对于学校教育是一种补充，但是社会培训市场的无序发展，扰乱了学校教育的正常教学计划、增加了教师教学工作的难度。

3. 学校应对家庭教育和社会教育的挑战相对被动

当前家庭对孩子的教育日益重视，家长普遍持有“精心栽培式”教育理念，对学校教育抱有更高的要求。然而，在校长和教师看来，家长个性化、多样性的教育需求不应诉诸学校，家庭才应该承担主要责任。另外，面对社会教育给学校教育教学带来的负面影响，校长和教师感到无力去改变现状。因为在教师看来，家长对社会教育的选择是一种“单方行为”，73.0%的教师认为家长在选择社会教育的过程中并不咨询教师。此外，学校也不愿在家长的校外教育选择行为上进行干预，有50.9%的家长指出“是否参加培训班，学校从不给明确建议”。总之，在社会教育给学校带来诸多不可忽视的影响之时，学校的处置态度相对消极。

三、社会教育：深陷“影子教育”的定位而难以自拔

1. 学校教育助长了社会教育的发展

社会教育不同于学校教育，它在内容和形式上具有相对独立性。然而，当代社会，社会教育仅是作为学校教育的影子而存在。“影子教育”①概念即强调了各类社会教育对于学校教育的依附性，社会教育只对学校教育强调的、重视的内容产生回应。

在学校教育影响之下，社会培训机构如影随形，日渐壮大，成为除学校之外的“第二校园”。从家长给孩子报培训班的内容来看，社会教育的“影子”身份非常明显。图11-3显示，数学、外语、语文是校外培训班中报班比例最高的三类，比例分别是63.0%、40.7%和20.3%，其他科目的报班比例都在10%以下。

---

① Bray M. The shadow education system：private tutoring and its implications for planners［R］. Paris：UNESCO.

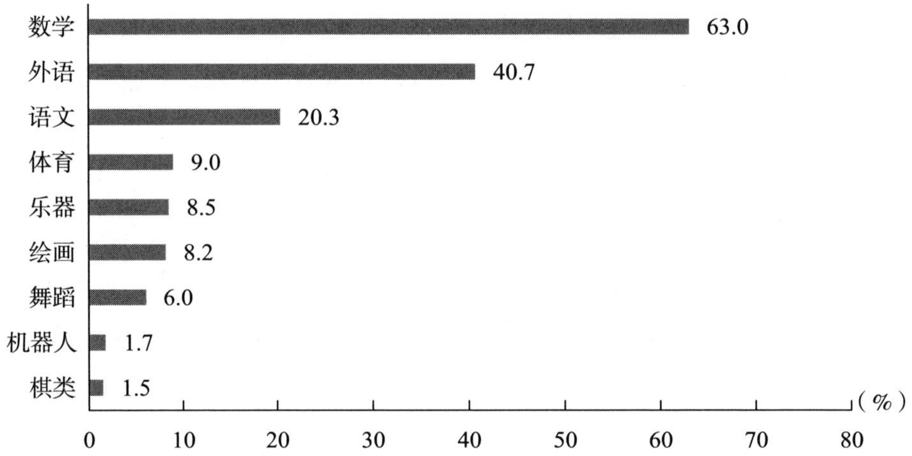

图 11-3　家长给孩子报班内容的分布

不仅如此，教师、校长一定程度上是社会教育的推动者。2019 年 6 月 26 日的剑桥通用英语等级考试（KET、PET）因报名人数过多，出现系统崩溃，引起家长吐槽。家长为何对一个社会类的考试趋之若鹜呢？因为广大家长相信 KET、PET 是小升初的敲门砖。此外，本次调查表明，60. 3%的教师、44. 2%的校长认同“课外辅导对学生学习很有必要”，66. 9%的教师、64. 6%的校长认同“兴趣特长的开发是家庭的责任”。学校对社会教育的推动作用由此可见一斑。

2. 家庭的社会教育选择：传统教育观念和当代教育焦虑的叠加

当前，给孩子报名参加各类社会培训班已经成为家长的普遍选择。本次调查发现，79. 1%的家长给孩子报了社会机构的培训班，其中，25. 7%的家长给孩子报了 1 个培训班，24. 5%的家长给孩子报了 2 个培训班，20. 2%的家长给孩子报了 3 个培训班，报 4 个及以上培训班的家长比例为 8. 8%。

从培训费的分布来看，培训费为 0 元的家庭占 20. 6%，3000 元以下的占 15. 0%，3001—6000 元的占 17. 9%，6001—9000 元的占 14. 1%，9001—12000 元的占 9. 3%，12001—15000 元的占 7. 2%，15001—20000 元的占 6. 4%，超过 20000 元的占 9. 5%。

家长为何如此重视校外培训班，投入大量的时间和金钱呢？除了前文提及的“精心栽培式”教育理念的影响之外，还有一个重要的原因，就是家长的传统教育观念使然。从调查结果来看，74.0%的家长认同“为了不让孩子输在起跑线上，要比别人早一点学，比别人多学一点”，98.8%的家长认同“知识可以改变命运”，95.3%的家长认同“望子成龙是每个父母的心愿”。正是因为多数家长依然认同传统的教育观念，他们在校外培训的投入上才不遗余力。

此外，上文提到的剑桥通用英语等级考试报名系统瘫痪事件也反映出当前家长的一种普遍的教育焦虑。这也可以解释当前中国家长对校外培训过度重视的原因。孩子到底需要什么样的校外培训？哪些校外培训班更适合自己的孩子？本次调查显示，81.1%的教师认为“家长给孩子报班，一般都是随大流”，79.2%的教师认为“家长给孩子报培训班，是教育焦虑的表现”。

3. 社会教育：在学校和家庭中“吃力不讨好”

然而，不容忽视的是，在评价社会教育的作用时，无论校长、教师还是家长，评价都非常低。在校长问卷、教师问卷中，要求被调查者在“对学生学习成绩的重要程度”上对学校、家庭和校外培训机构三者进行排序，基于排序结果进行赋分，校外培训机构的综合平均得分均不足 1 分，远远低于学校和家庭得分（见表 11-4）。

表 11-4　校长和教师对学校、家庭、校外培训机构作用的评价

	校长平均综合打分（分）	教师平均综合打分（分）	家长平均综合打分（分）
学校	2.48	2.46	2.27
家庭	2.33	2.38	2.43
校外培训机构	0.92	0.98	1.06

家长对学校、家庭、校外培训机构作用的评价中，家庭的综合得分最高（2.43 分），学校次之（2.27 分），校外培训机构最低（1.06 分）。此

外，在孩子学习成绩、兴趣培养、个性发展等方面，家长对校外培训机构作用的评价也是最低的。具体而言，在“您认为，对孩子的学习成绩起最大作用的因素”这一问题上，选择“校外培训班教师”的比例为1.47%；在“您认为，对孩子兴趣培养起最大作用的因素”这一问题上，选择“校外培训机构”的比例为4.42%；在“您认为，最能实现孩子个性发展的因素”这一问题上，选择“校外培训”的比例为6.89%。

由此可见，以校外培训班为代表的社会教育尽管为学校肯定、受家长追捧，但是其实际作用并未被学校和家长所认可。这里就出现了两个吊诡的现象：对社会教育作用“表示心里没有谱”的家长却乐此不疲地追逐着各类社会教育；同时，低估社会教育作用的学校却在校外培训机构的发展中推波助澜。

第三节　原因分析与政策建议

从上述内容可知，当前我国家庭教育、学校教育、社会教育三者之间彼此渗透、交织，但是三者之间缺乏有机联系，存在诸多不良互动关系。

一、原因分析

1. 家庭教育中家长的主体性不足，是造成家庭教育空间被挤压的重要原因

什么才是真正的家庭教育？在我国台湾地区，凡“为健全个人身心发展，营造幸福家庭，以建立祥和社会为目标，而透过各种教育形式增进个人家庭生活所需之知识、态度与能力的教育活动”均被称为家庭教育。台湾地区家庭教育涵盖的内容包括：亲职教育、子职教育、两性教育、婚姻教育、伦理教育、家庭资源与管理教育等。在新加坡，家庭教育被看作围绕家庭的内在要素和外部环境所进行的教育，涵盖了伦理教育、婚姻教

育、家庭生活技能教育等。[①] 有学者主张“家庭教育”应改称“家庭教养”，强调家庭对孩子性格、习惯等方面的教化。

从本次调查结果来看，家长、学校对“家庭教育”的理解和实践还未脱离“学校中心主义”，甚至在某种程度上家庭教育演变为学校教育的延伸。广大家长依照学校的标准去开展家庭教育。归根结底，家长在家庭教育中的“主体性”不明确，未意识到家庭教育与学校教育的边界。

2. 学校教育的强势地位和“不作为”，强化了社会教育的发展

学校教育在三类教育中处于核心地位，无论是家庭教育的内容还是社会教育的形式都因学校教育而起。然而，对于如何引导家庭教育、如何看待社会教育，当前学校处于“隐身”状态。家长是否应该选择社会培训？选择什么样的社会培训内容？对此学校很少给予正面回答。本次调查中，超过半数的家长认为“是否参加培训班，学校从不给明确建议”，有74.2%的家长表示“哪类校外培训有价值，我希望国家能出台一些指南供家长参考”，由此可见学校在此问题上的缺位状况。当学校教育三缄其口，不表明其对社会教育的态度时，广大家长只能“随大流”地跟风去报班，社会教育机构则充分利用市场机制去开展营销，赚得盆满钵满。

更为重要的是，社会教育的野蛮生长与学校教育的“退出”有一定关系，这同样凸显了学校教育的“不作为”。在减负、校园安全等方面，学校的教育职能在某种程度上呈现弱化趋势。本次调查中无论是校长还是教师都普遍认为“学生兴趣特长的培养，家长应该负主要责任”“学生个性化需求越来越多，学校难以满足”。对学生兴趣的培养、个性的教育其实一直以来都是学校的重要功能，也是学校教育改革的重要目标，家长对学校抱有相关预期并不为过。

应当引起注意的是，当前教育改革在赋予学校更多职能的同时，也弱化了学校不少必要的职能；学校的教育职能不能因改革的名义而弱化，而改革更不能成为学校不作为的借口。

---

① Government of Singapore. School family education-guide on set up and management [EB/OL]. [2020-07-20]. http://fcd.ecitizen.gov.sg/SchoolFamilyEducation/Guides/.

3. 家长的教育焦虑是弥漫于学校教育、社会教育、家庭教育三者互动关系中的重要脚本

无论是家庭教育的学校化，还是在社会教育中“随大流”，抑或是在学校教育选择上的极端化（择校热），其背后共同的关键词都是家长的“教育焦虑”。从社会心理学上去解释，焦虑源于人们对不确定性的感受。个体具有安全感的需要，能够对未来进行把控的程度决定人们的安全感程度；个体还具有趋利避害的本能，希望实现利益最大化。“精心栽培式”教育是家长应对未来不确定性，实现对孩子未来人生发展可控性的重要途径。

当前的教育生态环境某种程度上强化了家长的“教育焦虑”。为什么呢？在笔者看来，进入21世纪以来，质量和公平成为教育改革的关键词，实现教育资源的优质均衡也成为各地教育改革的重要目标。此外，在减负政策之下，“应试”“筛选”“竞争”在教育领域内几近“污名化”，然而，“应试”“筛选”“竞争”在实践领域并未因教育改革而“淡化”，反而有更加激烈的趋势。这种情形之下，“应试”“筛选”“竞争”成为“只能做，不能说”的事情，家长的教育焦虑从而被放大。因此，最大限度地去追求“好学校”（择校）、选择“好的教育”“个性化教育”（社会培训和补习、国际学校、兴趣特长培养）就成为家长缓解焦虑的重要途径。总之，家长的教育焦虑是理解、解释当前学校教育、社会教育、家庭教育三者关系的重要切入点。

二、政策建议

建构学校教育、家庭教育、社会教育之间新的结构关系，促进三者协调发展，实现三者良性互动，是大教育观背景下教育改革的重要议题。笔者认为在建构学校教育、家庭教育、社会教育关系的过程中，学校应处于核心位置，应发挥统领作用；家校关系是家校社关系中的关键，重点构建和谐共生的家校关系是重要任务；社会教育是家校社结构关系中的变量，对其进行积极引导和规范是重建家校社结构关系的重要保证。

1. 教育行政部门是建构家校社关系的责任主体

学校教育、家庭教育和社会教育分属不同领域，教育行政部门是学校教育的主要管理部门，妇联、关工委等系统是当前家庭教育的主要管理部门，工商、民政等部门是社会教育的主要管理部门。因此，三者关系的理顺、新关系的建立需要不同的主管部门通力合作。但是，从当前我国学校教育、社会教育和家庭教育的关系来看，学校教育是三者关系的核心，因此，教育行政部门应在三者关系的建构中承担主体责任。

2. 学校应充当家校社关系建构的发起者

既然教育行政部门在家校社三者结构关系建构中承担主体责任，那么学校就应是三者关系的联结者，在家校社关系建构中发挥组织者、协调者的作用：一方面开展家校合作，促进家长积极参与学校教育；另一方面开展家庭教育指导，帮助家长厘清家校社各自的边界，树立科学的家庭教育观念和方式，正确看待社会教育。在学校的积极组织和引导下，促进家庭教育、社会教育和学校教育成为相互配合、互相协调的共同体。

3. 家校关系是家校社关系建构中的重要一环

理顺家校两者关系，促进家校合作是建构家校社三者关系的前提。然而，长久以来，学校教育在制度化的道路上，过多强调内部管理的统一性、标准化，这一规范化管理带来的是学校教育的排他性，也导致学校教育发展成为一种高度封闭的体系。因此，学校与家庭之间存在一定的隔阂。

当前，我国正在大力倡导家校合作，这对改变学校教育的排他性、封闭性具有重要意义。通过家校合作，一方面要促使学校关注家庭教育、重视家长需求；另一方面，更要增进家长对学校的了解，增强家长参与学校教育的积极性。总之，通过建立家校互动合作平台，推进学校教育、家庭教育的相互适应、彼此成全，为实现家校社三者的良性互动奠定基础。

4. 规范、引导社会教育的发展是重构家校社关系的重要保证

社会培训机构遵从的是市场规则，追逐的是利润最大化。相对而言，它置身于家校关系之外，在家校社关系建构中属于变量，具有很大的不确

定性。曾有一段时间，我国的社会教育不但缺乏行业监管，更缺乏业务主管部门的监管，处于一种野蛮生长的状态。把什么样的社会教育纳入家校社关系之中至关重要。因此，我国需要对社会教育进行规范和引导，例如规范社会培训机构的办学行为、制定行业准入和考核标准、提高社会教育的质量等。

另外，社会教育需要一个明确的定位和身份认同，需要一个有利于社会培训市场健康发展的社会环境。正如前文调查所提及的，学校、家长对社会教育作用的认同度还比较低。通过规范、引导，促进社会教育更好地发展，使之摆脱“影子教育”的尴尬定位，才能发挥其独特的、应有的价值。具有自身特色、功能特点的独立的社会教育，是其参与家校关系、建构家校社关系的重要前提。

5. 在以质量与公平为主导的教育改革中需正面回应精英教育的现实存在，减少教育领域中的不确定性，缓解教育焦虑，为家校社关系营造良好的生态环境

在宏观的教育改革中，应当继续强化质量和公平，加大办人民满意教育的力度。但是，还需要正视教育实践中的“竞争”“筛选”的正面意义和作用。竞争是现代社会的重要特征，竞争促进社会的发展和进步；个体接受教育的过程中，竞争可以激发其学习动力；我国的中考、高考本身就是一种教育机会的竞争，通过这种良性竞争，可以实现优秀人才的选拔，为社会主义建设事业培养质量更高的人才。精英教育和大众教育并不矛盾：前者强调人尽其才，实现教育的个性化；后者强调人人有接受优质教育的机会，获得充分的发展。当前广大家长所信奉的传统教育理念——“望子成龙”“不能输在起跑线上”“知识改变命运”一定程度上与精英教育理念相通。因此，正视教育实践领域的“竞争”“筛选”，赋予精英教育合理性，使其成为“既可以做，也可以说”的事情之后，通过进一步规范“竞争”“筛选”，可提高教育机会的确定性。通过指导家长的教育选择行为，实现家校之间信息对称，缓解家长的教育焦虑。概言之，通过正面回应精英教育，让教育真正发挥为国家筛选人才、助力个体个性发展的作用。

总之，新时代家校社关系的建构，应以学校教育、家庭教育、社会教育的各自独立为前提，三类教育应该具有相对的独立性，它们之间不应该有依附或从属关系。因此，厘清三类教育的边界和内容，凸显三类教育各自独特之价值，是建构家校社关系的重要前提。此外，在三者关系的建构中，应以学校教育为核心、以家校协作关系为突破、以规范社会教育为保证，分步骤进行。

第十二章　公办教育与民办教育结构关系

为建立公办教育、民办教育协调发展，充满生机活力的新时代教育体系，需要从功能和数量比例两个视角去认识与分析公办教育、民办教育的结构关系。功能的视角主要分析公办教育与民办教育的目标、地位、作用和运行机制，从而促进公办教育与民办教育协调发展。公办教育是我国社会主义教育事业的主体，承担着保障广大学生受教育权利、促进教育均衡发展、实现国家重大教育战略的任务。民办教育是我国社会主义教育事业的重要组成部分，发挥补充性作用。数量比例的视角主要分析公办教育与民办教育的数量比例关系及其影响因素，从而促进公办教育与民办教育之间形成动态调整、因地制宜的比例关系。公办教育、民办教育最佳的数量比例关系是动态调整的，因时、因地而异，需要根据各地区的经济发展、产业结构、居民需求和既有的教育发展水平等因素来确定。

第一节　正确认识公办教育、民办教育的功能结构关系

公办教育与民办教育的教育目标是一致的，都是贯彻党的教育方针及培养社会主义的建设者和接班人。习近平总书记在全国教育大会上强调，要坚持中国特色社会主义教育发展道路，坚持社会主义办学方向，培养德智体美劳全面发展的社会主义建设者和接班人，这是对公办教育与民办教

育提出的共同要求。我国的教育改革既要保证公办教育稳定发展，又要推动民办教育有序发展，形成以公办教育为主体、公办教育和民办教育共同发展的格局。

一、公办教育、民办教育发挥着不同的功能和作用

公办教育与民办教育在功能、作用上各有侧重，公办教育是我国教育的主体，民办教育发挥补充性作用。

1. 公办教育的功能和作用

公办教育是我国教育的主体，对于提高教育的普及水平、保障教育公平、提高人力素质具有决定性作用。从全球大多数国家来看，无论是基础教育阶段还是高等教育阶段，公办教育都是国家教育的主体，发挥着基础性作用。

第一，公办教育有利于实现教育均衡的目标。让所有受教育人口接受质量大体相当的教育，即实现教育的均衡化发展，是现代社会的主要教育目标，是教育公平理念的主要落脚点和发展目标。公办教育能够高效、全面地实现教育均衡目标。公办教育是以公共财政为基础的教育，通过合理的制度设计，其质量差异可以控制在合理的水平之内，从而保证每个社会成员有大体相同的受教育机会，最大限度地缩小社会成员由于财富积累和经济地位的差异所带来的受教育机会的差异。

在普及义务教育方面，公办教育具有明显的制度优势。国家通过合理的制度设计，使义务教育的成本由公共财政负担，义务教育成为国家向每个社会成员提供的公共产品或准公共产品，具有非竞争性和非排他性的特点，所有社会成员都可以免费接受义务教育，从而为教育公平提供了基础。由于公办教育在促进义务教育发展方面的优势，近代以来，几乎所有国家都主要是通过公办教育来实现普及义务教育的目标的。近年来，虽然以公办学校作为义务教育主要承担者的理念在发生变化，部分地区可以以“教育券”的形式通过私立学校为社会公众提供义务教育，但是在人口密

度小的农村地区，特别是偏远农村地区，公办学校依然是义务教育主要的甚至是唯一的承担者。由于人口稀少等因素，营利性组织缺乏在这些地区举办民办学校的动力，因为这些地区难以给予举办者足够的回报，公益性社会组织也很难持续地在这些地区提供义务教育，因为大多数公益性社会组织缺乏必要的财力，只有以国家财政为依托的公办教育，才能使小规模学校成为农村地区义务教育的提供者。

第二，公办教育能够有效落实国家重大教育战略。公办教育能够按照国家重大战略要求迅速配置教育资源，实现国家重大教育战略目标。近几年来，我国重大教育战略意图主要是通过公办教育来实现的。当国家制定了重大教育战略时，通过公办教育系统的战略宣传、计划制订、战略实施、教育资源分配等活动，能够及时有效开展行动，实现国家重大教育战略的目标，比如，近几年我国实施的教育扶贫、职业教育发展等重大教育战略都实现了重大进展。

第三，公办教育有利于推进基础科学研究。高校、研究机构和企业是现代社会实现科技创新的三大主体，而在这三者中，高校是推进科技创新特别是推进基础科学研究的主要力量。基础科学研究需要长期投入，具有成本递增的特点，民办高校很难承担，只有公办高校才能承担这一职能。从世界范围来看，少数国家（如美国和日本）的一些私立高校是高水平研究型高校，在国家科技创新中发挥关键作用，但是这些私立高校都得到了大量政府资助。①

2. 民办教育的功能和作用

民办学校包含不同的类型，不同类型的民办学校发挥不同的作用。我国民办教育主要承担三种功能：补充功能、选择功能和改革功能。补充功能是指民办教育提供了更多的教育机会，增加了教育资源；选择功能是指民办学校提供了与公办学校具有差异性的教育；改革功能是指民办教育发挥了试验田的作用，推动了我国教育体制机制的改革。

---

① 王一涛，徐绪卿，鞠光宇．美国两类私立高校的发展路径探析［J］．教育研究，2018（8）：141-147.

第一，民办教育补充了教育资源，增加了教育供给。民办教育是近年来我国学前教育机会的主要提供者。在很长的时间内，我国“入园难”问题突出。家庭对学前教育的巨大需求和公办幼儿园教育供给不足之间的巨大矛盾，催生了一大批民办幼儿园，民办学前教育成为我国学前教育的主要供给力量。根据《2019 年全国教育事业发展统计公报》，我国共有民办幼儿园 17.32 万所，民办幼儿园在园儿童 2649.44 万人，占在园儿童总数的 56.21%。民办学前教育在规模上已撑起整个学前教育的半壁江山，成为我国学前教育事业发展的主要力量，发挥着主导作用。

民办教育也是我国义务教育的重要补充力量。我国“普九”攻坚任务已经完成，从全国整体来看，义务教育阶段的公办学校能够满足所有学龄儿童的入学需求。我国义务教育财政分担体制具有属地化的特征，省级统筹、以县为主是我国义务教育财政体制的鲜明特点，但是，近几年我国的一个基本现实是，人口存在大规模的流动，且人口流动呈现单向性，从乡村流向城市，从中西部地区流向东部沿海城市。这就导致义务教育领域内教育供给和教育需求的不平衡问题特别突出，一些农村地区存在突出的教育资源闲置和浪费现象，而很多县城和东部沿海城市则出现义务教育资源严重不足的局面。农村义务教育资源闲置需要通过学校布局的适度调整来解决，而城市义务教育资源不足的问题可以通过扩大公办教育的规模来应对，但是，大部分人口净流入的地区并没有足够的财力为持续涌入的所有外来人口提供在公办学校就读的机会。而且，在财政地方化、以户口作为利用区域公共资源主要依据的背景下，为外来人口提供和本地居民相同的公共教育财政资源，也面临着合理性和合法性的挑战。因此，民办教育成为公办教育的重要补充力量。2019 年我国共有民办普通小学 6228 所，在校生 944.91 万人，占全国小学在校生总数的 8.95%。民办初中有 5793 所，在校生 687.40 万人，占全国初中在校生总数的 14.24%。

城市化发展速度越快、外来人口相对于本地居民的比例越高的地区，民办教育的规模越大，占比就越高。例如，东莞市民办教育占比非常高，2016—2017 学年，东莞市经批准开办的民办学校有 1117 所，占全市学校总数的 69.2%；在校生 100.2 万人，占全市在校生总数的 64.4%。其中有义务教育阶段中小学 266 所，在校生 61.5 万人。这些民办学校满足了外来务工者子女的教育需求，解决了“入学难”问题，保障了当地经济发展所需要的劳动力的稳定性。若没有这些民办学校，这些“流动儿童”将失去在城市接受教育的机会，他们将被迫回到家乡，成为与父母相隔千里的“留守儿童”。接收外来儿童的民办学校的质量一般低于公办学校。在缺乏公共财政资助的情况下，这些民办学校的大部分成本都由学生来负担，公共财政对民办学校的扶持力度不大，这些民办学校需要在可负担性和教育质量之间寻求平衡，若投入过高，就会导致学费高，受教育者就会难以承担。

我国中西部地区设立在县城的民办学校也成为当地县城内义务教育的重要补充。农村孩子希望进城上学，乡村的公办学校难以吸引优秀教师，学校吸引力不足。而县城内的公办学校容量有限，无法容纳所有进城上学的孩子。设立在县城的民办学校成为乡村孩子进城上学的目的地。这些学校不仅有更年轻、学历更高、更有责任心的教师，而且提供寄宿服务，在外地工作的父母能够安心工作，不必担心孩子每天路上的安全问题，而且教师可以随时解答学生的学习问题。若孩子在乡村学校读书，祖辈无法辅导孩子们的学习。因此，在很多中西部的县城，民办学校受到了很多家长的青睐。

在高等教育领域也存在大量的补充型民办高校。改革开放后我国民办高校的诞生背景是公办高校的供给能力不足，我国民办高等教育的大发展和我国高等教育普及化的进程是一致的。民办高等教育的发展弥补了公办高等教育不足的局面，为青年学子提供了大量的机会。特别是 1999 年国家提出高等教育普及化的战略目标以后，由社会力量举办的民办高校以及公办高校和社会力量共同举办的独立学院成为我国高等教育的重要力量，为高等教育大众化早日实现做出了重要贡献，也为社会培养了大批应用型高等教育人才。2019 年我国民办普通高等学校达 757 所（含独立学院 257 所、成人高校 1 所），在校生达 708.83 万人，占全国普通本专科在校生的 23.38%。

第二，民办教育丰富了教育生态，扩大了教育选择。办人民满意的教育是我们的重要教育目标，但人民并不是一个抽象的整体，而是冲突的群体，不同人有不同的教育需求，只有提供多样化的、可选择的教育，才能满足不同人群的教育需要。从公私立机构所承担的教育责任来看，一种理想的模式和目标应该是，公办学校主要提供基本的公共教育服务，差异性、选择性的教育需求主要由私立学校来满足，这样才可以保证教育公平。从世界多国的实践来看，国民对高质量教育的需求主要由私立教育来满足，因为以纳税人缴纳的税款为主要经费来源的公办教育不能保证每一所学校都是高质量的，否则会大幅度提高教育投入在国民支出中的比重，从而大幅度增加国民的税负。①

由于公办教育受到的约束比民办教育更多，比如义务教育的“均衡性约束”以及统一管理体制与多样性的天然矛盾，公办教育不可能为社会提供足够多样性的教育服务。相反，民办教育则拥有持续提供选择性教育的制度基础，因为只有吸引更多学生选择，民办学校才能够生存和发展。从当前我国的教育制度设计来看，由于公办教育领域不允许择校，民办教育就成为学生和家庭进行教育选择的主要途径。

近年来，我国学前教育阶段和义务教育阶段都涌现出一大批优质民办教育品牌。在学前教育阶段，一些经济条件较好的家庭希望孩子进入高端幼儿园，为满足这些家庭的需要，我国近年来涌现出一批选择型民办幼儿园。这些幼儿园的收费高，保育质量高，往往具有双语和国际化特色，满足了高收入家庭的学前教育需求。在义务教育阶段，很多学生和家庭希望选择不同于一般公办学校的民办学校。一些家庭希望子女进入寄宿制学校，而我国大部分城市的公办学校不提供寄宿服务，所以人们对提供寄宿服务的民办学校产生了需求。一些家庭希望子女接受国际化教育，为今后出国留学做好准备，他们倾向于送子女到国际化学校就读。由于满足了人民群众的选择性教育需求，不少民办学校形成了高端教育品牌。

---

① 詹姆斯．教育责任在公私之间的划分［M］//卡诺依．教育经济学国际百科全书．2版．北京：高等教育出版社，2000：579-585.

第三，民办教育深化了教育改革，探索了教育新模式。首先，民办教育在投融资体制上进行了多方面的探索。改革开放 40 多年来，民办教育领域先后出现了多种多样的投融资方式，包括学费滚动积累、合伙人集资、捐资、企业投资、股份制、混合所有制、海外融资、直接上市以及公私合作伙伴关系等，从根本上打破了延续了几十年的国家对教育统一拨款、依靠财政办学的单一模式。其次，民办教育在集团化办学方面进行了探索。不少民办学校在坚持教育公益属性的前提下，充分运用市场机制推进事业发展，以教育链对接产业链和创新链，大胆探索富有特色的发展模式，走上了集团化发展路子，并取得了良好成效。再次，不少民办学校积极响应国家“一带一路”倡议，开展高层次国际合作。上海视觉艺术学院与国际知名设计集团合作，开设了高水平人才培养实验班，实验班教师全部为世界级行业大师，中外合作为上海视觉艺术学院插上了腾飞的翅膀。根据 2015 年 QS 世界大学学科排名，上海视觉艺术学院的“艺术与设计”（art & design）学科已位居全球大学第 51 至第 100 名段，这是迄今为止我国民办高校在学科建设中取得的最佳成绩。

二、公办教育、民办教育具有不同的制度和机制优势

公办教育与民办教育具有不同的制度和机制优势，公办教育具有基于国家的组织资源优势和信任优势，民办教育具有市场竞争的效率优势和成本优势。

1. 公办教育的优势

公办教育是国家主要利用财政资金举办的教育。我国的公办教育与国家组织紧密地结合在一起，体现了国家优势。

第一，公办教育具有组织优势。公办教育和我国的政治、经济、文化等各种体制紧密联系在一起，具有体制上、组织上的优势。公办学校的部分干部是国家选派的，内部管理实行党委领导下的校长负责制，能够有效实施党和国家的重大教育战略，能够自觉坚持社会主义办学方向。

第二，公办教育具有资源优势。公办教育依托国家财政，是举全区域或全国之力来办的，所以公办学校拥有更好的教学环境、教学设施、师资队伍。资源优势使得公办教育能够实现国家的重大教育战略目标，比如，公办学校在迅速普及九年义务教育方面具有不可比拟的优势。

第三，公办教育具有稳定性优势。公办学校不存在营利性和非营利性分类管理的困惑，不存在办学资金被挪用、资金链条不稳定、办学者终止办学等风险，所有资金投入都可以用到学生培养中，学校发展具有稳定性和可持续性。稳定性优势也使得公办学校具有一种信任优势，我国大部分地区的学生和家长在选择学校时会将公办学校作为首要目标。

第四，公办教育具有质量优势。从办学历史来看，公办学校往往都有几十年乃至上百年的历史，有的公办高校是新中国成立以前就存在的，在办学历史积淀、办学传承延续等方面具有明显的优势。同时，公办教育具有组织、资源和稳定性等方面的优势，这些优势累加在一起，使得公办教育具有显著的质量优势。全国所有的高水平高校都是公办高校。在基础教育阶段，除了部分地区的少数民办学校办学水平高于公办学校以外，公办学校的整体质量优于民办学校。

2. 民办教育的优势

民办教育的优势在于，民办学校体制机制灵活，决策高效，资金渠道多元，占用公共教育资源少，能够对受教育者的多样性教育需求做出灵敏的反应。

第一，民办教育具有市场竞争优势。民办教育的运行主要依靠市场机制，拥有价格机制和优胜劣汰的竞争机制。一切不能满足学生和家长需要的民办学校都会被市场淘汰，优胜劣汰机制保证了民办教育的活力。

第二，民办教育具有市场效率优势。从经济学的角度看，民办教育的资源配置流程只包括学校（生产者）和学生（消费者），这样就保证了消费者所支付的学费被最大限度地用于教学活动。公办教育则不同，在教育生产活动中，政府通过征税从纳税人那里获取教育资源（税收），然后通过财政（行政）管理体系再将部分税收通过复杂的配置过程分配到学校，由于增加了很多中间环节，产生了很多制度成本，导致纳税人付出同样的代价时，必须有一部分税收（财政资源）被耗费而不能用于教育教学活动，从而降低了资源配置的效率。[①] 在人事管理方面，部分公办学校人浮于事、不讲求绩效，教师"能进不能出，能上不能下"的现象普遍存在，而民办学校能不拘一格选用人才，竭尽全力挖掘人才，并建立了竞争性和促进流动的制度。民办学校根据教师的工作绩效、工作能力和工作时间强度进行工资分配。朱永新认为，民办学校实行聘用制，不占用编制，可以有效破除当前束缚城市学前教育和基础教育发展的教师编制瓶颈问题，可以更灵活、更开放。[②]

第三，民办高校还在校企合作培养应用型人才方面具有制度优势。民办学校大量聘请兼职教师，既能降低成本，又能增强与外界的联系。我国很多民办高校是企业举办的，也有很多民办高校的举办方在举办民办高校的同时举办了其他产业，民办高校和企业的联系紧密程度是其他高校所不能比拟的，这使得民办高校在开展校企合作协同育人方面具有先天的优势。

正是由于民办学校的制度和机制优势，我国涌现出一大批优秀的民办教育品牌。学前教育领域出现了多家有品牌影响力的民办幼儿教育集团，有的已成为集幼儿教育研究、幼儿教育发展、幼儿社区教育和幼教优质资源供给于一体的多功能服务平台。其他教育阶段也涌现出一大批卓越的民办教育品牌，如北京的汇佳教育集团、上海的协和教育集团和广东的东华学校等，这些学校办学条件好、教学质量高，收费相对昂贵，满足了部分家庭对高质量教育的需求。目前部分地级市中最好的初中是民办学校。不可否认，义务教育阶段某些民办学校是利用公办学校不允许择校的制度空间而实现超常规发展的，但是也有一些民办学校依靠自身的努力获得了良好的社会声誉。这些民办学校注重以学生为中心，对学生和家长的教育需

---

① 吴华，徐婷婷，马燕萍，等．发展民办教育需要新的观念基础［J］．复旦教育论坛，2019（2）：5-8.

② 朱永新．发展中国特色"特许"学校［EB/OL］．［2020-07-08］．https：//www. sohu. com/a/309224413-100114.

求做出更加灵敏的反应，更加注重内部决策的科学高效，从而显现出相对于公办学校的制度优势。

三、同时发挥公办教育与民办教育的制度和机制优势

公办教育与民办教育发挥着不同的功能和作用，具有不同的体制机制优势，公办教育与民办教育缺一不可，都是我国社会主义教育体系的组成部分。

从教育功能和作用来看，既要发挥公办教育在促进教育均衡发展、推进国家重大教育战略实施、推进基础科学研究等方面的基础性作用，也要发挥民办教育在增加教育资源、促进教育选择、推动教育体制改革等方面的重要作用。

从公办教育与民办教育的制度优势来看，我国教育改革要同时发挥公办教育、民办教育两种类型教育的制度优势，促进公办教育与民办教育互相补充、互相借鉴、良性竞争，满足人民群众对高质量、差异化的教育的需求。既要发挥公办教育的组织优势、资源优势、稳定性优势和质量优势，也要发挥民办教育的市场竞争优势、效率优势、体制灵活的优势和培养技能型应用型人才的优势。

关于公办教育和民办教育的关系，实践中存在两种错误观点。一种是"过时论"，认为随着经济发展，民办教育可以逐渐退出历史舞台。民办教育由于具有体制机制上的特殊性，在管理上对政府提出了更高的要求，个别民办学校的违规违法办学行为不能代表我国民办教育整体的情况。另一种观点是"代替论"，认为可以让民办教育代替公办教育，这种观点在现实中也有表现。2018 年 12 月教育部办公厅通报指出，一些地方在义务教育发展中出现了公办民办发展失衡、政府职责弱化、少数民办学校违规办学等突出问题，严重损害了人民群众的利益和良好教育生态；提出坚持政府发展义务教育的法定责任，严禁以发展民办教育为名推卸政府责任，坚持把义务教育作为教育投入的重中之重，切实办好公办学校。

第二节 正确认识公办教育、民办教育的数量结构关系

公办教育与民办教育不存在最佳的固定比例关系，公办教育与民办教育的比例随经济发展、居民收入水平、公办教育的质量、人民群众教育需求的多样性等因素的变化而变化，是动态调整的。判断公办教育与民办教育比例关系的标准在于人民群众对高质量、多层次教育的需求是否得到了充分满足。不宜以固定的比例要求公办教育与民办教育的比例关系，民办教育多一点还是公办教育多一点不是影响人民群众教育满意度的主要因素。

一、世界主要国家公私立教育数量结构关系

虽然公立教育是世界各国教育的主体，但从全球来看，在大部分国家和地区，私立教育都是重要的组成部分，而且私立教育具有不断扩张的趋势。

1. 世界私立教育的主要类型

列维（D. C. Levy）将全球私立高等教育划分为需求吸纳型、宗教型和精英型三种类型。[①] 这已经成为全球私立教育研究中比较公认的分析框架。私立基础教育也可以分成上述三大类型。三种类型的私立学校承担不同的功能，满足不同受教育者的需求。

需求吸纳型私立学校的功能主要是吸纳无法进入公立学校的学生。当公立学校所提供的教育机会不能满足所有学生的入学要求时，私立教育就

① Levy D C. Higher education and the state in Latin America, private challenges to public dominance［M］. Chicago: The University of Chicago Press, 1986: 224.

会承担一种补充功能，无法进入公立学校的学生可以进入私立学校就读。一般而言，在经济落后、公共财力不足的国家和地区，私立教育会成为公立教育的重要补充。这些地区私立教育的质量不高，往往为贫困人口和弱势群体提供教育机会，因为贫困地区的公立学校所提供的教育机会往往是不足的。

宗教型私立学校主要接纳特定宗教或教派的学生。因为公立学校一般提供普适性知识，不涉及宗教等方面的内容。而很多国家的宗教人士希望学习更多本群体所信仰的宗教知识，为这些人士的子女所开设的宗教型学校就会成为这些群体的选择。列维在提出宗教型私立学校的概念之后，又扩展了宗教型私立学校的含义，并将之命名为文化型私立学校。在一些具有文化多样性的国家，比如美国，不同族裔的人士希望学习更多关于本族裔的知识，这些学校可能与宗教信仰无关，所以被称为文化型私立学校，如美国的中文学校和针对印度裔移民所开设的学校等。

精英型私立学校接收不满足于公立学校提供的教育、希望接受更高质量的教育的学生。精英型私立学校的产生与政府的教育责任有关。公立教育的首要责任是保证社会不同群体的子女接受质量大致相同的教育，因此，公立教育在均衡性和精英性之间存在一种张力。为了保证教育的均衡性，不同学校的教育质量需要保持大体相当。当一些家庭希望孩子接受更高质量的教育时，具有更高质量的精英型私立学校就成为他们的选择。从公共财政的均等化角度看，虽然这些家庭的子女选择了私立教育，但是他们也应该得到公共财政的补助，所以，政府往往通过教育券的方式，对这些家庭进行补助，这样既赋予了家庭教育选择权，又保证了教育的均等性。

2. 世界私立教育的发展现状与趋势

世界各国私立中小学的规模和增长速度各不相同。总体而言，国家越发达，私立教育的作用往往越小。在海地，约 80%的小学生接受私立教育，而在德国却只有 5%。在欧洲大陆国家，公立教育质量普遍较高，因此私立教育发挥的作用往往较小。与欧洲一样，东亚国家的公立教育供给也相当充裕，但与欧洲不同的是，东亚国家的私立教育在快速增长。越南既有低收入国家中最好的公立学校体系，也拥有可能是世界上增长最快的私立教育机构。在南亚和非洲的大部分地区，贫困、移民和人口增长使得政府很难在许多城市提供教育，因此私立教育规模庞大，而且增长迅速。精英阶层已经离开了公共体系，许多中产阶级和穷人也在效仿。学者将这种现象称为教育的“拉丁美洲化”。

近年来，世界上大多数国家的公立高等教育规模在增长，但是私立高等教育占比也一直在增长。目前全球大约30%的高校在校生在私立高校就读。一些国家和地区的高等教育曾经都由公立高校来承担，但是目前全球只有少数几个国家（不丹、古巴、朝鲜、希腊）没有私立高校。世界上的大国都有私立高校。亚洲私立高等教育发展迅猛。日本的私立高等教育非常发达，2010 年日本共有国立高校 86 所，公立高校 95 所，私立高校 597 所，私立高校占比为 76.7%。[①] 除了日本，印度尼西亚、菲律宾、韩国的私立高校在校生占比均超过 70%，马来西亚私立高校在校生大约占 50%，印度私立高校在校生大约占 30%，柬埔寨、泰国和越南私立高校在校生大约占 15%，哈萨克斯坦和伊朗私立高校在校生大约占 50%。澳大利亚大约只有 3%的在校生在私立高校就读，新西兰大约有 10%的在校生在私立高校就读。[②] 拉丁美洲的私立教育历史很长，近年来进一步发展。智利 92.8%的高校是私立高校，77.6%的学生在私立高校就读；巴西 89.1%的高校是私立高校，74.6%的在校生在私立高校就读；萨尔瓦多 83.3%的高校是私立高校，74.6%的在校生在私立高校就读；哥斯达黎加 47.1%的高校是私立高校，54.6%的在校生在私立高校就读；秘鲁 51.1%的高校是私立高校；哥伦比亚 70.6%的高校是私立高校，49.6%的在校生在私立高校就读。表 12-1 展示了高等教育在校生数最多的 10 个国家的私立高校发展情况。

---

① 汤伊心．战后日本私立大学的发展及其意义［J］．高教探索，2016（12）：63-68.

② Bjarnason S，Cheng K，Fielden J，et al. A new dynamic：private higher education［R］. Paris：UNESCO，2009.

表 12-1　高等教育在校生数最多的 10 个国家的私立高校发展情况

国家	私立高校在校生占比（%）	私立高校在校生人数（人）	高校在校生人数（人）	高校在校生数排名	私立高校在校生数排名
中国	19. 6	4664531	23856345	1	4
印度	58. 3	12443748	21350427	2	1
美国	27. 5	5617069	20427709	3	2
俄罗斯	14. 7	1323348	8984977	4	10
巴西	72. 7	4764498	6552707	5	3
印度尼西亚	58. 2	2908383	5001048	6	6
日本	78. 6	3016964	3836314	7	5
伊朗	44. 9	1702572	3790859	8	8
土耳其	5. 2	181829	3529334	9	35
韩国	80. 7	2636972	3269509	10	7
前十位国家	39. 0	39259914	100599229	—	—
全球	32. 9	56722374	172545175	—	—
前十位国家占全球比例（%）	—	69. 2	58. 3	—	—

数据来源：https：//www. prophe. org/en/global-data/country-dimension-tables/ten-largest-systems%E2%80%99-individual-and-aggregated-private-shares/.

二、我国各地区公办教育与民办教育数量结构

根据《2019 年全国教育事业发展统计公报》，我国各级各类民办学校总数为 19. 15 万所，在校生数为 5616. 61 万人；我国共有民办幼儿园 17. 32 万所，民办幼儿园在园儿童 2649. 44 万人，占在园儿童总数的 56. 21%；民办普通小学 6228 所，在校生 944. 91 万人，占全国小学在校生总数的 8. 95%；民办初中 5793 所，在校生 687. 40 万人，占全国初中在校生总数的 14. 24%；民办普通高中 3427 所，在校生 359. 68 万人，占全国普通高中在校生总数的 14. 90%；民办中等职业学校 1985 所，在校生

224.37 万人，占全国中等职业学校在校生总数的 14.23%；民办高校达 757 所（含独立学院 257 所、成人高校 1 所），在校生达 708.83 万人，占全国普通本专科在校生总数的 23.38%。

1. 我国公办教育与民办教育的区域差异

我国各省（自治区、直辖市）各级各类民办教育的比例存在较大差距。就学前教育而言，2016 年江西省民办幼儿园在园儿童比例超过 70%，黑龙江省民办幼儿园在园儿童比例不到 10%（见图 12-1）。就小学而言，2016 年广东省民办小学在校生占比为 22.45%，而新疆维吾尔自治区民办小学在校生只占 0.60%（见图 12-2）。就初中而言，2016 年广东省民办初中在校生占比为 21.39%，而新疆维吾尔自治区民办初中在校生仅占 0.92%（见图 12-3）。就普通高中而言，2016 年浙江省民办普通高中在校生占比为 24.00%，新疆维吾尔自治区民办普通高中在校生占比只有 2.70%（见图 12-4）。就民办中等职业学校而言，2016 年四川省民办中等职业学校在校生占比为 28.12%，新疆维吾尔自治区民办中等职业学校在校生占比仅为 2.85%（见图 12-5）。就民办高校而言，2016 年广东省民办高校在校生占比为 34.00%，吉林省民办高校在校生仅占 3.70%（见图 12-6）。

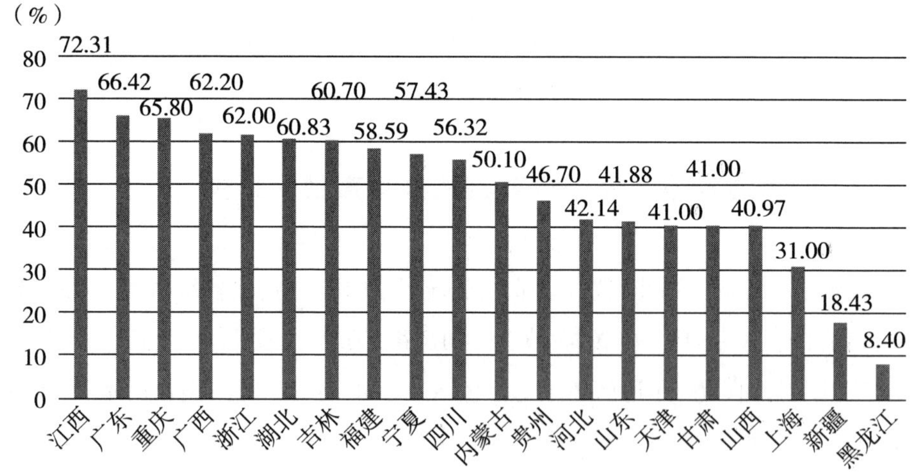

图 12-1　部分省（自治区、直辖市）民办园在园儿童占比

数据来源：根据各省（自治区、直辖市）教育厅/教育委员会公布的 2016 年数据整理。

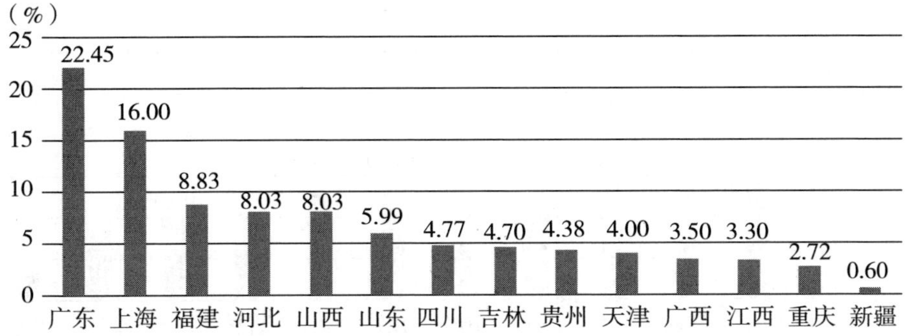

图 12-2　部分省（自治区、直辖市）民办小学在校生占比

数据来源：根据各省（自治区、直辖市）教育厅/教育委员会公布的 2016 年数据整理。

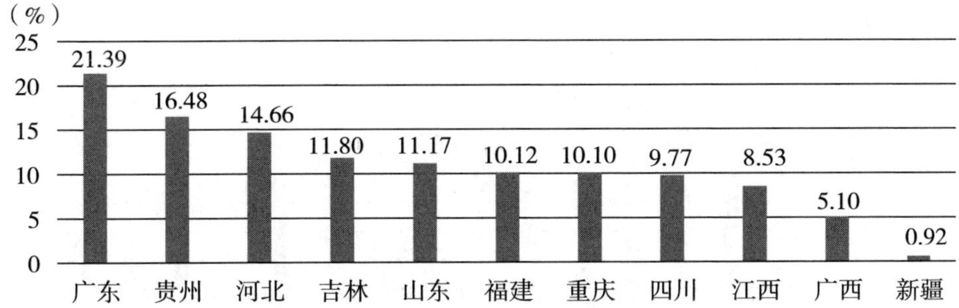

图 12-3　部分省（自治区、直辖市）民办初中在校生占比

数据来源：根据各省（自治区、直辖市）教育厅/教育委员会公布的 2016 年数据整理。

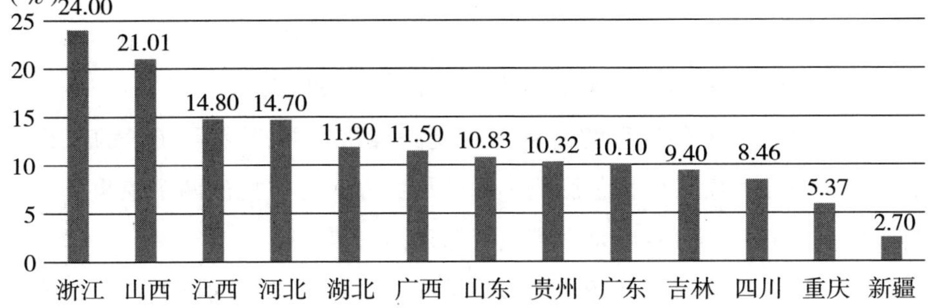

图 12-4　部分省（自治区、直辖市）民办普通高中在校生占比

数据来源：根据各省（自治区、直辖市）教育厅/教育委员会公布的 2016 年数据整理。

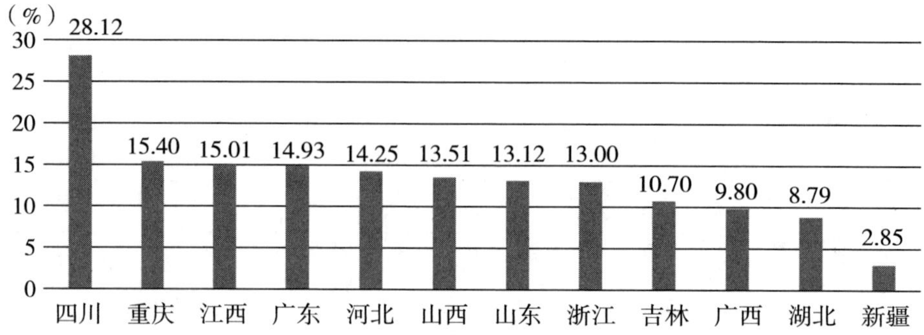

图 12-5　部分省（自治区、直辖市）民办中等职业学校在校生占比

数据来源：根据各省（自治区、直辖市）教育厅/教育委员会公布的 2016 年数据整理。

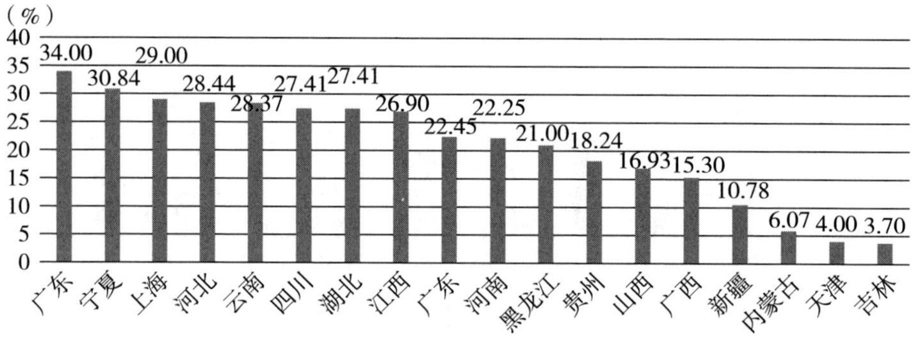

图 12-6　部分省（自治区、直辖市）民办高校在校生占比

数据来源：根据各省（自治区、直辖市）教育厅/教育委员会公布的 2016 年数据整理。

2. 影响不同区域公办教育与民办教育比例的因素

公办教育和民办教育的比例关系受到经济与社会多重因素的深刻影响。就义务教育阶段而言，影响不同区域民办教育占比的两个最重要因素是人口流动和公办教育满足学生教育需求的程度。

第一，人口净流入和净流出影响不同区域民办教育的比例。人口流动是影响我国各地公办教育与民办教育比例的重要因素，在人口流入较多的地区，民办教育的占比高；在人口流出较多的地区，民办教育的占比低。

从省级行政区域来看，人口大量流入的省份，比如广东、福建，民办教育的占比高；在人口流出较多的省份，比如黑龙江、吉林，民办教育的占比较低。市县级行政区域也遵循同样的规律，人口大量流入的区域，比如东莞，民办教育的占比高，人口大量流出的区域民办教育的占比低。

改革开放以来，由于东部经济发展水平高于中西部地区，我国出现了大规模的人口流动。根据《中华人民共和国 2019 年国民经济和社会发展统计公报》，全国人户分离的人口为 2. 80 亿人，其中流动人口 2. 36 亿人。我国人口流动的方向主要是从农村到城市，从中西部地区向东部沿海地区。人口流动不仅深刻地改变了我国的经济和社会发展格局，也对教育格局产生了深远的影响。在 20 世纪 90 年代之前，虽然农村地区的劳动力大量涌入城市，但他们一般住在简陋的工棚中或用人单位提供的简陋住房中，工作地点也频繁变动，这些因素决定了务工者没有条件将孩子接到城市生活和上学。21 世纪初，随着我国经济的持续发展、交通条件的不断改善，劳动者的收入不断提高，在城市工作和生活的条件逐渐改善，部分外来务工者有能力将孩子接到城市生活并接受教育。城市公办学校的容量有限，无法接收这些孩子，民办教育的兴起则满足了这部分学生的需求。接收流动人口子女的民办学校被称为“农民工子弟学校”。大多数农民工子弟学校无法满足土地、校舍、消防、师资等方面的要求，处于“非法办学”状态，教育行政部门在统计当地民办学校数量时，并不将这些学校统计在内。随着教育行政部门和消防部门检查力度增大，大部分农民工子弟学校都被淘汰了。只有少数农民工子弟学校升级改造为具备办学许可证的民办学校。

不同地区对农民工子弟学校的态度不同。地方政府对待民办学校的态度受到地方产业结构、本地人口密度等因素的影响。在经济依靠劳动密集型企业的地区，外来务工者是当地经济发展的重要力量，地方政府意识到只有解决外来务工者子女的教育问题才能长久留住外来务工者，所以这些主要接收外来务工者子女的民办学校一直被当作义务教育的重要组成部分。此外，这些新型城市的人口密度小，城市扩建空间大，土地资源丰富，也为这些城市接纳外来务工者子女提供了条件。2017 年东莞市有常住人口 834 万人，其中户籍人口 211 万人，外来人口 623 万人，解决这些外来人口子女的教育问题成为当地经济和社会发展的关键问题之一。当地政府对民办教育采取了积极开明的措施，2017 年东莞市 266 所民办中小学中的 234 所主要接收外来务工者子女。而北京市海淀区出于控制人口流入等考虑，严格限制农民工子弟学校和其他民办学校的设立，海淀区在 2000 年左右涌现出大量简易的农民工子弟学校，因为这些学校均达不到设置标准，大多不被政府所认可。2017 年海淀区共有 22 所民办学校，其中 2 所主要接收外来务工者子女。

第二，公办教育的数量和质量影响民办教育的占比。民办教育和公办教育之间存在一定程度的替代性关系，若公办教育完全满足了人民群众的教育需求，那么民办教育就没有生存和发展的空间，若公办教育不能完全满足人民群众的教育需求，民办教育的兴起和发展就成为可能。在中西部地区，大量农村学生涌入县城读书，若县城内的公办学校能够满足农村学生的就读需求，民办学校的发展空间就很小，若县城内公办学校的容量有限，则民办学校的发展就成为必然。典型的是湖南省耒阳市。从 2011 年到 2017 年，耒阳城区人口由 17 万人增长到 58 万人，大量人口进城上学，但至 2014 年前中心城区只新建了一所公办中学。民办学校则过度发展，民办初中学位占比超六成。按 2018 年义务教育阶段学校招生计划，城区内 31%的小学生、66%的初中生将入读民办学校，远远超过了 10%的正常比例。政府为解决大班额问题，强行分流 8000 名学生到民办学校就读，2018 年 9 月引发群体性事件，被教育部通报批评。我国部分地区农村学校由于经费短缺、办学条件差、教师工作积极性低等，教育质量较低，吸引力低。公办教育的低质量或低响应性为民办学校的兴起和发展提供了土壤。如果公办教育的质量低，或者说，如果公办教育不能对当地学生和家长的教育需求做出及时有效的回应，民办教育就会迅速发展。

三、形成科学的公办教育与民办教育数量结构

不宜以固定的数字评价公办教育与民办教育的比例。衡量公办教育与

民办教育的比例是否合适，关键是看其是否解决了我国教育发展的不充分、不平衡问题，是否有利于满足人民群众对多样化、个性化教育的需求。

第一，公办教育与民办教育的共同发展是否增加了教育资源、丰富了教育机会。公办教育与民办教育的比例关系是否合适，首先在于公办教育与民办教育的共同发展是否为人民群众提供了足够多的教育机会。在教育机会不足的情况下，有两种选择：第一，可以考虑扩大公办教育的入学机会，但是，若财政无力供给，民办教育就有责任担负起补充职责。第二，可以扩大民办教育的供给，但是需要通过政府购买等形式分担学生接受民办教育的成本。我国学前教育的供给小于需求，入园难在很多地区存在，因此，解决入园难问题应该作为学前教育发展的第一目标。我国义务教育阶段的入学难问题已经解决，但是存在大班额、流动人口子女受教育难等问题。解决这些问题，既需要加大财政投入力度，也需要吸引更多社会资金进入教育领域。

第二，公办教育与民办教育的发展是否满足了人民群众的多样化教育需求。需求及其结构的变化是引致供给结构变化的重要原因之一。按照世界银行的分类，中国已经从中低收入国家进入中高收入国家行列，需求结构已经发生了较大的变化，表现为从生存型（食品、服饰、居住、能源消耗）主导逐步向发展型（教育科研、公共服务）、享受型（出行、电子设备及邮政通信、住宿餐饮、文化娱乐、其他个人服务）主导转变。随着收入水平提高，当居民的基本生活需要得到充分满足后，更多的支出被用于自身的发展和生活质量的改善，发展型和享受型的支出增长快于生存型支出增长，导致三者相对比重发生变化。①

随着经济的发展，教育消费支出将会增加，而在教育内部，教育需求的层次和结构也在发生变化，最基本的变化在于从“有学上”到“上好学”转变。葛道凯指出，随着国家的发展和进步，教育基本矛盾已经转化为人民群众对教育的多样化、个性化需求与教育的单一、粗放供给之间的

① 瞿亦玮，张瑛．经济发展进程中的需求结构变迁：中等收入阶段需求结构变化的跨经济体比较分析［J］．经济评论，2018（5）：160-170.

矛盾。破解教育基本矛盾，必须加快建成适合每个人的教育，努力使具有不同性格禀赋、不同兴趣特长、不同素质潜力的学生都能接受符合自己成长需要的教育。[①] 经济发展还提高了满足多样化教育需求的支付能力。人民群众愿意为高质量、有特色的教育支付更多的资金。在居民家庭收入较低的时候，人民群众比较在乎学费的高低，但是随着我国城乡居民收入的不断提高，人民群众越来越关心教育的质量，对教育费用的关注越来越少。徐辉发现，家长越来越愿意加大教育投入，所以民办教育有很大的发展空间。[②]

我国经济的持续发展催生了一个数量越来越大的中产阶级群体，该群体对高端、个性化教育的需求在不断增加。中产阶级崛起为我国各个领域带来了巨大的市场红利。中产阶级拥有强大的购买力，更加注重产品和服务的品质，对价格的考量将会被放到第二位。也就是说，性价比会让位于性能比。过去一段时期内，教育公共政策在中央层面、在基础教育学段，总的来说以弱势群体为优先考虑的对象，以保障这一人群的基本公共服务供给为制定政策的出发点。在弱势群体“上不了学”“上不起学”的供需矛盾突出时，其他社会人群不会对以公平和平等为整体价值取向的教育公共政策提出异议，政策的社会共识易于达成。然而，在居民收入水平显著提高、收入差距拉大的背景下，教育选择自由将成为高收入家庭的重要的公共政策诉求。但是，我们的政策体系依然不允许自由择校，这导致城市人群对教育的纠结、焦虑和对政策的不满，这是亟待重视和研究的问题。

要使具有不同性格禀赋、不同兴趣特长、不同素质潜力的学生都能接受符合自己成长需要的教育，离不开民办教育的发展。首先，公办教育的均衡性、统一性与学生多样性发展之间存在矛盾。受到公共财政资源的限制，公办教育首先需要满足大众化、统一性的教育需求，个别化的教育需求往往很难通过公办教育来满足。其次，公办学校就近入学的要求和学生的选择存在矛盾。公办学校要求就近入学，排斥教育选择，而要使具有不

① 葛道凯．从矛盾变化看新时代教育改革发展的基本走向［J］．教育研究，2018（12）：4-8.

② 徐辉．现在是中国民办教育发展的重要机会窗口［EB/OL］．［2020-07-08］．https：//www.sohu.com/a/306955533-112831.

同性格禀赋、不同兴趣特长、不同素质潜力的学生都能接受符合自己成长需要的教育，一般需要通过学生的选择来实现。民办教育的成本主要由受教育者承担，应该允许受教育者根据自身情况在不同民办学校中选择，也应该允许民办学校根据不同生源的教育需求在一定范围内调整教育内容、教学方式和教学手段，从而使得适合学生的教育成为可能。

义务教育领域要保障部分学生的教育选择权。适当提高学校的选择性虽然有可能损害教育平等，使得低收入群体与中高收入群体子女所接受的教育存在差异，但该问题可以通过优化相关教育制度来解决。如果为了维系教育平等而拒绝学生的选择性诉求，将直接影响对中高收入家庭高质量、个性化教育需求的满足。

在学前教育资源总体不足的背景下，发展学前教育要将增加人民群众的选择作为政策设计的出发点之一。我国各省份情况不同，甚至同一省市不同区域也存在不同情况，政策不能一刀切。普惠是目前我国学前教育发展的关键词之一，普惠的目的是办人民满意的教育，但是人民的需求是多样化的，很多家庭盼望性价比高的幼儿园，而不是低价低质的幼儿园。现实中已经出现这样的问题，因为统一推行普惠性幼儿园，一些家长不得不舍近求远去非普惠性幼儿园，这是在发展普惠性幼儿园中需要注意的问题。

第三，公办教育与民办教育的发展是否增进了整体上的教育公平。党的十九大报告指出，要全面贯彻党的教育方针，落实立德树人根本任务，发展素质教育，推进教育公平，培养德智体美全面发展的社会主义建设者和接班人。党的十九大报告还强调，要在发展中补齐民生短板、促进社会公平正义，在幼有所育、学有所教等方面不断取得新进展，保证全体人民在共建共享发展中有更多获得感，不断促进人的全面发展。教育公平是实现社会公平的重要基础，也是教育发展的重要目标。

推进教育公平的基础在于不断增加教育资源总量，实现教育的均衡化发展。推进教育公平有两条重要的途径。

首先，调整教育公共财政的投入重点。在高等教育领域，国家应该维持差异化的经费投入格局，坚持“效率优先、兼顾公平”的原则，继续加大对“双一流”高校和学科的投入力度，因为这些高校和学科所承担的科学研究任务决定着我国的科研实力和综合竞争力。在义务教育、职业教育领域，坚持“平等优先”的经费投入策略，公办学校不宜区分重点和非重点，应该通过政策和经费投入来保证各个地区、各个学校的均衡发展。部分家庭希望接受高质量的教育，可以选择民办教育。当然，也要防止精英型民办学校和普通公办学校的差距过大，防止精英型民办学校成为高收入家庭的专属品，防止教育的“拉丁美洲化”现象的产生。实际上，教育的“拉丁美洲化”是公办教育的质量过低引起的，而公办教育的质量过低根本原因在于公共财政投入不足。在我国目前的公共财政投入体制下，不存在教育的“拉丁美洲化”无限蔓延的制度和社会环境。对此，我们无须过于担心。

其次，通过大力发展民办教育，增加社会资金进入民办教育的总量。当更多的社会资金进入教育领域以后，教育领域的资金总量增加了，政府就可以将更多公共资金用到贫困地区、农村地区和薄弱学校，从而整体上提高我国教育的均衡性和教育公平程度。

第三节　推动公办教育、民办教育协调发展、共同育人

公办教育、民办教育应该协调发展。民办教育分类管理对民办教育的功能和定位提出了新的要求。但在民办教育的转型过程中，一定要尊重历史、尊重实践、尊重市场规律，平稳过渡，让热心于民办教育事业的团体和个人有获得感，让有理想的教育家办出理想的教育，让有选择意愿的学生和家庭选择适合自己的学校。

一、尊重历史，正视公办教育与民办教育的比例关系

制定民办教育政策意味着触碰一个极端复杂的体系，采用简单的政策去触碰复杂的体系，则有可能产生意想不到的结果。公办教育与民办教育的比例是在较长的时间内形成的，不宜采用简单的、固定数值的方式进行调控和管理。我国地域辽阔，各地经济社会发展条件相差较大，各地公办教育与民办教育发展的具体情况差异大，影响因素复杂。在我国各地存在复杂差异性时，用全国统一的标准去要求各地公办教育与民办教育的比例是不适宜的，也必然会背离政策的本意。各地必须因地制宜，实事求是，负责任地采取符合实际的政策措施推进改革。

学前教育领域公办教育与民办教育的关系尤其需要关注。部分地方误读国家关于学前教育的政策精神，制定的区域性民办教育政策影响了社会资金进入学前教育的规模和速度，影响了民办学校举办者和管理者的办学积极性，影响了教师队伍的稳定性。这些做法包括：一些地区引导民办幼儿园转为普惠性幼儿园，但是不给予财政资助，或者只给少量资助，幼儿园的收费远远无法弥补政府限价后与原来收费的差额，导致保育质量下降；一些地方不顾历史和现实，单方解除与举办者签订的办园合同，以行政力量强制政府产权幼儿园转为普惠性幼儿园。

《中共中央国务院关于学前教育深化改革规范发展的若干意见》要求2019年6月底前，各省（自治区、直辖市）要制定民办园分类管理实施办法，明确分类管理政策，但是截至2019年7月，只有湖南省印发了《民办幼儿园分类管理办法》，其余省份皆没有出台关于幼儿园分类管理的政策。由于幼儿园分类管理的政策不完善，全国各地基本上不审批或停止审批营利性民办幼儿园。中央要求加快公办学前教育事业的发展，并不是要限制民办学前教育的发展，从相当长的历史时期看，要满足广大人民群众对学前教育的需求，仍然要坚持公办和民办“两条腿走路”的方针。优化公办幼儿园与民办幼儿园的关系，解决幼儿园高收费、民办幼儿园占比过高等问题，只能加快公办幼儿园的发展步伐，循序渐进地扩大公办幼儿

园的占比。在过渡阶段，政府可以通过政策扶持、经费扶持、师资扶持等做法引导一些民办幼儿园转成普惠性幼儿园，但是必须坚持自觉自愿的原则，而不能强制将民办幼儿园转为普惠性幼儿园。

二、着眼整体，明确公办学校、民办学校的合理定位

公办教育和民办教育应该通力合作，共同满足人民群众对高质量个性化教育的需求。首先，公办学校要满足质量要求，达到较高的质量标准。应该不断增加财政投入，提高公办教育的质量。其次，公办教育应保障教育均衡发展。不应该将少数公办学校办成精英化学校，城乡之间、各个地区之间公立教育不应该存在太大的差距。

民办学校应该办出特色，满足人民群众个性化的教育需求。当前需要规范“公参民”性质的民办学校，这些民办学校在很大程度上享受公共财政扶持，但同时又在收费、招生等方面保持民办机制，只有少数人能够享受这种教育资源。这些民办学校既占用了大量公共教育资源，又收取高额学费，加大了人民群众的负担。这样既没有实现公办学校兜底、促均衡的功能，也排斥了真正由社会资金所举办的民办学校的选择功能。

三、优化生态，保持公办学校、民办学校的合理竞争

公办教育与民办教育的适度竞争有利于提高双方的教育质量，优化我国教育的整体生态，更好地满足人民群众的教育需求。应该允许公办教育与民办教育在学前教育、义务教育、职业教育和高等教育领域开展良性竞争。

应该正确看待我国义务教育阶段公办学校、民办学校的竞争现象。我国义务教育阶段存在民办学校在招生等环节与公办学校的不公平竞争现象。公办学校禁止择校和考试选拔，实行划片派位、就近入学，民办学校具有招生自主权，可以“提前招生”和通过考试选拔学生。部分地区的民办学校将教育培训机构的统测成绩和杯赛证书作为选拔依据，从而囊括了

优质生源，拉开了民办学校与公办学校的差距。一些地方政府监管不力，进一步导致义务教育秩序混乱。

民办学校出现的掐尖招生、提前招生、有偿招生等乱象，不仅导致学校将大量的资源浪费在招生环节，不利于教育教学质量的提高，而且导致公办学校和民办学校的关系紧张，加大了教育行政部门的管理成本。《教育部办公厅关于严格规范大中小学招生秩序的紧急通知》（2019 年）要求各地将民办义务教育学校招生纳入归属地教育行政部门统一管理，与公办学校同步招生，不得提前招生，不得通过考试或变相考试选拔生源，不得以任何形式干扰破坏招生秩序，坚决防止对生源地招生秩序造成冲击；对报名人数超过招生计划的民办学校，引导学校采取电脑随机派位方式招生，实行民办中小学跨区域招生生源地审批办法和黑名单制度；所有普通高中学校（含民办高中）要严格按照规定的招生范围、招生计划、招生时间、招生方式进行统一招生，严禁违规争抢生源、掐尖招生、跨审批区域招生、超计划招生和提前招生。2019 年 7 月发布的《中共中央国务院关于深化教育教学改革全面提高义务教育质量的意见》进一步强调了民办学校招生政策：严禁以各类考试、竞赛、培训成绩或证书证明等作为招生依据，不得以面试、评测等名义选拔学生；民办义务教育学校招生纳入审批地统一管理，与公办学校同步招生；对报名人数超过招生计划的，实行电脑随机录取。

目前全国很多地区按照《教育部办公厅关于严格规范大中小学招生秩序的紧急通知》的要求来规范民办学校的招生行为。2019 年 4 月，《四川省教育厅转发〈教育部办公厅关于做好 2019 年普通中小学招生入学工作的通知〉的通知》指出：对报名人数超过招生计划的民办学校，要继续实行招生计划 30%以上名额在报名学生中由随机派位方式确定，剩余名额可采取面谈等方式确定；对报名人数不足招生计划 30%的民办义务教育学校，应录取全部报名学生。2019 年 6 月，银川市教育局公布民办学校招生工作方案，将民办初中学校电脑随机派位比例从过去的 20%提高到最低为 40%。7 月，银川市发布了《关于调整银川市民办初中学校招生方案的紧急通知》，取消原招生方案中 60%面谈的招生方式，实行全面电脑随机录取，随后，上海、浙江等地纷纷对外发布消息，表示坚决落实中央指示。2019 年 8 月，江苏省教育厅宣布，2020 年秋季学期开始，报名人数超过计划招生人数的民办学校，将全面采取电脑摇号招生。

民办学校“免试、同步、摇号”招生对于规范公办学校、民办学校的招生秩序具有一定的作用。但是，对于公办学校、民办学校的招生行为，还应该考虑到它们不同的功能、作用、经费筹措机制等因素。比如，大多数民办学校是寄宿制，只有跨区域招生才能招到有寄宿需求的生源；再比如，很多民办学校是国际化双语学校，需要学生具有一定的外语基础，这就需要对报名学生进行一定的选择。公办学校的发展主要依赖公共财政，而民办学校的生存则主要依靠学费，单纯限制民办学校跨区域招生，表面上做到了一视同仁，但实际上限制了公办学校、民办学校的合理竞争，也是对民办学校的歧视和限制，不利于优化我国的教育生态，最终将损害公办教育与民办教育的质量。

可以看出，规范民办学校和公办学校的平等竞争是一个非常复杂的问题，既需要考虑与已有法律政策的衔接，也需要考虑民办学校的类型、功能、定位和特色发展，不宜一刀切。今后，对于“公参民”性质的民办学校，应严格按照免试、同步、摇号的规定招生。而对于主要依靠社会力量举办的民办学校，需要根据其办学定位和办学特色，从扶持其发展的角度，按照《国务院关于鼓励社会力量兴办教育促进民办教育健康发展的若干意见》的规定，适当保障其自主招生权。针对部分地区存在的公办教育质量下降的现象，必须通过教育改革加以解决。

四、统筹安排，促进公办学校、民办学校融合互助

鼓励公办学校、民办学校开展结对帮扶工作。我国各地涌现出一大批优秀的公办学校、民办学校，同时，我国也存在一些办学基础薄弱、后劲不足的公办学校、民办学校，特别是很多针对外来人口的民办学校办学资源少、办学条件差、教育教学质量不高。可以探索开展公办学校、民办学校结对帮扶，通过送课（讲座）到校、双师教学等多种形式，加大对薄弱

学校的教学指导和教研指导，帮助薄弱学校完善管理制度、提升管理水平。

积极探索公办学校、民办学校委托管理试点工作。东莞市开展了公办学校托管帮扶民办学校的实践。温州市则开展了民办学校托管公办学校的实践。托管学校可采取多种形式，帮助受托学校完善教学管理、教师培训、学校文化，实现公办学校、民办学校的共同发展。

五、顶层设计，促进公办教育与民办教育健康有序发展

为深入贯彻党的十九大精神，落实《中华人民共和国民办教育促进法》《国务院关于鼓励社会力量兴办教育促进民办教育健康发展的若干意见》及两细则（《民办学校分类登记实施细则》《营利性民办学校监督管理实施细则》）要求，今后应以实施分类管理为突破口，坚持支持与规范并举的基本原则，完善民办教育顶层设计，促进公办教育与民办教育健康有序发展。

一是尽快完善政策。政策不配套依然是阻碍民办教育发展的主要瓶颈之一，比如，《中华人民共和国民办教育促进法》已经颁布实施，但是学校（包括幼儿园）的税收政策依然不明确，一些地方甚至将普惠性幼儿园按照一般纳税人对待，征收25%的企业所得税。要依托民办教育部际联席会议制度，协同财政部、税务总局、国土资源等部门，联合制定营利性与非营利性民办学校财政资助制度、税收优惠政策、金融支持政策、用地支持政策、财务清算制度、退出机制、补偿和奖励的指导意见，构建更加完善的差别化政策体系，进一步激发社会力量兴办教育的主动性、积极性和创造性。

二是加大政策扶持。兴学育人，捐资助学，历来是造福桑梓、功德无量的善事。目前，民间资本投资教育占全国教育总投入的比例依然不高，面对教育现代化和建设教育强国的战略要求，必须进一步鼓励社会力量和民间资本以多种方式进入教育领域，提供多样化教育产品和服务，这既是

缓解财政压力的客观需要，也是激发教育活力的题中应有之义。① 要充分发挥市场在资源配置中的决定性作用，梳理社会力量进入教育领域的堵点和难点，采取多种方式鼓励和支持社会力量兴办教育。鼓励地方政府通过提供场地、减免租金、购买服务等政策措施，加大对社会力量兴办教育的支持力度。

当前尤其需要加强对承担基本公共教育责任的补充型民办教育的财政资助。首先要加大对普惠性幼儿园的扶持力度。《国务院办公厅关于开展城镇小区配套幼儿园治理工作的通知》指出：委托办成普惠性民办园的，要做好对相关机构资质、管理能力、卫生安全及保教质量等方面的审核，明确补助标准，加强对普惠实效及质量方面的动态监管。现有的城镇小区配套幼儿园若要转变为普惠性幼儿园，要根据上述通知的要求，从实际出发，按照“一事一议”“一园一案”的要求，对普惠性幼儿园进行补贴。其次要加大对承担义务教育责任、主要接收外来务工者子女的民办学校的扶持力度。

三是加强民办教育质量监督保障，有效防范办学风险。首先要探索建立健全涵盖国家、行业、学校的质量标准体系，完善政府、社会、行业共同参与的质量评价体系，着力打造一批具有国际影响力和竞争力的民办教育品牌，推动民办学校从高速增长向高质量发展转变。其次要制定民办学校财务、会计、审计管理办法，管好学校钱袋子；制定民办学校办学信息公开细则，建设民办教育管理信息系统，实现阳光办学。

① 葛道凯．从矛盾变化看新时代教育改革发展的基本走向［J］．教育研究，2018（12）：4-8.

第十三章 “十四五”时期教育重大问题探讨

为做好“十四五”规划编制工作，教育发展研究中心以“新时代中国教育结构体系研究”课题为基础，于2019年9—12月分领域召开了系列座谈会，面向一线校长教师、基层行政部门负责人、专家学者等，广泛征求关于“十四五”时期教育重大问题的意见建议。座谈会内容涵盖基础教育、职业教育、高等教育、民办教育、学习型社会、教育信息化等十二个方面，聚焦政府关心、百姓关切、社会关注的重点、热点和难点问题，坚持问题导向和一线规则，广开言路，汇聚专家智慧。本章收录与结构体系密切相关的内容并加以整理，进而对教育规划制定的依据点、参考点与关键点进行探讨。

第一节 基础教育座谈会综述

一、关于学前教育

1. 专家观点

科学预测人口政策对学前教育的影响。有专家指出，“全面二孩”政策的实施，要求“十四五”学前教育规划一定要有顶层设计。以青岛市为例，现在青岛市每年建6所幼儿园，以前是6个班、9个班，现在是12个班、15 个班、24 个班，从质量、规模看依然跟不上人口的增长，但以后人口数下降了，大量的教育设施怎么办？还有专家认为，从各级各类各阶段教育来看，“十四五”期间，问题最大的是学前教育。以邢台市桥西区为例，2020 年，桥西区的学前教育入园率要达到 90%，公办园比重要达到 50%以上，普惠性幼儿园要达到 80%，2022 年，全区结构要进一步优化，到 2020 年全区公办园在编教师上岗率达到 100%，但是，2020 年预计桥西区的人口将达到 46 万人，学前儿童将达到 2.2 万人，学前在园幼儿要达到 1.9 万人，按照“十三五”规划要求，还应该建设公办园或普惠园 33 所，缺口很大。

重视农村及民办学前教育发展。有专家指出，农村学前教育有两个问题。一是民办幼儿园幼儿多，规模小，办学水平低。以河北省涞源县为例，涞源县有 82 所幼儿园，44 所是民办，38 所是公办。44 所民办幼儿园共有 2000 多人，办学点多，规模小，办学不规范，教师队伍不稳定，安全隐患多。二是农村幼儿园没有建设资金、教师老龄化。与会专家指出，学前教育的最大问题是农村学前教育，有的地方一个乡镇有一个公办幼儿园，有的几个村有一个公办幼儿园，导致学前教育资源在农村较为稀缺，不利于教育公平。有专家认为，公办幼儿园基本上能规范办学，而部分民办幼儿园规模小、办学不规范，在教育教学过程中，违背儿童认知发展规律，注重知识的传授，小学化倾向严重。专家建议：第一，国家要像扶持农村教育一样扶持学前教育，因为学前教育确实比较薄弱，尤其是中西部，发展经费不够；第二，国家要进一步扶持民办幼儿园。

财政投入不足。有专家认为，我国学前教育财政投入水平低于世界平均水平，各级政府对民办幼儿园投入较少，发达地区情况较好，但中西部地区有的民办幼儿园难以为继。因为中西部地区的政府有关部门限制学费标准，民办幼儿园入不敷出。有专家进一步指出，农村学前教育几乎没有建设资金。另外，由于学前教育立法尚未出台，难以做到“有法可依”，更难做到“有法必依，违法必究，执法必严”。

教师队伍不稳定。为了在城区举办公办园，邢台市桥西区回收了 9 个配套园，现在最短缺的是幼儿园教师，最大的问题是学前教育教师没有编制，区委、区政府非常重视解决这一问题，占用了一部分小学教师编制名额，但如此一来，小学教师编制名额就少了，只能用人事代理的方式管理，多数教师都是没有编制的代课教师，不能评职称，队伍不稳定。建议在“十四五”时期单独设置学前教育教师编制。

2. 情况分析

农村学前教育和民办学前教育是我国教育最薄弱的环节。学前阶段是儿童身心等各方面发展的关键期。我国有 1 亿多名学龄前儿童，超过 2/3 的儿童在农村或民办园。因此，农村和民办学前教育成为关系国计民生之大事。但是我国的农村和民办学前教育问题日益突出。(1) 农村学前教育普及率低。目前我国农村的入园率普遍低于城市，有的农村地区甚至没有幼儿园，而只是设有一年制的学前班，且只招收五六岁的幼儿，三四岁的幼儿没有机会接受学前教育。(2) 办园规模小，硬件设施匮乏。由于农村学前教育缺乏建设资金，大多数农村幼儿园都附设在小学里，硬件设施匮乏。(3) 民办幼儿园师资不足、素质低、流动频繁，保教质量没保障。许多民办幼儿园的教师只有初中文化水平，没有教师资格证。待遇低也造成民办幼儿园教师流动性大，师资队伍不稳定。民办幼儿园教师持有“三证”(教师资格证、普通话等级证书、计算机等级证书) 的比例极低，公办幼儿园教师相对较好，但与义务教育阶段的教师比，其待遇依旧偏低。许多优秀毕业生不愿从事幼教工作，而是选择到待遇更高、更稳定的中小学任教。(4) 农村和民办学前教育有“小学化”倾向。目前很多农村没有独立的公办幼儿园，多数幼儿园都附设在小学里，从而出现了幼儿园的教学内容多偏重于读、写、算，幼儿园教学“小学化”的倾向。这一做法严重违背幼儿身心发展规律，不利于幼儿全面和谐发展，阻碍农村学前教育事业健康发展。

无法可依、有法不依。由于学前教育无法可依，一些地方政府部门领导不重视、职责不清晰、履职不到位，部门之间相互推诿、扯皮。例如，按规定小区配套幼儿园应“同步规划、同步建设、同步交付使用”，但由于这涉及多个部门，在规划、建设、验收、移交、举办等多个环节缺乏联审、联批、联管机制，难以真正落实。

财政投入水平低。据联合国教科文组织2016年公布的统计数据，世界70个国家财政性学前教育生均支出占人均GDP的比例平均为0.37%，其中欧洲和南美洲国家平均为0.58%，亚洲国家平均为0.25%，非洲国家平均为0.18%，中国仅为0.15%。2016年，我国财政性学前教育经费占财政性教育经费的比例为4.22%，明显低于同等学前教育普及水平国家平均8%—10%的水平。

教师编制严重不足，待遇偏低。2019年全国幼儿园在园幼儿4714万人，专任教师总数为276万人，按30人一班、每班“两教一保”的标准测算，尚缺专任教师38万人。2018年全国幼儿园事业编制总量55.6万，实有在编人数44.8万人，在编人数占专任教师总数的比例偏低。一些地方公办幼儿园编制核定不够及时，还有一些地方一边空编一边使用代课教师。此外，教师待遇普遍偏低。据统计，2017年全国幼儿园教职工年平均工资福利支出为4.1万元，远低于小学教职工10.8万元的水平。许多地方代课教师月工资不到在编教师的1/3。幼儿教师待遇低，职业吸引力差，导致幼儿园教师流动性大，难以吸引优秀人才从事学前教育。

代课教师和民办幼儿园教师权益缺乏保障。目前，我国学前教育未被纳入义务教育，公办幼儿园的发展实行双轨制，即在编在岗教师经费由财政全额拨款，同时收取学费保障学校发展，公办幼儿园可聘用非在编教师(代课教师)。由于我国学前教育投入机制尚未建立和完善，存在在编教师与非在编教师同工不同酬的情况，代课教师在业务培训、职务聘任、教龄和工龄计算、表彰奖励、科研立项等方面的权利得不到保障。民办幼儿园教师、保教人员工资待遇低，劳动强度大，社会保障不足，工作得不到社会的尊重与重视，这些已经成为导致幼师职业缺乏吸引力、幼师素质较差、队伍不稳定、专业化发展水平较低的一个重要因素。因此，要办好人民满意的学前教育，真正让家长放心安心，最根本的是要建设一支高素质的幼师队伍。

各级政府对民办幼儿园投入不足。例如，东北师范大学附属小学有2所民办园，其中1所在深圳，收费有结余，办得比较好。在长春的那所实际生均成本是1.5万元，而当地的物价部门只允许收1.2万元，经费缺口较大。

3. 对策建议

根据人口生育变化趋势合理制订学前教育发展规划。“全面二孩”政策对学前教育发展产生了很大的影响，要科学预测区域人口出生和流动的变化趋势，按学龄前人口发展规模合理布局、调整结构、优化资源，提高公办幼儿园的数量和占比，制订切实可行的学前教育发展规划。

大力推进教育公平。一要完善县乡村三级农村学前教育服务网络。每个乡镇原则上至少办好一所公办中心幼儿园，切实发挥乡镇中心幼儿园对村幼儿园的辐射和指导作用，带动乡镇学前教育的整体发展和质量提升。根据乡村振兴战略和行政村适龄人口的实际需要，完善农村幼儿园布局。大村设中心园分园或独立建园，小村联合办园，人口分散地区提供巡回指导，满足幼儿的入园需求。二是加大对中西部地区的支持力度。中央和地方财政要安排支持学前教育发展专项资金，重点加大对中西部地区、贫困地区的倾斜力度和统筹力度。三要着力缩小园所差距。充分发挥城镇优质幼儿园和农村乡镇中心幼儿园的辐射带动作用，加强对薄弱幼儿园的专业引领和实践指导。通过教研指导、教师培训、派公办教师引领指导等方式支持普惠性民办幼儿园着力改善办园条件、提升保教质量、加强内部管理等，提高办园水平。

多渠道扩大普惠性资源。一要做好城镇小区配套园治理。各地要按照“一事一议”“一园一案”的原则，积极稳妥推进治理工作，切实疏通城镇普惠性资源供给的堵点，回归城镇小区配套园的公共服务属性，破解“入园难”“入园贵”难题。二要引导民办幼儿园提供普惠性服务。各地根据实际情况制订普惠性民办幼儿园认定标准，政府扶持面向大众、收费合理、办学规范的普惠性幼儿园，并积极促进其发展。

加快学前教育立法进程。为推进依法履责、依法管理、依法办园，加快制定“学前教育法”，把学前教育纳入法治轨道，解决影响学前教育事业发展的带有根本性的深层次问题，为学前教育事业发展提供法律保障。在“学前教育法”中，建议重点对学前教育的性质、政府职责、投入体制、管理体制、办园体制、师资队伍建设、资源配置等做出明确规定；规范政府、举办者和监护人等在发展学前教育方面的责任；加大对违法违规办园行为的惩治力度，促进学前教育健康持续协调发展。

完善财政保障机制。按照国务院《关于当前发展学前教育的若干意见》的精神，政府要切实加大财政投入力度，坚持公益性，保障公办幼儿园的办学要求，落实学前教育投入的主体责任，建立财政保障机制，建立幼儿园生均公用经费拨付制度。

增强幼师职业吸引力。一要依法切实保障幼儿教师享有与中小学教师同等的身份和地位，保障幼儿教师与中小学教师拥有同等的工资待遇及医疗、失业、养老保险等社会保障。二要保障幼儿教师依法应享有的各种津补贴、晋升和奖励等权利，将在编、非编和民办幼师全部纳入评职评优，让他们拥有职业的尊严和自豪感，珍惜自己的岗位和工作；增强幼儿教育行业的社会吸引力，能够让更多愿意从事教育工作的优秀学生投身学前教育事业。

完善教师保障机制及建立幼师编制标准。建议人事部门单独核定幼师编制，按生师比确立公办幼儿园教师编制标准，提高公办幼儿园在编教师比重，稳定幼师队伍，促进幼师队伍的可持续发展。同时建立专项补助等政府购买服务的长效机制，解决好代课教师工资待遇问题并逐步实现代课教师与在编教师同工同酬。完善民办幼儿园教师社会保障机制，民办幼儿园应依法与教师签订合同，按时足额支付工资，保障其福利待遇和其他合法权益。建议政府为教师足额缴纳社会保险费和住房公积金，维护幼师的权益。

二、关于教育集团化办学

1. 专家观点

教育集团化有利于区域间教育均衡发展。有专家提出，区域教育不平衡既可能是生源问题，也可能是教育质量问题。区域教育均衡可以通过跨区域的整合实现，如清华大学附属小学跨区域集团化效果就比较好。但目前区域教育投入仍然以区县教育投入为主，如何实现跨区域管理仍值得研究。现在的集团化办学只突出了单个学校的优势，很难把整体优势体现出来，因此要加强整体均衡机制建设。对于教育集团管理制度的创新，在“十四五”期间，要加强研究和指导。在优质资源的整合方面，邢台市桥西区打造了一个责任区的共同体，能够实现城乡教育的优势互补，促进区域教师均衡发展。有专家认为，当前城乡学校差距比较明显，优质教育资源比较少，家长择校观念重，城区办学压力大，很难满足群众的需求。教育集团化可以纳入县城的优质学校，覆盖到教学点，教师进行强制性交流，有利于学校均衡发展。

集团化办学要给引领学校注入持续发展的动力。有专家提出，高品质、高质量是办学的起点，但集团化办学遇到的最难问题就是跨区办学，差异较大，如有的集团学校有农村学校、打工子弟学校和幼儿园，还在高精尖知识分子聚集的学区办学。清华大学附属小学整合发展到今天的结构，除了达到基本的标准之外，如何引领其他学校、遵循教育规律仍是需要解决的关键问题。现在清华大学附属小学校长是 9 所学校、12 所幼儿园的法人，承担的责任过大。清华大学附属小学应着力研究如何给引领学校注入持续发展的动力。

集团化办学对其他学校冲击大。有专家认为，集团化办学有一定的优势，但不能无限扩大，要保证每一所学校的质量。以湖南省为例，湖南省集团化办学面临的一个问题就是，四大名校集团办校，办校范围覆盖全省，但对其他学校的冲击非常大。现在其他区域学校教师严重不足，生源差。

2. 基本情况

国家政策明确提出，鼓励建立学校联盟，探索集团化办学，提倡对口帮扶，实施学区化管理，整体提升学校办学水平。集团化办学、结对、联盟是各地近年来教育改革普遍采用的新举措，在扩大优质教育资源覆盖面、促进校际均衡优质发展方面取得了良好成效和实践经验。比如，推动优秀校长和优秀教师轮岗，办学水平较高学校的优秀教师和薄弱学校的教师通过共同研修培训、研讨备课、开设公共课等方式，实现教师专业发展和教学质量提升，整体提升了薄弱学校办学水平。

3. 对策建议

扩大义务教育实质性集团化办学覆盖面。不断深化集团化办学，鼓励建立学校联盟，探索集团化办学、联校办学、联片办学、委托管理、对口帮扶等多种模式，加快推进“一体化办学”，实施学区化管理，整体提升学校办学水平，有效扩大优质教育资源覆盖面，提高薄弱学校教育质量，让每一所学校都成为老百姓认可的“身边的好学校”。

推动城乡教师轮岗交流。推动区域内集团化学校间的教师流动，特别是城镇和优质学校教师到农村薄弱学校交流任教，提升薄弱学校教育教学质量。

三、关于普通高中提升办学质量

1. 专家观点

普通高中优质资源少。有专家提出，现在优质普通高中太少，同时，在一些缺乏普通高中的县区，要加强普通高中建设。

普通高中运转资金不足。专家提出，现在一些县的普通高中比较老，办学条件一般，建筑是 20 世纪 50 年代的。例如，涞源县投入 7 亿多元建设的新高中 2020 年投入使用，但每年有 500 万元左右的维修资金没有着落，而且还有 2 亿多元的负债。

示范性高中可覆盖初中学段。有专家提出，对示范性高中是否举办初中，不应硬性规定。建议做提倡性规定，因为硬性规定会带来较大的负面影响。

严格规范跨区招生。有专家提出，要严格规范跨区招生的问题。县域普通高中发展，生源是第一位。现在市里最好的高中基本上招收了最好的生源，影响了县域内的高中发展。高中划片要考虑就地就近，有利于质量均衡。

管理体制不同导致不均衡。有专家提出，现在有些高中由区管，有些高中由市管。管理体制不同，在经费投入和管理标准方面很难做到一致、全面照顾。

教师队伍结构很难适应新高考改革。有专家提出，现在普通高中学科教师结构性短缺问题非常突出，尤其是物理、数学学科教师。湖南省实行新高考改革、走班制之后，这方面问题比较突出。推行新高考改革，在国家层面、在专业人才的培养方面应有一些改变，比如多培养音乐、美术、体育教师等。如果能保证师范生就业，还是有很多学生愿意选择师范专业。

2. 基本情况

2018 年，我国高中阶段毛入学率达到 88.8%，普通高中的整体办学水平得到了逐步提升，但同时也到了以内涵发展、提高质量为重点的发展新阶段。“十四五”期间，普通高中教育处于巩固普及、课程改革、高考综合改革三项重大改革同步推进的关键时期。普及攻坚应进一步实现有质量的普及。新修订的普通高中课程方案和课程标准对培养学生的核心素养提出了更高要求。高考综合改革提出要探索“两依据、一参考”的录取模式，对普通高中选课走班、教学组织、综合素质评价等提出了新要求，迫切需要通过深化改革，着力破解体制机制性障碍，确保各项改革能够有效衔接、协同推进。

3. 对策建议

改善办学条件。各地要完善学校建设规划，扩大教育资源，优化校舍功能，扩大培养基础能力。按照国家普通高中学校建设标准和装备配备标准，继续实施教育基础薄弱县普通高中建设项目，加大普通高中改造计划实施力度，重点支持中西部贫困地区改善学校办学条件，尤其是尚未达到国家基本办学条件标准的校舍、图书馆和教学仪器设备以及体育运动场等附属设施。在严格遵守政府债务管理规定的前提下，多渠道筹措建设资金。

完善经费投入机制。各地要完善普通高中建设经费投入机制，明确省市县责任，健全成本分担机制，建立生均公用经费拨款标准和学费标准动态调整机制，保障学校正常运转。对于学校建设债务问题，要严格制订计划，按照地方政府债务管理政策予以偿还。

重新核定普通高中生均公用经费标准。针对一些地方尚未出台普通高中生均公用经费标准和一些省份标准过低，以及实施选课走班和综合素质评价后学校运转与管理成本提高等问题，科学核定普通高中培养成本，健全生均公用经费拨款制度，满足学校正常运转需求。

健全师资补充机制。各地要进一步加大编制统筹调配力度，核定普通高中教职工编制，适应选课走班教学需要。

完善高中跨区域招生制度。公办高中和民办高中严格按照教育行政部门规定的招生范围、招生计划、招生时间、招生方式进行统一招生，不得提前招生，更不得“掐尖”招生，严格规范高中的跨区域招生行为。

四、关于创新型人才培养

1. 专家观点

新时代背景下，基础教育正面临前所未有的创新挑战。一是人类社会发展趋势对基础教育改革提出了新问题、新挑战，以信息化与人工智能发展为标志的第四次工业革命对基础教育提出了更高要求。二是创新发展要求基础教育培养创新人才并建立相应的政策与实践体系。三是新全球化对人才培养和基础教育改革发展战略提出新要求。现行基础教育的基本做法和目标要素与第四次工业革命背景下对创新型人才的要求有比较大的差距。这种差距的形成是体系结构性问题。建议借鉴国外先进做法，结合国内实践经验，探索建立与从制造业大国向科技强国、创新强国转变要求相适应的创新型人才教育培养体系，培养学生的信息选择能力、价值判断能力、批判性思维能力，逐步将互联网+教育、物联网+教育、人工智能+教育的形态应用到基础教育中。

2. 情况分析

党的十八届五中全会提出实施创新发展、协调发展、绿色发展、开放发展和共享发展的五大发展理念，把创新发展列在首位。习近平总书记对于时代发展做出了“创新是引领发展的第一动力”的重要论断。《国家中长期人才发展规划纲要（2010—2020年）》和《教育规划纲要》特别强调拔尖创新人才的培养。拔尖创新人才的培养既是我国经济发展战略的重要组成部分，也是我国教育改革的重要方面。基础教育作为人才培养的奠基工程，在创新型人才的培养方面理应站在最前沿。

当前在基础教育阶段培养创新型人才面临一些困境。一方面对基础教育在创新人才培养体系中发挥什么样的作用认识不够清晰。如何实现创新型人才早期发现、持续跟踪、系统培养并建立起一套成熟的创新型人才培养模式，这些问题没有厘清。另一方面对学生的创新能力培养不力。基础教育中的学科教学强调知识的强力吸收，导致教师对学生进行强制灌输，阻碍了学生创新、创造力的形成，学生成长的自主性、能动性不够。此外，在基础教育阶段培养创新型人才，还面临如何实现协同育人、如何培育具有创新人才培养能力的教师队伍等问题。

3. 对策建议

基础教育阶段的创新型人才培养包含两个要义。一是创新型人才的选拔，二是在教育过程中不断激发创新型人才的创新能力和创新精神。回应这两个要义需要我们探索创新型人才选拔和培养模式，对于创新型人才进行有效的早期识别、系统培养，并对其选拔和培养进行持续跟踪及研究，总结我国创新型人才培养的有效经验。

一是深化对基础教育在培养创新型人才中的地位和作用的认识。创新型人才不是一夜之间就能在高等教育阶段长成的神奇大树，要统一认识，抓好基础教育这个创新型人才成长的关键期。

二是借鉴国内长期进行超常儿童发掘、培养的中小学实践经验，建立一套科学完整的超常儿童鉴定标准和方法。结合标准化智力测验及毅力、情绪、学习能力等非智力因素，观察、发掘具备创新潜力的超常儿童，并在招生制度上针对这部分人群进行灵活设计。

三是加强创新型教师队伍建设。培养能够准确把握创新型人才成长规律，不断充实自己的理论体系，善于进行实践创新和引导式教育，具备高水平学术能力和科学好奇心的创新型教师。教师要能坚持多元化、多标准的培养理念，充分挖掘学生的创新潜能。

四是对学科内容进行科学改革、合理交叉，综合运用创新教学方式，最大限度激发和培育学生的自主学习能力及自我驱动能力。加快、深化人工智能在基础教育创新型人才培养中的应用，为创新型人才培养赋能。

五是加强创新型人才培养项目的科学研究。持续跟踪创新型人才成长轨迹，根据研究反馈对创新型人才培养模式进行调整和优化，在有条件的地区进行推广。

第二节 职业教育座谈会综述

一、关于职业教育定位

《国家职业教育改革实施方案》（以下简称“职教 20 条”）明确提出，职业教育与普通教育是两种不同教育类型，具有同等重要地位。很多专家指出，不管是中职还是高职，很多学校办学定位不清、质量不高，职业教育还没有得到广大人民群众的认同。

专家对未来职业教育定位提出以下观点：职业教育发展要“扬长避短”，提升所培养能力的不可替代性，而不是参照普通教育。职业教育必须与区域发展战略及产业发展水平相结合，这意味着职业教育有地方性、阶段性，要承认职业教育的这种多样性。过去我国注重建设精英职业学校，以后政策关注点应是办好每一所学校。职业教育还要逐步融合终身学习、可持续发展等国际先进理念。

有专家指出，一个学校、一种体系、一种教育的产生和发展，依靠的是长板机制。职业教育要发展好，必须扬长而不是补普通教育这个短板。那么职业教育的“长”在哪里？不是类似 20 世纪流水线上的搬运操作，而是需要基于知识或思考的操作，比如对飞机、核潜艇等的操作，这是职业教育可能上升的基础。目前很多职业院校在课程设计、教学、评价等方面仍然参照普通教育。比如，中职的数控机床课程名称 80%与普通本科院校的数控机床系相同。还有专家认为，职业教育发展的关键是增强所培养人才的不可替代性。目前我国已经进入劳动力短缺的时代，不应过分看重职业教育的高就业率，它不能说明职业教育办得好。麦肯锡报告指出，未来中国 51.2%的职业岗位将被自动化手段替代，需要重新思考中职人才培养的定位，即加强技术技能培养，提高自身的不可替代性。有专家指出，中国各地经济发展不平衡，三次产业的布局不同。职业教育办学必须考虑区域发展战略以及当地产业发展的阶段。可以多向企业家征求区域发展战略和职业教育发展等方面的意见与建议。要承认职业教育的多样性。不能用一个标准、一个规定、一项政策在各地办职业教育。衡量职业教育的质量，是靠用人单位的认可而不是靠专业认证。建议在“十四五”规划中，写清楚职业教育“高水平”的含义，它应当是地方性、阶段性的。有专家认为，应当努力办好每一所职业学校。高等教育可以有精英教育，但职业教育不应该有精英教育。以德国为例，德国有非常好的大学，但哪些职业学校是好的并不容易辨认。我们把很多精力、经费用于打造精英职业学校，但其他学校缺少经费支持，无法复制这些精英学校的成功经验。未来政策重点应当是创新机制，把普通的中职和高职学校办好。德国是把职业教育思想、经验做成“典范”，而不是把职业学校办成精英学校。现代教育体系最本质的特征是终身学习，职业教育发展要树立终身学习、可持续发展等国际先进理念。具体包含以下三个方面：一是职业教育培训贯穿人的一生；二是职业教育要面向人人，要面向更多的非传统学习者；三是将正规和非正规教育结合起来。职业教育还要考虑可持续发展问题。习近平主席已向世界承诺全面深入落实 2030 年可持续发展议程。但是，这一理念在职业教育体系中贯彻得不深入。职业教育除关注学生个人可持续发展外，还要有意识地在构建环境友好型社会的基础上拓展职业资源，用绿色理念“绿化”职业教育目标、教学内容。目前，国际上已经开始研究这个问题。例如，联合国教科文组织倡导职业教育开发绿色技能。德国近期修订专业时，增加了很多绿色专业。澳大利亚的所有培训包都有绿色要素。

二、关于国家资格框架

专家观点：国家资格框架是职业教育制度建设的基础。人社部门和教育部门应当合力制定国家资格框架。

有专家认为资格框架是人才培养的基本标准，是对各级各类学历资格、职业资格所需的知识、技能和态度提出的基本要求。在这个框架下各类资格可以沟通衔接。有了资格框架，并建立起一个横向有多种类型、纵向有多种机会的开放的教育体系，人们就能够在不同阶段选择职业教育或普通教育，实现等质而不同类，这是教育最大的公平。资格框架应当成为政府的一项基础设施。工学交替对于学生个人职业技能积累至关重要。但是，目前毕业生工作以后的积累无法获得承认，原因是没有资格框架作为依据。如果工作积累可以实现学分、学历的兑换，人们就愿意进行工作积累。工学交替需要国家资格框架作为支撑。有专家介绍了澳大利亚的资格证书。澳大利亚资格证书与职业岗位一一对应。比如，纺织一级证书对应纺织操作工人，二级对应产品调度员、组长、检查员等，三级对应工头，四级对应监工，五级对应纺织技师，六级对应设计员，等等。这个框架与普通教育、高等教育都可以衔接。当前，我国有多家单位开展了资格框架研究。各单位应当相互沟通、形成合力，共同制定国家资格框架。

三、关于产教融合、校企合作

专家观点：产教融合是职业教育的本质。产教融合需要行业发挥积极作用，但我国行业协会力量较弱。产教融合、校企合作的前提是寻找到学校和企业的双赢点，但目前校企合作办学缺乏制度规范，不利于校企深入合作。专家建议，“十四五”期间发展壮大行业组织，使其在产教融合上发挥应有的作用；制定校企合作细则，鼓励企业和学校积极参与校企合作。

与会专家对产教融合及相关的工学结合、校企合作等概念做了阐释。

工学结合是职业教育的人才培养模式，解决的是职业教育的教学问题；校企合作是职业教育的办学模式，解决在哪儿“工作”的问题；产教融合才是职业教育的本质，是企业的真正关注点，是企业参与教育的原始动力。产教融合必须建立在双赢的基础上，双赢又必须以他赢为先，否则不可持续。专家认为，我国的行业协会对职业教育发展没有起到应有的作用。在我国，行业指导委员会和行业是两个概念。很多行业指导委员会成员是官员，但并不了解行业企业。一个真正的行业指导委员会应是民间的，是在行业发展过程中形成的。在德国，行会很强大，负责监督职业教育运行，组织行业考试。美国农业行会首先保护农民的利益，设定职业准入标准。我国也有一些行业协会，比如中国烹饪协会，发挥了应有的作用。在“十四五”期间，应当建立起真正的行业协会。有专家指出“职教 20 条”规定行业协会不得以任何方式收取费用，这是有问题的。在发达国家，所有的企业都是行业协会的成员，需要交会费。还有专家认为，产教融合不是以学校为主，而是企业以为主。目前在山东的试点中，潍柴、海尔是办学主体，两所中等职业学校与之配合。它们可以建立混合所有制职业院校，国家不会因为企业办学就不拨付生均经费和不抵扣企业应缴税费。有的专家指出，“职教 20 条”提出“股份制”“混合所有制”办学后，企业非常积极，但是必须制定一套标准，否则没有办法执行。例如，校企共建的培训中心给共建企业用而不收租金被指是国有资产流失，而合作企业每年给学校捐款并负责专职培训师的工资却被视作理所当然。发展“股份制”“混合所有制”办学也将面临同样问题，具体细则不明确，会使校企双方在合作中承担风险，影响合作办学的积极性。有专家指出，校企合作落到实处需要教师真正投入。校企合作是持续不断的过程，企业推出新的证书，学校整个体系都要跟进，包括课程、师资队伍等。教师在承担大量教学工作之余，还要参与校企合作。所以推进校企合作，一方面要给教师压力，另一方面要调动教师积极性。建议允许学校自主使用经费鼓励教师积极参与校企合作转型，允许学校根据需要招聘教师。

案例 1　贵州（清镇）职教城的产城融合经验

贵州职教城的发展壮大为贵州经济发展提供了强大的人才支撑。2008年贵州全省各地大搞工业园区，企业信心十足，连偏僻的丹寨都有深圳公司投资。但后来发现没有合适的劳动者，当地的劳动力都达不到要求。所以，省委书记下定决心抓职业教育。职教城的谋建在党的十八大以前，在经费紧张的情况下，贵州省委、省政府每年压缩5%—6%的行政经费，贵阳市压缩8%的经费，在“十二五”期间共投入340亿元左右。工业园区由此“复活”。在产教融合方面，政府提供土地政策，在税收各方面开展合作，职教城把产业办到学校，学校直接把实训楼安排给企业。十年前，70%的职业教育毕业生到沿海发展，现在反过来，70%留在本地发展。产业发展也解决了很多贫困问题，最近几年每年招收的建档立卡学生有2万人。

案例 2　苏州健雄职业技术学院校企合作经验

苏州健雄职业技术学院建立了四级对接机制。1个二级学院深度对接1个产业群，1个专业深度对接3—5家企业；把教研室改成工程中心，1个工程中心深度对接1个岗位群；1位专业骨干教师深度对接1家企业技术负责人。通过四级对接，学校专业建设、课程建设有了可依托的资源和企业技术基础，人才培养有了产教融合的全过程性保障。

四、关于中等职业教育发展

专家观点：我国经济发展对中等职业教育是有需求的，应当坚持中等职业教育的基础性地位。但是，对于应届初中毕业生，应当尊重学生和家长的教育需求，不必拘泥于普职比，可以从终身学习的视角，拓展成人生源，满足经济发展需求。

“职教 20 条”明确了中职的基础地位，即明确了“把发展中等职业教育作为普及高中阶段教育和建设中国特色职业教育体系的重要基础”。有专家认为，从世界经济发展模式看，从劳动密集的金字塔形，到技术密集的洋葱头形，再到知识密集的纺锤形，劳动力结构的中间层次是最丰富的，它不会因为劳动者学历的提高而改变。从德国对劳动力结构的研究来看，未来初等职业教育的需求会减少，高等技能需求稍微增加，中等层次技能人才依然会占 50%以上。因此，不会因为技术发展了，就没有对中职的需求了。有专家认为，部分初中毕业生文化课成绩不好，或者兴趣不在这方面，应当办好中职，为他们留一条出路。有专家指出，明确中职的基础地位非常必要，从“职教 20 条”来看，未来中职的发展方向，就是从就业导向转为升学、就业并重，再转为主要为高一级的职业院校培养合格的新生。此外，中职可以开展跨界企业培训/职业培训、跨界社区教育、跨界基础教育、跨界特殊教育。未来中职发展方向是生源多元、学校功能多元。

对于目前中等职业教育需求的下降，有专家认为应当理性看待，不必过分担心。从国际上看，如日本，随着高中阶段教育的普及，中等职业教育的比例也有一个下降的过程。但这并不是没有职业教育需求了，而是需求发生了变化，职业教育的重心向高中后转移。中等职业教育一定程度上的规模缩小，不一定是整个职业教育的问题，应当将中等职业教育放在现代职业教育体系的构建过程中进行把握。

关于普职比问题，有专家指出，中等职业教育的类型属性在于教学内容，而不在于学校性质、学习年龄等。中等职业教育不等于中等职业学校的教育，不等于 15—19 岁年龄组的职业教育，不等于初中后的职业教育。长期以来中等职业教育关注劳动力的增量，关注应届初中毕业生，但是我国劳动力中仍有不少是初中及初中以下学历，亟待提高。目前我国 9 亿劳动力中，初级工及以下者超过 1/3，把他们培养成中级工、高级工，不能只依靠高等职业教育，中等职业教育也应承担一定责任。还有专家认为，普职比不是本质问题，职业教育首先要解决的是新生劳动力和现有劳动力的就业问题。

五、关于高层次应用型人才培养体系

专家观点：高层次应用型人才培养质量不高，实践性、应用性不强。专家对本科层次职业教育发展现状、对职业教育是否应延伸到博士层次持不同意见。

有专家指出，目前工科硕士、教育硕士的培养基本上是学术硕士的“压缩饼干”，实践性、应用性不强。职业教育硕士培养应该招收具有一定工作经验的学习者，注重实践性、应用性，采用“双导制、双激励、真项目”的人才培养模式，培养真正意义上的高端应用型人才。

专家对本科层次职业教育发展现状有不同意见。有的专家指出，我国应用型本科主要是指三本，包括300多所本科独立学院和300多所新建本科院校。这些本科院校大部分都没有转型，本科独立学院自认为出身好，不愿意转。新建本科院校除了早期优质公办专科外，大部分是民办高职升格而来，它们的目标是由“学院”变成“大学”，再获批“硕士点”，终极目标是成为一流高校。对这一观点，有专家表示了不同意见，认为不少应用型本科的科学应用、技术应用教育很好，有别于进行技能训练的学校。当前对本科层次职业教育的发展方向还需要进一步研究：这些应用型本科和职业本科的关系是什么？如果两类学校规模相当，基本上高职就没有生存空间了，不建议再办100所高职本科。

专家对职业教育是否应延伸到博士层次有不同意见。有专家认为，要彻底改变高层次应用型人才培养的“学术型教育模式的DNA”，可能需要建立高等教育“双轨制”：在结构上，普通高等教育和职业高等教育并列，从本科、硕士、博士到博士后。德国、日本、英国、澳大利亚、美国等国家都有类似制度，只不过更多的是以课程体系的形式出现，而不是以学校体系的形式出现。有专家则认为，职业教育到硕士层次就够了，不必到博士层次，因为博士层次是做“钻牛角尖”的研究。如果接受硕士层次职业教育后想继续读博士，可以转到普通教育体系中。

六、关于职教高考制度

专家观点：职教高考制度的设计对于职业教育的发展非常关键，起到引领中等职业教育发展的作用，国家应当承担职教高考改革重任，不能将这一责任放在地方。职教高考可以尝试以学生在中职的学习经历代替技能考试。

有专家认为目前的高考把中职拉成“两张皮”，一些学生专门复习考试，一些学生接受就业指导。而且，高考的技能课考试要设 200 门，操作困难且成本高昂。职业教育所教的技能是过程性的，很难通过考试来判断。“文化素质+职业技能”考试如果像普通高中那样，第一年、第二年学习，第三年应付考试，这将是中国职业教育的大灾难。职教高考事关中职的发展，应当由国家承担改革重任。可以借鉴我国台湾职教高考经验，参考文化课考试，强调按照技能升学、类型升学。有专家说瑞士的职业教育办得很好，70%的人选择职业教育，但是瑞士的普通高中毕业生是不允许接受职业教育的，我们应当建立相应的制度。有专家建议开展高职招生改革试验，承认学生的中职学习经历，按照中职学习成绩录取。他运用大数据方法，研究了对口升学学生的招考分数、中职专业课成绩、高职三年成绩，发现相关系数非常高。他认为没有必要设置职教高考，用中职生在校学习成绩的标准分作为录取的依据即可；同时，以高职院校对生源质量的反馈作为招生数动态调整的依据，遏制中职学校“放水”。他认为这套方法是可行的，值得一试。与职教高考相关的是高职教学设计。有专家指出，中职的培养目标一是就业，二是升学。中高职一定要贯通培养，在这方面上海的实践非常成功。还有专家认为，高职目前是以高中生为基础进行教学设计，没有引领中职的发展，反而将中职引导到普通高中的发展方向上。高职不把中职作为基础，本身就否定了中职，即高职不需要系统的对接，不需要中职，只需要普通高中提供的公共基础教育。

七、关于“职教 20 条”试点项目

1. 1+X 证书制度试点

专家观点：1+X 证书的关键是将行业或龙头企业的技术标准融入人才培养方案中。这存在一些问题，如 X 证书有变成生意的危险，X 证书和产教融合的关系还有待明晰。

有专家指出，X 证书如果不能得到企业的认可，则没有任何价值。目前职业教育并不是没有证书，而是没有合适的证书。以深圳职业技术学院通信技术专业为例，学生要考三个全市工种鉴定证书。工种鉴定机构委托深圳职业技术学院老师开发证书，考点也在深圳。第一次考试 90%以上的考生可以通过，没通过的复习后也都通过了。考试内容陈旧，甚至考试使用的手机型号在市场上也已经下架。学生反馈，企业并不认可这些证书。深圳职业技术学院选择做 1+X 试点，原因就是学生就业没有适合的证书。目前深圳职业技术学院与华为合作的 X 证书分多个级别，初级证书要通过考试，高级证书要经过机试、实验室考试、面试（华为工程师是面试官）三次考核，都合格才能拿到华为的认证。学校根据华为的认证体系进行课程等方面的改革，学生学完就可以考。从国际经验看，证书的标准通常由行业制定。如果 1+X 教育服务评价组织不是行业所认可的，那么证书的含金量很低。从前两期 X 证书试点看，行业背景不太强。国家已经注意到这个问题，遴选原则是优先支持将行业里处于领先地位或垄断地位、业界和上下游企业认可度高的龙头企业认定为 X 证书开发者。有专家在调研过程中发现，X 证书有变成生意的危险。很多开发 X 证书的组织向职业学校收取高额的教师培训费，每周 1 万多元。可能还有其他的收费项目，比如学生考证、购置培训所需设备，参与的学校不堪重负。X 证书试点与产教融合的关系问题还有待明晰。X 证书仅代表某一环节某个技能的水平高低，不能作为一个资格证书。它能在终身学习背景下起到一个学分转换的作用，类似于英语四六级考试，合格后计入学分。但 X 证书可能会冲击职业教育的产教融合和校企合作。我们是走产教融合道路还是考证道路？考

了证就意味着能力达到一定水平了？还是要通过产教融合、校企合作来培养能力？对整个职业教育体系，不能过度看重 X 证书。有专家指出，过去我们做“双证融通”，应该对这个制度有个评判，是成功还是失败。如果不成功，要研究原因是什么。不能另起炉灶，重蹈覆辙。

2. 培育产教融合型企业

专家观点：产教融合型企业认定单位、方式尚不明确，对职业教育发展的影响有待研究。

“职教 20 条”提出“培育数以万计的产教融合型企业”的目标。对此，有专家提出几个问题。谁来鉴定产教融合型企业？德国所有的企业都有资格开展培训，但仅有 1/5 到 1/4 的企业有资格做职业教育。国家发展改革委发布文件，准备在全国选 50 个城市作为产教融合型城市，每个城市培育 100 个产教融合型企业，非试点城市再培育 5000 个产教融合型企业，合计 10000 个。那么，谁来鉴定产教融合型企业？这种新的教育机构的出现对职业教育会产生重要影响，我们应该怎样应对？

第三节　高等教育座谈会综述

一、关于高等学校人才培养模式

1. 高层次人才培养本土化问题

有专家指出，当前我国人才培养比较明显的问题是人才层次越高，对国外高校的依赖性越高；拥有海外就学、科研经历的毕业生在竞争过程中更具有优势。与此同时，本土人才的发展常常因其本土的“身份”在求职、晋升、薪酬等多方面受到制约。造成这一问题的原因是多方面的，如我国高等教育与海外顶尖高校水平存在差距、对本土的高层次人才缺乏正确评估等。

对以上问题专家有三点建议。一是改革研究生培养模式。研究生教育是我国教育系统的高端部分，是培养高层次人才的最主要途径。因此，必须高度重视研究生教育，深化改革研究生培养模式，切实提升研究生教育质量与效益，尽快实现本土独立培养具备国际竞争力的高水平研究生的目标。二是高层次人才培养需有更加到位的实践环节。如加强实践基地、实验中心等基础设施的建设，合理整合学校和社会的各种资源，人才培养过程与岗位训练相结合，与行业专家密切合作，出台鼓励高层次人才不断创新的激励机制，等等，从而培养出兼具理论水平和实践创新能力的高层次人才。三是完善对于本土人才的科学评价体系，形成中国特色的评价体系。习近平总书记指出，坚持道路自信、理论自信、制度自信，文化自信。文化自信体现在正确评估本土优秀人才上，尤其在高层次人才培养过程中，警惕“唯论文”倾向，淡化国际学术期刊发文量这种单一的评价指标，注重高校对人才培养和社会经济发展的实际贡献。

2. 大学生对高校教学满意度问题

多位专家指出，当前我国高等教育人才培养与社会经济发展需求不完全匹配，高校本专科毕业年级学生的满意度较低。中国教育科学研究院于2016年5—6月抽取全国350所高校的4.89万名学生开展了高等教育满意度调查，结果显示高等教育总体满意度指数为69.42，其中大学生最不满意的10个方面中，有8个与教学相关。有专家指出，近年来高校重科研轻教学、只教书不育人的势头正在发生改变，但还未彻底解决，突出表现在只有极小比例的经费直接用于学生和教学。

对此专家有如下建议。一是关注传授知识的教学与人的发展的内在联系和统整。好的教学需要帮助学生建立起自身与知识的内在联系，通过知识学习使学生的身心得到发展，获得预期的品质。例如，让学生主动参与课程的构建，形成主人翁意识，能够自我学习与探索。二是把提高教学质量放在更加重要的位置，深入教学的微观领域，实现政策下沉，让学生充分可感、可知、可践。高校通过提供适应性的课程指导、为学生“量身定做”培养方案、课程内容贴近社会现实等方法引导学生关注社会，提升自身的责任感。三是加大直接用于教学的经费投入，保证生均教学经费充足，为日常教学、实训实习、教学改革提供充足的经费保障。这里的经费不仅应该包括教学设备等硬件设施的置办经费，还应该包括直接用于学生与教学活动的经费，从而充分调动学校和老师组织教学实践、实施教学活动的主动性与积极性。

高校作为人才培养和输出的主体，要主动顺应经济社会发展、科学技术进步大趋势，不断优化培养模式，尽快提高人才培养质量，培养出能够担当民族复兴大任的时代新人。与会专家把精英人才的培养（培养模式、培养环节和人才评价）、高等教育教学作为抓手，提出“十四五”期间急需人才的培养建议，既有战略性，又有可操作性。

二、关于高教治理

1. 行政权力过大问题

政府主导是我国高校治理的初始模式，近年来随着高校所有权与管理权渐趋分化，高校办学自主权不断扩大，高校的独立法人地位不断明确。但是，现阶段政府仍然掌握着高校教育学术与经济资源及其分配权、组织人事权等关键权力，不利于其他利益相关者在高校治理中充分发挥作用。

有专家建议落实高等教育省级统筹权和高校自主权，主要包括以下五方面的权力。一是学科专业设置权。鼓励高校对接经济社会发展需求，在教育部本科专业目录之外设置新兴学科、交叉学科，所设学科由省级教育行政部门审批，列入科研目录。二是学位点建设权。支持地方高校在具备师资、教学、科研等条件的基础上，自主审核学位授权点，研究生计划单列，提高本科毕业生推免研究生比例，开展本硕博一体化改革。三是人事管理权。《关于深化高等教育领域简政放权放管结合优化服务改革的若干意见》（以下简称《意见》）指出，“教育部会同中央编办、财政部等相关部门制订高校人员总量核定指导标准和试点方案，积极开展试点”。建议尽快出台全国高校人员总量管理的指导性文件。四是教师职称评审权。高校可自主根据自身定位、特色等制定适切的评审标准与评审程序，自主组织职称评审，按岗聘任。省级教育行政部门按照职责分工，做好高校教师职称评聘的事中和事后监管。五是招生自主权。稳妥推进招生改革，科学配置招生计划。中央部属高校与地方高校在自主招生方面的权力差距较大，应继续扩大拥有招生自主权的高校范围。不断完善招生录取机制，如高考模式加申请-审核制等。

2. 高等教育综合治理中的碎片化问题

高等教育综合治理中的碎片化问题表现为治理主体间缺乏沟通、协调，各自为政，从而使战略目标在分解过程中被异化，以及治理决策、流程的破碎，最终导致治理效果低下。

专家对以上问题有两点建议。一是强调治理主体间加强协调、综合治理。政府相关部门应坚持宏观调控、战略管理为主的高等教育治理思路，尊重高校办学自主权，除法律规定的对高校进行监控和管理的相关职能外，将高校内部的治理事务交由高校处理；并强调管理过程中的协商和配合，在彼此取得共识的基础上妥善、协调地进行合作治理。二是"深化放"和"改进管"是车之两轮，应实现同步。有专家以深圳高等教育治理的实践为例，指出"深化放"即实现权力下沉，激发改革活力，如美国、德国等发达国家的高等教育治理权多数落实在州级和校级层面；"改进管"即政府主要通过宏观调控的形式对高校治理产生间接影响，探索建立新的管理体制和工作机制，更多地运用法律法规政策等手段，并进一步加强政策间的协调。

大学走出"象牙塔"以后，政府、市场以及其他利益相关主体纷纷介入大学治理，逐渐形成了一个复杂的大学治理网络。复杂性主要表现在：大学既要受外部特别是政府与市场的影响又要保持一定的自主性，既受内部控制又要对外保持一定的开放度。就我国实际来看，高校行政化是近年来我国高校治理改革的焦点，《意见》聚焦学科专业、编制、岗位、进人用人、职称评审、薪酬分配、经费使用等方面存在的体制机制障碍进行改革。但大学治理的复杂性导致政策规定落地效果不尽如人意。专家将"十四五"期间亟须解决的大学治理问题归结为两个，一个是高校治理能力不高的深层次原因（政府的权力大），一个是高校外部治理能力不高的表现（治理的碎片化）。在此基础上，专家有针对性地提出尊重高校"五权"、加强高等教育综合治理、“深化放”和“改进管”齐头并进等政策建议，为提高我国高等教育治理能力扫清政策障碍，为高等教育发展创造良好的政策环境。

三、关于“双一流”建设

1. 关于世界一流大学建设

第一，提高“双一流”建设高校的创新策源能力，瞄准世界科技前沿，做出引领性原创成果的重大突破。有专家指出，当前我国高校研究与开发人员缺乏，原创性技术创新较少以及国家“卡脖子”工程与重大项目的专项博士生培养不足。应更加关注基础研究，提高对基础研究工作的经费投入比例，高度重视建设一流的师资队伍，培养拔尖创新人才，提高科学研究水平。

第二，建立科学、有效、独具中国特色的高校评估体系。有专家指出，长期以来我国大学评价方法、标准均来自西方，然而西方标准对中国特色的高等教育实践是否具有强大的解释力值得思考。当前人们普遍认为不能唯各种大学排名，也不能唯论文，但是应该唯什么的问题还未得到更好的回答。因此，须以习近平总书记提出的“扎根中国大地办大学”为指导思想，基于我国社会发展的阶段性和特殊性，积极探索适切的、科学有效的大学评价体系，为世界提供中国智慧。

第三，大学评估要吸纳社会和第三方评估。有专家认为，当前高等教育评估作为政府监督和管理高等教育的手段，延续了政府行政管理自上而下的安排，行政命令是评估制度运行的主因。在实操层面，我们可以观察到政府通常给出既定框架，不同类型的高校用某几个方面的数据进行“填空”，这样的方式将评估指标内涵的意义简单化，很容易对高校发展产生误导。应使用常规数据展示高校对社会的贡献并顾及高校的特色发展，及时纳入代表社会需求参与大学评估的第三方评估机构，充分考虑市场的承认程度，以及大学对地方的实际贡献。

2. 关于世界一流学科建设

第一，打破传统的、刚性的学科界面，进一步推动学科交叉融合。有专家指出，在欧美发达国家，学科认定与划分大多仅用于统计，而我国的学科除知识分类外，更多的是政府统一管理的基本单位。我国基于传统的知识体系进行学科划分，方便管理，依此组织师资力量，设立院系。但任何一个现实问题都是复杂的，不是一个学科的知识可以解决的，刚性的学科界面也制约了人才知识结构的发展。未来我们需要突破原有学科设置的边界和分类，推动交叉学科发展，找到新的知识增长点，推动新的创新。

第二，让学科评估回归初心。有专家认为，当前学科评估存在窄化、泛化、矮化和固化的现象，评估局限被忽略、评估功能被夸大、评估诉求被扭曲，学科评估开始“变味”。学科评估排名正成为全国高校招生质量的指挥棒，一些高校通过高薪高酬“抢挖”有学术头衔的人才，各种跑关系争资源的现象也屡见不鲜。专家呼吁，高校学科评估必须警惕这一错误导向，重拾学术价值理性，树立学术本位的评估理念，回归学科评估“以评促建”“以评促改”的发展初心，去利益化、去行政化、去功利化。这就需要鼓励高校多些耐心、静心，凝练学科发展方向，打造出更多的学科“高地”；需要政府做好合格评估，专业评估可以各显神通；实施动态监测，坚持学科评估是建设的过程，而不是最终结果。

“双一流”建设是党中央、国务院做出的重大战略决策。我国已建成世界上最大规模的高等教育体系，同时一批高校率先突破，发展成为高等教育高地，但真正迈入世界一流大学行列的高校还不多。当前我国“双一流”建设正处于全面推进落实的关键时期，必须找准发展定位，抓住关键环节，明确重点任务，推进高质量建设。专家针对我国高校目前存在的“唯排名”“唯论文”“唯 SCI”等错误倾向，以提升质量为出发点，从评估的视角对我国“十四五”时期建设一流高校和一流学科提出有针对性、可操作性的政策建议。

四、关于高等教育内涵式发展

1. 加快打造特色鲜明的高水平应用型高校

有专家指出，“双一流”建设高校的竞争实力远远大于其他高校，尤其是我国的部属高校与地方高校形成了严重的梯度落差，但我国的实际情况是几乎90%的学生在地方高校学习，地方高校作为我国实施高等教育的主力军，肩负着提升国民整体素质的重任。塔尖固然重要，塔身依然不容忽视。如何整体推进我国高等教育质量提升是当前面临的重要课题。

对此问题，专家提出两点建议。一是基于“在地化”优势，对接地方产业需求，突破资源“瓶颈”。有的专家建议，积极推进产教融合、校企合作。以意大利的米兰理工大学为例，5年内该校教师与企业人员联合发表论文16283篇，企业文化渗透于高校开展的各项活动。在这一方面，我国的地方高校还有很大差距，建议尽快为这一类高校树立标杆，鼓励其主动挖掘本地区经济社会的优势特色资源。二是进一步明确应用型高校与高职本科的内涵和定位。国务院提出引导一批普通本科高等学校向应用技术类型高等学校转型，“职教20条”指出要开展本科层次职业教育试点。改革的初衷都是解决我国长期以来本科层次的高校走单一的学术型发展道路、“同质化”现象严重的问题。但是，对如何定位应用型高校与高职本科，其人才培养的规格有何区别等根本性问题必须提前做出回答。

2. 推进优质的高等教育资源均衡发展

有专家认为，现阶段我国人民群众对接受公平、优质高等教育的强烈诉求与高等教育发展不充分、不均衡之间的矛盾日益突出。如“双一流”建设高校在东中西部分布不均衡，中部“洼地”现象突出。同属中部地区的湖北省（7所）和江西省（1所）高等教育优质资源差距明显，东中西部大切块并不能精准解决地区间教育不均衡问题。不同省份间高等教育的差距还表现在毛入学率、高层次人才数量、教育部直属高校数量、本科高校数量、博士和硕士授权点数量等方面。面对不同省份提出的不同高等教育诉求，如何推进优质高等教育资源均衡发展是一大挑战。

对此，专家提出四点建议。一是打造一地一名校。在地方政府有条件、高校有理想、人民有需要的现实情况下，鼓励省市在本地区建设综合性的知名高校，使老百姓在家门口就可以享受到优质的教育资源，吸引名校毕业生回家乡服务本地。二是以省为单位，建立以核心大学为中心的大学联盟体制，体制内的科研与教育教学资源互通共享。三是把中西部13+1所“部省合建”高校直接纳入中央财政支持范围。75所教育部直属高校仅分布在全国18个省份。“直属”与“非直属”的区别除行政管理归口外，还涉及科研经费、师资力量等办学资源。四是调整高校设置条件。国家明文规定新建高校初期面积需达到500亩以上、在校生至少5000人等硬性条件。我国高等教育已进入内涵式发展阶段，有特色、高质量才是新建高校需要关注的重点。高校设置条件应因省份（地区）精准设置，以适应不同省份（地区）对于高等教育的不同诉求。如对于土地资源紧张的一线城市适当放宽条件，对于有条件办高起点、具备地方特色高校的地区，教育部应给予重点支持，本科、硕士、博士教育同时起步以满足本地区产业对高层次人才的需求。

3. 继续扩大专业硕士的招生规模

有专家认为，自2009年教育部调整研究生教育结构，扩大专业学位硕士的招生数量以来，专业学位硕士生培养取得了丰硕的成果，但依然无法满足社会对高层次专业人才的需求，建议重新思考专业学位硕士的定位，将其作为一种资格认证，把学习变为人们的生活方式。这样做的原因有三个。一是国家有需求，当前我国经济不发达地区高校教师的学历水平普遍偏低，应继续扩大专业学位硕士生教育规模，大幅度提高教师的学历水平。二是学生有共利，相关数据显示，自2007年以来，硕士研究生招生增长率每年维持在4%左右，2018年研究生报考人数达到238万人，招录85万人。在大批学生有需求的前提下，建议把教师培训变为系统化的专业学位硕士培养。三是学校有理想，很多高校有条件、有理想办硕士点，由于政策的限制却无法落实。对专业学位硕士的培养应实行宽进严出的政策，即实行申请-审核制，加强出口评估，提升淘汰率，以保证专业硕士的培养质量。应取消全日制、在职、线上、线下教育的区别，避免因毕业证的差异导致用人单位以及高校自发将在职和线上的专业硕士划归水平较差的行列。

4. 内涵式发展中的其他问题

在高等教育内涵式发展过程中还存在诸多其他问题，须加强全面建设，精准抓取，逐一解决。

第一，民办高校上市融资问题。多位专家指出，自 2016 年我国民办教育“1+4”文件明确“分类管理”政策以来，国内一批以高校为主体的民办高等教育集团陆续在港股上市，成为我国民办高等教育发展的新动态。这一现象出现的主要原因在于国内教育市场广阔、利润率高、新法的政策利好，以及境外上市门槛低、筹资速度快等。但“快资本”与“慢教育”之间存在矛盾，一旦资金链断裂，会给教育带来更大冲击，引发社会不稳定。因此，必须系统评估我国民办高校上市融资的政治风险、经济风险和质量风险，完善民办高校上市融资的监管体系。

第二，独立学院规范问题。有专家指出，我国独立学院自诞生之初，就带有明显的“先发展后规范”的特征，即地方实践在先、政策规范在后。各地独立学院办学形态多样，差异性很大，在发展的过程中遗留了很多历史难题，比如政策预期模糊，自《独立学院设置与管理办法》（以下简称“26 号令”）正式施行起至 2019 年，265 所独立学院中，高达 82%的独立学院未能达成规范设置目标。五年考察验收期已过，国家尚未修改完善“26 号令”，也没有出台明确的后续政策，不少独立学院未来发展面临困惑。再如，法人属性不清，独立学院既不能享受公办高校生均拨款、教师编制等政策，也不能享受民办高校专项财政经费扶持等政策，中央计划没有，本科评估也没有，甚至在管理上被列入“另册”。因此，亟须出台相关政策，验收标准应充分考虑各省市独立学院的特殊性和复杂性。

第三，高等职业教育属性模糊问题。有专家指出，高等职业教育兼具职业教育与高等教育双重属性，引发了应该突出“高等”还是“职业”的争论；在实践层面，由于属性模糊而一味追求“高大上”导致了一系列问题。高等职业教育属性决定了高职院校存在的法理基础及其办学指导思想、办学定位等基本问题，因此必须明确。建议将高等教育作为高等职业教育的第一属性，将职业教育作为其第二属性，由参照普通高校办学模式向企业社会参与、专业特色鲜明的类型教育转变，着力培养高素质劳动者和技术技能人才。当前技师学院归人社部门管理，高等职业教育归教育部门管理，“两张皮”现象严重，建议将符合条件的技师学院纳入高职院校序列，由教育部门管理。

第四，中外合作办学壁垒明显。有专家指出，当前中外合作办学申报流程复杂、周期较长，中外高校强强联合存在较多摩擦，合作模式极其受限，建议去除中方高校必须参与的条件，支持外方高校直接与我国地方政府合作办学；落实《粤港澳大湾区发展规划纲要》，允许港澳高校在大湾区内独立办学；明确党建在中外合作办学机构中的地位和作用，同步设置，以充分发挥党组织的政治核心作用。

走内涵式发展道路是我国高等教育发展的必由之路。党的十八大提出推动高等教育内涵式发展，党的十九大强调实现高等教育内涵式发展，从“推动”向“实现”的转变预示着新时期我国高等教育内涵建设的要求更高、时间更紧。高等教育内涵式发展的“内涵”博大精深，“十四五”期间须以提高高等教育质量为中心任务，统筹结构、规模、质量、效益协调发展。专家除了聚焦主流精英高校，还兼顾高等教育的其他重要组成部分，从不同维度分析了地方高校、应用型本科高校、高职院校、包括独立学院在内的民办高校、中外合作办学等面临的问题和困惑，并分别提出解决之道，为我国“十四五”时期实现高等教育内涵式发展提供了思路。

五、针对“十四五”时期高等教育重大问题的政策建议

党的十九大报告指出我国社会主要矛盾已经转化为人民日益增长的美好生活需要和不平衡不充分的发展之间的矛盾。“十四五”规划针对的是全面建成小康社会以后开启的新阶段。国家强盛、人民满意、素质提升等许多新的社会需求不断出现，人民群众对于高质量高等教育的需求比以往任何时候都更加迫切，这一时期高等教育面临着前所未有的机遇与挑战，突出体现在两方面：一是高等教育发展方式由外延式规模扩张向内涵式质

量提升转变，内涵建设的任务繁重；二是高等教育主要矛盾由“上大学难”向“上好大学难”转变，优质高等教育资源供给短缺且发展不均衡。

在此背景下，与会专家集思广益，明确“十四五”高等教育规划应该聚焦人才培养、高校治理、“双一流”建设、内涵发展四个重大问题，要有针对性地扫除政策壁垒，提供政策支持，助力高等教育发展，把“办好人民满意的高等教育”变为现实，使我国早日迈入高等教育强国之列。结合专家讨论，具体建议如下。

1. 优化高等教育人才培养模式，提高人才培养质量

加强本土高层次人才培养。改革研究生培养模式，优化实践环节，完善本土人才科学评价体制，增强本土高层次人才的国际竞争力。

彻底扭转重科研轻教学、只教书不育人倾向。把提高教学质量放在更加重要的位置，实现政策下沉，让学生充分可感、可知、可践；警惕教学和人才培养“两张皮”，加强传授知识的教学与人的发展的内在联系和统整；加大直接用于教学的经费投入，为日常教学、实训实习、教学改革提供充足的经费保障。大力提升教学质量，切实提供学生满意的教学。

2. 增强高校治理能力，提升高校治理水平

落实高等教育省级统筹权和高校自主权。切实保障高校学科专业设置权、学位点建设权、人事管理权、教师职称评审权、招生自主权。激发高校自主治理的活力，提升高校自我治理能力和水平。

加强高等教育综合治理。各治理主体间应加强协调、综合治理，避免“碎片化”；“深化放”和“改进管”应实现同步。政府管理以宏观管理、结果管理为主，激发高校自主谋事业、促发展的热情。

3. 高质量推进“双一流”建设

加强世界一流大学建设。提高“双一流”建设高校的创新策源能力，瞄准世界科技前沿，做出引领性原创成果的重大突破；建立科学、有效、独具中国特色的高校评估体系；大学评估要吸纳社会和第三方评估。

加强世界一流学科建设。打破传统、刚性的学科界面，进一步推动学科交叉融合；警惕学科评估的利益化、行政化、功利化，回归学科评估“以评促建”“以评促改”的发展初心。

4. 全面实现高等教育内涵式发展

加快打造特色鲜明的高水平应用型高校。基于“在地化”优势，对接地方产业需求，突破资源“瓶颈”；进一步明确应用型高校与高职本科的内涵和定位，避免高校“同质化”发展倾向。实现地方性高校特色、错位发展。

全面推进优质高等教育资源均衡发展。建议以省为单位，试点建立以核心大学为中心的大学联盟体制，实现体制内的科研与教育教学资源互通共享；适当调整高校设置条件，适度放宽校园面积和招生规模等硬性指标，将有特色、高质量作为新建高校的关键准入条件；在有条件的地区开展“一地一名校”试点。

解决民办高校上市融资问题。系统评估我国民办高校上市融资的政治风险、经济风险和质量风险，完善民办高校上市融资的监管体系。

规范独立学院发展。尽快出台《独立学院设置与管理办法》后续政策，明确独立学院法人属性，规范独立学院后续发展。

扫除中外合作办学壁垒。完善中外合作办学相关法律法规和政策体系；制定内地与港澳台地区合作办学的有关政策法规；建立国外高校的准入标准及中方高校的合作规范，实现中外合作办学高质量、特色化、可持续发展。

第四节　学习型社会建设座谈会综述

构建终身教育体系和学习型社会是我国社会发展的重要战略目标，也是实现社会主义现代化的重要支撑，是《教育规划纲要》部署的重要目标任务。2020 年，恰逢《教育规划纲要》、“全面建成小康社会”和“十三五”规划汇总收官，尽管面临新冠肺炎疫情的局势，但习近平总书记多次强调，要摒弃“缓一缓”“等一等”的思想，排除万难，确保社会发展重大战略目标如期完成。因此，对学习型社会建设情况做阶段性回顾与梳理，具有推动宏观战略实现的现实意义。

一、建设学习型社会的政策回顾

我国自20世纪90年代开始对终身教育理念进行认识和研究，起初主要是对国际社会终身教育与终身学习理念的学习、接纳和追随。在近20年的发展中，我国不仅逐渐接纳终身学习理念并将其融入政策体系中，而且不遗余力地在政策应用和社会建设中形成新的建设经验与实施路径。这不仅为国际终身学习理论的发展贡献了价值，更重要的是，它已经成为推动我国社会发展战略目标实现的重要支撑。

构建终身教育体系，建设学习型社会，是应对时代发展巨大变化、挑战的必然选择，也是推进社会主义现代化建设、建设人才强国、实现转型创新的战略机遇。尽管终身学习理念及其社会应用的政策用语有反复和细微变化，但“建设学习型社会”在党的多份纲领性文件中作为战略目标被明确提出，是终身教育和终身学习理念在国家层面的顶层目标。同时，从政策表达变迁中可以看出，我国对于终身教育理念的认识和应用，正在从成人教育、继续教育的个别范畴走向教育体系变革和社会服务完善的整体整合层面。新时代新形势下，继续推进改革开放和社会主义现代化建设、促进人的全面发展和社会全面进步对教育与学习提出了新的更高要求，我国政府对终身教育和终身学习理念应用的顶层设计，使“建设学习型社会”的内涵不断丰富，其作为基本公共服务的属性以及满足个体适切性的要求得到强化。

二、学习型社会建设的重要内容

从纲领性文件对学习型社会的表述和定位可以看出，作为教育优先发展战略的相应实施内容，建设学习型社会既涵盖了教育系统的发展内容，又超越了教育系统的发展目标。它包括如下内容。

1. 终身学习服务体系建设

党的十九届四中全会提出构建服务全民终身学习的教育体系，实质就是终身学习服务体系。它是指：为每个公民实现终身学习提供各种服务的组织机构要素、人力物力要素、体制机制要素，按照以学习者为中心原则和共建共享资源整合原则系统组合而成的社会化体系。它既包括中小学、高等学校、职业学校、党校等各类学校，社区学院、社区学校、老年大学等教育资源，也包括企事业单位的教育资源，文化馆、图书馆、博物馆、科技馆、美术馆等公益性文化机构，电影院、广播电视等大众传播媒体，现代教育网络、综合性学习网站等信息网络教育学习平台，书市、科普周、学习周、文化节、电脑节、社区大讲堂等群众性教育、学习活动体系，等等。终身学习服务体系涵盖终身教育体系，而终身教育体系涵盖国民教育体系。

加快完善终身教育和终身学习服务体系，要把终身教育和终身学习的思想贯穿到各级各类教育的各个层次与各个领域中。在终身教育理念指导下积极发展学前教育、高水平普及基础教育、大力发展职业教育、提高高等教育质量，要大力发展城市社区教育、企业职工教育、乡村农民教育、科技人员继续教育及老年教育。实现各类学历教育之间、学历教育与非学历教育之间的纵向衔接和横向沟通。加快形成开放灵活的教育功能，促进各类普通教育学校向社会开放。

2. 学习型城市建设

学习型城市建设一般作为省市层面呼应国家建成学习型社会的地域性目标和举措，由地方政府选择性地纳入本地治理纲领中。学习型城市建设被视为学习型社会建设的主阵地。从人口覆盖和社会影响来看，城市社会建设具有各方面的资源禀赋优势，其成效也具有突出的代表性和示范性。在我国，地级以上城市以35%的人口占比实现了63%的GDP产出。北京、上海、广州、深圳等特大型城市在经济建设方面的卓越成效更为突出。因而，学习型城市建设一度成为学习型社会建设最为热门、重要的抓手。

围绕《教育规划纲要》中的战略目标，2014年8月，教育部等七部委联合发布《关于推进学习型城市建设的意见》，对学习型城市建设提出总体要求、主要任务和政策措施，成为具体指导学习型城市建设的重要政策文本。在此之前，在国家教育咨询委员会终身教育体制机制建设小组的呼吁和推动下，中国教育发展战略学会成立全国学习型城市建设咨询指导小组，为多地学习型城市建设提供咨询建议，成为综合协调、指导推进学习型城市建设的智囊先锋。其间出版的《中国学习型城市建设案例》，集中反映了我国学习型城市建设的早期实践成果。2013 年 10 月，首届国际学习型城市大会在北京召开，中国方面的积极参与以及会议发表的重要成果文件，把学习型城市建设推向了高潮。此后，中国成人教育协会组建全国学习型城市建设联盟，落实《关于推进学习型城市建设的意见》目标任务，对自愿申报的地级以上城市的学习型城市建设工作进行认定并发展壮大学习型城市建设联盟。迄今为止，已有 7 个批次共 105 个城市被认定为学习型城市建设联盟成员单位。

我国已经有 200 多个城市参与到学习型城市建设中。一些起步较早的城市，如北京、上海等从 21 世纪伊始就明确提出学习型城市建设并将其列为城市发展的重要目标。2015 年 9 月，教育部职业教育与成人教育司、联合国教科文组织和中国成人教育协会共同发布了《中国学习型城市建设发展报告 2015》，这是学习型城市建设领域较为权威的总结。2017 年，教育部首次开展学习型城市建设监测实践项目，北京、上海、成都、杭州、武汉、长沙、宁波、太原被纳入监测范围。在 2019 年全民终身学习活动周上，教育部联合多部门启动了 100 个城市参加的学习型城市建设监测实践项目，引导学习型城市健全服务全民终身学习的教育体系，提高学习型城市建设质量和水平。教育部同时下发《关于进一步开展学习型城市建设监测项目工作的通知》，要求 2020 年 6 月底前上报监测指标体系数据和监测报告、学习型城市建设发展报告。

同时，创建学习型城市是我国参与国际事务、融入国际交流、共建人类命运共同体的一项重要内容。

终身教育和终身学习理念自诞生起就与国际社会关注如何应对人类社会发展阶段变化所带来的挑战联系在一起。今天，更加快速变化和更新的知识与信息、新的技术革命所带来的冲击、全球化以来空前紧密的联系与贫富悬殊，把我们更加紧密地置于人类命运共同体前。联合国持续关注并思考应对全世界发展的共同挑战，发布《2030年可持续发展议程》，围绕可持续发展议程目标实现，制定发布《教育2030行动框架》，提出“确保全纳、公平的优质教育，使人人可以获得终身学习的机会”这一总体目标，并持续引导全世界学习型城市建设。我国积极拥护《2030年可持续发展议程》及其倡议，主动参与到学习型城市建设的有关活动中。2013年，首届国际学习型城市大会在北京举行，102个成员国共同发布《建设学习型城市北京宣言》，倡导终身学习理念，建设包容、繁荣和可持续发展的学习型城市。随着我国建设学习型社会、学习型城市、学习型社区等实践的日益丰富，我国已经成为学习型城市建设与国际交流最为重要的参与力量之一。这对于我国融入国际社会、共同推进国际重要思想发展、积极承担人类命运共同体发展责任意义重大。

3. 学习型社区建设

2004年，教育部《关于推进社区教育工作的若干意见》要求把社区教育作为社区建设的重要内容和基础性工作，把发展社区教育作为创建学习型社会的重要途径和重要措施，进一步构建和完善终身教育体系，形成终身学习公共资源平台，将建设学习型社区的工作落到实处。2010年，教育部下达《社区教育示范区评估标准（试行）》。2014年，教育部等七部委《关于推进学习型城市建设的意见》进一步提出新要求：培育多元社区教育主体，支持社区居民自主学习、自我教育，进一步激发城乡社区教育活力，完善社区教育多元参与协商、合作机制，提高社区治理能力，推动社会治理创新，等等。

2016年，教育部等九部门联合出台《关于进一步推进社区教育发展的意见》，提出到2020年，基本形成具有中国特色的社区教育发展模式，要求建设全国社区教育实验区600个，建成社区教育示范区200个，全国开展社区教育的县（市、区）实现全覆盖。《关于进一步推进社区教育发展的意见》对社区教育的指导思想、基本原则、主要任务和保障措施进一步提出了明确要求，提出要加强社区教育基础能力建设，建立健全社区教育网络，明确社区教育机构的职责定位，推动各类学习型组织以及社区教育实验区和示范区建设，积极推进社区教育信息化。《关于进一步推进社区教育发展的意见》要求通过开放共享学校资源和社区资源，实现社区教育资源的整合利用，丰富社区教育的内容，提高社区教育的质量，还提出要大力发展老年教育，积极开展青少年校外教育，广泛开展各类培训，特别重视农村居民培训，等等。

按照新的形势、任务和要求，建设学习型社区首先要形成较高水平的社区教育，包括形成有地区特色的社区教育治理体系，教育内容形式更加丰富，教育资源融通共享，服务能力显著提高，发展环境更加优化，社区成员参与率和满意度显著提高。

在既有建设经验和课题研究的基础上，2012 年，上海提出社区教育发展要推动学历教育、非学历教育、社区教育多头并行共同运转，要深化社区教育、强化职业培训、拓展文化教育、做精学历教育。要通过机构改革、人员转型来推动实现多元发展、多元融合、多元协调、多元互促机制，使社区教育成为一个具有开放性、多样化、综合性办学机构的大教育，成为终身学习管理、市民学习服务、数字化学习的大网络，成为各类教育、各种学习资源交汇的大枢纽，从而实现区域成人高校构建终身教育“大平台”。

北京的学习型城市建设强调学校教育、家庭教育、社会教育三位一体全面发展，大力促进各类学习资源开放，把图书馆、阅览室、体育设施共享给社区居民，促使高等学校成立高校博物馆联盟、图书馆联盟和网络图书馆联盟，加强市民终身学习示范基地、职工教育基地和新型农民实训基地建设。截至目前，这些活动覆盖全市 16 个区，共建立了 100 所家校协同基地，认定 34 个市民终身学习示范基地、18 个职工继续教育基地、24 个新型职业农民培训基地，社区教育经费投入约 1. 2 亿元。

4. 学习型组织建设

《2002—2005 年全国人才队伍建设规划纲要》最早提出创建“学习型组织”。2004 年，中华全国总工会等九大机构和部委联合发文，要求开展“创建学习型组织，争做知识型职工”活动，并成立了全国“创建学习型组织，争做知识型职工”活动领导小组和指导协调机构。各省、自治区、直辖市也组成了相应机构。全国总工会还组织出版了《创建学习型组织 争做知识性职工百题问答》，开通了全国创争总网。2003 年和 2004 年，教育部职业教育与成人教育司组织各省份、行业推荐介绍了 108 个创建学习型企业成绩突出单位的经验。2006 年进一步确定了第二批创建学习型企业成绩突出的单位 47 家。全国学习型组织的实践活动不断深入，有力地推动了全民终身学习和各个社会组织的生产与工作（生活）不断取得新的成绩。

5. 学习型政党建设

习近平总书记高度重视学习型政党建设，系统阐述了马克思主义学习型政党要求。2017 年，党的十九大报告明确强调以马克思主义学习型政党建设带动引领学习大国建设，增强学习本领，在全党营造善于学习、勇于实践的浓厚氛围，建设马克思主义学习型政党，推动建设学习大国。

三、当前问题及其分析

1. 在理念层面认同与分化并存

从政策文本以及专家分析来看，我国对终身教育和终身学习理念的认可与接纳程度整体上持续提升。党的十九届四中全会提出构建服务全民终身学习的教育体系，说明对终身教育、终身学习理念的认可是持续的，学习型社会建设的战略目标是稳定的。

但在纲领性文件中存在用语不一、具体使用的词语和概念不一致的情况，虽然这反映了我们对终身教育和终身学习理念认可、接受的自然过程，但也说明在理念层面，我们对终身教育体系、学习型社会建设、终身学习服务体系等概念及其相互关系尚未清晰界定，甚至存在混淆。特别是“国民教育体系”和“终身教育体系”在政策文本中并存，加剧了传统学校教育系统与社区教育、成人教育、继续教育等教育类型的分裂，固化了终身教育矮人一等的错误认识，对改善社区教育、成人教育、继续教育都很不利。

更为具体的分化体现在如何分解并落实建设学习型社会这一战略目标

上。比如，在评价方面，学习型社会如何算建成？有没有国家认可的学习型社会、学习型城市建成或目标达成评价体系？又如，在战略目标的责任分解方面，作为国家层面战略目标的学习型社会建设，是否应该拆分建设责任，落实为地方政府政绩标准？再有，联系脱贫攻坚、实现小康的任务，有专家提出不能以学习型城市建设替代学习型社会建设，否则可能造成对乡村人口的忽视。另外，学习型城市建设是一个发展目标还是一个城市荣誉？它是达成性的还是生成性的？学习型城市评价的目标合理吗？对这些问题的认识分化导致了一些地区在取得学习型城市建设的阶段性成绩（获得认定）后不再继续宣扬这一社会发展目标，学习型城市建设在多个城市的政府工作报告等文件中昙花一现，不再明确成为施政目标。

理念认识的不同本身并不可怕，如果分歧可被置于公开的讨论和理性的思考、交流中，也许会帮助我们形成更多的解决方案和建设实践。事实上，上述一些问题，如关注乡村发展、关注城市弱势群体、注意学习型城市建设的阶段性差异等，在近两届的国际学习型城市大会宣言中都有提及和回应，这不仅启发我们要更多地参与国际交流、重视和吸收国际宣言已有研讨成果，还提示我们一个持续、稳定的专门组织和推进机制是多么重要。

2. 在制度层面缺乏法定依据和有力统筹

一是关于学习型社会建设上位理念的专门法规尚非常有限。很多发达国家都颁布了终身教育方面专门的法律法案。学习型社会建设作为终身教育理念的重要实践，在这些法案中获得了法定建设依据和保障。我国自1998年首次提出与终身教育相关的立法议案之后，2001年以来，调研、起草“终身教育法”的准备工作几乎每年都被纳入教育部年度工作要点。但截至目前，尚无国家层面终身教育法律出台。各地方有个别立法，自2005年以来，福建、上海、太原、河北、宁波五个地级以上区域相继出台了地方终身教育条例和法规，但由于地方条例不具备诠释公民基本权利的地位和功能，这些地方性法规更多的是宣传性、引导性内容。

二是学习型社会建设的责任主体缺乏有力统筹。学习型社会建设的主体有很多，每一个公民、每一个组织（单位、企业、社团）都应该成为终身学习、学习型组织建设的主体，从而参与到学习型社会建设中来，成为学习型社会建设的主体。应该加强地方，特别是各市委、市政府对学习型社会建设的认识和责任承担，积极发挥它们对各级各类主体和城市功能统筹协调发展的作用。因而，市委、市政府是否以终身学习理念发展教育系统，是否将学习型城市建设纳入其地方发展施政纲领中，决定了当地学习型社会建设是否具备顶层设计，是否具备对发展主体的有力统筹。

但在现有的条块分割体系下，学习型社会建设的主体责任事实上落在了教育行政部门或衍生的专门机构上。虽然从保障学习权利的角度来看，确实大部分的、集中的、正规教育的机构都受教育行政部门的管辖，但以整体发展的视角，还有很多非正规、非正式的学习机会和条件保障是教育行政部门的传统职能所不能调动的。更为关键的是，以人的终身、全面发展来促进社会健康、协调、可持续发展，推动进步与文明正是学习型城市建设、学习型社会建设的重要价值所在，假如没有新的事业使命和功能，仍然以条块分割的旧有系统来切分任务，那么学习型城市建设的整合发展、文化影响都难以充分实现。它最终将演变成为教育系统的自说自话，在教育系统以外看来，就好像是新瓶装旧药而已。

因此，学习型城市建设发展的一大关键，是要争取并明确市委、市政府作为坚定有力的责任主体。教育部门要跳出职能属地意识的束缚，以功能服务意识主动深化教育改革，全面提升教育质量，研究对接新的学习需求，为学习型城市建设提供坚实的教育系统基础和支持。同时，还要说服并协助市委、市政府做好学习型城市建设的顶层设计和统筹规划，充分吸纳并调动全社会的参与积极，做好学习型城市建设的经费、组织、人员等保障制度安排。2016 年，《北京市学习型城市建设行动计划（2016—2020 年）》发布，标志着北京市持续深入推进学习型城市建设进入更高阶段。北京市也是为数不多的在近几年政府工作报告中明确提出学习型城市建设目标的城市。

三是学习型城市建设的组织机构需要脱虚向实。当前，国家层面对学习型城市建设工作的指导是以教育部等七部委联合发布《关于推进学习型城市建设的意见》的形式传达的，没有组成部委办级别的专门工作组或协调机构。学习型城市建设的主要日常工作由教育部牵头，由教育部职业教育与成人教育司联系落实。其中，社区教育、老年教育、继续教育等工作推进取得了很大进展，终身学习活动周等文化活动持续举办，十分火热。但这些工作仍主要在原有的教育行政部门的职能范畴中推进，跨部门协调的工作还比较有限。并且，学习型城市建设工作也没被列入职业教育与成人教育司工作要点。

各地为协调推进学习型城市建设，普遍设立了“学习型城市建设工作领导小组”等类似的机构，由市长、书记等地区主要领导担任专门机构组长，各职能单位（局、所等）代表作为组员参与。不同区域的学习型城市建设专门机构情况很不相同，但大都不是实体机构，而是在既有职能部门基础上抽调搭建的工作组、联盟。其工作动员和资源协调的效果随主政领导、议事机制的变化波动较大，不少地区的这一专门机构日渐沉寂，致使学习型城市建设的持续发展缺乏进一步规划，主要工作内容逐渐集中到社区教育、老年教育、成人教育、继续教育，以及学习文化营造、学习氛围宣传上，进而主要由地方教育行政部门或相关职能处室承担。以学习型城市建设开展得较早、取得了卓越成绩的北京市为例，其一直以建设学习型城市工作领导小组（非实体机构）行使推进学习型城市建设工作有关职责，但这一机构在2019年机构调整的过程中被取消了，有关工作转移至北京市教委职业教育与成人教育处。

3. *在政策层面缺乏长效落实机制*

作为实现“到2020年基本建成学习型社会”战略目标的重要内容，学习型城市建设工作以七部委联合下发的《关于推进学习型城市建设的意见》为指导，该文件从总体要求、主要任务和政策措施等方面对工作推进提出了明确要求。该文件提出的指导思想正确、全面，把城市的包容、繁荣与可持续发展目标有机联系、落脚到了努力构建灵活、开放的终身教育体系上。在基本原则中，提出“特大型城市和区域中心城市引领，重点向地（市）级和县级城市拓展，城乡一体，以城带乡，全面推进”，拓展了学习型城市建设的辐射影响，丰富了学习型城市建设的意义功能，确保了学习型社会建设的完整性。“坚持示范带动，分类指导，鼓励百花齐放和突出地方特色。坚持探索和总结相结合，创建与交流相促进，构建开放、有序、务实的长效机制”等为学习型城市建设提供了很好的原则指导。

文件还提出总体目标：“在全国各类城市广泛开展学习型城市创建工作，形成一大批终身教育体系基本完善、各级各类教育协调发展、学习机会开放多样、学习资源丰富共享的学习型城市，充分发挥这些城市在学习型社会建设中的引领和示范作用。”具体指标有：“到2020年，东中西部地区市（地）级以上城市开展创建学习型城市工作覆盖率分别达到90%、80%和70%；各区域都要有一大批县级城市开展创建工作。”结合建设目标，2017年，学习型城市建设监测实践项目首次开展，北京、上海、成都、杭州、武汉、长沙、宁波、太原被纳入监测范围。在2019年全民终身学习活动周上，教育部联合多部门启动100个城市参加的学习型城市建设监测实践项目，引导学习型城市健全服务全民终身学习的教育体系，提高学习型城市建设质量和水平。教育部同时下发《关于进一步开展学习型城市建设监测项目工作的通知》，要求2020年6月底前上报监测指标体系数据和监测报告、学习型城市建设发展报告。如果将此前中国成人教育协会成立的学习型城市建设联盟城市包含在内，连同被纳入学习型城市建设监测项目的城市共约213个，预计到2020年我国学习型城市建设覆盖比例将超过71%，距离文件提出的目标要求还存在一定距离。

此外，学习型城市建设还面临规划期目标的衔接与交叠问题。例如，《教育规划纲要》要求到2020年基本建成学习型社会。《中国教育现代化2035》提出“构建服务全民的终身学习体系”，并以具体的战略任务——“构建更加开放畅通的人才成长通道，完善招生入学、弹性学习及继续教育制度，畅通转换渠道。建立全民终身学习的制度环境，建立国家资历框架，建立跨部门跨行业的工作机制和专业化支持体系。建立健全国家学分银行制度和学习成果认证制度。强化职业学校和高等学校的继续教育与社会培训服务功能，开展多类型多形式的职工继续教育。扩大社区教育资源供给，加快发展城乡社区老年教育，推动各类学习型组织建设”替代了以往文本中的“学习型社会”建设。对此，我们应该对照学习型社会建设的有关指标体系进行检验，掌握前期学习型社会建设进展情况。而在未来的建设中，要从《中国教育现代化 2035》战略任务的详细内容着手，推动学习型社会建设进入更高阶段。

4. 在实践层面上教育系统已成为学习型城市建设的主力

社区教育、老年教育、成人教育、继续教育、职业教育在学习型城市建设中正在从“补短板”走向“全革新”，在很多地区发挥着关键性作用，成为学习型城市建设中的亮点。原有的相关教育机构在学习型城市建设中可以实现从组织使命到工作方式的全方位更新，成为让市民感受学习型城市建设最为直观、便利的途径。同时，学校教育系统不断深化改革，终身教育理念的融入程度越来越深。各级各类教育机构正在学习型城市建设中不断革新使命，改革探索，教育系统已经成为学习型城市建设的主力军。

以平台建设促进学习服务整合的思维是推进学习型城市建设的重要经验。学习型城市建设特别强调整合、协调，教育机构在建设过程中突破了过去的单一学校建设局限，而以学习资源整合、学习渠道汇集、学习信息枢纽交流的“平台建设”思维提升了终身教育机构的社会认可度，是学习型城市建设的重要经验。

信息技术、网络平台的应用为学习型城市建设提供了重要的技术支撑，使时时、人人、处处学习变成可能。各种学习应用程序和资源平台的开发丰富了城市学习类型，更好地满足了个性化学习需求。

学分银行、终身学习账户以及学习成果转换制度的设定和运行，沟通与衔接了不同教育类型、教育形式，建立了保护学习、鼓励学习的制度环境。当然目前这种衔接转换机制只在局部实行，在正规高等教育中的参与和认可还不够。学历教育与非学历教育之间仍然泾渭分明，还需要建设沟通衔接机制。

四、“十四五”政策建议

1. 坚持“建设学习型社会”战略目标

在统一使用新的“构建服务全民终身学习的教育体系”战略任务表述

的同时，不放弃“建设学习型社会”的战略目标。党的十九届四中全会提出的这一新的战略任务，与《中国教育现代化 2035》有所呼应衔接，与过去的构建终身教育体系的目标相比有了更为具体的限定，这有助于目标的落实。但“构建服务全民终身学习的教育体系”的这一目标调动范围也更容易局限在教育系统内，不如“建设学习型社会”的调动范围广。而真正服务全民终身学习的教育体系一定是一个超越教育系统的、全社会范围内广泛调动的结果。因此，建议保留学习型社会建设目标，两个目标组合使用，以维持战略目标的稳定性，扩大战略目标的动员对象。

2. 设立高级别领导协调机构

按照“要建立多部门共同参与的学习型城市建设领导协调机制”的工作要求，积极争取设立高级别领导协调机构，加强部际沟通合作，充分发挥协调作用，更加广泛地动员参与建设的资源和力量。教育系统对外要更加主动地沟通联系、积极参与并提供规划、合作、对接方案建议。教育系统内部应突破传统的职能分割，对照“构建服务全民终身学习的教育体系”目标改组部门设置，以满足新的学习需要的服务思想，对各级各类教育的新目标、新使命、政府责任底线、管理权限清单等进行梳理和再建。

3. 充分争取地方政府支持，推动地方政府将学习型城市建设纳入战略目标、整体规划，协同推进城市可持续发展

当前，地方政府推进落实五大发展理念时面临经济发展与社会治理的多元目标挑战，任务繁重。教育行政部门要紧紧围绕“全民终身学习”主旨，积极向地方政府提供学习型城市建设方案，除了要以终身教育理念不断改革学校教育、全面夯实学校教育基础质量以外，还要加强对特殊需要（残疾）群体、老年人口终身学习的关照与规划，加大力度支持基础研究和专业建设，通过提升人才培养能力更加主动地参与到产业升级换代中。要充分用好开放大学政策试点、地方高职院校建设及社区学校、特殊教育学校发展充实等政策工具，抓住 2020 年战略规划目标实现这一重要窗口期，充分给予地方政府探索建设学习型社会、学习型城市的实践空间。要打破传统的部门职责条块束缚，站在服务全民终身学习的角度，大胆结合信息技术等科技成果，联系智慧城市、网格化管理等新的城市发展趋势，

提出关爱到人的终身学习实现方案。

4. 构建国家资格框架

建立各级各类教育资源互通的资格级别与能力标准，从国际通行的知识、技能和能力三维度确立通用标准，建设质量保障机制，推动政府、市场机构、各种专业组织多方参与资格框架设定与认定转换。在国家层面建设学分银行，加快建立和完善个人学习成果认证制度及学分累计、转换制度，实现各类学历教育之间、学历教育与非学历教育之间的纵向衔接和横向沟通，加快形成开放灵活的教育体系，促进各类普通教育学校向社会开放，积极参与学习型城市建设。

5. 加快建立和完善数字化的公共网络学习平台

充分利用信息技术、人工智能、大数据、物联网等先进技术对学习型城市的教育改革和终身学习服务体系建设贡献力量，利用好开放大学政策试点、校园信息化、智慧城市建设等契机，建设完善必要的公共学习平台，充分整合并提供丰富多彩的网络学习资源。

6. 继续深化教育改革，主动服务全民终身学习

在全面促进学校教育系统优质均衡的同时，推进各类教育机构的组织改革，赋予社区学校、成人学校、开放大学、广播电视大学等机构更多的探索空间，建设竞争、开放、有序的教育服务供给体系，主动服务全民终身学习。

7. 积极在城市中推进学习型组织建设

推动学习型城市建设应生发出更多自下而上的内生动力，使政府组织、单位、企业、社会组织都能形成和建立共同的组织愿景，形成适应组织学习创新发展的文化，建立激发个人和组织学习创新的相应制度，形成学习、创新、持续发展的良性循环。

8. 重视教育公平

专门研究和解决面向特殊群体、弱势群体、贫困人群的教育机会保障和学习促进，特别是特殊教育、边远地区的教育服务供给，经济落后地区的教育质量提升，弱势群体的适切教育类型等问题。既补短板，也建立长效机制，整体设计并投入专门的人力物力持续承托底部责任。

第五节　教育信息化座谈会综述

一、专家观点

1. 信息化给教育带来变革性影响

教育信息化建设大大改善了教育教学基础设施，为教育教学的改革发展创造了条件。从全国看，教育信息化建设实现了教学环境的数字化。从应用的成效来看，教育信息化在普通高校应用成效最显著，如公共管理服务。基础教育信息化投入大、普及率高，在促进教育均衡发展、提高整体教育质量方面做出很大贡献。国家开放大学就是以信息技术为支撑的新型高等学校，信息技术是开放大学赖以生存的基础。在北京市海淀区，万兆光纤项目完成 342 家校级节点单位光缆入校，铺设光缆里程总计 927.8 千米，实现全区教育专网全覆盖、全贯通。

教育信息化带来教育教学模式的变革。北京工业大学建设了支持线上线下混合学习的教学环境及支持开放共享的课程资源，学校有 364 间多类型公共多媒体教室，多校区教室实现互联互通，可支持线上教学、实验、虚拟仿真、作业、考试、答疑等教学活动，能开展移动学习，打造互动智慧课堂。北京工业大学还建设了 171 门慕课类开放课程，校内培育小规模限制性在线课程（SPOC）1024 门，录制视频 3682 集，专任教师开放课程覆盖率超过 80%，本科生应用覆盖率超过 90%，引入国外名校名课 275 门、4373 集。有专家认为，信息化大力促进了教育教学变革。国家开放大学大量使用云，如教务和学分银行的重要系统。学校大力推广云教室，在全国各地设置直播教学教室，已经建立 542 个云教室。

信息技术让教育管理不断走向融合。教育各个领域的工作已经离不开信息化。有专家认为，从管理的角度来看，信息化成为重要依托。比如，北京市建设大数据管理局，每一项工作后面都有一个信息系统作支撑。国家开放大学因为应用了云技术，形成了数据集中效应，可以开展基于大数据的学校治理和科学评价，管理业务不断走向融合。区块链技术也在学校国家学分银行项目中得到应用。北京工业大学建立了基于网络的质量保障平台，如网上听评课系统、本科教学质量监控系统等；建立了教育大数据分析平台，对学风、学业、安全等情况做分析和预警；建立了学生在校全周期管理平台，在入校、学习、科研、奖励、财务、离校各方面开展智慧校园服务。

信息技术在促进区域教育均衡中也发挥着积极作用。国家开放大学在中西部地区设立了大量的教学点，通过信息化实现优质教学资源的共享；通过云解决技术更新问题，解决人的问题，解决安全问题；通过发展移动端，利用 App 来组织学校学习与考试。北京市海淀区搭建了一套“海淀区视频资源（对口支援）平台”，上传了 7000 多节“一师一优课”等优秀教育资源，对口支援内蒙古科右前旗等地的教育发展。

2. 教育信息化建设中面临的问题与挑战

教育信息化统筹与管理还没有理顺。有专家认为信息统筹远远不够，不同信息化管理系统各自为政，数据无法实现统筹。在地方教育行政部门，有的省份推行教育信息化管理一体化，对信息办、信息中心、技术中心等信息化部门进行整合，取得了很好的效果。有专家认为现在资源供给机制有矛盾，购买方与使用方脱节，各级财政用专项预算购买系统与资源，然后配发给学校去用，并非学校的选择。教育信息化主管职能部门的设置，从地级层面到省级层面，差异性很大。另外，有专家进行了定量研究，发现教育信息化投入与产出存在反差，有重复建设和资源浪费问题，信息技术应用于教育的效益有待提高。此外，由于信息化管理没有理顺，教育信息化平台存在重复建设问题，造成资源浪费。北京工业大学现在有 300 多个信息系统，管理这么多系统，需要大量人力物力，相关专家提出希望有从上而下的整体解决方案，比如说建立统一的招生、就业、学籍国家平台。

教育信息化领域相关国家标准匮乏。由于缺乏相关国家标准，地方和学校教育信息化建设缺少参考标准，造成后期整合特别困难，随着教育信息化深入推进，将来会产生更大的问题。有专家认为，在数字校园和区域教育大数据建设上，各地数据格式标准不一，难以统筹推进；智能教育关键技术缺乏技术对接和可用性评估标准，难以量化应用效果。还有专家认为，教育信息系统有共性与个性问题。教育信息系统平台支撑和保障，需要定义标准数据处理和应用接口，教育大数据积累和应用需要更好的标准化生态环境。

智能教育产学研生态构建缺少政策支持。目前，关于教育信息化的科研力量不足，产学研生态构建不充分。有专家认为，教育信息化发展与改革进入深水区后，研究支撑的缺乏凸显出来。在教育信息化方向上，国家级科研基地到目前为止只有 4 个，研究人员可能还不到 300 人，科研支撑能力不足。目前智能教育的研究主要集中在高校，企业主要从事智能教育产品开发。政府应该在智能教育政产学研用、多方协作生态构建方面给予政策支持，促进智能教育联合研究生态构建。

网络信息安全面临诸多挑战。教育信息系统较多，技术复杂，如何方便安全地利用网络信息面临诸多挑战。有专家认为，高校网络系统繁多，多种网络技术融合，边界不清，职责难定，贯彻落实网络安保工作难度大。支撑教学的信息技术环境与过程会产生大量数据，数据在网络中流动和存放，涉及人脸、指纹等诸多隐私数据，安全责任重。还有专家认为，目前教育网络安全形势严峻，有的教育信息系统存在大量漏洞。此外，还要重视学生交流空间问题，避免安全隐患。

教育信息化队伍建设和师生信息化素养亟待提高。利用信息技术实现教学模式的有效创新，要求教师提高相关能力。有专家认为，利用技术来创新教学模式，改变教学结构和教学流程，需要全面提高教师的信息化素养和能力。加大教师信息化素养培训的投入在信息化建设中十分迫切。教师不具备运用信息技术手段的能力，很难把信息环境用好，造成信息化建设资源浪费。从小学、初中、高中到大学，应该加强信息素养的通识课程教育。有专家认为，无论是技术学科教师还是非技术学科教师，都需要大力提高信息技术素养，包括了解人工智能教育理论，掌握人工智能与课堂融合的方式，学会人工智能课程设计方法等。

二、情况分析

1. 智能化是教育信息化发展新趋势

教育信息化早期阶段，主要开展计算机教学实验和辅助教学实践探索。进入21世纪，信息技术快速发展，以教育信息化带动实现教育现代化成为国家教育发展重大战略。“十二五”时期，通过建设“三通两平台”，教育信息化基础设施水平得到极大提升。“十三五”时期，信息技术在教育领域的应用全面展开，新技术与教育产生融合效应，数字化教育资源日趋多样，教育开始迈向智能化。2017年7月，国务院发布《新一代人工智能发展规划》，提出发展“智能教育”，我国教育信息化进入2.0时代，智慧校园正在替代传统的数字校园，教育教学、教育管理正日益智能化。

我国具有发展智能教育的强大数据优势。人工智能开发需要大量数据，数据作为“新石油”，是智能社会的基础性资源。在“三通两平台”建设的推动下，我国中小学互联网接入率超过90%，多媒体教室的比例近85%，教师和学生网络学习空间数量达到6300多万个；教育管理公共服务平台已收集60万所学校、2.5亿名学生、1700万名教师等方面的数据信息。我国巨大的教育规模、良好的信息化基础设施为智能教育的发展提供了全球最好的数据基础。

2. 建立统一的标准体系对于教育信息化健康发展至关重要

教育平台化发展是教育信息化的重要特征，教育平台主要包括学习类平台与教育管理类平台。交流共享是教育平台发展的基石，如果平台数据无法被其他平台识别处理，其推广与应用便无法进行，因此标准的兼容统一就十分重要。为适应信息化带来的教育与学习方式的变革，美国逐步建立起学习行业标准，对于数字教材的制作开发、学习经历的储存等设立了一套共通规范，统一了数据格式，不同学习机构的数据可实现互通，利于行业整体的价值提升。为保障各级各类教育信息化的健康有序发展，实现数据互通、资源共享，我国于2010年开始着手研究制定教育信息化相关标准，完善教育信息化标准体系。2011 年，7 个教育管理信息化标准公布实施，涉及教育管理行政信息和各级各类学校管理信息。2017 年，我国又先后颁布实施了《基础教育教学资源元数据》《交互式电子白板》等 5 项涉及教育教学资源的数据标准。但从整体上看，我国教育信息化标准体系建设仍相对滞后，不同平台、不同系统之间标准不一，难以实现交流共享。

3. 在教育信息化 2.0 时代企业的地位日益凸显

以信息技术为代表的新技术革命正在重塑全球创新格局，产业界成为全球科技创新投入的主体。据美国权威科技杂志《科学研究与发展》的调查，2018 年，美国产业界研发支出占美国总体研发支出的 66%；在欧洲和亚洲，产业界的研发支出份额也达到 50%—75%。

2012 年后，我国教育信息技术产业呈现爆发式发展，新技术带来新业态。上万家相关企业开发了各具特色的教育产品与服务，包括平台、内容、工具、硬件等，已深入到教育各领域，受众涵盖了各级各类教育的所有人群。这些企业包括互联网巨头、出版商、培训机构、智能教育装备提供商、传统教育信息化企业等。这些企业已成为教育信息化创新的重要力量，其产品与服务保障着国家相关政策的落地实施，引领着前沿科技在教育领域的应用普及，成为教育信息化标准的来源。

4. 信息技术与教育活动认证深度融合

记录学生成长档案的突破性实践。2018 年 10 月，全国首个大数据教育区块链试验区在河北省廊坊市正式启动建设。北京市通州区教委、天津市武清区教育局、河北省廊坊市教育局共同搭建了一个大数据平台，探索利用区块链技术记录学生的学习成长轨迹数据，建立学生的个人学习成长档案，为进行高信度的综合素质评价、推进招考改革奠定牢固的技术基础。

发放区块链学历证书。美国麻省理工学院于 2016 年发布了首个数字证书，2018 年 6 月起，学院决定为所有的新毕业生提供区块链钱包服务。伦敦大学、墨尔本大学、俄罗斯金融大学等高等学府也陆续开展了该领域的研究和应用。2019 年 6 月，江西软件职业技术大学向毕业生颁发了区块链数字毕业证，7月又发出了全球首张区块链大学录取通知书，解决了学历证书造假问题，大大降低了证书保存和使用成本，保障了数据安全。

非学历教育认证。基于区块链技术，英国开放大学“知识与媒体研究中心”已开发出组合“微认证”（micro-credentials）或者说徽章的创新技术，进行学习认证；日本的“索尼全球教育”建设了全球学习和认证平台，让学习者、学校和雇主共享学习过程和学习认证等方面的数据；我国开放大学的国家学分银行项目等，也是基于区块链技术对非学历教育进行认证。

5. 教育数据管理重心过低增大了安全隐患

信息安全面临新安全挑战。网络攻击由人工主导向智能攻防转变，比如人工智能伪造指纹技术，就给生物识别带来巨大安全隐患。目前我国许多学校和基层教育单位建有自己的数据中心或维护运行自有网络系统，但是无论在技术装备还是人员配备上都没有能力保障数据和网络信息的安全，信息安全暴露出大量风险。教育信息化公共服务体系的建设需要明确思路，服务要下沉，教育数据中心建设要尽量上移，最好能到国家层面。这样除了能更好地保证信息安全外，还有利于统一标准，减少重复建设，减轻基层教育单位负担。

三、政策建议

1. 加强顶层设计，理顺教育信息化宏观管理体制

教育部内部各条线的信息管理系统要打破各自为政、互不认账的现状，统一数据，统一标准，最好统一管理，实现数据信息管理与业务管理的分离；深入研究教育信息化建设相关直属事业单位比如电教馆、信息中心、装备中心、国家开放大学等，是否有重新整合调整的需要；系统总结设立省级教育技术中心（统筹负责省级区域内各级各类教育技术工作的规划与指导、建设与应用、科研与培训、管理与服务工作）的经验教训，并用于指导实践。

2. 构建中国特色智能教育体系框架

教育信息化建设已经发展到智能新阶段，应该体现一定的发展引领作

用。2019 年 5 月，教育部部长陈宝生在国际人工智能与教育大会上指出，中国正在组织研制中国智能教育发展方案。这一决定立意高远，应该尽快出台方案，对我国智能教育的发展进行系统性设计、整体性推进，从智能化的基础支撑平台，到智能教育关键技术平台，再到知识系统、应用场景等方面，构建起中国特色的智能教育体系框架。

3. 构建智能教育多样化基础平台

从《教育信息化 2.0 行动计划》开始，我国教育信息化建设的政策取向从分散应用走向平台整合。按照新一代信息技术发展需要，整合“三通两平台”及其他教育数据资源，尽快建设好三大平台，减少重复建设，缓解基层网络信息维护压力。一是教育大数据平台，落实国家大数据战略建设教育大数据的具体要求，统一数据标准。二是教育资源共享交易平台，建立教育资源平台的国家统一基础账号和登录体系，解决对教育类 App 的监管和数据收集问题，完成教育数字资产的存证和交易等。三是依托国家学分银行建立学习存储平台，中国是考试大国，也是考证大国，把从不同教育机构修得的学分或学习结果组合在一起，获得相应的教育认证，将是促进终身学习的有效手段。

4. 更充分发挥企业在教育信息化建设中的作用

要鼓励企业开展智能教育规律和应用研究，出台相应政策允许企业来申报政府立项的相关课题，与高等院校开展合作研究。在智能教育与教育信息化标准体系建设中，让信息技术领先企业更多参与技术标准和规范的制定。要积极通过政府购买等形式，将企业的优质教育信息化产品与服务纳入公共服务体系，协助构建服务全民终身学习的教育体系，引导教育信息化服务向家庭教育服务延伸。在新一代信息技术领域，建立起更灵活的校企合作人才培养体系。

5. 着手推出教育信息化领域“新基建”计划

从历史上看，正是教育信息化基础建设的适当超前发展，奠定了中国智能教育实现跨越发展的坚实根基。为应对新冠肺炎疫情，中央做出加快 5G 网络、数据中心等新型基础设施建设进度的决定。突如其来的新冠肺炎疫情，也暴露出我国数字化公共教育资源不足、基础设施区域差距较大、教育管理信息系统条块分割、欠缺统一的教育数据平台等教育“新基建”方面的短板。因此，需要完善教育信息化新部署，以解决教育突出问题为出发点，着手推出教育信息化领域“新基建”计划，有效利用新一代信息技术手段，补短板，扩动能，保教育民生，为教育发展打基础。

第六节　民办教育座谈会综述

一、关于民办教育在新时代教育结构体系中的定位问题

如何更好地推动民办教育对人民群众多样化、优质教育需求的满足，进而明确民办教育在新时代教育结构体系中的定位，将是“十四五”时期我国民办教育面临的重大问题。

1. 专家观点

与会人员普遍反映当前我国民办教育的功能和定位面临着重大转变，需认真研究，加以明确。有专家认为民办教育作用重大，在政治、经济、文化、社会和扶贫方面有一定贡献，并为国家节约了大量的资金，积累了一批优质的教育资源，推动了国内外文化交流，已经成为社会发展的一个稳定器。除了资金来源不一样，民办教育与公办教育在教育本质、遵循教育规律、教育功能、贯彻教育方针、教育的初心和使命及培养学生的目标方面是一样的，支持民办教育发展价值重大。有专家认为相对于鼓励民营企业发展，目前民办教育在中国的教育格局中承担的角色和定位尚不清晰，这将影响其健康有序发展。有的专家认为相对于公办学校，民办学校在某种程度上受到压制。“十四五”时期要理顺民办教育的公共性和私立性的关系，把民办教育放在整个大的现代教育体系当中讨论，要考虑它的公共性和私立性。有专家认为民办教育在个性化、多元化教育方面做出了贡献。目前，政策对民办教育，特别是培训机构的基本定位是治理，限制多于鼓励。民办教育内部各个区域、各个学段的发展也存在不平衡、不充

分的问题，要在协调当中形成新的活力，以新的增量来促进这种平衡。有专家认为当前整个社会对民办教育的认识不足，相关行政部门对民办教育的贡献和建设性认识不够，缺乏应有的信任，这值得政策和舆论的关注。新时代要精准定位民办教育，民办教育是公共教育资源的补充者，是优质教育服务的提供者，是教育改革发展的促进者，为人们提供差异化、个性化教育服务，在扶贫方面也做出了一定贡献。

2. 问题分析

当前民办教育功能和定位引发与会者关心的最根本原因是整个民办教育的发展已经到了一个新的阶段，民办教育已经成为一个规模庞大的体系，民办教育与公办教育已经形成竞争关系，民办教育功能与定位问题已经成为当前我国教育的一个重大问题，而民办教育功能与定位问题的实质是民办教育与公办教育的关系问题，如何正确地界定民办教育与公办教育的关系将是“十四五”时期我国民办教育功能与定位的核心问题。但当前我国公办教育与民办教育结构存在一系列突出问题。公办教育与民办教育协同发展的格局不断巩固和发展，同时也要看到，公办教育与民办教育的比例不协调、各自功能发挥不健全等问题依然突出。部分地区公办教育缺乏活力，人民群众的满意度低；部分地区民办教育无序发展，增加了人民群众的负担。就全国整体来看，对民办教育的扶持政策有待落地，分类管理改革任务仍然艰巨，治理能力和服务体系有待加强。

3. 政策建议

一是推动公办教育与民办教育协调发展共同育人。我国要建立政府主导、社会参与、办学主体多元、办学形式多样、充满生机活力的办学体制，形成以政府办学为主体、全社会积极参与、公办教育与民办教育共同发展的格局。要尊重公办教育与民办教育的发展过程和客观现实，正确看待公办教育与民办教育的比例关系。判断公办教育与民办教育的比例是否适当，一要看公办教育与民办教育的发展是否提供了更多的教育机会，二要看公办教育与民办教育的发展是否满足了人民群众的多样性教育需求，三要看公办教育与民办教育的发展是否增进了整体上的教育公平程度。公办教育与民办教育的比例是在较长的时间内形成的，我国地域辽阔，各地经济社会发展条件相差较大，各地公办教育与民办教育发展的具体情况差异大，不宜用全国统一的比例标准要求所有地区。各地应客观分析公办教育与民办教育比例的形成过程和客观原因，实事求是，因地制宜，针对不同原因采取不同措施。例如，学前教育资源短缺是我国面临的突出问题，学前教育发展必须依靠公办教育与民办教育的双轮驱动。各地方政府应准确理解党中央、国务院相关文件精神，通过“增量”的方式提高公办园占比，而非通过“从左口袋掏出放进右口袋”的方式简单地变民办园为公办园。一方面要大力兴办公办园，坚持普惠性、均衡性和平等性的原则，适当控制幼儿园的办学成本，保证办学资源有效利用，为社会提供尽可能多的入园机会。另一方面要继续鼓励社会资金进入学前教育领域，既要鼓励发展低收费的普惠性幼儿园，又要发展满足高收入家庭需求的中高端幼儿园。

二是着眼整体，明确民办教育的合理定位，使公办、民办教育各安其位，各尽其责，共同满足群众对高质量个性化教育的需求。公办学校的功能定位是“优质均衡保底线”，促进城乡之间和各个地区之间教育质量的大体均衡。应加大薄弱学校建设力度，教育经费增量部分向农村地区、薄弱学校倾斜，不断提高农村地区和薄弱学校教师收入，稳定师资队伍，最大限度保证教育平等。民办学校的功能定位是“优质特色促选择”，促进民办学校办出特色和水平，保障其在收费、招生等方面的自主权，打造一批优秀民办教育品牌，满足人民群众对个性化、多样性教育的需求。按照世界银行的分类，我国已经从中低收入国家进入中高收入国家行列。随着经济的发展，教育消费需求的层次和结构也在发生变化，最显著的变化在于从“有学上”到“上好学”转变。要破解这一难题，必须加快发展适合每个人的教育，努力使具有不同性格禀赋、不同兴趣特长、不同素质潜力的学生都能接受符合自己成长需要的教育。经济发展也提高了居民家庭对高质量、有特色的教育的消费意愿和支付能力。所以，必须大力发展高质量、有特色的民办学校。

三是优化生态，保持公办、民办学校的合理竞争态势。公办教育与民办教育的适度竞争有利于提高双方的教育质量，优化我国教育的整体生态，更好地满足人民群众的教育需求。对于公办教育办学活力不足、办学质量不佳、群众满意度不高的地区，可适当引入民办教育以激发当地的教育活力。对于民办教育无序发展的地区，要加强监管。目前要高度重视民办学校招生问题。要遵照党中央、国务院确定的义务教育招生原则，充分考虑公办、民办学校以及不同民办学校在收入来源、办学定位、功能作用等方面的差异性，对不同情况区别对待。对于主要利用国有资源和师资但同时实施高收费的“公参民”性质的民办学校，要严格按照“免试、同步、摇号”的规定，与公办学校同步招生，坚决杜绝“掐尖”招生问题。对于主要依靠社会力量举办、社会声誉好、教学质量高的民办学校，可以在审批机关核定的办学规模内，允许自主确定招生的范围、标准和方式。

四是加强顶层设计，促进公办教育与民办教育健康有序发展。要深入贯彻党的十九大精神，落实《中华人民共和国民办教育促进法》等相关法律政策，以实施分类管理为突破口，完善民办教育政策的顶层设计，促进公办教育与民办教育健康有序发展。首先要尽快完善政策。要尽快修订颁布《中华人民共和国民办教育促进法实施条例》，同时要依托民办教育部际联席会议制度，协同财政部、税务总局、国土资源等部门，联合制定营利性与非营利性民办学校财政资助制度、税收优惠政策，以及金融支持、用地支持、财务清算、退出机制、补偿和奖励的指导意见，构建更加完善的差别化政策体系，进一步激发社会力量兴办教育的主动性、积极性和创造性。其次要加大政策扶持。目前，民间资本投资教育占全国教育总投入的比例明显偏低，面对教育现代化和建设教育强国的战略要求，必须进一步鼓励社会力量和民间资本以多种方式进入教育领域，提供多样化教育产品和服务。要充分发挥市场在教育资源筹措和配置中的作用，梳理社会力量进入的堵点和难点，采取多种方式鼓励和支持社会力量兴办教育，鼓励地方政府通过采取提供场地、减免租金、购买服务等政策措施加大对社会力量兴办教育的支持力度。再次要加强对民办教育的质量监督保障，有效防范办学风险。要探索建立健全涵盖国家、行业、学校的质量标准体系，完善政府、社会、行业共同参与的质量评价体系，着力打造一批具有国际影响力和竞争力的民办教育品牌，推动民办学校从高速增长向高质量发展转变。要制定民办学校财务、会计、审计管理办法，管好学校钱袋子，制定民办学校办学信息公开细则，建设民办教育管理信息系统，实现阳光办学。最后，鼓励公办、民办学校开展结对帮扶工作。探索公办、民办学校结对帮扶，通过送课（讲座）到校、双师教学等多种形式，加大对薄弱学校的教学指导和教研指导，帮助主要接收外来务工者子女、办学基础薄弱的民办学校完善管理制度、提升管理水平。民办教育发达的地区也可以开展民办学校托管薄弱公办学校的实践，帮助受托学校完善教学管理、教师培训等，实现公办、民办学校共同发展。

二、关于民办教育管理模式升级引发办学者焦虑的问题

从“允许合理回报”转向“营利性与非营利性分类管理”，民办教育进入规范管理新阶段，部分办学者积极性受挫，民办教育增长趋势有所减缓。

1. 专家观点

与会人员普遍反映民办教育管理模式升级为“分类管理”新模式已经对一些民办教育办学者形成冲击，引发了一些办学者的焦虑情绪。民办教育政策应该注意保持稳定，政策变化太快容易引发办学者的浮躁情绪，冲击民办教育的办学秩序。当前民办教育政策迅速变化，社会对民办教育新政的认识存在严重偏差，这对民办教育的发展有很大负面作用。在民办教育管理模式整体转型的大背景下，办学者缺乏稳定政策预期，可能导致一些举办者加速掏空学校，造成整个民办教育萎缩，需要采取措施保证民办教育管理模式的平稳过渡。只有政策稳定，办学者才有更多的精力去抓学校的内涵建设。由于民办教育宏观政策的稳定性不强，行业中现在一直在争论是在规范中发展，还是在发展中规范。与会人员的观点反映了新法新政出台后民办教育办学者普遍存在的焦虑情绪，未必客观全面，要对与会人员的观点进行客观分析。

2. 问题分析

当前在民办教育举办者中弥漫的焦虑情绪根本上是由“合理回报”管

理模式下相对宽松的管理向新法“分类管理”模式下严格规范过渡引起的。

3. 政策建议

一是明确民办教育的三个基本定位不变。在“十四五”时期，必须给予民办教育正确定位，明确民办教育事业属于公益性事业的定位不变，民办教育是社会主义教育事业组成部分的定位不变，民办学校与公办学校具有同等的法律地位的定位不变。加强民办学校党组织建设，明确党组织在民办学校中的地位和职能，引导民办教育遵守法律、法规，贯彻国家的教育方针，培育和践行社会主义核心价值观，致力于培养“不忘初心，牢记使命”的社会主义建设事业的各类人才。二是加大民办教育新法新政的宣传力度。针对一些民办教育举办者的焦虑情绪，在“十四五”时期要加强国家民办教育政策宣传力度，明确向民办教育举办者表明党和国家支持民办教育发展的大方向不变，民办教育是社会主义教育事业组成部分的定位不变，给民办教育办学者吃“定心丸”，并向办学者宣传规范管理对民办教育长远发展的重要性，消除民办教育办学者对新法新政的误解。三是要加快民办教育新法的配套政策研制。“十四五”时期要加快民办教育新法配套政策研制，明确对营利性教育和非营利性教育的管理制度。明确营利性教育依然是教育事业，不能单纯以获取经济回报为目的，要采取举措防止营利性学校依靠弄虚作假、出售文凭、虚假宣传等措施牟取暴利，建立营利性学校公司法人制度，明确营利性学校的所有权、管理权、收益权、继承权等四项权益的归属；明确非营利性教育的公益性属性，通过账户监管、建立监事会等举措防止非营利性教育通过关联交易等方式转移利润，保证非营利性学校的非营利性，明确非营利性学校产权属于全社会所有，明确非营利性学校退出办学后的财产处理办法，明确非营利性学校的管理权所属，明确非营利性学校董事会成员的选举任命办法。四是要给予地方政府正确指导。针对一些地方在新法落地过程中存在的强制要求学历教育学校选择非营利性办学模式、强制要求非学历教育选择营利性办学模式等违反新法精神的做法予以纠正，使得地方政府的做法符合中央和新法精神，减少办学者对新法新政的抵触情绪。五是要对民办教育举办者进行正确引导和教育。我国经济进入新常态后，许多行业的平均利润大幅度下降，教育行业也不能期望“一夜暴富”，要对那些期望通过民办教育获取暴利的举办者进行引导和教育，不要为了获取高额经济回报举办教育，帮助办学者树立质量为先、服务社会的理念，踏踏实实办学，本本分分做教育，合法合规取得回报。

三、关于民办学校海外上市问题

海外上市导致外资非法进入、利润被非法转移、税收被逃避、民办学校办学权被变相控制。

1. 专家观点

有专家指出我国民办教育领域已经出现了多家上市公司，在资本市场募集资金办学，应予以充分重视。民办教育公司上市，尤其是海外上市引发了社会的广泛关注，包括人大代表在内的许多重要人士对民办教育公司海外上市严重质疑，尤其是民办教育公司海外上市可能导致外资控制中国教育，影响国家教育主权，引发系列风险。

2. 问题分析

民办教育公司海外上市引发国家教育安全风险的根本原因是民办学校海外上市政策中民办学校处于“灰色地带”。截至 2017 年底，我国境外（大陆以外）从事教育的上市公司共有 20 家，其中港股 9 家，美股 11 家，其中有 1 家从事学前教育的公司在美股上市；从事学历教育的上市公司共有 9 家，其中港股 7 家，美股 2 家；从事非学历教育（不含学前教育）的上市公司共 10 家，其中港股 2 家，美股 8 家。港股和美股 20 家从事教育的上市公司上市路径基本相同，除了民生教育上市时直接采用股权控股模式外，其余的教育公司上市时均采用 VIE 模式（协议控制模式）。

3. 政策建议

一是高度重视境内教育机构通过 VIE 模式在境外股市上市问题。目前越来越多的教育机构准备赴境外股市上市，截至 2020 年 4 月 1 日，有 10 家教育机构在港交所递交了 IPO 申请，1 家教育机构在纳斯达克提交了上市申请，境内教育机构通过 VIE 模式在境外股市上市的规模越来越大，此问题必须引起高度重视，如果政府部门对此不加以妥善处理，将会有越来越多的境内教育机构通过 VIE 模式在境外股市上市。随着境内越来越多的教育机构在境外股市上市，处理难度将越来越大，极容易形成一个愈加复杂的社会问题，政府管理部门特别是教育部需要及早对此问题进行处理，防范境内教育机构通过 VIE 模式在境外股市上市的法律风险、学校举办权被变相控制的风险、违约风险和税收风险。建议教育部制定“十四五”时期治理教育机构境外上市的整体方案。二是区分对待通过 VIE 模式在境外股市上市的教育公司。虽然民办学校通过 VIE 模式上市有着有利于获得境外的资金、为境内民办学校的发展注入动力，有利于提升民办学校国际化办学水平，有利于境内民办学校办学的规范化，有利于促进境内民办学校更快更好地发展等几个方面的积极作用，但是也存在法律风险、学校举办权被变相控制的风险、违约风险和税收风险等诸多风险，尤其是法律风险、学校举办权被变相控制的风险和税收风险会直接损害国家和社会利益。所以对待这种模式，必须采取审慎的态度，如果采用 VIE 模式上市的教育公司下属的学校含有法律禁止外资进入的义务教育机构和人文社会科学研究机构，则采用 VIE 模式相当于允许外资进入我国法律禁止外资进入的领域，因此应该强制性解除境内实际运营的民办学校与境外上市壳公司之间的相关合同，禁止境内实际运营的从事义务教育和人文社会科学研究的机构向国外上市的壳公司输送利益。此外，根据《中华人民共和国民办教育促进法》的规定，义务教育阶段的学校禁止营利，而根据前面的分析，VIE 合同实质是利益输送协议，义务教育阶段的民办学校采用 VIE 模式上市也在实质上违背了义务教育阶段禁止营利的规定。如果采用 VIE 模式上市的教育公司下属教育机构是非学制类职业培训机构，由于非学制类职业培训机构是属于鼓励外商投资的领域，而且法律并不禁止此类教育机构营利，所以应该引导相应的机构选择营利性办学模式。鉴于 VIE 模式存在的种种风险，应引导此类在境外上市教育公司拆分 VIE 结构，采用直接的股权控制模式，减少不必要的风险。如果采用 VIE 模式上市的教育公司下属教育机构是限制外商投资的学前教育、普通高中和高等教育机构，则要引导下属的学前教育、普通高中和高等教育机构选择营利性办学模式，并且引导这些在境外上市的教育公司拆分VIE结构，采用直接的股权控制模式，并且将其在海外上市的股权比例限制在49%以下。

四、关于民办教育税收问题

民办教育转向“分类管理”模式，民办学校的税收政策有待进一步明晰，对营利性和非营利性民办学校实施有区别的税收政策，减轻民办学校负担，推动民办教育可持续发展。

1. 专家观点

不少与会的一线办学者指出民办学校的税收优惠政策难落地、种类繁多、一个地区一个政策，给民办学校造成了沉重的负担，影响了民办学校的健康发展。与会者指出，虽然法律规定民办教育是公益事业，但是民办教育机构要按照企业的税率缴税，向国家税务总局反映问题也无法得到解决。公办学校与民办学校税收不同等，民办学校非营利性资格认定困难，各地的税务部门几乎很少给予民办学校免税资格认定。与会者认为，对于营利性学校按照高新技术企业对待，予以免税或者税负的优惠，各地区看法不一，影响了民办学校办学类型的选择。还有与会者指出，一些民办学校税收负担重，影响其改善办学，使其举步维艰。

2. 问题分析

当前民办学校面临的税收问题背后的根本原因是国家对民办学校的税收政策不够清晰，尤其对营利性民办学校和非营利性民办学校的税收政策不明朗。

3. 政策建议

一是国家出台明确的民办学校税收优惠政策。可借鉴美国的做法，美国的《国内税收法》（Internal Revenue Code）明确对私立高校的性质进行区分，即条款规定的高校，其“非营利性”身份得到政府认可，自动获得免税身份；不符合条款规定的高校被视为营利性组织，自动放弃此类税收优惠。《国内税收法》还清晰地确定了私立非营利高校的税收优惠类别，主要分为高校组织相关收入税收“豁免/征收”、慈善捐赠税收“减让/征收”以及教育活动和设施融资税收“减免/征收”。除了上述针对教育机构出台的税收优惠政策外，美国私立高校分类管理的税收优惠政策根据对象不同，还有面向教职工和学生的两类政策。可以说，美国的私立高校税收优惠政策已相对成熟，这既是减轻政府财政压力的理性选择，同时也激发了社会资金兴办高等教育的积极性，使得高等教育系统更加多元和发达，从而整体上推动了私立高等教育的健康发展。在我国，尽管相关政策规定非营利性民办学校享受和公办学校同等的税收优惠政策，但已有研究和调查发现，各地方非营利性民办学校仍然反映税负繁重，地方税务部门对一些税目界定模糊。为此，建议财政部和国家税务总局按照分类管理模式牵头起草关于民办学校税收的文件，实现民办学校、公办学校地位平等，明确界定民办教育领域的课税或减免税对象，切实保障扶持政策落实，与公办学校的税收政策有所区分。

二是明确区分非营利性民办学校与营利性民办学校税收优惠待遇。为了落实《教育规划纲要》的要求，进一步鼓励社会力量兴办教育，促进民办教育健康发展，我国对民办学校实施分类管理，允许民办学校自主选择登记为营利性或非营利性民办学校，分类落实财政、税收、土地等方面的扶持政策，拓展民办教育发展空间。根据税收公平原则，用税收调节社会分配，税负应在纳税主体间公平分配。非营利性民办学校和营利性民办学校都是具有税法权利能力和行为能力的纳税主体，本应被赋予相同的税收义务，但由于非营利性民办学校具有非营利性组织的一般特征，因此建议相关部门在落实民办学校税收优惠政策后，进一步确定非营利性民办学校与营利性民办学校在税收优惠政策方面的不同，以便进行区分。同时，地方政府部门也可以将纳税主体税负能力作为判断标准之一，根据民办学校所处的不同阶段，针对性地出台一些临时性政策，对营利性民办学校予以适当的税收减免，保证明确细分、税负合理、平稳过渡、整体公平。

三是明确非营利性民办学校的所得税优惠。从事学历教育的非营利性民办学校提供的教育服务免征企业所得税，非营利性幼儿园自有学生食堂提供餐饮服务，凡执行不营利原则，其按规定标准收取的伙食费收入免征增值税。非营利性托儿所、幼儿园提供的保育服务收入、教育服务收入、自有食堂伙食服务收入免征企业所得税，营利性托儿所、幼儿园提供的保育服务收入、教育服务收入、自有食堂伙食服务收入按15%的优惠税率征收企业所得税。超过规定收费标准的收费全额，以开办实验班、特色班和兴趣班等为由另外收取的费用以及与幼儿入园挂钩的赞助费、支教费等超过规定范围的收入，不属于执行税收优惠的收入。

四是明确营利性民办学校的税收政策。考虑到营利性民办学校在扩大教育服务供给和增加税收方面的巨大贡献，允许举办者获取一定收益，有利于鼓励社会力量参与这一社会公共事业，促进教育事业发展。如若将其视为一般企业法人进行征税，不仅会挫伤举办者的积极性，还可能减损社会资本对这一公益事业的长效投入，也不利于新税源增长，导致教育财政支出大幅增加，进而难以实现通过实施民办教育分类管理，引导社会资本进入教育领域的最终目的。因此，建议财政部及国家税务部门参照《中华人民共和国企业所得税法》第二十八条的规定——“国家需要重点扶持的高新技术企业，减按15%的税率征收企业所得税”，明确对营利性学校提供的教育服务按15%优惠税率征收企业所得税。

五是强化民办教育捐资及融资的税收激励。“税由法定”决定了地方政府在免税这一政策设计上并没有足够大的施展空间，但地方政府在财政资金分配等事务上有较大的自主权，可将扶持民办教育的重点放在加大财政资助、提高民办学校教师社会保障、给予民办学校更多办学自主权等方面。同时参考美国私立高校的做法，提倡鼓励社会捐资。对非营利性与营利性民办高校实行分类捐、融资税收政策，不仅有利于激励社会资金捐资办学的积极性，也有利于规避非营利性高校借公益之名行营利之实。《财政部国家税务总局关于教育税收政策的通知》规定，纳税人通过中国境内的非营利的社会团体、国家机关向教育事业的捐赠，准予在企业所得税和个人所得税前全额扣除。《中华人民共和国企业所得税法》指出，企业公益性捐赠在年度利润总额12%以内的，准予在计算应纳税所得额时扣除，超过比例的部分，准予结转以后三年内在计算应纳税所得额时扣除。因此建议针对纳税人对非营利性组织的捐赠加大个人所得税和企业所得税的扣除额优惠，鼓励资金和实物捐资相结合，扩大受捐范围；鼓励社会资本发展非营利性民办高校，探索非营利性民办高校的低成本融资工具，创新融资方式方法，拓宽非营利性民办高校的筹资渠道。

五、关于在线教育监管问题

进入分类管理时代，在线民办教育规模日益庞大、乱象丛生，监管难度日益加大，迫切需要完善监管机制、加强监察和监督。

1. 专家观点

有与会人员反映在线教育迅速发展，在线教育监管将是“十四五”时期我国民办教育管理面临的重大难题。有专家认为我国在线教育发展迅速，为学生的发展提供了大量多样化、个性化的教育服务，为我国教育的发展开辟了一个新的渠道，但是在办学中在线教育机构面临着政府监管方式落后导致的诸多问题。在线教育在现实中主要存在八方面问题。一是师资力量不合格。一些网络平台教师资格缺乏审查，教育质量无从保障。二是授课内容不佳。部分平台内容低俗有害，或引导学生浏览无关的如网络游戏等内容，内嵌广告、超前教育，不利于减负。三是虚假宣传。有些在线培训机构对课程的质量和效果夸大其词。四是霸王条款。有些培训机构对课程的合同进行强制性规定，不容协商。五是任性停课。一些在线培训机构中途任意停课，使得用户权益难以保障。六是预收费过多。有些培训机构资金监管不力。学生一旦付费，即使对服务不满意，也很难退费。七是抽逃资金。一些在线培训机构在收到大量学费后抽逃资金、停止办学，使得用户维权无门。八是恶性竞争。一些在线培训机构为争夺用户，恶意中伤同业的办学者。

2. 问题分析

在线教育诸多问题出现的核心原因是监管力量薄弱。由于分工不明确，各部门之间职责不清，加上治理手段单一，面对无序迅猛发展的在线教育行业，尤其是对服务器设在异地甚至境外的在线教育机构，现有行政管理体制既没有足够的管理力量，也缺乏有效的监管手段。

3. 政策建议

一是成立教育部在线教育监管中心。由于在线教育的治理涉及许多专业的知识和技能，需要加强监管力量的专业化，建议成立教育部在线教育监管中心，加强在线教育治理力量，专门负责在线教育治理。二是建立多部门协同联动的监管机制。由于互联网的监管问题极其复杂，单靠教育部门的力量很难收到理想的治理效果，所以必须多部门联合行动。教育部门负责统筹协调，监督学校落实主体责任；网信部门、工信部门重点做好教育移动互联网应用程序提供商、App 商店服务提供商、移动终端制造商的监管工作；人力资源社会保障部门重点做好职业培训相关线上教育机构的监管工作。三是成立在线教育行业自律组织，建立在线教育行业规范，引导整个行业遵守规范。

六、关于独立学院发展问题

随着分类管理的实施，独立学院面临新的社会环境和政策环境，解决独立学院转设比例低、办学层次不高等问题，是“十四五”时期推动独立学院高水平发展面临的挑战。

1. 专家观点

有与会人员反映全国独立学院转设比例低，办学过程中受到不平等对待，缺乏学费定价自主权，办学层次不高，应该出台针对民办高校的“双一流”工程。例如，无锡太湖学院是江苏省唯一的一所转设的独立学院，江苏省有 26 所独立学院，2011 年教育部批准无锡太湖学院转设为独立建制，至今江苏省只有 1 所独立学院转设成功。在办学过程中，无锡太湖学院缺乏收费自主权，与其他类型的民办高校待遇也不平等，而且高职升本也对无锡太湖学院的办学形成冲击。为了提高民办高校的地位，在整个民办高等教育受歧视的大背景下，应该出台针对整个民办高等教育的“双一流”工程。

2. 问题分析

影响独立学院发展的最根本原因是独立学院转设、分类管理、内部治理机构等政策框架不清晰不明确。独立学院经过多年的发展，尽管取得了显著成绩，但在办学体制、运行和管理机制等方面仍存在诸多问题，面临诸多严峻挑战。在当前的转型探索时期，独立学院在转设评估、分类管理、体制机制、质量提升方面仍存在瓶颈。

3. 政策建议

一是分区域分层次分类别推进独立学院转设工作。在办学主体上，对高校兴办的独立学院引导其回归母体高校，对高校与政府合作举办的独立学院引导其转型为地方公办大学，对高校与企业投资举办的独立学院引导其转型为私立大学。在区域类型上，加快转设成效较好的东北地区与湖北省的工作进度，在长三角、珠三角以及西南地区、中西部省份等地区，有选择性地率先转设一批独立学院。根据独立学院举办高校的隶属性质，由其主管部门统筹推进独立学院转设工作，对于12.3%的由教育部直属高校举办的独立学院，由教育部直接推动转设工作，对于5.3%的其他部委所属高校举办的独立学院，由所属部委推动转设工作，对于82.5%的由地方高校举办的独立学院，由省级政府统筹推进转设工作。在办学类型上，针对不同学科门类（如综合类、理工类、财经类、艺术类、医学类等）及合作模式（与地方政府合办、与民企合办、与基金会合办等）的独立学院，分类别总结其整体特征，根据实际转设难易程度，率先转设一批。二是保障母体高校和举办方的合法权益。从风险防控和推动发展的角度设计独立学院转设政策，保障母体高校和出资人的权益，建立出资人参与转设后独立学院管理的机制，保障转设后独立学院办学的可持续性。

第七节 "十四五"教育规划制定的依据点、参考点与关键点

"十四五"时期是我国由全面建设小康社会向基本实现社会主义现代化迈进的关键时期，是"两个一百年"奋斗目标的历史交汇期，是全面开

启社会主义现代化强国建设新征程的重要机遇期。改革开放以来，特别是进入新时代以来，我国经济实力、科技实力、国防实力进入世界前列，当前我国正处在转变发展方式、优化经济结构、转换增长动力的关键时期。2019 年，我国 GDP 同比增长 6.1%，经济总量接近 100 万亿元，人均 GDP 首次突破 10000 美元大关。我国 GDP 占世界比重预计超过 16%，对世界经济增长的贡献率保持在 30%左右。[①] 产业结构优化调整，发展新动能不断壮大，区域增长极、增长带加快形成，经济发展优势空间逐步拓展，发展韧性持续显现。全面建成小康社会实现，贫困人口进一步减少，连续 7 年脱贫人数在 1000 万人以上，农村贫困人口降到 551 万人[②]，向着消除绝对贫困又迈出一大步。多层次社会保障体系加快完善，民生保障网越织越牢。另外，新一轮科技革命和产业变革成为引起世界大变局的重要因素。全球科技创新进入空前密集活跃期，新一轮科技革命和产业变革正在重构全球创新版图、重塑全球经济结构，科学技术不仅是推动社会生产力发展和劳动生产率提升的决定性因素，而且成为推动各项社会事业发展的重要力量。原始性科学创新、关键性技术创新、系统性集成在经济社会发展中的作用日益突出。新发现、新材料、新技术更新换代的周期明显缩短，原创科技和关键技术创新能力、系统集成能力成为决定全球产业分工层级、全球经济格局、全球政治格局的基础条件，成为国际竞争的核心。因此，科学编制“十四五”教育规划，需要从中华民族伟大复兴和世界百年未有之大变局这两个大局来把握教育改革发展面临的形势，既要依据经济社会的阶段性发展特点，助力“双循环”，还要参考国际教育新战略，结合国情抓住关键点，着力解决教育发展中的不平衡不充分问题，坚定推动高质量发展，努力办好人民满意的教育。

---

① 李雯婷，张歆，乔全兴.2019 年中国 GDP 占世界的比重预计将超过 16%［EB/OL］.（2020-01-17）［2020-07-20］. http：//www.ce.cn/xwzx/gnsz/gdxw/202001/17/t20200117_34147611.shtml.

② 国务院新闻办公室. 去年底农村贫困人口减少到 551 万人 今年贫困县减少到 52 个［EB/OL］.（2020-03-12）［2020-07-20］. http：//www.scio.gov.cn/xwfbh/xwbfbh/wqfbh/42311/42706/zy42710/Document/1675160/1675160.htm.

一、经济社会的阶段性特征是研制教育规划的依据点

“十四五”时期，经济结构矛盾突出，增长内生动力亟待重塑，环境资源约束日渐增强，社会群体利益冲突加剧，国际空间越来越受到挤压，阶段性特征及挑战需要重视。

1. 经济产业从“做大”到“做强”新跨越的关键期

要实现产业从“做大”到“做强”的新跨越式的高质量发展，构建支撑高质量发展的现代产业体系，关键在于按照党的十九大提出的“必须把发展经济的着力点放在实体经济上”的要求，充分发挥市场在资源配置中的决定性作用，更好地发挥政府作用，努力推动质量变革、效率变革、动力变革，提高全要素生产率，增强产业核心竞争力。从经济社会发展趋势看，我国经济增长速度放缓，产业结构升级，服务业比重增加，成为经济增长重要的稳定器。经济发展从以重化工业为主导的工业化中期阶段迈入以创新驱动为主导的工业化后期阶段。工业智能化发展势不可当，人工智能对传统制造产业链、价值链带来革命性影响。新业态、新模式、新场景将不断涌现，互联网经济、数字经济、共享经济等新模式与传统业态日趋融合，为经济增长提供新动力新引擎。

2. 经济发展越来越取决于人力资源的大规模优质化

“十四五”时期将是中国经济由中等收入阶段迈向高收入阶段的时期，服务业拉动经济增长的贡献率不断提高。劳动力、资本和全要素生产率是经济增长的三大要素。劳动力数量、劳动时间、就业参与率等因素决定了实际可就业劳动力总规模。根据有关预测，“十四五”期间劳动力将持续下降，到2025年，16—59岁劳动年龄人口或降至8.6亿人。① 同时，随着经济社会发展水平的提高，人们对闲暇的需求将稳步提升，劳动参与率总体呈下滑趋势，个人劳动时间趋于减少。这就需要高素质劳动力支撑整

---

① 如无特别说明，本书的人口预测相关数据，由中国社会科学院人口与劳动经济研究所王广州研究员提供的基础预测数据计算得到。

个经济发展，实现服务经济从数量追赶型向创新引领型增长模式的跨越，在新旧动能转换中，突出加快现代服务经济的新方位发展。

3. 进入法治国家、法治政府、法治社会一体建设和确保国家安全的推进期

在国家经济之繁荣前所未有之时，对于法治国家、法治政府、法治社会一体建设的要求也达到了历史新高，治理现代化建设进入全面推进期。服务型政府建设将成为“十四五”时期的主要命题，国家安全体系和法治体系必须持续完善，从根本上保障稳定及发展，实现长治久安。“十四五”时期要进一步推进服务型政府建设，进一步提高行政效率，从根本上解决政府越位、缺位和错位的问题。同时，加快构建集政治、经济、金融、文化、社会、生态、军事、科技、信息、国土、资源、核安全等于一体的国家安全体系和法治体系，建设基于法治化的高水平的平安中国。

4. 城镇化水平继续提升

“十四五”期间我国城镇化水平将进一步提高，大量农业转移人口落户城镇，人口将进一步向“两横三纵”轴线上的城市群和节点城市聚集。2019 年，我国常住人口城镇化率达到 60.6%。根据发达国家城镇化的发展历史，我国城镇化水平将进一步提高；同时，城镇化速度将逐步放缓。根据联合国预测，到 2035 年，我国城镇化水平将提高至 73.9%，2050 年进一步提高至 80%。① 新型城镇化战略、区域协调发展战略推动了我国新型城市的建设和城市群格局的形成。截至 2018 年底，国家级、省级和市县区级特色小（城）镇及市场主体命名的特色小（城）镇创建数量有数千个。以城市群为主体的城镇化格局不断优化，京津冀、长三角和粤港澳大湾区三大城市群建设加快推进，“19+2”（即京津冀、长三角、珠三角、山东半岛、海峡西岸、哈长、辽中南、中原地区、长江中游、成渝地区、关中平原、北部湾、晋中、呼包鄂渝、黔中、滇中、兰州—西宁、宁夏沿黄和天山北坡 19 个城市群，还有以拉萨、喀什为中心

① United Nations，Department of Economic and Social Affairs，Population Division. World urbanization prospects：the 2018 revision［R］. 2018.

的两个城市圈）的城市群格局基本形成并稳步发展。[①] 未来人口仍将向主要城市群聚集。

5. *更加重视社会建设的短板*

坚持以人民为中心发展思想，更好满足人民美好生活需要，是解决新时代我国社会主要矛盾的客观要求。正视民生资源供需矛盾尖锐、经济发展和改善民生之间的关系不够协调、民生事业发展体制机制不完善等事实，着力解决精准扶贫、就业、教育、收入分配、健康服务、养老服务、住房保障、社会保障、食品药品安全、文化体育服务、人口发展、生态环境等基本民生领域存在的主要短板，是更好满足人民美好生活需要的前提。科学分析和把握人民美好生活需要，积极补短板、促民生，持续推进民生发展体制机制创新和实现适度普惠，积极探索实践切合本地实际的民生发展模式至关重要。

二、国际教育新战略是研制教育规划的参考点

“十四五”时期，世界仍处于大发展、大变革、大调整的“百年未有之大变局”[②]，尽管人类社会经济、科技、文化发展水平前所未有，但挑战和风险也前所未有，人类共同面对的问题越来越复杂棘手，全球人力资源竞争更趋激烈，教育在应对百年变局中的战略地位更加凸显。

1. *全球教育和人文治理进入调整变革期*

和平与发展虽然仍是人们期盼的主题，但国际环境更加复杂，恐怖主义、网络安全、重大传染性疾病、气候变化等威胁人类安全、健康和发展，贸易保护主义等逆全球化思潮泛滥，世界不稳定性不确定性增加，从深度和广度上影响着全球的教育变革。传统安全与非传统安全相互交织，局部问题和全球问题彼此转化，各国利益紧密融合在一起，全球治理体系

---

① 国家统计局．城镇化水平不断提升 城市发展阔步前进：新中国成立 70 周年经济社会发展成就系列报告之十七［EB/OL］．［2020－07－16］．http：//www.stats.gov.cn/tjsj/zxfb/201908/t20190815_1691416.html.

② 张蕴岭．在大变局中把握发展趋势［N］．人民日报，2019－03－15（6）．

和国际秩序变革加速推进。教育肩负“构筑人类和平”之使命，在摆脱东西方划分、超越南北方差异、迈过意识形态鸿沟、包容历史文化不同、促进民心相通和文明互鉴、共同应对层出不穷挑战、构筑人类命运共同体中的作用凸显。

2. 坚持教育优先战略，扩大教育投入

2019 年 1 月 24 日世界迎来首个国际教育日，其聚焦“教育：包容和赋权的关键驱动力”，彰显教育为和平与发展所做出的贡献，将教育视为“确保显著改善卫生、刺激经济增长、激发建设更具复原力和可持续社会所需的潜力和创新”的最有力手段。主要国家教育总投入占 GDP 的比例不断上升，经合组织 29 个国家中的 19 个国家提高了教育投入占 GDP 的比例。虽然受经济增长乏力的影响，不少国家公共财政能力受到很大影响，但发达国家尽可能地保持公共财政投入教育占 GDP 的比例，总体来看发达国家公共财政投入教育的比例相对稳定，基础教育阶段投入占总投入的大部分。

3. 实施教育减贫战略，消除学习贫困

世界银行指出，要消除学习贫困，各国政府和社会必须做出必要的财政和政治承诺，提供必要的人力资源，以确保所有儿童享有有质量的教育。2019 年，世界银行与联合国教科文组织合作，启动“学习贫困”项目，目标是到 2030 年将全球学习贫困率减少到 50%以下，即将 10 岁还无法正常阅读的孩子的比例至少降低一半。为此，世界银行提出三大支柱：一揽子的提升阅读技能的国家干预政策；加强教育体系建设的新的教育方法；评估与研究，包括评估学习成果与动力和以行动为导向的研究与创新。

4. 关注有质量的教育公平

在目标上注重从机会公平走向结果公平，如英国将学校功能延伸至社区，改造薄弱学校，最大限度减少家庭出身与背景对学生学业成绩的影响；对贫困家庭的学生和少数族裔学生有针对性地提供支持，努力实现基于结果的教育公平与均衡。在内涵上强调有质量的公平，如澳大利亚近年对基础教育进行质量与公平并行的全面改革，在教育公平方面强调结果公平，并将之与教育质量联系在一起。以质量引领教育改革，澳大利亚形成较为成熟的“质量标准驱动”的高等教育改革框架。世界主要大学排名持续影响全球高校进一步调整战略与策略，提升教育质量。

5. 推进可持续发展教育战略，实现理念落地

联合国教科文组织出台《全球可持续发展教育计划路线图》，联合国《2030 年可持续发展议程》及《教育 2030 行动框架》对可持续发展教育进一步加以明确。《反思教育：向“全球共同利益”的理念转变?》将可持续发展视为教育的核心关切，提出教育是全球共同利益。① 肯尼亚朝着“全球行动计划”优先行动领域进发，为可持续发展教育设立政策框架，同时为其具体实施提供指导准则。苏格兰将可持续发展教育的理念和实践充分渗透到教育课程体系之中。

6. 聚焦教育信息化战略，创新教育和学习方式

信息技术应用持续深入，形成以需求为导向的信息化环境。在手段上加大信息技术应用，多国政府及联合国教科文组织等通过应用信息技术来促进教育公平，努力消除数字鸿沟。在理念上从是否应用信息技术转向如何更好地应用信息技术。美国教育信息化讨论的关注点已从技术是否应该应用于学习转变为如何使用技术促进学习。建设以需求为导向的教育信息化环境。英国教育信息化环境较好，硬件建设、网络连接、软件配置等方面基本实现了“想用即有、有用必实”。

7. 推进教育国际化战略，做强国际教育

教育国际化呈现由单向流动向双向流动转变的趋势，以美国为代表的发达国家敦促本国青年学生、教师、学者走出去，向世界学习。由政府主导转向日益重视政府、民间团体和学校三方合作，美国更加侧重借助民间和市场的力量，以民间团体为纽带，实现政府、民间团体和学校三方协作，持续推进教育国际化。教育国际化向各个阶段延伸，虽然高等教育仍然是主要领域，但近年来教育国际化开始向各个教育阶段延伸。

---

① 联合国教科文组织．反思教育：向“全球共同利益”的理念转变？［M］．北京：教育科学出版社，2017.

8. 强化教师专业化战略，提升教师质量

美国强化教师教育规划，制定 21 世纪第一个综合、全面、专门的教师教育变革战略《我们的未来，我们的教师》。①法国强化教师公务员身份，提高教师薪资，增加教师行业吸引力，提高师范生津贴与补助发放标准，吸引更多优秀青年学生加入教师队伍。美国逐步提高教师学历，要求中小学教师至少具有学士学位，并逐渐向硕士学历乃至博士学历发展。德国近年来通过加强各州教师资格证书相互认可的方式，积极促进各州师资流动，以实现全国范围内师资队伍建设均衡发展。

9. 夯实学习终身化战略，融通职业技术教育与高等教育、继续教育

近年来，世界出现生产生活方式和学习方式转变态势，即由工业化社会向智能社会转变，由一次性学历教育向终身学习转变。若一国仅靠全面普及普通高等教育，却没有适应人力资源市场需求的职业技术教育和继续教育，则很难保证经济社会可持续发展。②许多国家实行职业技术教育与培训或谋生教育（基于工作的教育），这类教育在德国、英国、澳大利亚、韩国等部分发达国家成为经济繁荣社会进步的主因，在不少发展中国家则被视为经济社会稳定发展的关键。

10. 重视 STEM 等科创人才培养

美国学术竞争力委员会制定 K-12 阶段 STEM 国家教育目标，将“培养所有学生的 STEM 素养”视为中小学教育目标之一。③日本设立 STEM 精英教育专项基金，识别具有 STEM 天赋的学生并进行特殊培养，并加强 STEM 教师队伍建设，支持和鼓励女性投身 STEM 教育及相关职业。

11. 推动学历学位全球互认

2019 年底《全球高等教育学历学位互认公约》通过，这是联合国教科文组织通过的第一个全球范围的高等教育条约，确立了各国认证学历与

---

① 王少勇，许世华．未来十年美国教师教育的改革战略：美国教育部《我们的未来，我们的教师》解读［J］．比较教育研究，2012（8）：62-66.

② 张力．完善职业技术教育、高等教育、继续教育统筹协调发展机制［N］．中国教育报，2020-01-16（3）.

③ 范燕瑞．美国 K-12 阶段的 STEM 课程［J］．上海教育，2012（11）：2.

学位的通用原则，并赋予签署国承认其他国家和地区学历学位证书的义务，不仅有助于促进全球范围内的学生流动、增加学生接受高等教育的机会，还有助于提高高等教育质量、加强高等教育领域的国际合作。①

12. 构建创新创业教育体系

美国创业教育作为一种终身教育，贯穿于整个国民教育体系中，覆盖小学、初中、高中、大学本科直到研究生教育。近年来，美国将创新作为重大国家战略，先后三次发布、更新“美国创新战略”②，加大对创新创业的投入与支持，促进高校创新创业教育发展，支持创新企业成长。

三、挑战与需求是研制教育规划的关键点

面向未来，我国仍处于并将长期处于社会主义初级阶段的基本国情没有变，我国是世界最大发展中国家的国际地位没有变。教育发展面对着诸多重大挑战，面临着一系列新需求。教育需要着力解决发展不平衡不充分问题，坚定推动高质量发展。

1. 突破“中等收入陷阱”面临关键节点

我国将面临人均 GDP 迈向世界银行划分的高收入经济体 12000 多美元的门槛，面临跨过“中等收入陷阱”需化解的系列结构性问题，处在实现高质量发展、迈入高收入国家的关键节点。这对教育和人才的要求更高。能否实现经济转型升级、迈向高质量发展，劳动力结构升级、创新驱动成为关键。

2. 进入劳动年龄人口数量持续下降区间

“十四五”时期，我国出生人口、劳动年龄人口规模都将逐步下降，老年人口快速增长，人口总量增速放缓，人口负增长时代即将到来。“全面二孩”政策实施后，我国生育水平经过短暂回升后依旧低迷。由于一孩生育率下降，“全面二孩”政策提高二孩生育率的效果没有从根本上缓解

① 王燕.2019 全球教育关键词［N］. 中国教育报，2020-01-17（3）.

② 张慧颖. 美国发布新版国家创新战略［EB/OL］.［2020-03-05］. http：//www. nipso. cn/onews. asp? id=37355.

“低生育陷阱”问题，未来我国出生人口将持续下降。[①][②]从总体看，劳动力老化程度加重。自2013年起，劳动年龄人口数开始逐年下降：2019年，我国16—59岁劳动年龄人口为8.96亿，比2012年峰值下降了2600万；“十四五”期间，劳动年龄人口还将减少3000万。年轻劳动力数量下降速度更快，占劳动年龄人口的比例持续下降：2019年，16—44岁年轻劳动力占16—59岁劳动年龄人口的比例为62.8%，比2012年下降了7个百分点，“十四五”期间还将有小幅下降，2025年将降至61.9%，2035年将进一步下降至59.7%。同时，劳动力短期短缺激励部分年轻人放弃人力资本积累。当前，由劳动力短缺造成的普通劳动工资水平提高，有可能引发部分初中毕业生先工作而不再接受教育以提高自身人力资本水平[③]，特别是在贫困的农村地区。这种因眼前高工资而放弃学习的效应是一种市场行为，但与国家用人制度有关，非常不利于未来经济的高质量发展。因为从长期看，经济发展将遵循自身规律，低学历劳动者将在经济转型升级过程中遇到更多挑战。

3. 学龄人口变化对学校教育资源配置产生较大影响

在非义务教育阶段，“十四五”期间，高中阶段教育和高等教育适龄人口数继续增长。15—17岁高中阶段教育适龄人口数呈波浪式上升，2021年约有4458万，2024年达到“十四五”时期最高峰4627万，2025年略有下降，为4478万；18—22岁高等教育适龄人口数呈上升趋势，2021年为6942万，2025年上升至7303万。在学前教育和义务教育阶段，“十四五”期间学龄人口增幅不大，但由于人口进一步从农村向城镇流动，城镇学前教育和义务教育学龄人口数增幅显著。预计城镇3—5岁学前教育适龄人口数在2022年达到最高峰，6—14岁义务教育学龄人口数在“十四

---

① 陈卫．中国的两孩政策与生育率［J］．北京大学学报（哲学社会科学版），2019（5）：57-68.

② 王广州，王军．中国人口发展的新形势与新变化研究［J］．社会发展研究，2019（1）：1-20，242.

③ 蔡昉，王美艳．中国人力资本现状管窥：人口红利消失后如何开发增长新源泉［J］．人民论坛·学术前沿，2012（4）：56-65，71.

五”期间持续增长。与城镇情况相反，农村义务教育学龄人口数将持续减少，学前教育学龄人口数在“十四五”初期略有增长，然后开始下降。各级各类教育，特别是学前和义务教育学龄人口变化，对教育资源配置提出挑战。

4. 国家重大战略对教育寄予更大期望

要以教育现代化推动科教兴国战略实施，推动创新型国家建设，支撑中国特色社会主义现代化强国建设。一是面向国家各行业发展的“卡脖子”技术和关键技术，着力解决影响经济社会发展的重大关键问题。二是面向主体功能区建设的需要，紧密结合长江经济带建设、黄河流域生态保护和高质量发展、东北老工业基地振兴、京津冀协同发展、长江三角洲一体化、粤港澳大湾区、成渝地区双城经济圈建设等战略部署，加强教育与主体功能区的深度融合。三是加强教育的扶贫扶智扶志工作。短期内加强教育的精准扶贫特别是以职业教育提高劳动力技术技能，加强对农村和贫困地区的招生倾斜及对口支援帮扶工作；长期看要重视缩小发达地区和落后地区的教育差距，实现乡村振兴。四是更加关注城市高质量发展，城市发展是我国改革开放 40 多年成就的集中体现，随着我国进入中国特色社会主义新时代，城市发展也由高速增长阶段进入高质量发展阶段。

5. 人民群众生活水平持续改善而对教育抱有更高期盼

党的十九大明确提出：我国主要矛盾已从人民日益增长的物质文化需要同落后的社会生产之间的矛盾转为人民日益增长的美好生活需要和不平衡不充分的发展之间的矛盾。我国正在开启全新的智能时代，“智能大脑”决定制造流程，无人工厂、无人车间、无人物流、无人售卖将成为常态，对就业将产生革命性影响。由此，人民群众对教育也将会有更高的期待，不仅要求公平而有质量的教育，也期望通过教育促进自身发展，提升服务社会经济发展的能力，更好地就业。如何改进政府服务，成为各级政府的重要工作和改革着力点。需要清醒地认识到，在公共服务体系逐步完善的同时，我国的教育发展还存在民生短板，城乡之间的教育发展水平、学校之间的教育教学质量不平衡仍然存在。同时，人民满意的教育没有终止符，如何合情合理满足预期也构成教育政策的关键。

6. 未来前沿技术对国家安全的挑战显著增加

面对高速发展的人工智能、生物技术等崭新科技，社会制度建设相对滞后，带来一系列政治以及伦理问题，给国家安全和社会治理带来挑战。生物安全深刻影响着国家及国际社会的安全稳定，国家敏感生物资源存在泄露与流失的隐患，生物“黑客”让生物技术滥用风险加剧。智能攻防技术使网络安全形势愈加复杂，数据的泄露与恶意利用引发公众对社会与自身信息安全的担忧。核技术的泄露、核设施的安全隐患等将增加国际社会安全的不确定性。与西方发达国家的科技创新能力相比，我国自主创新不够，产业结构总体上仍处于全球价值链的中低端，一些关键核心技术没有掌握在自己手中，受制于人的问题突出，已威胁到国家发展战略目标的实现。

7. 不同利益群体冲突加剧对社会治理形成新挑战

面对主要矛盾的变化、发展方式的转换，许多人鉴于自身的经济状况、岗位状况和拥有的人力资本状况，会对转型升级产生巨大的不适应，加之美国等对我国的经济打压和政治、意识形态、舆论渗透，基层百姓间、行业间、群体间的利益冲突会显著增强。这种经济利益的冲突有可能扩大为政治诉求，引发社会动荡。需要特别警惕“黑天鹅”“灰犀牛”隐患及事件，增强新形势下的危机管理能力。发展不平衡问题依然突出，城镇居民人均可支配收入和人均消费支出分别是农村居民的 2.64 倍和 2.11 倍，不同地区之间发展差距依然较大。民生领域短板仍较明显，医疗、社会保障等公共服务领域供给相对不足，在生态环境改善方面仍面临不少难题。

8. 信息技术变革对教育赋能所带来的革命性影响

习近平总书记在写给国际人工智能与教育大会的贺信中指出，人工智能是引领新一轮科技革命和产业变革的重要驱动力，正深刻改变着人们的生产、生活、学习方式，推动人类社会迎来人机协同、跨界融合、共创分享的智能时代。习近平总书记强调，中国高度重视人工智能对教育的深刻影响，积极推动人工智能和教育深度融合，促进教育变革创新，充分发挥人工智能优势，加快发展伴随每个人一生的教育、平等面向每个人的教育、适合每个人的教育、更加开放灵活的教育。① 信息科技的发展成果将影响人们的教育观，丰富教育课程内容，引发教育手段的革命，促进教育管理的变革。目前，相关信息科技教育活动在学校全面展开，教育新业态新形态蓬勃发展，市场出现多种智能教学产品，基于区块链技术的教育活动认证趋于活跃。特别是新冠肺炎疫情暴发后，在线教育发挥了基础性支撑作用，充分彰显了信息技术对教育赋能的无限性。

总之，“十四五”教育改革发展，既要充分利用好经济发展总体向好的整体局势，又要充分考虑我国经济社会发展的阶段性特征和面临的重大挑战，还要从全球科技发展和国际视野预判未来教育改革面临的形势，更要以满足广大人民群众的教育新需求为关键点，努力办好人民满意的教育。

① 习近平向国际人工智能与教育大会致贺信［EB/OL］.（2019-05-16）［2020-07-20］. http：//www. xinhuanet. com/politics/leaders/2019-05/16/c_1124502111. htm.

附：座谈会参会人员名单

基础教育座谈会参会人员名单：

窦桂梅　清华大学附属小学校长

于　伟　东北师范大学附属小学校长

管　杰　北京市第十八中学校长

王永生　河北省保定市涞源县教育和体育局书记、局长

徐长青　天津市红桥区教师学校副校长

徐志芳　北京市教委基础教育一处副处长

柴清林　青岛市教育科学研究院院长

弓志云　河北省邢台市桥西区教育局副局长

刘复兴　中国人民大学教育学院院长

艾道淳　重庆市渝北区委教育工作委员会书记、区教委主任

邢贵浩　江苏省南京市高淳区教育局书记、局长

王敬之　山东省东营市东营区教育局书记、局长

唐　丽　湖南省张家界市武陵源区委教育工作委员会书记、教育局局长

郑万国　湖北省钟祥市教育局书记、局长

何　彬　广西壮族自治区凭祥市教育局书记、局长

郭　宏　江西省上饶市弋阳县教育体育局局长

黄海燕　贵州省安顺市平坝区教育和科技局书记、局长

张　灏　山东省临沂市罗庄区教育和体育局书记、局长

刘宝玉　河北省黄骅市教育局书记、局长

吴清华　江苏省泰州市高港区委教育工作委员会书记、教育局局长

何照强　四川省宜宾市南溪区教育和体育局书记、局长

刘小勤　江西省樟树市教育和体育局书记、局长

职业教育座谈会参会人员名单：

陈子季　教育部职业教育与成人教育司司长

韩　民　中国教育发展战略学会秘书长

刘育锋　教育部职业技术教育中心研究所研究员

马晓明　深圳职业技术学院副校长

石伟平　华东师范大学教授

孙　诚　中国教育科学研究院职业教育与继续教育研究所所长

邬宪伟　上海信息技术学校校长

郭建如　北京大学教育学院教授

姜大源　教育部职业技术教育中心研究所研究员

孟庆国　天津职业技术师范大学原党委书记、校长

赵志群　北京师范大学教育学部教授

高等教育座谈会参会人员名单：

钟秉林　北京师范大学原校长

瞿振元　中国农业大学原党委书记

林建华　全国人大外事委员会副主任委员

黄达人　中山大学原校长

蔡敬民　安徽大学党委书记

雷启立　华东师范大学校长助理

杨殿阁　清华大学车辆与运载学院院长

邬大光　兰州大学高等教育研究院院长

尚俊杰　北京大学教育学院副院长

刁玉华　河南省教育厅副厅长

许建领　深圳市教育局副局长

阎志国　河南省教育厅高教处副处长

学习型社会建设座谈会参会人员名单：

韩　民　中国教育发展战略学会秘书长

黄　健　华东师范大学教授

宋亦芳　上海市长宁社区学院党委书记、教授

雷振海　中国教育报刊社副社长、中国教师报总编辑
朱　红　北京大学教育学院副教授
吴晓川　北京市教育科学研究院原副院长
米淑兰　中国教育发展战略学会终身学习专业委员会副秘书长
王国辉　广东岭南师范学院教师教育学院副院长
刁元园　成都社区大学副校长
冉蜀阳　四川大学继续教育学院院长

教育信息化座谈会参会人员名单：

杨　非　中央电化教育馆副馆长
曾德华　教育部教育管理信息中心副主任
刘邦奇　科大讯飞教育技术研究院院长
秦　华　北京工业大学信息中心总工程师
吴　砥　华中师范大学教授
魏顺平　国家开放大学信息化部副处长
李永健　中国社会科学院大学教授
吴颖惠　北京市海淀区教育科学研究院院长
汪　翀　江苏省镇江市教育信息化中心主任

民办教育座谈会参会人员名单：

李孝轩　新高教集团董事长
赵　新　北京哈罗学校总校长
金秋萍　无锡太湖学院理事长、党委书记
陈　炜　晟泰教育投资集团副总裁
刘常青　青岛黄海学院董事长
卢志文　翔宇教育集团总校长
孙绪强　爱朗幼教集团总裁
陈伟志　上海新纪元教育集团董事长
李广伟　潍坊科技学院副校长

刘　勇　山西运城职业学院常务副院长
王佐书　中国民办教育协会会长
韩　民　中国教育发展战略学会秘书长
佘　宇　国务院发展研究中心社会发展研究部研究员
李立国　中国人民大学教育学院副院长
周海涛　北京师范大学教育学部教授
李春光　云南凌云律师事务所执行主任
吴颖惠　北京市海淀区教育科学研究院院长
褚清源　中国教师报周刊主编
阙明坤　无锡太湖学院高等教育研究所所长
华长慧　宁波诺丁汉大学中外合作大学研究中心主任

后　　记

本书是集体研究的成果。早在2019年初，教育部教育发展研究中心就决定针对新时代我国教育发展新形势，开展新时代中国教育结构体系研究。经过充分酝酿，于2019年4月组建课题组并开题，由陈子季主任负责、马陆亭副主任具体执行，后于5月在北京召开了全国性的教育结构体系研讨会。8月，进一步召开了内部课题研讨会，并根据主任办公会要求转由马陆亭负责，根据所面临形势的变化而与“十四五”时期教育重大问题研究相结合，课题管理工作放在战略部。之后，中心于9—12月分领域召开了12个座谈会，由陈如平副主任负责，战略部负责人刘承波协助，广泛征求各方代表对“十四五”时期教育重大问题的意见建议。2020年初，马陆亭从中共中央党校学习回来后接受了“十四五”时期教育改革发展面临的形势等研究任务，并正式负责教育部发展规划司委托立项项目教育事业发展“十四五”规划课题“新时代中国教育结构体系研究”，使得相关研究工作结合“十四五”需求进一步向结构体系聚焦。因此，本书体现了集体的智慧，是在相关课题和工作研究的基础上，择其精华而成。各部分分工如下：

第一章，教育部教育发展研究中心马陆亭执笔，其中第二节汇集了各分课题的主要研究成果；

第二章，首都师范大学劳凯声、蔡春，教育部教育发展研究中心王蕊负责，首都师范大学张爽、王寰安、薛海平、刘秀江、罗爽、何颖执笔；

第三章，教育部教育发展研究中心窦现金执笔；

第四章，教育部教育发展研究中心刘承波，江苏海洋大学吴明忠、燕姣云、孙国红执笔；

第五章，教育部教育发展研究中心卢海弘执笔，国家开放大学王永锋、北京市教育科学研究院苑大勇提供部分素材；

第六章，教育部教育发展研究中心张伟执笔；

第七章，教育部教育发展研究中心张伟执笔；

第八章，教育部教育发展研究中心梁彦执笔；

第九章，华中师范大学付卫东执笔；

第十章，济南大学王希普、虞宁宁执笔；

第十一章，教育部教育发展研究中心王蕊、许海霞及首都师范大学劳凯声负责，首都师范大学王东、梁玉婷、曹亚琴执笔；

第十二章，苏州大学王一涛执笔；

第十三章，第一至第六节分别由教育部教育发展研究中心玉丽、梁彦、许海霞、李铮、张伟、鞠光宇整理，陈如平、刘承波统稿，马陆亭摘选，第七节由马陆亭、安雪慧、梁彦、熊建辉、张伟撰写。

马陆亭、张伟负责全书统稿。

编者

2020 年 8 月